Vorläufige Kontopfändung nach der EuKpfVO und grenzüberschreitende Haftung der Bank unter Berücksichtigung des deutschen und des griechischen Rechts

Internationalrechtliche Studien
Beiträge zum Internationalen Privatrecht, zum Einheitsrecht und zur Rechtsvergleichung

Herausgegeben von Ulrich Magnus und Peter Mankowski

82

PETER LANG

Anastasia Gialeli

Vorläufige Kontopfändung nach der EuKpfVO und grenzüberschreitende Haftung der Bank unter Berücksichtigung des deutschen und des griechischen Rechts

PETER LANG

Bibliografische Information der Deutschen Nationalbibliothek
Die Deutsche Nationalbibliothek verzeichnet diese Publikation in der Deutschen Nationalbibliografie; detaillierte bibliografische Daten sind im Internet über http://dnb.d-nb.de abrufbar.

Zugl.: Freiburg (Breisgau), Univ., Diss., 2021

D 25
ISSN 0947-0395
ISBN 978-3-631-87296-3 (Print)
E-ISBN 978-3-631-87874-3 (E-PDF)
E-ISBN 978-3-631-87875-0 (EPUB)
DOI 10.3726/ b19702

Peter Lang – Berlin · Bern · Bruxelles · New York · Oxford · Warszawa · Wien

Diese Publikation wurde begutachtet.

www.peterlang.com

Meiner Familie

Vorwort

Die vorliegende Arbeit wurde im Wintersemester 2021/2022 von der Rechtswissenschaftlichen Fakultät der Albert-Ludwigs-Universität Freiburg i. Br. als Dissertation angenommen. Literatur und Rechtsprechung wurden bis Herbst 2021 berücksichtigt.

Meinem Doktorvater, Herrn Professor Dr. Jan von Hein, danke ich herzlichst für die wertvolle Betreuung dieser Arbeit und die Erstellung des Erstgutachtens. Auch für die vielen Anregungen während meiner Tätigkeit als wissenschaftliche Mitarbeiterin am Institut für ausländisches und internationales Privatrecht, Abteilung III, möchte ich mich bei ihm bedanken. Herrn Professor Dr. Jan Felix Hoffmann danke ich für die Erstellung des Zweitgutachtens binnen kürzester Zeit.

Außerdem möchte ich mich bei Frau Victoria Marini für die sorgfältige Korrektur dieser Arbeit bedanken.

Meinen Freunden danke ich für ihre Geduld und Unterstützung während der turbulenten Promotionszeit. Mein ganz besonderer Dank gilt Herrn Manuel Mayer und meiner Familie, die mich stets liebevoll begleitet haben.

Freiburg, im Februar 2022
Anastasia Gialeli

Inhalt

Abkürzungsverzeichnis

a.A.	anderer Ansicht
ABl.	Amtsblatt
a.E.	am Ende
a.F.	alte Fassung
AG	Amtsgericht
Art.	Artikel
Aufl.	Auflage
Bd.	Band
BeckOK	Beck'scher Online-Kommentar
BeckRS	Beck-Rechtsprechung
BGBl.	Bundesgesetzblatt
BGH	Bundesgerichtshof
BGHZ	Entscheidungen des Bundesgerichtshofes in Zivilsachen
BT-Drs.	Drucksache des Deutschen Bundestages
BVerfG	Bundesverfassungsgericht
bzw.	beziehungsweise
DEE	Dikaio Epicheiriseōn kai Etairiōn
ders.	Derselbe
DGVZ	Deutsche Gerichtsvollzieher Zeitung
DZWIR	Deutsche Zeitschrift für Wirtschafts- und Insolvenzrecht
ECFR	European Company and Financial Law Review
ECLI	European Case Law Identifier
EfAD	Efimerida Astikou Dikaiou
EllDni	Elliniki Dikaiosini
EMRK	Europäische Menschenrechtskonvention
EO	österreichische Exekutionsordnung
EPolD	Epitheōrisi Politikis Dikonomias
EU	Europäische Union
EuCML	Journal of European Consumer and Market Law
EuGH	Gerichtshof der Europäischen Union
EuGVO	Verordnung (EU) Nr. 1215/2012 des Europäischen Parlaments und des Rates vom 12. Dezember 2012 über die gerichtliche Zuständigkeit und die Anerkennung und Vollstreckung von Entscheidungen in Zivil- und Handelssachen
EuZPR	Europäisches Zivilprozessrecht

EuZW	Europäische Zeitschrift für Wirtschaftsrecht
EWS	Europäisches Wirtschafts- und Steuerrecht
f., ff.	folgende Seite bzw. Seiten, Randnummer bzw. Randnummern
Fn.	Fußnote
FS	Festschrift
GA	Generalanwalt/Generalanwältin
gem.	gemäß
ggf.	gegebenfalls
GR-Charta	Charta der Grundrechte der Europäischen Union
GRUR-Int	Gewerblicher Rechtsschutz und Urheberrecht – International
gr. ZGB	griechisches Zivilgesetzbuch
gr. ZPGB	griechisches Zivilprozessgesetzbuch
h.M.	herrschende Meinung
Hg.	Herausgeber
i.E.	im Ergebnis
i.e.	id est
i.H.v.	in Höhe von
IJPL	International Journal of Procedural Law
IPRax	Praxis des internationalen Privat- und Verfahrensrechts
i.S.d.	im Sinne des/der
i.V.m.	in Verbindung mit
IWRZ	Zeitschrift für Internationales Wirtschaftsrecht
JBl.	Juristische Blätter
JZ	Juristenzeitung
LG	Landgericht
Lit.	litera
LMK	Lindenmaier-Möhring kommentierte BGH-Rechtsprechung
m. Anm.	mit Anmerkung
MDR	Monatsschrift für Deutsches Recht
m.E.	meines Erachtens
MüKo	Münchener Kommentar
m.w.N.	mit weiteren Nachweisen
n.F.	neue Fassung
NJW	Neue Juristische Wochenschrift
NJW-RR	Neue Juristische Wochenschrift – Rechtsprechungs-Report
Nr./Nrn.	Nummer/Nummern
OLG	Oberlandesgericht
RDIPP	Rivista di diritto internazionale private e processuale
RIW	Recht der Internationalen Wirtschaft

Rn.	Randnummer
Rpfleger	Der Deutsche Rechtspfleger
Rs.	Rechtssache
Rspr.	Rechtsprechung
S.	Satz
s.	siehe
s.o.	siehe oben
Slg.	Die Sammlung der Rechtsprechung des Gerichtshofes und des Gerichts erster Instanz
s.u.	siehe unten
SZIER	Schweizerische Zeitschrift für internationales und europäisches Recht
u.a.	unter anderem
UAbs.	Unterabsatz
Unif. L. Rev.	Uniform Law Review
v.	von
vgl.	vergleiche
VO	Verordnung
VuR	Verbraucher und Recht
WBl.	Wirtschaftliche Blätter
WM	Wertpapier-Mitteilungen
z.B.	zum Beispiel
ZInsO	Zeitschrift für das gesamte Insolvenz- und Sanierungsrecht
zit.	zitiert
ZIP	Zeitschrift für Wirtschaftsrecht
ZPO	Zivilprozessordnung
zutr.	zutreffend
ZVglRWiss	Zeitschrift für Vergleichende Rechtswissenschaft
ZZP	Zeitschrift für Zivlprozess
ZZPInt	Zeitschrift für Zivilprozess International

Einführung

Die vorliegende Arbeit beschäftigt sich mit der neuesten „Verordnung der zweiten Generation“[1] Nr. 655/2014 zur Einführung eines optionalen Verfahrens für einen europäischen Beschluss zur vorläufigen Kontenpfändung im Hinblick auf die Erleichterung der grenzüberschreitenden Eintreibung von Forderungen in Zivil- und Handelssachen.[2] Wie es bereits aus dem amtlichen Titel des Rechtsaktes ersichtlich wird, regelt die Verordnung nicht direkt die endgültige Zwangsvollstreckung, sondern führt eine einstweilige Maßnahme, und zwar eine Sicherungsmaßnahme, auf europäischer Ebene ein.[3] Die EuKpfVO[4] soll somit die vom EuGH im *Denilauler*-Urteil[5] und von der EuGVO offengelassene Lücke im einstweiligen Rechtsschutz derart ergänzen, dass der Überraschungseffekt aufrechterhalten bleibt. Allerdings ist die EuKpfVO ebenfalls daraufhin orientiert, den Weg zum langfristigen Zweck der Europäisierung des Zwangsvollstreckungsrechts zu ebnen.[6]

---

1 Zur Herkunft der Bezeichnung s. *Hess*, EuZPR (2021), § 10 Rn. 10.1 in Fn. 5.

2 Verordnung (EU) Nr. 655/2014 des Europäischen Parlaments und des Rates vom 15. Mai 2014, ABl. EU 2014 L 189, S. 59.

3 Vgl. Stellungnahme Österreich an die Arbeitsgruppe betreffend den Vorschlag der Kommission, v. 27.8.2012, 13140/12 ADD 2, S. 2, die für die deutsche Fassung die Umbennenung auf Kontosicherung oder Kontosperre befürwortete.

4 Es ist keine amtliche Abkürzung vorhanden. In der Literatur wird überwiegend die hier bevorzugte Abkürzung verwendet, aber es erscheinen auch: EuKoPfVO (in der österreichischen Literatur und im deutschen Durchführungsgesetz EuKoPfVODG) und EuKtPVO.

5 EuGH Urteil v. 21.5.1980 – *Denilauler*, Rs. C-125/79, Slg. 11980 I-1554.

6 Grünbuch zur effizienteren Vollstreckung von Urteilen in der Europäischen Union: vorläufige Kontenpfändung KOM(2006) 618 endg., S. 3, wo steht: „(a)ngesichts der komplexen Problematik und der unterschiedlichen Rechtslage in den Mitgliedstaaten schlug die Kommission vor, die Überlegungen zunächst auf die Pfändung von Bankguthaben zu begrenzen“; Vorschlag der Kommission KOM(2011) 445, S. 4: „Das übergeordnete Ziel (...), dass ein Beitrag (…) zum Aufbau eines echten europäischen Zivilrechtsraums im Bereich der Vollstreckung geleistet werden soll.“; *Hess*, in: FS Kaissis (2012), S. 399, bezeichnete den Vorschlag als einen weiteren „Integrationsschritt zu einem europäischen Zivilverfahrensrecht“; Schlosser/*Hess*, EuZPR Kommentar (5. Aufl. 2021), EuKtPVO, Erwgr. Rn. 2: die VO stellt einen „wichtigen Integrationsschritt im Hinblick auf eine Koordinierung der Vollstreckungsrechte der EU-Mitgliedstaaten“ dar; *Stamm*, IPRax 2014, 124 (125).

In den meisten nationalen Rechtsordnungen ist der einstweilige Rechtsschutz als Ausprägung des Justizgewähranspruchs und des Zugangs zum Recht nach Art. 6 EMRK[7] je nach Prozessphase unterschiedlich konzipiert.[8] Einerseits sind während oder vor dem Hauptsacheverfahren die einstweiligen Maßnahmen verfügbar, deren Anordnung ein summarisches Erkenntnisverfahren vorausgeht. Wenn die Hauptklage bei Erlass der Maßnahme nicht bereits anhängig ist, muss sie fristgebunden folgen. Die Maßnahme darf nicht zur Befriedigung des Gläubigers führen.[9] Andererseits kann ein erstinstanzliches Urteil meistens für vorläufig vollstreckbar erklärt werden und die vorläufige Befriedigung des Vollstreckungsgläubigers ermöglichen. Mithin wird die Vollstreckungsvereitelungsgefahr für die Zeit nach Erhalt des Urteils und bis zum Eintritt der Rechtskraft effektiv gebannt. Alternativ kann der Erlass einer einstweiligen Maßnahme für den gleichen Zeitraum nach dem Erhalt des erstinstanzlichen, noch nicht rechtskräftigen Urteils beantragt werden, was allerdings ein separates Verfahren und das Glaubhaftmachen der Gefährdung voraussetzt. Die vorläufige Vollstreckbarkeit ist nach ihrem Zweck und Normgrund eine Ausprägung des vorläufigen Rechtsschutzes, während sie nach ihrem Bezug auf den materiellen Hauptanspruch eine reine, nur aufhebbare Vollstreckung darstellt. Wenn das erstinstanzliche, vorläufig vollstreckbare Urteil in der Berufungsinstanz aufgehoben wird, entsteht ein Rückabwicklungsverhältnis.[10] Dieses System von einstweiligen Maßnahmen und vorläufiger Vollstreckbarkeit beschreibt *Baur* als primären und sekundären einstweiligen Rechtsschutz.[11] In der englischen Rechtsprechung hingegen ist es anerkannt worden, dass eine *freezing order* – das *in personam* wirkende Äquivalent des deutschen Arrestes – auch nach der Entscheidung in der Hauptsache möglich ist.[12]

---

7 Für die Anwendbarkeit des Art. 6 EMRK im einstweiligen Rechtsschutz EGMR, Urteil v. 15.10.2009 Rs. *Micallef/Malta* (Nr. 17056/06).

8 *Vogg*, Einstweiliger Rechtsschutz und vorläufige Vollstreckbarkeit, 1991, S. 154 ff., der rechtspolitisch richtig den zeitlichen Anwendungsbereich der einstweiligen Maßnahmen nur bis zum Urteil begrenzt, weil ab diesem Zeitpunkt die vorläufige Vollstreckbarkeit dieselbe verfassungsrechtliche Funktion phasenverschoben erfüllt.

9 Vgl. die rechtsvergleichenden Beiträge in: *Stürner/Kawano* (Hg.), Comparative Studies on Enforcement and Provisional Measures (2011), Part 2 Chapter 1.

10 Dazu *Raffelsieper*, Die Rückabwicklung, 2017.

11 *Baur*, Studien zum einstweiligen Rechtsschutz, 1967, S. 9 ff.

12 *Court of Appeal*, Babanaft int v Bassante [1989] 1 All ER 433 (zu Art. 24 EuGVÜ); *Supreme Court (QBD)*, Cyprus Popular Bank Ltd v Vgenopoulos [2017] 2 WLR 67, wonach eine nationale *freezing order* als nachträgliche einstweilige Maßnahme nach

Zunächst sind zu der jetzigen Entwicklung des europäischen Prozessrechts manche grundsätzlichen Abgrenzungen unerlässlich. Der eingeführte europäische Beschluss ist als eine *ex parte* vorläufige Sicherungsmaßnahme konzipiert, welche vor und während des Hauptverfahrens, aber auch nach Erhalt eines Urteils, vom Gläubiger beantragt werden kann. Er ergeht nach einem summarischen Erkenntnisverfahren anhand der Angaben des Gläubigers auf dessen Antrag hin. Der Beschluss soll durch das Blockieren der Bankkonten des Schuldners die Vereitelung der späteren Vollstreckung durch Transfer oder Abhebung von Geldern verhindern. Der Gläubiger kann mit dem Beschluss nur das Einfrieren des Bankkontos erreichen und darf von den Geldern nicht befriedigt werden. Die Verordnung regelt folglich nicht – zumindest nicht direkt – die Zwangsvollstreckung aus einem rechtskräftigen Urteil, sondern den primären einstweiligen Rechtsschutz vor dem Erhalt eines Titels über die Hauptforderung und eine Art des sekundären vorläufigen Rechtsschutzes.[13] Dadurch unterscheidet sich der europäische Kontenpfändungsbeschluss von der vorläufigen Vollstreckbarkeit, welche tatsächliche Vollstreckung des Hauptsachenurteils ist und zur Befriedigung des Gläubigers führt, vorausgesetzt, das erstinstanzliche Urteil wird in der Berufung nicht aufgehoben.[14]

Allerdings gibt es zwei Schnittstellen mit dem Zwangsvollstreckungsrecht; erstens kann durch die Rechtsfolgen und den Rang der vorläufigen europäischen Pfändung auch die spätere endgültige Zwangsvollstreckung beeinflusst werden[15] und zweitens muss die Maßnahme bzw. der Beschluss an sich auch durch Pfändung vollstreckt werden,[16] wozu die Verordnung eigene Regelungen, verbunden mit einem allgemeinen Verweis auf das Recht des Vollstreckungsmitgliedstaats (Art. 23 Abs. 1 EuKpfVO), bereithält. In den nationalen Rechtsordnungen

---

Art. 47 Abs. 2 und 3 EuGVO a.F. erlassen werden kann, auch wenn der ausländische zu vollstreckende Titel wiederum eine *freezing order* (Cyprus) ist.

13 Vgl. *Linke/Hau*, IZVR (8. Aufl. 2021) Rn. 14.43.

14 Baumbach/Lauterbach/Hartmann/*Becker*, ZPO (79. Aufl. 2021), Vor § 916 Rn. 5; MüKoZPO/*Drescher* (5. Aufl. 2016), vor § 916 Rn. 6 ff. insbes. Rn. 9, wo betont wird, dass die „Einstweiligkeit" das Offenhalten der Entscheidungsfähigkeit in der Hauptsache bedeutet, während „vorläufige Vollstreckbarkeit" eine endgültige, voll wirksame Entscheidung voraussetzt, welche allerdings aufhebbar ist.

15 Vgl. auch *Bruns*, in: *Stürner/Kawano* (Hg.), Comparative Studies on Enforcement and Provisional Measures, (2011), S. 183 (185).

16 Im Gegensatz zu der *in personam* wirkenden provisorischen *freezing order* des *common law*, wo die eigentliche Durchsetzung darin besteht, dass erst der Verstoß gegen den Befehl streng sanktioniert wird. Dazu *Bach*, GPR 2017, 138.

wiederum werden meistens die Vorschriften über die endgültige Pfändung analog auf die Sicherungspfändung angewandt.[17] Somit wird ersichtlich, dass die Folgen der Anwendung der Verordnung weitrechend sind und eine erhebliche Rolle bei der Weiterentwicklung des Vollstreckungsrechts im europäischen Rechtsraum spielen können.

Der einstweilige Rechtsschutz im Allgemeinen weist eine essenzielle Bedeutung für den rechtlichen Schutz des Bürgers auf.[18] Ein Rechtssystem kann durch eine ausgewogene Gestaltung des einstweiligen Rechtsschutzes ein hohes Maß an Effektivität erreichen. Dadurch kann vollstreckungsfähiges Vermögen rechtzeitig gesichert werden. Ansonsten wäre es für den Schuldner leicht, sein Vermögen während des Hauptsacheverfahrens beiseite zu schaffen. Dies trifft in Rechtsordnungen mit langer Verfahrensdauer verstärkt zu. Ferner ist für die Effektivität der Justizgewährung die Vollstreckung eines Titels ebenso ausschlaggebend, weil selbst die richtigste Entscheidung als eine reine Floskel erscheint, wenn sie gegen einen unwilligen Schuldner nicht effizient vollstreckt werden kann. Daraus folgt, dass den vorläufigen Sicherungsmaßnahmen eine Schlüsselrolle zukommt, da sie den einstweiligen mit dem endgültigen Rechtsschutz des Gläubigers verzahnen. In grenzüberschreitenden Fällen ist das Sicherungsbedürfnis wegen der komplizierten Prozesse, der Unkenntnis des ausländischen Prozessrechts und der tatsächlichen Schwierigkeiten, wie die Entfernung und die Sprachbarriere, erhöht.[19] Darüber hinaus ist die fehlende Transparenz des Schuldnervermögens ein weiterer Abschreckungsfaktor für den Gläubiger, der seine Forderung international eintreiben will.

Insbesondere ist die vorläufige Kontopfändung eine sehr effektive Sicherungsmaßnahme, welche nicht nur vollstreckungsfähiges Vermögen sichert, sondern auch ein wirksames Druckmittel in den Händen des Gläubigers darstellt. Die mitgliedstaatlichen Rechtsordnungen sehen zwar Pfändungsmaßnahmen vor, aber die Modalitäten für deren Erlass und Vollzug sind unterschiedlich geregelt.[20] Das Recht der internationalen – sowohl endgültigen als

---

17 Für den deutschen Arrest: § 928 ZPO; für die griechische Sicherungspfändung zu Händen des Dritten: Art. 712 Abs. 1 letzter S. gr. ZPGB; vgl. *Hess*, Study JAI/A3/2002/02, S. 131.

18 Einen Überblick über die Gründe bietet *Baur*, Studien zum einstweiligen Rechtsschutz, 1967, S. 4 ff.; über die verfassungsrechtliche Notwendigkeit des einstweiligen Rechtsschutzes Stein/Jonas/*Bruns* ZPO (23. Aufl. 2020), vor § 916 Rn. 1.

19 Vgl. Nagel/*Gottwald*, IZPR (8. Aufl. 2020), § 17 Rn. 1; *Hess*; EuZPR (2020) § 10 Rn. 10.118 f.

20 Erwägungsgrund 5 EuKpfVO; *Hess*, Study JAI/A3/2002/02, S. 60 ff.; vgl. *Heitmann/Lukas*, GPR 2015, 66 (70).

auch vorläufigen – Forderungspfändung ist bisher unterentwickelt und grundsätzlich der nationalen Literatur und Rechtsprechung überlassen.[21] Die Problematik schließt einerseits die internationale Zuständigkeit zum Erlass eines Beschlusses sowie dessen Zustellung[22] und grenzüberschreitende Vollstreckung bei einem ausländischen Drittschuldner ein. Andererseits ist die Anerkennung bereits vollzogener ausländischer Kontenpfändungen und deren materiellrechtlicher Wirkungen ein höchst umstrittenes Thema.[23] Im Allgemeinen tendieren die Mitgliedstaaten zu einem weiten Verständnis der eigenen internationalen Zuständigkeit zum Erlass von Pfändungsbeschlüssen, sind jedoch zurückhaltend bei der Anerkennung ausländischer Pfändungen.[24] Die Koordinierung der nationalen Rechtssysteme ist dabei ein heikles Feld, solange weder Rechtsquellen noch vereinheitlichte Prozesse vorliegen.[25] In der Literatur sind mehrere Theorien ausgearbeitet worden, welche Voraussetzungen für eine prozessrechtliche, kollisionsrechtliche oder faktische Anerkennung ausländischer Pfändungsmaßnahmen schaffen.[26] Dieses Defizit an Rechtssicherheit bedeutet erhebliche Schwierigkeiten und Gefahren für alle Beteiligten. Insbesondere der

---

21 *Baur/Stürner/Bruns*, Zwangsvollstreckungsrecht (13. Aufl. 2006), Rn. 55.29 ff.; *Schack*, Internationales Zivilverfahrensrecht (8. Aufl. 2021), Rn. 1086 ff.

22 *Welter*, Zwangsvollstreckung und Arrest, 1988, S. 45 f. über die Verweigerung der deutschen Justizverwaltungen, Anträge auf Zustellung von Pfändungsbeschlüssen ins Ausland weiterzuleiten; *Linke/Hau*, IZVR (8. Aufl. 2021), Rn. 8.19 ff.; *Hess*, EuZPR (2021) § 10 Rn. 10.119 f.

23 Vgl. *Lange*, Internationale Rechts- und Forderungspfändung, 2004, S. 335 ff. und S. 363 ff., der für die prozessrechtliche Qualifikation und Rechtsfortbildung durch Analogie der insolvenzrechtlichen Regelungen plädiert; vgl. aber *Riebold*, Die Europäische Kontopfändung, 2014, S. 301 ff. und 361 ff.

24 *Schack*, Internationales Zivilverfahrensrecht (8. Aufl. 2021), Rn. 1086 ff.

25 Vgl. u.a. die Untersuchungen *Domej*, Internationale Zwangsvollstreckung und Haftungsverwirklichung, 2016; *Riebold*, Die Europäische Kontopfändung, 2014; *Schimrick*, Die unmittelbar grenzüberschreitende Forderungsvollstreckung im internationalen und europäischen Rechtsraum, 2012; *Gassmann*, Arrest im internationalen Rechtsverkehr, 1998; *Mössle*, Internationale Forderungspfändung, 1991; *Marquordt*, Das Recht der internationalen Forderungspfändung, 1975; *Rosenbaum*, Die Zwangsvollstreckung in Forderungen im internationalen Rechtsverkehr, 1930; *Rheinstein*, Die inländische Bedeutung einer ausländischen Zwangsvollstreckung in Geldforderungen, RabelsZ 8 (1934), 277 ff.

26 Ausführlich dazu *Domej*, Internationale Zwangsvollstreckung und Haftungsverwirklichung, 2016, S. 490 ff.; *Riebold*, Die Europäische Kontopfändung, 2014, S. 359 ff.

Drittschuldner ist durch die Nichtanerkennung von ausländischen Pfändungen der Gefahr der doppelten Inanspruchnahme ausgesetzt.[27]

Die EuGVO macht bekanntlich bei der automatischen Anerkennung und Vollstreckung von Entscheidungen halt und verweist für das Vollstreckungsverfahren auf das nationale Recht des Vollstreckungsstaates. Die einstweiligen Maßnahmen (z.B. der deutsche Arrestbefehl) werden unter bestimmten Voraussetzungen auch als Entscheidungen nach der EuGVO grenzüberschreitend vollstreckt.[28] Darüber hinaus regelt jedoch die EuGVO nicht die Anerkennung und Durchführung ausländischer Vollstreckungsakte, wie z.B. die Pfändung.[29] Das Vollstreckungsrecht gilt somit als Achillesferse des europäischen Zivilprozessrechts[30] und blieb bisher trotz der rasanten Entwicklung des weiteren Rechtsbereichs unangetastet.[31] Dies trifft aber auch für den einstweiligen Rechtsschutz nicht nur auf Vollzugs- sondern auch auf Zuständigkeitsebene zu, da Art. 35 EuGVO nur ein Einfallstor für das nationale Recht darstellt. Der einstweilige Rechtsschutz bleibt somit im Ergebnis vom nationalen Recht geregelt und wird nicht von der EuGVO verdrängt,[32] welche bloß die Rahmensetzung und Koordinierung für sich behält. Des Weiteren existiert bisher außer der EuKpfVO kein autonomes Instrument des einstweiligen Rechtsschutzes.

Das Recht des Zwangsvollstreckungsverfahrens wird überwiegend verfahrensrechtlich qualifiziert und unterliegt somit der *lex loci executionis*.[33] Anders als im materiellen Recht sind dem Vollstreckungsrecht Verweisungsnormen

27 *Welter*, Zwangsvollstreckung und Arrest, 1988, S. 65 ff.; *Riebold*, Die Europäische Kontopfändung, 2014, S. 302 ff.

28 Vgl. für die rare Rechtsprechung der nationalen Gerichte im Bereich des einstweiligen Rechtsschutzes unter der EuGVO und dem EuGVÜ Hess/Pfeiffer/*Schlosser*, The Brussels I Regulation 44/2001, 2008, Rn. 578 ff.

29 *Domej*, Internationale Zwangsvollstreckung und Haftungsverwirklichung, 2016, S. 446 ff.; Rauscher/*Rauscher/Wiedemann*, EuZPR/EuIPR (4. Aufl. 2015), Art. 22 EuKpfVO Rn. 2; *Kropholler/v. Hein*, EuZPR (9. Aufl. 2011) Art. 38 EuGVO aF Rn. 5; *Schack*, Internationales Zivilverfahrensrecht (8. Aufl. 2021), Rn. 1061; *Geimer*, IZPR (8. Aufl. 2020), Rn. 3201.

30 Grünbuch zur effizienteren Vollstreckung von Urteilen in der Europäischen Union: vorläufige Kontenpfändung, KOM(2006) 618 endg., S. 2.

31 Mit der Ausnahme der EuVTVO, welche wiederum eine Koordinierungsfunktion erfüllt und ebenfalls die Vollstreckung an sich nicht regelt.

32 Zöller/*Geimer*, ZPO (33. Aufl. 2020), Art 35 EuGVO Rn. 1.

33 *Geimer*, IZPR (8. Aufl. 2020), Rn. 3237 ff.; *Schack*, Internationales Zivilverfahrensrecht (8. Aufl. 2021), Rn. 1061 ff.; *Lange*, Internationale Forderungspfändung, 2004, S. 235 ff.; *Riebold*, Die Europäische Kontopfändung, 2014, S. 217.

unbekannt.[34] Dies wird auf den Typenzwang des Vollstreckungsrechts und auf Zweckmäßigkeitsgründe[35] zurückgeführt. Die Vollstreckung bzw. die Sicherungs- und Zwangsvollstreckung unterliegen nach herkömmlichem völkerrechtlichem Verständnis und nach Art. 41 Abs. 1 EuGVO dem Recht des Vollstreckungsstaates, nämlich des Staates, in dem der Gegenstand der Vollstreckung liegt.[36] Die Vollstreckungsgewalt auf körperliche Gegenstände jedes Mitgliedstaats findet ihre Grenze im inländischen Vermögen des Schuldners.[37] Die Zwangsvollstreckung wird allgemein als Ausdruck der hoheitlichen Staatsgewalt angesehen[38] und ist stark von Bezügen zum öffentlichen Recht geprägt.[39] Ein direkter Zugriff auf im Ausland gelegene Gegenstände wird als Eingriff in die fremde Souveränität betrachtet. Diese objektbezogene Verknüpfung der Zwangsvollstreckung mit einem Staat gilt als Ausfluss des Territorialitätsprinzips[40] und der mit dem Zwangsvollstreckungsrecht verbundenen Souveränität der Mitgliedstaaten, welche jedoch der Titelfreizügigkeit auf der Ebene der effektiven Vollstreckung von Zivilurteilen enge Grenzen setzt. Die Schaffung eines einheitlichen europäischen Rechtsraums und die effektive Durchsetzung von zivilrechtlichen Ansprüchen stehen somit in einem Spannungsverhältnis zu den traditionellen Souveränitätsargumenten der Mitgliedstaaten. Die hoheitliche Staatsgewalt bei der selbständigen Bestimmung der internationalen Zuständigkeit der Gerichte wurde mit der Einführung der EuGVO anhand der primärrechtlichen Ermächtigung der Europäischen Union beschränkt. In einem funktionierenden Binnenmarkt könnte hinterfragt werden, ob die Mitgliedstaaten bei der Beilegung von Zivil- und Handelssachen[41] auf Souveränitätsargumenten bestehen sollen. Die Regelung

34 Rauscher/*Rauscher/Wiedemann*, EuZPR/EuIPR (4. Aufl. 2015), EuKPfVO Einl. Rn. 1.

35 *Domej*, Internationale Zwangsvollstreckung zwischen Territorialitätsprinzip, Gläubigerinteressen und Schuldnerschutz, in: Hess (Hg.), Die Anerkennung im Internationalen Zivilprozessrecht – Europäisches Vollstreckungsrecht (2014), S. 120 m.w.N.

36 *Schack*, Internationales Zivilverfahrensrecht (8. Aufl. 2021), Rn. 1063 ff.; *Geimer*, IZPR (8. Aufl. 2020), Rn. 3200 ff.

37 *Domej*, Internationale Zwangsvollstreckung und Haftungsverwirklichung, 2016, S. 168 f.

38 *Hess*, Study JAI/A3/2002/02, S. 10 f.

39 Für das griechische Recht *Yessiou-Faltsi*, Zwangsvollstreckungsrecht - AT (Athen 1998), § 8; für das deutsche Recht *Baur/Stürner/Bruns*, Zwangsvollstreckungsrecht (13. Aufl. 2006), Rn. 5.13.

40 Kritisch dazu *Domej*, Internationale Zwangsvollstreckung und Haftungsverwirklichung, 2016, S. 218 ff.

41 Insbesondere wenn man berücksichtigt, dass die Einführung von speziellen internationalen Zivilkammern, in denen in englischer Sprache verhandelt wird, auch in

der internationalen Zuständigkeit und der automatischen Urteilsanerkennung durch die EuGVO scheint unvollendet in Bezug auf den Justizgewähranspruch, solange die Grenzen ein Hindernis für die Vollstreckung an sich darstellen. Außerdem ist dem Justizgewähranspruch nach Art. 6 EMRK bzw. Art. 47 GR-Charta und dem Recht auf effektiven Rechtsschutz des Gläubigers ein subjektives Recht auf Vollstreckung zu entnehmen.[42]

Dies gilt verstärkt bei Forderungen, wie z.B. dem Kontoguthaben, weil deren Belegenheit schwer zu bestimmen ist. Die physische Lokalisierung, anders als bei körperlichen Sachen, ist nicht möglich und das Völkerrecht bietet keine Lösung dafür an.[43] Der Vollzug einer Pfändungsmaßnahme auf ein Kontoguthaben hat bisher mehrmals Anstoß zur Problemdiskussion über die Lokalisierung des Pfändungsgegenstands und über entsprechende Lösungsmodelle wie den direkten grenzüberschreitenden Zugriff auf ausländisches (Wert-)Vermögen[44] sowie die Anerkennung und Inlandsvollstreckung eines ausländischen Pfändungsbeschlusses gegeben.[45] Die EuKpfVO führt in Bezug auf diese Fragen ein Regelungskonzept ein, das auf dem Äquivalenzprinzip auf europäischer Ebene basiert.

Die Untersuchung in dieser Arbeit wird auf einer allgemeinen Ebene auf die Frage fokussieren, ob die EuKpfVO dem Gläubiger effektive Hilfe leistet. Zunächst wird die bisherige europäische Rechtslage der einstweiligen Maßnahmen dargestellt, wie sie aus den europäischen Rechtsakten und der EuGH-Rechtsprechung hervorgeht (Kapitel A). Es soll dabei die historische Entwicklung auf dem Gebiet des einstweiligen Rechtsschutzes im europäischen Zivilprozessrecht präsentiert werden und die Frage beantwortet werden, welche Regelungslücke vorlag, die der europäische Gesetzgeber im Rahmen seiner Befugnis und unter Wahrung des Subsidiaritätsprinzips mit der EuKpfVO füllte (Kapitel B). Anschließend werden die wichtigsten Konzepte der EuKpfVO und die äquivalenten Maßnahmen im deutschen und griechischen Recht dargestellt (Kapitel C und D).

---

den Niederlanden angenommen wurde (Netherlands Commercial Court, NCC). Vgl. unter: https://www.rechtspraak.nl/English/NCC (zuletzt aufgerufen am 30.01.2022);

42 *Hau*, ZVglRWiss 116 (2017), 23 (32); vgl. für die verfassungsrechtliche Garantie des Rechts auf Zwangsvollstreckung als Teil des Justizgewähranspruchs aus Art. 20 der griechischen Verfassung *Yessiou-Faltsi*, in: FS Gaul (1997), S. 815 ff.

43 Für mögliche Anknüpfungspunkte zur Herstellung einer Belegenheit *Geimer*, IZPR (8. Aufl. 2020), Rn. 3211 ff.

44 Vgl. *Hess*, EuZPR (2021), § 10 Rn. 10.117 ff.

45 Siehe die Nachweise in Fn. 25.

Die Arbeit wird sich auf einer zweiten Ebene einem speziellen Blickwinkel widmen, und zwar demjenigen des Drittschuldnerschutzes (Kapitel E, F und G). Die EuKpfVO baut ein 3-Personen-Verhältnis auf, bei dem die Interessen aller Beteiligten bzw. des Gläubigers, des Schuldners und der drittschuldnerischen Bank auszubalancieren sind. Die Bank wird als Außenstehende in den Rechtsstreit zwischen Gläubiger und Schuldner einbezogen.[46] Dazu ist der Drittschuldner bisher schwerwiegend durch die Praxis der Nichtanerkennung ausländischer endgültiger Pfändungen beeinträchtigt, weil er der Gefahr der doppelten Inanspruchnahme ausgesetzt ist.[47] Deshalb soll untersucht werden, ob der Bank ausreichende Schutzmechanismen gewährt werden, damit sie durch ihre Beteiligung an dem Verfahren nicht übermäßig belastet wird. Die vorliegende Arbeit stellt den Drittschuldner in den Mittelpunkt und nicht den Schuldner, und zwar aus zwei Gründen: Erstens ist der Schuldnerschutz im Kern bereits Gegenstand entsprechender Untersuchungen gewesen.[48] Zweitens legt die Verordnung, was die Ausführung des Beschlusses angeht, der Bank zahlreiche Belastungen auf, welche die Bank zu einer zentralen Person des Verfahrens positioniert. Die Drittschuldnerproblematik in der EuKpfVO lässt sich in zwei Kernbereiche aufteilen. Einerseits sind die Mitwirkungspflichten, welche der Bank auferlegt werden, mit Schwerpunkt auf der abzugebenden Erklärung und somit der Bestimmung ihrer Stellung im Verfahren zu untersuchen. Andererseits liegt der Fokus auf der Haftung der Bank wegen Fehlern bei der Ausführung oder wegen der Nichtausführung des Beschlusses. Die Verordnung enthält keine eigenständige Regelung für die Haftung der Bank, sondern sieht in Art. 26 nur eine Kollisionsnorm vor, welche auf das Recht des Vollstreckungsmitgliedstaats verweist. Im letzten Kapitel G wird die grenzüberschreitende Haftung der Bank näher betrachtet.

Die Ergebnisse der Untersuchung zur EuKpfVO und dem einstweiligen Rechtsschutz in Europa werden zusammengefasst und in einem Ausblick auf ein europäisches Zwangsvollstreckungsrecht umgesetzt. Im Vordergrund steht die Frage, ob die EuKpfVO beachtliche Standards schafft, die auf ein zukünftiges europäisches Zwangsvollstreckungsrecht einen Einfluss haben sollen. Dabei wird das Verhältnis

46 Vgl. auch *Domej*, Internationale Zwangsvollstreckung zwischen Territorialitätsprinzip, Gläubigerinteressen und Schuldnerschutz, in: Hess (Hg.), Die Anerkennung im Internationalen Zivilprozessrecht – Europäisches Vollstreckungsrecht (2014), S. 109 (118 f.).

47 RGZ 77, 250; *Hess*, Study JAI/A3/2002/02, S. 86 ff.; *Schack*, Internationales Zivilverfahrensrecht (8. Aufl. 2021), Rn. 1088 ff.

48 *Wolber*, Schuldnerschutz im Europäischen Zwangsvollstreckungsrecht, 2015.

zwischen dem Territorialitätsprinzip und dem Prinzip des gegenseitigen Vertrauens in der Europäischen Union einen entscheidenden Faktor darstellen.

A. Einstweiliger Rechtsschutz im europäischen Zivilprozessrecht

Die Sicherung der Vollstreckung gegen zahlungsunwillige oder böswillige Schuldner im europäischen Wirtschaftsraum weist ein großes Defizit auf. Die Schwierigkeiten bei der grenzüberschreitenden Vollstreckung stellen ein Hindernis zur Schaffung eines Raums der Freiheit, der Sicherheit und des Rechts dar und bremsen die Entwicklung des Binnenmarkts ab. Die Zwangsvollstreckung wird herkömmlich vom Recht des Vollstreckungsstaates geregelt. Das nationale Vollstreckungsrecht wird einem ausländischen Gläubiger in der Regel nur mit großem Aufwand zugänglich. Ein vollstreckungsfähiger Titel, der jedoch nicht effizient vollstreckt werden kann, ähnelt der Justizverweigerung für den Gläubiger, sodass der Zugang zum Recht im Ergebnis zunichte wird. Der Kern dieses Kapitels besteht darin, die Entwicklung des einstweiligen Rechtsschutzes im internationalen Verhältnis und die Regelungslücke, welche die EuKpfVO schließt, zu beleuchten. Daher ist ein Rückblick auf die Entwicklung des einstweiligen Rechtschutzes in Europa erforderlich (I.1 und I.2), sowie auf die Regelungen des „Stammrechtsakts“[49] der EuGVO (I.3 und II). Dies würde die Zielfrage, wie gerichtliche Entscheidungen effizienter und mit einem beschleunigten und ausbalancierten Verfahren grenzüberschreitend vollstreckt werden können,[50] zum Teil beantworten.

I. Entwicklung der Sicherungsmaßnahmen für Geldforderungen

1. Internationaler einstweiliger Rechtsschutz vor dem EuGVÜ

Vor dem Brüsseler Übereinkommen war der internationale einstweilige Rechtsschutz von einer gänzlich fehlenden Kooperation zwischen den Staaten gekennzeichnet. Anders als für den Arrest in einigen speziellen Sachen[51] existierte für

49 *Ulrici*, RIW 2018, 718 (720) m.w.N.

50 Vgl. *Baur/Stürner/Bruns*, Zwangsvollstreckungsrecht (13. Aufl. 2006), § 55 Rn. 55.1.

51 Z.B. das Abkommen v. 29.5.1933 über den Arrest von Luftfahrzeugen, RGBl. 1935 II 301 oder das Abkommen v. 10.5.1952 über den Arrest in Seeschiffe, BGBl. II 1972 653. Dazu und zu anderen multilateralen Staatsverträgen *Eilers*, Maßnahmen des einstweiligen Rechtsschutzes im europäischen Zivilrechtsverkehr, 1991, S. 183 ff.; *Nagel/Gottwald*, IZPR (8. Aufl. 2020), § 17 Rn. 17.41 ff.

die Verarrestierung von Forderungen und für die internationale Zuständigkeit zum Erlass eines Arrestes im Allgemeinen keine eigenständige multilaterale staatsvertragliche Regelung. Eine Eilzuständigkeit zum Erlass von lokalen Sicherungsmaßnahmen war nur in manchen bilateralen Anerkennungs- und Vollstreckungsverträgen vorgesehen.[52] Soweit keine Staatsverträge vorhanden waren, kamen die autonomen nationalen Regelungen in Betracht. Die Gerichte wandten die eigenen, für Inlandsfälle geltenden, örtlichen Zuständigkeitsbestimmungen an[53] und prüften, beruhend auf dem Grundsatz der Doppelfunktionalität, ob der konkrete Fall Anknüpfungspunkte zum Inland aufwies, um ihre Zuständigkeit zu bejahen. Die Doppelfunktionalität besagt, dass die örtliche Zuständigkeit eines Gerichts auch die internationale indiziert.[54]

Auf Anerkennungs- und Vollstreckungsebene wurde der zwischenstaatliche Verkehr von Entscheidungen in der Hauptsache in jener Entwicklungsphase des internationalen Rechtsverkehrs von Staatsverträgen koordiniert. Wenn zwischen dem Ursprungsstaat der Entscheidung und dem Vollstreckungsstaat kein Abkommen vorhanden war, entschied das Vollstreckungsstaatsrecht, ob der ausländischen Entscheidung Anerkennung gewährt wurde.[55] Die naheliegende Frage, ob die Vollstreckungsakte eine extraterritoriale Wirkung entfaltete, war der *lex fori* überlassen und wurde grundsätzlich verneint. Die Vollstreckung an sich unterlag ausschließlich der *lex loci executionis*.[56]

Ein Hauptmerkmal der einstweiligen Maßnahmen ist allerdings deren Vorläufigkeit. Da die bi- oder multilateralen Anerkennungs- und Vollstreckungsverträge auf endgültige Entscheidungen in der Hauptsache zugeschnitten waren, wurden die grenzüberschreitende Anerkennung und Vollstreckung einer einstweiligen Maßnahme, wie z.B. eines Arrestbeschlusses, grundsätzlich nicht davon

52 Z.B. Art. 15 Abs. 2 des deutsch-belgischen Abkommens vom 30.6.1958, BGBl. 1959 II 766; Art. 18 Abs. 2 des deutsch-griechischen Abkommens vom 4.11.1961 BGBl. 1963 II 109; *Eilers*, Maßnahmen, 1991, S. 176 ff.; *Gronstedt*, Grenzüberschreitender einstweiliger Rechtsschutz, 1994, S. 3.

53 Für die Anwendung des Vermögensgerichtsstandes nach § 23 ZPO sowie die Forderungsbelegenheit s. *Gronstedt*, Grenzüberschreitender einstweiliger Rechtsschutz, 1994, S. 28 ff.

54 *Garber*, Einstweiliger Rechtsschutz nach der EuGVVO, 2011, S. 176 f.; *Schack*, Internationales Zivilverfahrensrecht (8. Aufl. 2021), Rn. 266; *Klamaris,* ZZP Int 19 (2014), 151 (155).

55 *Mäsch/Peiffer*, New enforcement regime under the Brussels I*bis* Regulation, in: von Hein/Krüger (eds.) Informed Choices in Cross-Border Enforcement (2021), S. 33 f.

56 *Hess*, EuZPR (2021) § 10 Rn. 10.117; *Wiedemann*, Vollstreckbarkeit, 2017, S. 42 ff.

erfasst.[57] Eine Ausnahme dazu bildete das Haager Übereinkommen über die Anerkennung und Vollstreckung von Unterhaltsentscheidungen[58], dessen Art. 4 II festschrieb, dass vorläufig vollstreckbare Entscheidungen und einstweilige Maßnahmen obwohl gegen sie ein ordentliches Rechtsmittel zulässig ist im Vollstreckungsstaat anzuerkennen oder für vollstreckbar zu erklären/zu vollstrecken sind, wenn dort gleichartige Entscheidungen erlassen und vollstreckt werden können. Die grenzüberschreitende Anerkennung und Vollstreckung von nicht endgültigen Entscheidungen wurde zu jener frühen Zeit für das zwischenstaatliche Vertrauen als überaus gefährlich für den Schuldner angesehen. Erst das besondere Schutzbedürfnis des Unterhaltsbedürftigen gab den Beweggrund zur Änderung dieser Haltung.[59]

In Ermangelung geltender Staatsverträge waren die Anerkennung und die Vollstreckung einer einstweiligen Maßnahme also dem nationalen Recht, und zwar dem des jeweiligen Vollstreckungsstaates, überlassen. In der griechischen Gerichtspraxis wurden ausländische Sicherungsmaßnahmen ausnahmsweise, und nur wenn sie im Rahmen eines ausländischen Hauptsacheverfahrens angeordnet wurden, für vollstreckbar erklärt.[60] Die Vollstreckbarerklärung von „eigenständigen" Entscheidungen über einstweilige Maßnahmen war ausgeschlossen, weil die inländischen Gerichte den Vorrang bei der Anordnung der im Inland zu vollstreckenden Maßnahmen hatten.[61] Für die Vollziehung ausländischer Arreste in Deutschland sollte deutsches Recht entscheiden,[62] welches

57 Z.B. Art. 17 Abs. 1 Nr. (2) des deutsch-griechischen Abkommens vom 4.11.1961 BGBl. 1963 II 109, welcher den Arrest von dessen Anwendungsbereich ausschließt; vgl. über verschiedene bilaterale Verträge für Deutschland in *Eilers*, Maßnahmen, 1991, S. 246 ff.; *Kropholler*, EuZPR (6. Aufl.), Art. 25 Rn. 21; *von Bar*, Theorie und Praxis des internationalen Privatrechts, Bd. II (1889), S. 477.

58 Haager Übereinkommen von 15.4.1958 ersetzt durch das Übereinkommen von 2.10.1973, Art. 4 II. Dazu *Eilers*, Maßnahmen, 1991, S. 253 f.; *Kropholler*, EuZPR (6. Aufl.), Art. 25 Rn. 21.

59 Vgl. auch *Kropholler/von Hein*, EuZPR (9. Aufl.), Art. 32 Rn. 20; die Vorreiterrolle des Unterhaltsrechts im Gesetzgebungsverfahren wird auch in dem Vorschlag der Kommission für die Unterhaltsverordnung ersichtlich, in dessen Art. 35 eine grenzüberschreitende vorübergehende Kontensperrung vorgesehen war, welche jedoch im Verordnungstext nicht umgesetzt wurde. KOM(2005) 649 endg. Zu dem Vorschlag s. auch *Ritz*, Vorläufige Kontenpfändung in Europa, S. 23 ff.

60 *Triantafillidis*, Die einstweiligen Maßnahmen in internationalen Zivilsachen (Athen, 2008), S. 234 ff.

61 *Triantafillidis* ebenda.

62 Vgl. OLGZ 1973, 58.

jedoch keine klare Regelung für die grenzüberschreitende Anerkennung und Vollstreckung einstweiliger Maßnahmen beinhaltete. § 328 ZPO und § 722 ZPO betrafen nur die Anerkennung und Vollstreckbarerklärung ausländischer endgültiger Entscheidungen in der Hauptsache und fanden in dem einstweiligen Rechtsschutz wegen der fehlenden Endgültigkeit der Maßnahmen keine Anwendung.[63] Ferner war die prozessuale Anerkennung einer erfolgten ausländischen Pfändung als Vollstreckungsakt eines Arrestbeschlusses weder in Staatsverträgen noch in den nationalen Rechten ausdrücklich geregelt, sondern der Rechtsprechung überlassen.[64]

2. Erste Konturen eines Systems durch das EuGVÜ

Erst mit dem EuGVÜ[65] wurde ein rudimentäres System des internationalen einstweiligen Rechtsschutzes aufgebaut, welches grundsätzlich weiterhin auf nationales Recht verwies. Der Erlass von Sicherungsmaßnahmen nach dem Übereinkommen setzte voraus, dass der mit der Maßnahme zu sichernde

---

63 Über die Nichtanwendung von § 328 ZPO auf ausländische Arrestbefehle wegen deren fehlender Endgültigkeit: *Eilers*, Maßnahmen, 1991, S. 223 f; *Kofmel Ehrenzeller*, Der vorläufige Rechtsschutz im internationalen Verhältnis, 2005, S. 128 ff.; *Welter*, Zwangsvollstreckung und Arrest in Forderungen, 1988, S. 80 f.; dies gilt immer noch für Drittstaatenfälle, bei denen nicht die EuGVO, sondern die ZPO zur Anwendung kommt: Musielak/Voit/*Stadler*, ZPO (18. Aufl. 2021), § 328 Rn. 5; Stein/Jonas/*Bruns*, ZPO (23. Aufl. 2020), vor § 916 Rn. 43; *Schack*, Internationales Zivilverfahrensrecht (8. Aufl. 2021), Rn. 914; nach *Gottwald* können einstweilige Maßnahmen nach § 328 ZPO anerkannt werden, wenn sie eine gewisse Endgültigkeit und Bestandskraft aufweisen und nicht mehr allgemeinen Rechtsmitteln unterliegen, MüKoZPO (5. Aufl. 2016), § 328 ZPO Rn. 66. Dies trifft in der Regel bei einstweiligen Verfügungen zu, welche oft *de facto* den Rechtsstreit beenden. *Derselbe* verneint aber die Vollstreckbarkeit ausländischer einstweiliger Maßnahmen nach § 722 ZPO, weil sie keine Rechtskraft in der Hauptsache erlangen, MüKoZPO (5. Aufl. 2016), § 722 Rn. 24.

64 *Gronstedt*, Grenzüberschreitender einstweiliger Rechtsschutz, 1994, S. 104 und 107 ff.; *Mössle*, Internationale Forderungspfändung, 1991, S. 240 f.; *Riebold*, Die Europäische Kontenpfändung, 2014, S. 335 f., die sich gegen eine analoge Anwendung des § 328 ZPO auf den Vollstreckungsakt der Pfändung ausspricht.

65 Übereinkommen über die gerichtliche Zuständigkeit und die Vollstreckung gerichtlicher Entscheidungen in Zivil- und Handelssachen v. 27.9.1968 ABl. EG 1972 Nr. L 299, S. 32. Das EuGVÜ wurde von der EuGVO a.F. (Verordnung 44/2001) ersetzt, welche im Jahr 2012 umfassend revidiert wurde. Da die Regelungen der einstweiligen Maßnahmen in dem EuGVÜ und der EuGVO a.F. identisch sind, werden sie gleich unten analysiert und aus Kontinuitätsgründen der geltenden Neufassung gegenübergestellt.

Anspruch in den Anwendungsbereich des EuGVÜ fiel.[66] Die einstweiligen Leistungsverfügungen, deren Hauptzweck nicht die Anspruchssicherung, sondern die vorläufige Befriedigung des Antragstellers ist, fielen somit in den sachlichen Anwendungsbereich des Übereinkommens, wenn das Rechtsgebiet, zu dem die Zahlungen selbst gehörten, darunter fiel. Die einstweilige Anordnung eines Unterhaltsbeitrags während des Ehescheidungsverfahrens fiel folglich in den Anwendungsbereich des EuGVÜ, obwohl das Hauptverfahren, nämlich die Ehescheidung, dem Personenstand zugehört und somit laut Art. 1 Nr. 1 EuGVÜ vom Anwendungsbereich ausgenommen war.[67]

Das Brüsseler Übereinkommen nahm die in manchen bilateralen Staatsverträgen vorgesehene Eilzuständigkeit in Art. 24 EuGVÜ auf und erweiterte damit ihren territorialen Anwendungsbereich auf alle am EuGVÜ teilnehmende Staaten. Art. 24 EuGVÜ sah also vor, dass die Gerichte der Vertragsstaaten ihre eigenen nationalen einstweiligen Maßnahmen erlassen durften, auch wenn für die Entscheidung in der Hauptsache die Gerichte eines anderen Staates zuständig waren.[68] Einen Wandel erfuhr der einstweilige Rechtsschutz mit den Artikeln 25 und 31 EuGVÜ, womit auf die Endgültigkeit der Entscheidung als Voraussetzung für deren grenzüberschreitende Anerkennung und Vollstreckung verzichtet wurde.[69] Dadurch wurde prinzipiell auch den einstweiligen Maßnahmen die Grenzüberschreitung eröffnet.[70] Dem setzte allerdings der EuGH in seiner Auslegungsfunktion derart enge Grenzen, dass einseitig erlassene Maßnahmen nicht anerkannt und vollstreckt werden konnten.[71]

---

66 EuGH Urteil v. 17.11.1998 – *van Uden*, Rs. C-391/95, Slg. 1998 I-7122, Rn. 33; EuGH Urteil v. 27.3.1979 – *De Cavel I*, Rs. C-143/78, Slg. 1979 I-1055.

67 EuGH Urteil v. 6.3.1980 – *De Cavel II*, Rs. C-120/79, Slg. 1980 I-731; vgl. im geltenden Rechtsrahmen Art. 1 Abs. 2 lit. e EuGVO n.F., der zugunsten der UnthVO die Unterhaltspflichten vom Anwendungsbereich der EuGVO ausnimmt.

68 Umstritten war damals schon das Ausmaß der Verweisung, dazu *Gronstedt*, Grenzüberschreitender einstweiliger Rechtsschutz, 1994, S. 18 ff.

69 EuGH Urteil v. 27.3.1979 – *De Cavel I*, Rs. C-143/78, Slg. 1979 I-1055 Rn. 8; *Kropholler*, EuZPR (6. Aufl.), Art. 25 EuGVÜ Rn. 21 ff.; *Kropholler/von Hein*, EuZPR (9. Aufl. 2011), Art. 32 EuGVO a.F. Rn. 21.

70 BGHZ 74, 278.

71 EuGH Urteil v. 21.5.1980 – *Denilauler*, Rs. C-125/79, Slg. 11980 I-1554; *Welter*, Zwangsvollstreckung und Arrest in Forderungen, 1988, S. 81. Dazu unten I.3.a.cc.

3. Sicherungsmaßnahmen in der EuGVO a.F.

a. Primärer vorläufiger Rechtsschutz in der EuGVO a.F.

Hier werden die unter der alten Fassung der EuGVO geltenden Möglichkeiten zur Anordnung einer vorläufigen Sicherungsmaßnahme vor Erhalt eines Titels in der Hauptsache untersucht. Die internationale Zuständigkeit, der Inhalt der anzuordnenden Maßnahmen sowie deren grenzübergreifende Anerkennung und Vollstreckung waren nur peripherisch vom europäischen Gesetzgeber und wie gezeigt vom Brüsseler Übereinkommen geregelt worden.[72] Die Zurückhaltung des europäischen Gesetzgebers bei der Regelung der internationalen Zuständigkeit sowie der Anerkennung und Vollstreckung von einstweiligen Maßnahmen wurde auch dadurch deutlich, dass kein Wort darüber in den Erwägungsgründen der EuGVO a.F. zu finden war. Nach dem Wortlaut des Art. 31 EuGVO a.F. (Art. 24 EUGVÜ) waren die mitgliedstaatlichen Gerichte befugt, die in ihrem nationalen Recht vorgesehenen einstweiligen Maßnahmen anzuordnen, auch wenn in der Hauptsache aufgrund der Verordnung ein ausländisches Gericht zuständig war. Diese Regelung ließ viele Fragen offen, da grundsätzlich auf nationales Recht verwiesen wurde. In den nationalen Rechtsordnungen existieren mehrere unterschiedliche Arten von einstweiligen Maßnahmen, deren Erlassvoraussetzungen und Wirkungen teilweise stark voneinander divergieren.

Allen voran der EuGH und ihm folgend die nationalen Gerichte und die Lehre gaben dieser lückenhaften Regelung Gestalt. Es wurde auf allen drei Ebenen versucht, den rechtlichen Rahmen zu konkretisieren und der bisher fehlenden Harmonisierung entgegenzukommen. Erstens sollte auf Zuständigkeitsebene eine reale Verknüpfung zwischen dem Gericht und der Maßnahme vorliegen. Zweitens sollte die Schaffung eines autonomen Begriffs den Maßstab dafür geben, ob eine nationale Maßnahme überhaupt als einstweilige Maßnahme im Rahmen der EuGVO in Betracht kommt.[74] Drittens wurde als letztes Mittel auf der Anerkennungsebene versucht, Minimumstandards für die extraterritoriale Wirkung der Maßnahmen zu setzen.[75] Die EuGH-Rechtsprechung hat somit die

72 Vgl. *Kropholler/von Hein*, EuZPR (9. Aufl. 2011), Art. 31 EuGVO a.F. Rn. 1, in dem die Regelung der internationalen Zuständigkeit für den Erlass einstweiliger Maßnahmen zu Recht als eine Schwachstelle der EuGVO bezeichnet wird; Rauscher/*Leible*, EuZPR (Bearbeitung 2010), Art. 31 Brüssel I-VO Rn. 1; *Garber*, ecolex 2013, 1071; *Sujecki*, GRUR Int. 2013, 201 (211).

74 S.u. unter bb.

75 S.u. unter cc.

Weiterentwicklung des einstweiligen Rechtsschutzes erheblich beeinflusst. Sie betraf zwar das Brüsseler Übereinkommen, ist aber zum Zwecke der Kontinuität auch für die Auslegung der es ersetzenden Verordnung bzw. der EuGVO a.F. und der EuGVO n.F. zu beachten.[76]

aa. Internationale Zuständigkeit

(i) Grundsatz

Die EuGVO a.F. führte nach verbreiteter Ansicht ein zweispuriges[77] Zuständigkeitssystem für den Erlass einstweiliger Maßnahmen ein. Einstweiliger Rechtsschutz konnte erstens von jedem potentiellen Hauptsachegericht nach Art. 2 und Artt. 5-24 EuGVO a.F. und zweitens von sonstigen Gerichten nach Art. 31 EuGVO a.F. i.V.m. nationalem Recht gewährt werden. Im ersten Fall setzte die Zuständigkeit für den Erlass eines Arrestes nicht voraus, dass die Hauptsache schon anhängig war.[78] Die Zuständigkeit des Gerichts der Hauptsache (Artt. 2, 5-24) zum vorläufigen Rechtsschutz war bereits unter dem EuGVÜ von der h.M. als selbstverständlich angesehen und dies wurde vom EuGH auch bestätigt.[79]

---

76 Erwägungsgrund 19 S. 2 EuGVO a.F. und Erwägungsgrund 34 S. 2 EuGVO n.F.; für die Auslegungskontinuität *Kropholler/von Hein*, EuZPR (9. Aufl. 2011), Einl. EuGVO Rn. 68; Hess, EuZPR (2021) § 6 Rn. 6.3.

77 *Heinze*, RIW 2003, 922 (926); i.E. auch *Kropholler/von Hein*, EuZPR (9. Aufl. 2011), Art. 31 Rn. 10-18; *Dickinson*, IPRax 2010, 203 (208); *Honorati*, RDIPP 2012, 525 (526); *Linke/Hau*, IZVR (8. Aufl. 2021), Rn. 15.3. Teilweise wird es als ein dreispuriges System betrachtet, das den erwähnten Zuständigkeiten die Annexkompetenz des schon befassten Hauptsachegerichts hinzufüge. So *Heß/Vollkommer*, IPRax 1999, 220 (221); *Gebauer*/Wiedmann, Zivilrecht unter europäischem Einfluss (2. Aufl. 2010), Kap. 27, Rn. 152; *Pérez-Ragone/Chen*, ZZPInt 17 (2012), 231 (239 ff.).

78 *Kropholler/von Hein*, EuZPR (9. Aufl. 2011), Art. 31 EuGVO a.F. Rn. 11.

79 EuGH Urteil v. 17.11.1998 – *van Uden*, Rs. C-391/95, Slg. 1998 I-7091 Rn. 19 ff. und Urteil v. 27.4.1999 – *Mietz*, Rs. C-99/96 Slg. 1999 I-2299, Rn. 40 f., wo festgestellt wird, dass „das Gericht, das nach dem EuGVÜ für die Entscheidung eines Rechtsstreits in der Hauptsache zuständig ist, auch für die Anordnung einstweiliger oder sichernder Maßnahmen zuständig ist, die sich als erforderlich erweisen". Diese Hauptzuständigkeit hängt nicht von weiteren Voraussetzungen ab; *Kropholler/von Hein*, EuZPR (9. Aufl. 2011), Art. 31 Rn. 10 m.w.N.; die Mindermeinung vertrat *Schlosser*, EuGVÜ (1999), Art. 24 Rn. 1; Rauscher/*Leible*, EuZPR (Bearbeitung 2010), Art. 31 Rn. 16.

(ii) Internationale Zuständigkeit nach Anhängigkeit des Hauptverfahrens

Umstritten war jedoch, ob nach Anhängigkeit des Hauptsacheverfahrens einstweilige Maßnahmen bei einem anderen konkurrierend zuständigen Gericht beantragt werden konnten oder ob nur der Rückgriff auf Art. 31 EuGVO a.F. i.V.m. dem nationalen Recht und dessen restriktive Auslegung durch den EuGH verblieb. Einerseits wurde die Anrufung der konkurrierenden Hauptgerichtsstände (Artt. 2, 5-24 EuGVO a.F.) auch bei Anhängigkeit der Klage bejaht, um Rechtsschutzlücken zu vermeiden.[80] Die h.M. argumentierte, dass solange die EuGVO ein Gericht als potentielles Gericht der Hauptsache ansieht, die vom EuGH vorausgesetzte Sachnähe des Gerichts für die Anordnung einstweiliger Maßnahmen gegeben sei, auch wenn die Klage bereits vor einem anderen Gericht anhängig war.[81] Andererseits wurde vertreten, dass bei Anhängigkeit des Hauptverfahrens nur das *tatsächlich* mit der Sache befasste Gericht als „zuständiges Gericht in der Hauptsache" gelte.[82]

(iii) Stellungnahme

Die zweite Ansicht erscheint konsequenter. Soweit die Hauptklage anhängig ist und das befasste Gericht seine Zuständigkeit bejaht, soll die bis zu diesem Zeitpunkt *potentielle Hauptsache*zuständigkeit, die den Erlass einstweiliger Maßnahmen einschließt, als „*konzentriert bzw. konkretisiert*" angesehen werden. Die als selbstverständlich erachtete Annexkompetenz des Hauptsachegerichts bezog sich ohnehin nur auf das tatsächlich angerufene Gericht. Davon unangetastet bleibt der Rückgriff auf die spezielle Regelung des Art. 31 EuGVO a.F. i.V.m. nationalem Recht.[83] Diese Meinung gibt nach der hier vertretenen Ansicht die

---

80 *Hess*, EuZPR (2021) § 6 Rn. 6.287 m.w.N.; *Schlosser*/Hess EuZPR Kommentar, (5. Aufl. 2021) Art. 35 EuGVVO Rn. 10; *Heß*, JZ 1998, 1021 (1030).

81 Rauscher/*Leible*, EuZPR (Bearbeitung 2010), Art. 31 Rn. 17; *Geimer*/Schütze, EuZVR (3. Aufl. 2010), Art. 31 EuGVO a.F. Rn. 3; *Gebauer*/Wiedmann, Zivilrecht unter europäischem Einfluss (2. Aufl. 2010), Kapitel 27, Rn. 152; MüKoZPO/*Gottwald* (4. Aufl. 2013), Art. 31 Rn. 9; *Junker*, Internationales Zivilprozessrecht (5. Aufl. 2020), § 18 Rn. 3; Nagel/*Gottwald*, IZPR (8. Aufl. 2020), § 17 Rn. 12; *Tsikrikas*, ZZPInt 17 (2012), 293 (303 f.).

82 *Kropholler/von Hein*, EuZPR (9. Aufl. 2011), Art. 31 Rn. 11; so auch *Schack*, Internationales Zivilverfahrensrecht (8. Aufl. 2021), § 8 Rn. 484; *Honorati*, RDIPP 2012, 525 (539); davon ausgehend *Dickinson* IPRax 2010, 203 (208).

83 Die vorgetragene Kooperationspflicht zwischen den zwei Gerichten ist kein auschlaggebendes Argument für die Zuständigkeit des zweiten Gerichts als Hauptsachegericht. Die Regelung des Art. 31 bietet eine ergänzende Möglichkeit, die im Ergebnis weiter

richtige Interpretation der EuGH-Rechtsprechung wieder, wenn sie festschreibt, dass ein Gericht, das nach der Verordnung in der Hauptsache zuständig *ist*, auch die erforderlichen einstweiligen oder sichernden Maßnahmen anordnen darf.[84] Im Fall der mehrfachen Beantragung von Maßnahmen vor unterschiedlichen mitgliedstaatlichen Gerichten findet die Rechtshängigkeitssperre des Art. 27 EuGVO a.F. zwar keine Anwendung im einstweiligen Rechtsschutz.[85] Die Maßnahmen dürften aber nur aus einem nach Art. 31 EuGVO a.F. i.V.m. nationalem Recht gegebenen Zuständigkeit ergehen. Aus der Spezialregelung des Art. 31 EuGVO a.F. (Art. 35 EuGVO) ist systemgerecht zu schließen, dass die Anrufung anderer potentieller Gerichte der Hauptsache nach der Anhängigkeit der Hauptklage ausgeschlossen ist. Die Zuständigkeit des Gerichts nach Art. 31 EuGVO a.F. (Art. 35 EuGVO) i.V.m. nationalem Recht zu begründen, bleibt unberührt.[86]

---

als die Hauptgerichtsstände ist. Die Kooperationspflicht besteht in diesem Fall fort. Vgl. Art. 31 EuGVO-E KOM(2009) 748; *Hess*, JZ 1998, 1021 (1030).

84 EuGH Urteil v. 17.11.1998 – *van Uden*, Rs. C-391/95, Slg. 1998 I-7091 Rn. 19. Hervorhebung hinzugefügt.

85 *Kropholler/von Hein*, EuZPR (9. Aufl. 2011), Art. 27 a.F. Rn. 14 und 31 Rn. 19; Rauscher/*Leible*, EuZPR (5. Aufl. 2021), Art. 29 n.F., Rn. 6; *Wannenmacher*, Einstweilige Maßnahmen im Anwendungsbereich von Art. 31 EuGVVO in Frankreich und Deutschland, 2007, S. 349; a.A. *Pérez-Ragone/Chen*, ZZPInt 17 (2012), 231 (254 ff.) zum Schutz des Antragsgegners vor dem „Austesten" verschiedener Gerichtsstände seitens des Antragstellers; vgl. für die h.M. im deutschen Recht Stein/Jonas/*Bruns*, ZPO (23. Aufl. 2020), vor § 916 Rn. 14; für eine eingeschränkte analoge Anwendung unter Berücksichtigung des Dringlichkeitsinteresses *Pfeiffer/Wais*, IJPL 2012, 274 (289 ff.); vgl. *Eichel*, ZZP 131 (2018) 71 (83 f.), der die einseitige analoge Anwendung des Art. 29 Abs. 3 n.F. (Art. 27 a.F.) auf Leistungsverfügungen, die in einer hypothetischen Hauptsachzuständigkeit beantragt werden, vorschlägt, wenn die Hauptsache bereits vor einem anderen Hauptsachegericht anhängig ist. Er begründet die analoge Anwendung damit, dass die Leistungsverfügungen eben *de facto* das Hauptsacheverfahren ersetzen und somit vergleichbar mit dem Hauptsacheverfahren seien. Dem ist entgegenzuhalten, dass durch den von der hier vertretenen Gegenauffassung vorgebrachten Ausschluss der konkurrierenden Hauptsachezuständigkeiten nach Anhängigkeit der Hauptsache eine autonome und für alle Arten von Maßnahmen geltende Lösung angeboten wird. Problematisch ist in dieser Meinung ferner, dass die analoge Anwendung des Art. 29 Abs. 3 n.F. nur einseitig gelten solle.

86 Kein dazu gegensätzliches Argument ist ferner der EuGH-Entscheidung in der Rechtssache *Italian Leather* zu entnehmen, weil es sich in diesem Fall nicht um zwei in Hauptsachezuständigkeiten ergangene Maßnahmen handelte, sondern darum, dass die zugesprochene einstweilige Maßnahme eines gem. Art. 31 EuGVO a.F. (Art. 24 EuGVÜ) i.V.m. nationalem Recht zuständigen Gerichts (LG Koblenz) mit einer die Maßnahme abweisenden Entscheidung des Hauptsachegerichts (Tribunale Bari)

Allerdings wäre die grenzüberschreitende Anerkennung der Maßnahme problematisch, weil nicht nur die reale Verknüpfung fehlen würde, sondern auch der Versagungsgrund der früheren unvereinbaren Entscheidung zutrifft, wie aus dem *Italian Leather*-Urteil hervorgeht.[87] Davon zu unterscheiden ist das Verhältnis zwischen einstweiligen Maßnahmen und Hauptsacheverfahren, welche eindeutig nicht den gleichen Gegenstand und eben nicht den gleichen Anspruch betreffen, was bedeutet, dass die Rechtshängigkeitssperre ohnehin nicht in Betracht kommt.[88]

(iv) Exorbitante Zuständigkeiten

Die Sonderregelung in Art. 31 EuGVO a.F. wurde mit dem grundrechtlichen Gebot des effektiven vorläufigen Rechtsschutzes begründet, den der Betroffene rasch in Anspruch nehmen sollte, ohne daran gebunden zu sein, sich an das Gericht der Hauptsache zu wenden.[89] Art. 31 EuGVO a.F. bot der gefährdeten Partei eine ergänzende Zuständigkeit auch bei anderweitiger ausschließlicher Hauptsachezuständigkeit an.[90] Somit war Art. 31 EuGVO a.F. laut dem EuGH eine Ausnahmeregelung und daher eng auszulegen.[91] Lange umstritten war die Frage, ob der in Art. 3 Abs. 2 EuGVO a.F. verankerte Ausschluss der exorbitanten Zuständigkeiten auch für Art. 31 EuGVO a.F. galt.[92] Der EuGH löste diesen Konflikt dahingehend, dass er den Ausschluss verneinte, weil Art. 3 EuGVO

---

kollidierten. Die Entscheidung prüfte ferner die Rechtssache aus der Sicht des Versagungsgrundes nach Art. 27 Nr. 3. EuGH Urteil v. 6.6.2002 – *Italian Leather*, Rs. C- 80/00, Slg. 2002 I-4995 Rn. 39-47 (insbes. 42). Ein ähnlich gelagerter Fall kann unter der EuGVO nicht mehr auftreten, da gem. Art. 2 lit. a UAbs. 2 den Maßnahmen aus Art. 35 EuGVO i.V.m. nationalem Recht die Freizügigkeit untersagt ist. Dazu *Pérez-Ragone/Chen*, ZZPInt 17 (2012), 231 (254).

87 EuGH Urteil v. 6.6.2002 – *Italian Leather*, Rs. C- 80/00, Slg. 2002 I-4995.

88 Vgl. *Hess*, EuZPR (2021) § 6 Rn. 6.287.

89 Vgl. EuGH Urteil v. 28.4.2005 – *St. Paul Dairy*, Rs. C-104/03, Slg. 2005 I-3481 Rn. 12; *Kofmel Ehrenzeller*, Der vorläufige Rechtsschutz im internationalen Verhältnis, 2005, S. 537.

90 *Junker*, Internationales Zivilprozessrecht, (5. Aufl. 2020), § 18 Rn. 4; eine Gerichtsstandsvereinbarung erfasst auch den einstweiligen Rechtsschutz, es sei denn, er wird ausdrücklich ausgenommen, dazu *Kropholler/von Hein*, EuZPR (9. Aufl. 2011), Art. 31 a.F. Rn. 14 und Art. 23 a.F. Rn. 103; *Geimer*/Schütze, EuZVR (3. Aufl. 2010), Art. 31 a.F. Rn. 20.

91 EuGH Urteil v. 28.4.2005 – *St. Paul Dairy*, Rs. C-104/03, ECLI:EU:C:2005:255, Slg. 2005 I-3481 Rn. 11.

92 Rauscher/*Leible*, EuZPR/EuIPR (Bearbeitung 2010), Art. 31 EuGVO a.F. Rn. 21.

a.F. laut seinem Wortlaut nur für die Gerichtsstände der Abschnitte 2 bis 7 des zweiten Kapitels der EuGVO galt, zu denen Art. 31 EuGVO a.F. nicht gehörte.[93] Der Verweis in Art. 31 EUGVO a.F. auf nationales Recht sollte den Schutz eben erweitern, damit die gefährdete Partei schnell und unkompliziert eine vorläufige Sicherung oder Regelung erreicht. Dies hatte zur Folge, dass für die Anordnung einstweiliger Maßnahmen auch exorbitante Zuständigkeiten, wie § 23 ZPO oder Art. 40 gr. ZPGB[94], in Betracht kamen, die im Übrigen nach Art. 3 Abs. 2 EuGVO a.F. für die Entscheidung in der Hauptsache im Zuständigkeitssystem der EuGVO nicht erlaubt waren.[95]

Art. 31 EuGVO a.F. sah keine eigenständige Regelung der internationalen Zuständigkeit vor, sondern verwies auf nationales Recht.[96] Dies führte zu der potentiellen uferlosen Vermehrung der möglichen Gerichtsstände für den vorläufigen Rechtsschutz, was in ein extensives *forum shopping* münden könnte.[97] Diese Erweiterung der möglichen Gerichtsstände nach nationalem Recht begrenzte der EuGH wiederum durch die Koppelung strengerer Voraussetzungen an die Anordnung einstweiliger Maßnahmen in Gerichtsständen nach Art. 31 EuGVO a.F. i.V.m. nationalem Recht und an deren Anerkennung in anderen Mitgliedstaaten.[98]

Nach der EuGH-Rechtsprechung soll das erlassende Gericht besondere Umsicht und genaue Kenntnis der konkreten Umstände haben, in deren Rahmen

---

93 EuGH Urteil v. 17.11.1998 – *van Uden*, Rs. C-391/95, Slg. 1998 I-7122 Rn. 42.

94 Griechisches Zivilprozessgesetzbuch, Gesetzesdekret Nr. 503/1985, FEK A/182 v. 24.10.1985, wie geändert.

95 *Geimer*/Schütze, EuZVR (3. Aufl. 2010), Art. 31 a.F. Rn. 64 ff.; Rauscher/*Leible*, EuZPR/EuIPR (Bearbeitung 2010), Art. 31 a.F. Rn. 21; *Kropholler/von Hein*, EuZPR (9. Aufl. 2011), Art. 31 a.F. Rn. 18; a.A. *Gronstedt*, Grenzüberschreitender einstweiliger Rechtsschutz, 1994, S. 19 ff.; *Eilers*, Maßnahmen, 1991, S. 200 ff., welche die exorbitanten Zuständigkeiten ausschließen wolle und die Eilbedürftigkeit als Merkmal der internationalen Zuständigkeit des Gerichts sieht („Eilgerichtsstände"). Berechtigte Kritik dazu bei *Mankowksi*, RabelsZ 58 (1994), 355 (356).

96 *Domej*, RabelsZ 78 (2014), 508 (542); *Kropholler/von Hein*, EuZPR (9. Aufl. 2011), Art. 31 a.F., Rn. 1; Rauscher/*Leible*, EuZPR/EuIPR (Bearbeitung 2010), Art. 31 a.F. Rn. 21; a.A. *Kofmel Ehrenzeller*, Der vorläufige Rechtsschutz im internationalen Verhältnis, 2005, S. 537 und S. 250 m.w.N., welche für die Mindermeinung plädiert, die Art. 31 a.F. als eigenständige Zuständigkeitsnorm betrachtet.

97 *Hess*, EuZPR (2021) § 6 Rn. 6.277; *Tsikrikas*, ZZPInt 17 (2012), 293 (294); *Hess*, Study JAI/A3/2002/02, S. 15 f.; vgl. für das EuGVÜ *Kropholler*, EuZPR (6. Aufl.) Art. 24 Rn. 9.

98 *Kropholler/von Hein*, EuZPR (9. Aufl. 2011), Art. 31 a.F. Rn. 17; *Eisermann*, Einstweilige Maßnahmen auf dem Gebiet der Brüssel I-VO, 2011, S. 176.

die Maßnahmen wirken sollen, und den vorläufigen oder sichernden Charakter der Maßnahmen sicherstellen.[99] Daher soll zwischen dem Gegenstand der angeordneten Maßnahme und der Zuständigkeit des angerufenen Gerichts die zusätzliche ungeschriebene Voraussetzung der *realen Verknüpfung* bestehen. Der Begriff der „realen Verknüpfung“ hat aufgrund seines unbestimmten Inhalts Kritik ausgelöst und ist immer noch nicht ausreichend konkretisiert worden.[100] Der EuGH hat dieses Merkmal nicht für jede Art von Maßnahme konkretisiert, sondern im *van Uden*-Urteil ausgesprochen, dass es sich am besten bei dem Gericht des Staates, in dem sich der Maßnahmengegenstand befindet, verwirklicht.[101]

Hieran wurde kritisiert, dass der EuGH in dem *van Uden*-Urteil seine frühere Argumentation aus der *Denilauler*-Rechtsprechung[102] übernommen habe und dabei übersah, dass die betreffenden Maßnahmen ganz anderer Art waren. Im *Denilauler*-Urteil handelte es sich um eine Kontopfändungsmaßnahme zur Sicherung der Vollstreckung, während es in *van Uden* um eine niederländische vorläufige Leistungsanordnung ging. Auf diese Weise habe der EuGH unglücklicherweise die Restriktionen der *Denilauler*-Rechtsprechung in Bezug auf die Anerkennung und Vollstreckung einer vom Gericht der Hauptsache angeordneten *ex parte-* Sicherungsmaßnahme generell auf die Zuständigkeitsfrage des Art. 31 EuGVO a.F. (damals Art. 24 EuGVÜ) übertragen.[103] Obwohl die Argumente dieser Kritik gewichtig sind, kann sie dem Bedarf nach Sachnähe bzw. nach der genauen Kenntnis und der Kontrolle auf die Anwendung der Maßnahme nicht entgegengehalten werden. Die Sachnähe ist auf jeden Fall bei den Gerichten der Hauptsache zu finden und liegt im Fall eines entfernten

---

99 EuGH Urteil v. 17.11.1998 – *van Uden*, Rs. C-391/95, Slg. 1998 I-7122 (7134) Rn. 38.

100 *Kropholler/von Hein*, EuZPR (9. Aufl. 2011), Art. 31 a.F. Rn. 15; *Dickinson*, IPRax 2010, 203 (208 ff.); *Stadler*, JZ 1999, 1089 (1093); *Pfeiffer/Wais*, IJPL 2012, 274 (281) differenzieren zwischen einer vollstreckungsnahen Zuständigkeit nur für den Arrest und der für die auf einen Gegenstand gerichteten Leistungsverfügung. Für die übrigen Maßnahmen, z.B. Unterlassungsanordnungen in Wettbewerbssachen, reiche auch eine anderweitige Beziehung zwischen dem Gericht und dem Streitgegenstand in der Hauptsache; vgl. Zöller/*Geimer*, ZPO (33. Aufl. 2020), Art. 35 EuGVO Rn. 7: „eine reale Zugriffsmöglichkeit“.

101 EuGH Urteil v. 17.11.1998 – *van Uden*, Rs. C-391/95, Slg. 1998 I-7091 Rn. 38 ff. (40). Früher schon in EuGH Urteil v. 21.5.1980 – *Denilauler*, Rs. C-125/79, Slg. 11980 I-1554 Rn. 15 f.

102 EuGH Urteil v. 21.5.1980 – *Denilauler*, Rs. C-125/79, Slg. 11980 I-1554.

103 Dazu *Dickinson*, IPRax 2010, 203 (204, 209); vgl. *Domej*, Internationale Zwangsvollstreckung und Haftungsverwirklichung, 2016, S. 300 f.

(vom Sachverhalt) Gerichts in der Regel nicht vor. Darüber hinaus wurde wohl bereits im *Denilauler*-Urteil indirekter Bezug auf die reale Verknüpfung genommen, und zwar im Rahmen der Prüfung der internationalen Zuständigkeit des Richters. Auf Anerkennungs- und Vollstreckungsebene war allerdings in jenem Urteil das *ex parte*-Element der entscheidende Faktor für die Versagung der Anerkennung und nicht die „fehlende" reale Verknüpfung.[104]

bb. Definition der einstweiligen Maßnahmen

(i) Nationale Grundkategorien

Die EuGVO a.F. sah keine Legaldefinition der einstweiligen Maßnahmen vor. Die mitgliedstaatlichen Gerichte waren also befugt, die in ihren nationalen Rechten vorgesehenen Maßnahmen anzuordnen. In den nationalen Rechtsordnungen lassen sich die einstweiligen Maßnahmen nach ihrer Funktion grundsätzlich in drei Kategorien[105] unterteilen: 1. Maßnahmen zur Sicherung der Vollstreckung, 2. Maßnahmen zur vorläufigen Regelung eines Rechtsverhältnisses und 3. Maßnahmen zur vorläufigen Befriedigung.[106] Zur Vollstreckungssicherung der hier untersuchten Geldansprüche sind zwei Grundtypen vorhanden.[107] Die meisten europäischen Rechtsordnungen sehen eine *in rem* wirkende vorläufige Sicherungsmaßnahme vor, wie den dinglichen Arrest (§ 930 ZPO) des deutschen Rechts und die Arrestpfändung (Art. 707 gr. ZPGB) des griechischen Rechts.[108]

---

104 EuGH Urteil v. 21.5.1980 – *Denilauler*, Rs. C-125/79, Slg. 11980 I-1554 Rn. 16 f.

105 Eine vierte Kategorie bilden die Beweissicherungsmaßnahmen, welche wegen ihrer speziellen Funktion hier ausgenommen werden, EuGH Urteil v. 28.4.2005 – *St. Paul Dairy*, Rs. C-104/03, ECLI:EU:C:2005:255, Slg. 2005 I-3481.

106 *Stürner*, in: FS Geiß (2000), S. 199; *Hess*, Study JAI/A3/2002/02, S. 120; *Bruns* in: Stürner/Kawano (Hg.), Comparative Studies on Enforcement and Provisional Measures (2011), S. 183 ff.

107 *Stürner*, in: FS Geiß (2000), S. 199 ff.; *Hess*, Study JAI/A3/2002/02, S. 120 f.

108 Zu der griechischen vorläufigen Beschlagnahme, Sicherungspfändung oder Arrestpfändung *Klamaris*, in: FS Schilken (2015), S. 339 (344 ff.); *Meier/Kotronis*, in: FS Kaissis (2012), S. 683 (701); im griechischen Recht ist nach Artt. 952, 864 gr. ZPGB der persönliche Arrest in Bezug auf Geldforderungen nur als Sanktion gegen den Schuldner wegen Nichtbefolgung der gerichtlichen Anordnung zur Abgabe eines Vermögensverzeichnisses vorgesehen. Zu dieser Offenlegung wird er verurteilt, wenn der Pfändungsgläubiger glaubhaft macht, dass das bereits gepfändete Schuldnervermögen für seine Befriedigung nicht ausreichen wird. Der persönliche Arrest als Exekutionsmittel ist ausschließlich auf Geldforderungen aus unerlaubter Handlung über mehr als 30.000 Euro beschränkt (Art. 951 i.V.m. Art. 1047 ff. gr. ZPGB) und wird kaum angeordnet. Dazu *Yessiou-Faltsi*, in: FS Stürner (2013), Bd. II, S. 1869 ff.; zu dem

Die *in rem*-Wirkung der Maßnahme bedeutet, dass sie durch Pfändung eines Gegenstands (z.B. eines Bankkontos) vollzogen wird und ggf. ein Sicherungspfandrecht herstellt. Daraus ergibt sich ein relatives Verfügungsverbot, das jegliche Verfügung über das eingefrorene Vermögen automatisch gegenüber dem Gläubiger unwirksam macht. Dem dinglichen Arrest wird die hauptsächlich in der englischen Rechtsprechung entwickelte *Mareva injuction*[109], heute genannt *freezing order*, gegenübergestellt.[110] Die *Mareva injunction* stellt ein *in personam*-Verfügungsverbot gegen den Schuldner und Dritten dar. Erst die Nichteinhaltung des Verfügungsverbots gilt als *contempt of court* und führt zur Geldstrafe. Diesen beiden Typen der Sicherungsmaßnahmen ist gemeinsam, dass der Antragsteller die zu sichernde Forderung und die Gefahr bzw. die Eilbedürftigkeit glaubhaft machen muss.[111] Obwohl die speziellen Verfahrensregeln und Strukturen von Staat zu Staat auch innerhalb derselben Art von Sicherungsmaßnahmen unterschiedlich sind, kann man die gemeinsame Grundlinie der Vollstreckungssicherung nicht leugnen.[112]

---

deutschen persönlichen Arrest als *ultima ratio* nach §§ 918, 933 ZPO vgl. MüKoZPO/*Drescher* (5. Aufl. 2016), § 918 Rn. 1; im niederländischen Recht ergeht die *conservatoir beslag* innerhalb eines Tages und verdrängt oft das kostspielige Hauptverfahren, *Sujecki*, EWS 2011, 414 (418 in Fn. 25).

109 Der Name stammt aus dem Fall Mareva Compania Naviera SA v International Bulkcarriers (1975) 2 Lloyd's Rep 509 (CA). Die *Mareva injunction* wurde von Lord Donaldson in Bank Mellat v Nikpour [1985] FSR 87 (92) als „one of the law's two nuclear weapons" bezeichnet. Die andere „Atomwaffe des Rechts" ist die Anton Piller Order, benannt nach der Entscheidung Anton Piller KG v Manufacturing Process Ltd. [1976] Ch. 55, heute bekannt als *search order*. Auf Basis einer *freezing order* frieren die englischen Banken nach Zustellung der *order* in der Regel sämtliche Konten des Schuldners ein, was die Parteien oft zum Vergleich führt und den Hauptprozess ersetzt. Dazu *Müller*, Die worldwide Mareva injunction, 2001, S. 31 f.

110 Trotz des Austritts des Vereinigten Königreichs aus der EU ist diese grundlegende Unterscheidung immer noch für Mitgliedstaaten wie Zypern relevant.

111 *Stürner*, in: FS Geiß (2000), S. 200 und 202; *Meier/Kotronis*, in: FS Kaissis (2012), S. 683 (700 f.). Die Glaubhaftmachung einer Gefahr bedeutet allerdings für das griechische Gericht, dass es nach seinem Ermessen eine Maßnahme der ersten Kategorie, nämlich eine Sicherungsmaßnahme, aber keine regelnde Maßnahme anordnen darf. Welche Maßnahme genau angeordnet wird, darf das Gericht entscheiden, ohne diesbezüglich an den Gläubigerantrag gebunden zu sein. Um eine regelnde Maßnahme anordnen zu dürfen, muss der Gläubiger eine dringende Notwendigkeit zur Rechtsschutzgewährung vortragen. Somit ist das Gericht im einstweiligen Rechtsschutz „antragsbedingt, aber nicht antragsgebunden", dazu: *Kerameus*, in: FS Michelakis (1973), S. 411 (424).

112 *Stürner*, in: FS Geiß (2000), S. 203.

Zur Sicherung nicht pekuniärer Ansprüche und zur vorläufigen Regelung von Rechtsverhältnissen fällt es hingegen schwer, Gemeinsamkeiten zwischen den verschiedenen Rechtsordnungen zu erkennen. Es wird eine Vielfalt von Maßnahmen angeboten, welche in der Regel eng mit dem materiellen Recht verbunden sind und deren Harmonisierung daher heikel ist.[113] Sie ordnen in der Regel entweder eine Unterlassung oder die Vornahme einer Handlung an. Dazu gehören einstweilige Anordnungen vor allem im Wettbewerbs-, Urheber- und Arbeitsrecht,[114] sowie – vor dem Brexit – die *anti-suit injunction* des englischen Rechts, welche die Einleitung eines Verfahrens im Ausland verhindert.[115]

Die dritte Kategorie des einstweiligen Rechtsschutzes betrifft Maßnahmen, die zur vorläufigen Befriedigung des Antragstellers führen. Ein Hauptmerkmal des einstweiligen Rechtsschutzes im Allgemeinen ist, dass die Maßnahme nicht zur Befriedigung des Antragstellers führen darf, die dem Hauptsacheverfahren vorenthalten bleibt. Der einstweilige Rechtsschutz dient nur der Vorbeugung der Verschlechterung der Rechtsposition der gefährdeten Partei. Daher herrschen Zurückhaltung und starke Divergenzen zwischen den Rechtsordnungen in Bezug auf diese Art von Maßnahmen. Das Spektrum der vorhandenen nationalen vorläufigen Leistungsverfügungen erstreckt sich von der großzügigen französischen *référé provision*[116] und der niederländischen *kort geding*[117], welche vor und während des Hauptverfahrens gewährt werden können und bloß einen nicht ernsthaft bestrittenen Anspruch voraussetzen.[118] Ähnlich ausgestaltet sind die englischen *interim payments* und die italienische *ordinanza*, welche grundsätzlich die überlange Dauer eines gerichtlichen Hauptverfahrens durch eine vorläufige Zahlung während des Verfahrens ausgleichen wollen.[119] Letztlich gehören zu dieser Art von Maßnahmen auch die griechische vorläufige

---

113 *Stürner*, in: FS Geiß (2000), S. 205 f.; *Hess*, Study JAI/A3/2002/02, S. 122; vgl. im griechischen Recht: Art. 731 gr. ZPGB, im deutschen Recht § 940 ZPO.

114 *Hess*, EuZPR (2021), § 8 Rn. 8.89.

115 *Hess*, EuZPR (2021), § 6 Rn. 6.243. S. gleich unten ii).

116 Insbesondere die *mesures d'anticipation* nach Art. 809 II fr. NCPC; *Eisermann*, Einstweilige Maßnahmen auf dem Gebiet der Brüssel I-VO, 2011, S. 98 ff.; *Zhou*, Einstweiliger Rechtsschutz in China und im europäischen Justizraum, 2008, S. 98.

117 Art. 254-260 WvBRv; dazu *Schneider*, Die Leistungsverfügung im niederländischen, deutschen und europäischen Zivilprozessrecht, 2013; *Zhou*, Einstweiliger Rechtsschutz in China und im europäischen Justizraum 2008, S. 115 ff.

118 *Stürner*, in: FS Geiß (2000), S. 209 f.; *Tsikrikas*, ZZPInt 17 (2012), 293 (297 f.); *Hess*, Study JAI/A3/2002/02, S. 122 f.

119 *Stürner*, in: FS Geiß (2000), S. 210 f.

Zahlung[120] sowie die deutsche Befriedigungsverfügung[121], welche jedoch an die Eilbedürftigkeit und strenge Voraussetzungen geknüpft sind und in der Regel im Unterhaltsrecht Anwendung finden.

(ii) Autonome Definition

Der EuGH entwickelte einen autonomen Begriff, ohne die konkreten Maßnahmen zu benennen, da sie, wie gezeigt, vom nationalen Recht zur Verfügung gestellt werden.[122] Der EuGH sprach aus, dass unter „einstweiligen Maßnahmen einschließlich solcher, die auf eine Sicherung gerichtet sind", Maßnahmen in Rechtsgebieten, die in den Anwendungsbereich der EuGVÜ/EuGVO fallen, zu verstehen sind und eine Veränderung der Sach- oder Rechtslage verhindern sollen, um Rechte zu sichern, deren Anerkennung im Übrigen bei dem in der Hauptsache zuständigen Gericht beantragt wird.[123] Hieraus wird ersichtlich, dass dem Sicherungscharakter und der Vorläufigkeit der einstweiligen Maßnahmen zentrale Bedeutung zukommt. Der Arrest des deutschen und die vorläufige Sicherungspfändung des griechischen Zivilprozessrechts sowie die *freezing orders*[124] der englischen Rechtsprechung lassen sich eindeutig unter den autonomen Begriff einordnen. Von dem autonomen Begriff nicht erfasst sind hingegen die *anti-suit injunctions* des englischen Rechts.[125]

---

120 Zu den gesetzlich vorgesehenen Fällen, in denen eine vorläufige Zahlung nach Art. 728 gr. ZPGB möglich ist, *Klamaris*, in: FS Schilken (2015), S. 339 (347 f.); vgl. *Kargados*, in: FS Gaul (1997), S. 265 ff.

121 Zu § 940, 935 ZPO statt allen Baumbach/Lauterbach/Hartmann/*Becker*, ZPO (79. Aufl. 2021),Vor § 916 Rn. 6 ff.; *Hess*, Study JAI/A3/2002/02, S. 122 ff.; *Stürner*, in: FS Geiß (2000), S. 211.

122 Vgl. auch *Kofmel Ehrenzeller*, Der vorläufige Rechtsschutz im internationalen Verhältnis, 2005, S. 247 f.; *Schlosser*/Hess, EuZPR Kommentar (5. Aufl. 2021) Art. 35 EuGVVO Rn. 26.

123 EuGH Urteil v. 27.3.1979 – *De Cavel I*, Rs. C-143/78, Slg. 1979-1055 Rn. 8: „…sich ihre Zugehörigkeit zum Anwendungsbereich des Brüsseler Übereinkommens nicht nach ihrer eigenen Rechtsnatur, sondern nach derjenigen der durch sie gesicherten Ansprüche bestimmt."; Urteil v. 26.3.1992 – *Reichert und Kockler/Dresdner Bank*, Rs. C-261/90 Slg. 1992 I-2149 Rn. 34.

124 OLG Nürnberg WM 2011, 700; OLG Karlsruhe ZZPInt 1 (1996), 91 m. Anm. *Zuckerman/Grunert*, 96. Nach dem Brexit haben sie nur begrenzte praktische Bedeutung.

125 EuGH Urteil v. 27.4.2004 – *Turner/Grovit*, Rs. C-159/02, Slg. 2004 I-3565; EuGH Urteil v. 10.2.2009 – *West Tankers*, Rs. C-185/07, ECLI:EU:C:2009:69, Slg. 2009 I-663; Bedenken gegen den allgemeinen Ausschluss äußert u.a. *Tsikrikas*, ZZPInt 17 (2012), 301; *Kropholler/von Hein*, EuZPR (9. Aufl. 2011), Art. 27 a.F. Rn. 20.

Es ist ferner umstritten, ob die Dringlichkeit eine Voraussetzung der einstweiligen Maßnahmen nach dem autonomen Begriff darstellt. In dem autonomen Begriff der einstweiligen Maßnahmen wird die Eilbedürftigkeit nicht explizit erwähnt. Nach einer verbreiteten Meinung in den meisten nationalen Rechten stellt sie jedoch ein immanentes Element des einstweiligen Rechtschutzes dar.[126] Nach anderer Ansicht ist die Dringlichkeit keine Voraussetzung des einstweiligen Rechtsschutzes, weil dies dem Antragsteller zu hohe Darlegungsanforderungen stellt.[127] Er müsste nämlich die drohende Gefahr glaubhaft machen, von der er sich mit dem Antrag auf einstweiligen Rechtsschutz gerade zu schützen versucht. In der Gerichtspraxis dürfte allerdings die Dringlichkeit für die Anordnung einer einstweiligen Sicherungsmaßnahme die Regel sein.[128] *M.E.* muss nach Art der Maßnahme differenziert werden. Bei den Sicherungsmaßnahmen ist die Glaubhaftmachung einer Dringlichkeit bzw. einer Gefahr tatsächlich dem Begriff der „Sicherung" immanent und kann auch dem autonomen Begriff zugesprochen werden. Dazu stellt die Glaubhaftmachung einer Gefährdung eben keine allzu schwere Belastung für den Antragsteller dar, wenn man den Nutzen, den er aus der Anordnung der Maßnahme gewinnt, berücksichtigt.

Andererseits ist die Gefährdung, sog. *periculum in mora*, keine Voraussetzung für manche nationale Abschlagszahlungen, wie die französische *ordonnance de référé* oder die englischen *interim payments*.[129] Für die Maßnahmen dieser Art hat der EuGH zusätzliche Anforderungen gestellt, ohne die Dringlichkeit miteinzubeziehen. Aus dem *argumentum e contrario* und der Funktion dieser Maßnahmen ist die Dringlichkeit keine autonom begriffliche Voraussetzung für die Leistungsverfügungen.[130] Die vorläufigen Leistungsverfügungen stellen nach

---

126 Rauscher/*Mankowski* EuZPR/EuIPR (5. Aufl. 2021) Vor Art. 4 EugVO Rn. 49 ff.; *Tsikrikas*, ZZPInt 17 (2012), 293 (297 ff.); *Garber*, Einstweiliger Rechtsschutz nach der EuGVO, 2011, S. 129 ff.; Magnus/Mankowski/*Pertegás Sender/Garber*, ECPIL, BrusselsI*bis* Regulation (2016), Art. Rn. 35 EuGVO Rn. 33 ff.; *Pfeiffer/Wais*, IJPL 2012, 274 (280) gehen von einem im einstweiligen Rechtsschutz bestehenden „Dringlichkeitsinteresse" aus, ohne dies als Tatbestandsvoraussetzung zu benennen.

127 Vgl. *Orfanidis*, Die Verordnung (EU) Nr. 655/2014, in: Hopt/Tzouganatos (Hg.), Das europäische Wirtschaftsrecht (2014), S. 263 (282).

128 Vgl. Monomeles Protodikeio (eingliedriges LG) Piräus 437/2018, NOMOS-Datenbank.

129 *Zhou*, Einstweiliger Rechtsschutz in China und im europäischen Justizraum, 2008, S. 98 für das französische und S. 81 ff. für das englische Model vor dem Brexit. Im englischen System wird die Dringlichkeit im Rahmen der *equity*-Prüfung des Richters berücksichtigt.

130 Obwohl nach deutschem und griechischem Recht die Dringlichkeit und die Schutzbedürftigkeit des Antragstellers zur Aufrechterhaltung der Sachlage in der Regel

den *van Uden*- und *Mietz*-Urteilen des EuGH nur dann einstweilige Maßnahmen i.S.d. Art. 31 EuGVO a.F. (24 EuGVÜ) dar, wenn die Rückzahlung gewährleistet ist[131] und die betroffenen Vermögensgegenstände sich im örtlichen Zuständigkeitsbereich des angerufenen Gerichts befinden oder befinden müssten (reale Verknüpfung).[132] Das aufgrund Art. 31 EuGVO a.F. i.V.m. nationalem Recht zuständige Gericht muss den vorläufigen oder sichernden Charakter der Maßnahme sicherstellen.[133] Somit sind auch die vorläufigen Zahlungen im Prinzip vom autonomen Begriff der einstweiligen Maßnahmen erfasst. Allerdings werden diese Voraussetzungen von manchen vorläufigen Zahlungen (insbesondere im englischen, französischen und niederländischen Recht) nach verbreiteter Meinung nicht erfüllt, weil diese Maßnahmen in der Regel *de facto* das Hauptverfahren ersetzen[134] und eben keinen vorläufigen Charakter haben.[135]

---

vorausgesetzt werden, reicht für den französischen *référé* und die englischen *interim payments* eine vorläufige Rechtzusprechung in klaren Fällen aus. Dazu *Stürner*, in: FS Geiß (2000), S. 214; für die griechische Rechtsordnung: *Meier/Kotroni*, in: FS Kaissis (2012), S. 683 (700).

131 Die Gewährleistung der Rückzahlung erfolgt durch Sicherheitsleistung seitens des Gläubigers oder durch einen Schadensersatzanspruch des Schuldners. In dieser Hinsicht wurde die Sicherheitsleistung als Schuldnerschutzgarantie im einstweiligen Rechtsschutz zum ersten Mal vom EuGH in Erwägung gezogen. Dazu *Stadler*, JZ 1999, 1089 (1097); *Heß/Vollkommer*, IPRax 1999, 220 (221); *Heinze*, RIW 2003, 944 ff.; *Heß*, IPRax 2000, 370 (373); *Hess/Pfeiffer/Schlosser*, Study JLS/C4/2005/03, Report on the Application of Regulation Brussels I in the Member States - Heidelberg Report, 2007, Rn. 617 f.; da der Schadensersatz- oder Bereicherungsanspruch des Antragsgegners für seinen Schutz nicht ausreicht, ist die Sicherheitsleistung erforderlich, und zwar vor dem Erlass der Maßnahme. Eine Ausnahme für unterhaltsrechtliche Ansprüche erscheint allerdings gerechtfertigt, vgl. *Hess*, EuZPR (2021) § 6 Rn. 6.283.

132 EuGH Urteil v. 17.11.1998 – *van Uden*, Rs. C-391/95, Slg. 1998 I-7091 Rn. 47 und Urteil v. 27.4.1999 – *Mietz*, Rs. C- 99/96, Slg. 1999 I-2299 Rn. 42. Das Erfordernis der Sicherheitsleistung gilt nach dem gleichen Urteil (Rn. 40) für Maßnahmen des Hauptsachegerichts nicht.

133 EuGH Urteil v. 17.11.1998 – *van Uden*, Rs. C-391/95, Slg. 1998 I-7091 Rn. 41.

134 *Eisermann*, Einstweilige Maßnahmen auf dem Gebiet der Brüssel I-VO, 2011, S. 166; für das *kort-geding*-Verfahren *Zhou*, Einstweiliger Rechtsschutz in China und im europäischen Justizraum, 2008, S. 123.

135 *Hess*, Study JAI/A3/2002/02, S. 125 m.w.N.; *Stürner*, in: FS Geiß (2000), S. 211 f., der über die *ordre public*-Kontrolle zur Nichtanerkennung kommt; *Tsikrikas*, ZZPInt 2012, 293 (297 ff.), der die Dringlichkeit als im Begriff der einstweiligen Maßnahmen immanent sieht. Da die bestimmten Zahlungsverfügungen keine Gefahr oder Bedürfnis voraussetzen, seien sie vom Begriff der einstweiligen Maßnahmen auszuschließen. Ebenso *Eisermann*, Einstweilige Maßnahmen auf dem Gebiet der Brüssel

Nach dieser Meinung fallen die vorläufigen Zahlungen nicht unter den autonomen Begriff, den der EuGH für die einstweiligen Maßnahmen entwickelte. Dem ist nicht zu folgen, weil durch die Gewährleistung der Rückzahlung mit einer Sicherheitsleistung die Vorläufigkeit der Anordnung – auch bei späterer Insolvenz des Antragstellers – gewährleistet ist.[136] Der EuGH hat somit strengere Voraussetzungen an die vorläufigen Zahlungsverfügungen gestellt als die betreffenden nationalen Rechte.[137]

In Bezug auf die Schaffung eines echten grenzüberschreitenden einstweiligen Rechtsschutzes scheint die zweite verlangte Voraussetzung der inländischen Belegenheit der von der vorläufigen Verfügung betroffenen Gegenstände eine ähnliche Funktion wie die Voraussetzung der realen Verknüpfung zwischen dem zuständigen Gericht nach nationalem Recht und der Maßnahme zu erfüllen.[138] Die Problematik wird hier sogar eindringlicher, da diese Art von Maßnahmen in der Regel das Hauptsacheverfahren ersetzen und somit einen Titel mit *de facto* endgültigem Charakter schaffen. Dadurch drängt sich die Gefahr auf, dass die Hauptgerichtsstände der EuGVO umgegangen werden, da es nie zu einer Entscheidung kommen wird. Der EuGH verhinderte das Leerlaufen der Hauptgerichtsstände der EuGVO mit der Anforderung der realen Verknüpfung zwischen

---

I-VO, 2011, S. 168 f. und 181; a.A. *Kropholler*, EuZPR (6. Aufl.) Art. 24 EuGVÜ Rn. 5, der die vorläufigen Zahlungen als inbegriffen sieht und nur Zurückhaltung bei deren Anordnung gegen ausländische Schuldner vorschlägt; inbegriffen in Art. 31 EuGVO a.F. nach *Kropholler/von Hein*, EuZPR (9. Aufl. 2011), Art. 31 a.F. Rn. 7, auch für die französische Abschlagszahlung unter der Voraussetzung der Sicherheitsleistung; gleich: MüKoZPO/*Gottwald* (5. Aufl. 2017), Art. 35 EuGVO n.F. Rn. 4; Saenger/*Dörner*, ZPO (7. Aufl. 2017), Art. 35 EuGVO nF Rn. 5; Zöller/*Geimer*, ZPO (33. Aufl. 2020), Art. 35 EuGVO n.F. Rn. 9; Rauscher/*Leible*, EuZPR/EuIPR (Bearbeitung 2010), Art. 31 a.F. Rn. 11; *Garber*, Einstweiliger Rechtsschutz nach der EuGVO, 2011, S. 134 ff.

136 S. die Nachweise in der vorigen Fn.

137 Diese Einschränkung verlor mit der Neufassung der EuGVO massiv an Bedeutung, weil nach Art. 2 lit. a die Maßnahmen aus einem nicht in der Hauptsache zuständigen Gericht ohnehin von der grenzüberschreitenden Anerkennung ausgeschlossen sind. Dazu Musielak/Voit/*Stadler*, ZPO (18. Aufl. 2021), Art. 35 EuGVO Rn. 3.

138 Zu den praktischen Schwierigkeiten in Bezug auf die Beschränkung einer Zahlungsanordnung auf bestimmte Vermögensgegenstände, *Hess/Pfeiffer/Schlosser*, Study JLS/C4/2005/03, Report on the Application of Regulation Brussels I in the Member States - Heidelberg Report, 2007, Rn. 616; *Eisermann*, Einstweilige Maßnahmen auf dem Gebiet der Brüssel I-VO, 2011, S. 169 f.; *Pérez-Ragone/Chen*, ZZPInt 17 (2012), 231 (242 f.).

dem Gegenstand der Maßnahme und dem Gericht derart, dass die Maßnahme nur im Anordnungsstaat vollstreckt werden darf.[139]

cc. Anerkennung und Vollstreckung

(i) Grundsatz – Denilauler-Urteil: Ausschluss der ex-parte-Maßnahmen

Die einstweiligen Maßnahmen unterlagen dem Exequaturverfahren[140] wie ein Endurteil und waren nach Artt. 32, 33 und 38 EuGVO a.F. grundsätzlich in einem anderen Mitgliedstaat anerkennungs- und vollstreckungsfähig.[141] Der Schuldner konnte sich mit den Versagungsgründen des Art. 34 EuGVO a.F. wehren, wobei dem *ordre public* und dem rechtlichen Gehör besondere Bedeutung zukam.[142] Der EuGH hat dieser Freizügigkeit in dem *Denilauler*-Urteil Restriktionen auferlegt, obgleich die Maßnahme von dem Gericht der Hauptsache oder von einem nach Art. 31 EuGVO a.F. i.V.m. dem autonomen Recht zuständigen Gericht angeordnet wird. Nach dieser Rechtsprechung werden *ex parte*-Maßnahmen von der grenzüberschreitenden Anerkennung und Vollstreckung ausgenommen.[143]

---

139 *Kropholler/von Hein*, EuZPR (9. Aufl. 2011), Art. 31 a.F. Rn. 24; Stein/Jonas/*Wagner* ZPO (22. Aufl. 2011) Art. 31 a.F. Rn. 66; vgl. von der griechischen obersten Rechtsprechung, Areopag Urteil v. 12.1.2017, Nr. 93/2017 (NOMOS-Datenbank), wo das Gericht im Anwendungsbereich der EuGVO a.F. aussprach, dass die Gewährleistung der Rückzahlung durch Sicherheitsleistung nach dem EuGH nicht erforderlich ist, wenn die Maßnahme vom Gericht der Hauptsache ergeht.

140 Im Gegensatz zu den einstweiligen Maßnahmen in Bezug auf Unterhaltsansprüche, welche gem. Art. 17 Abs. 2 EuUnthVO direkt vollstreckbar sind.

141 *Kropholler/von Hein*, EuZPR (9. Aufl. 2011), Art. 32 EuGVO a.F. Rn. 21; Rauscher/*Leible*, EuZPR/EuIPR (Bearbeitung 2010), Art. 31 EuGVO a.F. Rn. 35.

142 *Tsikrikas*, ZZP 124 (2011), 461 (469 ff.); vgl. aber auch EuGH Urteil v. 6.6.2002 – *Italian Leather*, Rs. C-80/00, wo der Versagungsgrund aus Art. 27 Nr. 3 EuGVÜ (Art. 34 Nr. 3 EuGVO a.F.) angenommen wurde, weil die ausländische Maßnahme mit einer vorherigen inländischen Entscheidung kollidierte, mit der die Maßnahme abgelehnt wurde. Dazu zu Recht kritisch *Hess*, IPRax 2005, 23 ff.; *Pfeiffer/Wais*, IJPL 2012, 274 (295); *Cristofaro*, in: Stürner/Kawano (Hg.), Comparative Studies on Enforcement and Provisional Measures (2011), S. 352 ff. *M.E.* ist die Ablehnung der Maßnahme eben keine Maßnahme. Die Rechtskraftwirkung der Entscheidungen über einstweilige Maßnahmen ist ohnehin stark umstritten in den nationalen Rechtsordnungen und erschöpft sich i.d.R. in einer Art Bindungswirkung.

143 Dem steht das Urteil des EuGH v. 27.11.1984 – *Schuhfabrik Brennero*, Rs. C-258/83, Slg. 1984-3971, nicht entgegen. Aus dem Sachverhalt dieses Urteils ist zu entnehmen, dass der Antrag auf den ansonsten *ex parte* ergehenden italienischen Arrest erst nach

Der Sachverhalt, der dem *Denilauler*-Urteil aus dem Jahre 1980 zugrunde lag, stellt ein Paradebeispiel für die Fälle dar, die nunmehr die EuKpfVO abdecken soll.[144] Es handelte sich um einen vorläufigen Pfändungsbeschluss – *saisie conservatoire* – eines französischen Gerichts, der jedoch auf einem in Frankfurt geführten Bankkonto der Beklagten in einer französischen Bank vollstreckt werden sollte. Der Pfändungsbeschluss diente der Sicherung der späteren Vollstreckung, wurde ohne Ladung der Beklagten erteilt und sollte ohne Zustellung vollstreckt werden. Der EuGH stellte in seinem Urteil fest, dass die einstweiligen oder auf Sicherung gerichteten Maßnahmen, die nach einem *ex parte*-Verfahren angeordnet werden, nicht nach dem EuGVÜ anerkennungs- und vollstreckungsfähig sind, es sei denn, sie werden vor der Vollstreckung dem Schuldner zugestellt.[145] Dies ließ zunächst die Frage offen, ob eine Anerkennung und Vollstreckung nach dem nationalen Recht des Vollstreckungsstaates möglich waren.[146] Da Merkmal des einstweiligen Rechtsschutzes nach der EuGVO die Verweisung auf nationales Recht ist, könnte man dies theoretisch bejahen, obwohl bezüglich der Anerkennung und Vollstreckung von Hauptturteilen die EuGVO das nationale Recht verdrängt. Allerdings wäre die einstweilige Maßnahme wegen des vorläufigen Charakters in der Regel auch vom nationalen Recht als nicht anerkennungsfähig gesehen. Vorausgesetzt, dass diese erste Hürde überwunden worden wäre und

---

Anhängigkeit der Klage eingereicht wurde und somit das rechtliche Gehör des Antraggegners gewahrt worden sein müsste. Dazu *Schlosser* IPRax 1985, 321 (322).

144 EuGH Urteil v. 21.5.1980 – *Denilauler*, Rs. C-125/79, Slg. 11980 I-1554.

145 EuGH Urteil v. 21.5.1980 – *Denilauler*, Rs. C-125/79, Slg. 11980 I-1554 Rn. 17; *Kropholler/von Hein*, EuZPR (9. Aufl. 2011), Art. 32 a.F. Rn. 22; Stein/Jonas/*Wagner* ZPO (22. Aufl. 2011), Art. 31 a.F. Rn. 61; die Fortgeltung der EuGH-Rechtsprechung auch für Art. 32 und 34 Nr. 2 EuGVO a.F. bestätigend BGH Urt. v. 21.12.2006 RIW 2007, 217 = WuB 2007, 385 m. krit. Anm. *Rauscher* WuB VII B Art. 34 EuGVVO Anm. 1.07 = *Stürner*, jurisPR-BGHZivilR 6/2007 Anm. 4; für Hauptsacheurteile vgl. auch BGH 21.9.2017, wonach die fiktive Zustellung der Klage nicht ausreicht; a.A. *Geimer*, LMK 2007, 212640 berufend auf Vorinstanz OLG Schleswig OLG-Report 2005, 520; OLG Zweibrücken 22.9.2005, IPRspr. 2005, Nr. 157 zur Ablehnung der Vollstreckbarerklärung eines italienischen *ex parte* erlassenen Mahnbescheids (*decreto ingiuntivo*); BGE 129 III, 626 (634 f.) der EuGH-Rechtsprechung folgend lässt auch die nachträgliche Anhörung des Antragsgegners ausreichen (*worldwide freezing injunction*).

146 Verneinend *Pfeifer/Wais*, IJPL 2012, 274 (288 f.); offen gelassen in *Kropholler/von Hein*, EuZPR (9. Aufl. 2011), Art. 32 a.F. Rn. 2; vgl. für das geltende Recht Erwägungsgrund 33 S. 3 EuGVO, wo erklärt wird, dass die Anerkennung und Vollstreckung von *ex parte*-Maßnahmen, die von dem Gericht der Hauptsache erlassen wurden, nach einzelstaatlichem Recht nicht ausgeschlossen sind, s.u. II.2.b.

die Vorschriften analog angewandt worden wären, würde die grenzüberschreitende Anerkennung und Vollstreckung in vielen Mitgliedstaaten ohnehin an dem fehlenden rechtlichen Gehör des Schuldners (z.B. § 328 Nr. 2 ZPO analog, Art. 905 i.V.m. Art. 323 Nr. 3 gr. ZPGB analog) scheitern.[147]

(ii) Keine Freizügigkeit der nach Art. 31 EuGVO a.F. i.V.m. nationalem Recht ergehenden inter partes-Sicherungsmaßnahmen

Aus der *Denilauler*-Rechtsprechung und in Kombination mit der verlangten ungeschriebenen Voraussetzung der realen Verknüpfung zwischen dem Gericht und dem Maßnahmengegenstand wurde angenommen, dass die grenzüberschreitende Vollstreckung einer aus einem nach Art. 31 EuGVO a.F. i.V.m. dem nationalen Recht zuständigen Gericht ergehenden einstweiligen Maßnahme, auch wenn sie *inter partes* erlassen wurde, nach der EuGVO a.F. ausgeschlossen war. Dies führte allerdings zu einer Abbremsung des raschen einstweiligen Rechtsschutzes im europäischen Raum und wurde kritisch betrachtet.[148] Daher wurde die Meinung vertreten, dass die Koppelung der Anerkennung und Vollstreckung mit dem Vorliegen der realen Verknüpfung widersprüchlich sei, weil der *genuine link* wiederum Voraussetzung für die internationale Zuständigkeit des erlassenden Gerichts sei.[149] Es wurde damit argumentiert, dass nach der Systematik der EuGVO sowie nach Art. 35 Abs. 3 EuGVO a.F. die Einhaltung ihrer Zuständigkeitsregel ohnehin keine allgemeine Voraussetzung für die Anerkennung und Vollstreckung einer Entscheidung sei, sondern nur ausnahmsweise in den Fällen des Art. 35 Abs. 1 EuGVO a.F. (für Verbraucher- und Versicherungssachen und ausschließliche Zuständigkeiten) nachgeprüft werden konnte.[150] Dieser Ansicht soll jedoch entgegengehalten werden, dass es sich bei dem Gerichtsstand des Art. 31 EuGVO a.F. eben um keine Zuständigkeitsregel der EuGVO handelt, sondern um nationales Recht und daher eine strengere Prüfung nicht systemwidrig ist.[151] Außerdem wirkt der Ausschluss der Freizügigkeit solcher Maßnahmen nicht als Versagungsgrund wie in Art. 35 Abs. 1 EuGVO

---

147 Vgl. auch *Tsikrikas*, ZZP 124 (2011), 461 (470).

148 *Kropholler/von Hein*, EuZPR (9. Aufl. 2011), Art. 31 a.F. Rn. 24 und Art. 32 a.F. Rn. 20 ff.; *Hess*/Pfeiffer/Schlosser, The Brussels I Regulation, 2008, Rn. 621; *Lupoi*, in: Stürner/Kawano (Hg.), Comparative Studies on Enforcement and Provisional Measures (2011), S. 315 f.

149 Dazu *Tsikrikas*, ZZPInt 17 (2012), 293 (309); *ders.* ZZP 124 (2011), 461 (486 f.).

150 *Tsikrikas* ebenda.

151 Vgl. *Junker*, Internationales Zivilprozessrecht (5. Aufl. 2020), § 18 Rn. 6.

a.F., sondern als hindernder Faktor für das Einordnen der Maßnahme als überhaupt anerkennungsfähig.

Die EuGH-Rechtsprechung wurde auch dahingehend interpretiert, dass die Anforderung der realen Verknüpfung zwischen dem zuständigen Gericht und dem Maßnahmengegenstand der grenzüberschreitenden Vollstreckung ohnehin nicht entgegenstehe.[152] Es wurde vorgebracht, dass die materielle reale Verknüpfung eine weitere reale Verknüpfung mit einem anderen Mitgliedstaat, nämlich dem Vollstreckungsstaat, nicht ausschließe.[153] Jedenfalls wirkten solche Maßnahmen folglich nur im Anordnungsstaat, in dem gleichwohl der Vollstreckungsgegenstand vorhanden war.[154] Diese Beschränkung kam jedoch zu kurz in Fällen, in denen das Vermögen des Schuldners in einem Staat für die Vollstreckung nicht ausreichte oder leicht von einem Staat zum anderen transferiert werden konnte, was zur Einreichung mehrerer paralleler Anträge in verschiedenen Staaten mit folglich erhöhten Kosten und Risiken führte.

(iii) Freizügigkeit der aus dem in der Hauptsache zuständigen Gericht ergehenden inter partes-Sicherungsmaßnahmen

Die zusätzliche ungeschriebene Voraussetzung der realen Verknüpfung wurde für die einstweiligen Maßnahmen, die von einem in der Hauptsache zuständigen Gericht angeordnet wurden, nicht ausdrücklich verlangt,[155] wohnte sie doch der sachnahen Hauptsachezuständigkeit bereits inne. Damit solche Maßnahmen nach der EuGVO a.F. anerkennungs- und vollstreckungsfähig waren, mussten sie freilich nach der *Denilauler*-Rechtsprechung aus einem kontradiktorischen

---

152 *Dickinson*, IPRax 2010, 203 (212), der aus dem EuGH *Italian Leather*-Urteil Rn. 41: „(D)demzufolge fallen die Entscheidungen in Verfahren des vorläufigen Rechtsschutzes ebenso unter die Unvereinbarkeitsregeln dieses Übereinkommens wie die übrigen in Artikel 25 bezeichneten Entscheidungen" ein Argument für die Freizügigkeit der Maßnahmen aus Art. 31 a.F. zu schließen scheint. Allerdings kann diese Formulierung dahingehend interpretiert werden, dass die Unvereinbarkeitsregeln grundsätzlich auch für die einstweiligen Maßnahmen gelten. Unter welcher *inneren* Differenzierung dies ausgestaltet wird bzw. ob die Maßnahmen aus Art. 31 a.F. überhaupt frei zirkulieren können, folgt der Systematik des vorläufigen Rechtsschutzes.

153 *Dickinson*, IPRax 2010, 203 (212), der auf das *lex fori*-Prinzip im Vollstreckungsrecht Bezug nimmt.

154 EuGH Urteil v. 17.11.1998 – *van Uden*, Rs. C-391/95, Slg. 1998 I-7091 Rn. 40, 47; EuGH Urteil v. 27.4.1999 – *Mietz*, Rs. C- 99/96, Slg. 1999 I-2299 Rn. 42.

155 EuGH Urteil v. 17.11.1998 – *van Uden*, Rs. C-391/95, Slg. 1998 I-7091 Rn. 22; EuGH Urteil v. 27.4.1999 – *Mietz*, Rs. C- 99/96, Slg. 1999 I-2299 Rn. 43.

Verfahren ergehen. Allerdings ist der Überraschungseffekt bei Sicherungsmaßnahmen derart ausschlaggebend, dass die vorherige Ladung oder Zustellung der Effektivität zuwiderlief und die spätere Vollstreckung vereitelte.[156]

dd. Zwischenergebnis

Unter der EuGVO a.F. waren das Gericht der Hauptsache (Art. 2-22 EuGVO a.F.) und die nationalen Gerichtsstände einschließlich der exorbitanten Zuständigkeiten (Art. 31 EuGVO a.F.) befugt, eine einstweilige Maßnahme zu erlassen. Für die aus Art. 31 EuGVO a.F. i.V.m. nationalem Recht ergehenden Maßnahmen verlangte der EuGH die zusätzliche ungeschriebene Voraussetzung der realen Verknüpfung zwischen dem Gericht und dem Gegenstand der Maßnahme. Begrifflich konnten unter „einstweilige Maßnahmen" Anordnungen des nationalen Rechts fallen, welche der Sicherung eines Rechts dienen oder zur vorläufigen Befriedigung des Antragstellers führen. Insbesondere für die vorläufigen Zahlungen musste außerdem die Rückzahlung gewährleistet gewesen sein, und die betroffenen Gegenstände mussten sich im Territorium des anordnenden Gerichts befinden. Der autonome Begriff der einstweiligen Maßnahmen war somit enger als in manchen nationalen Rechtsordnungen.

Die Maßnahmen, die in einem Gerichtsstand nach Art. 31 EuGVO a.F. i.V.m. nationalem Recht angeordnet wurden, waren von der grenzüberschreitenden Anerkennung und Vollstreckung ausgeschlossen. Diese Maßnahmen entwickelten also nach Maßgabe der EuGH-Rechtsprechung eine ausschließlich intraterritoriale Wirkung im Erlassmitgliedstaat. Im Gegensatz dazu durften die Maßnahmen des Gerichts der Hauptsache, solange sie nach einem *inter partes*-Verfahren erlassen wurden oder nach ihrem Erlass zugestellt worden waren, in anderen Mitgliedstaaten anerkannt und für vollstreckbar erklärt werden. Dabei wurden die Versagungsgründe des Art. 34 EuGVO a.F. genauso wie bei einer endgültigen Entscheidung geprüft. Es liegt auf der Hand, dass das Vollstreckbarerklärungsverfahren mit der gebotenen Schnelligkeit des einstweiligen Rechtsschutzes nicht vereinbar war. Die anschließende Vollstreckung unterlag nach herkömmlichem Verständnis dem Recht des Vollstreckungsstaats bzw. des Staates, in dem die Handlung oder die Unterlassung vorgenommen werden musste.

156 Einwände gegen die Übertragung der EuGH *Denilauler*-Rechtsprechung, die für das EuGVÜ ergangen war, auf die EuGVO sowie auf ihre Neufassung sind stark in der Lehre vertreten worden. Vgl. statt vieler *Kropholler/von Hein*, EuZPR (9. Aufl. 2011), Art. 32 a.F. Rn. 22a; *Domej*, RabelsZ 78 (2014), 508 (545).

b. Nachträglicher vorläufiger Rechtsschutz

aa. Vor der Vollstreckbarerklärung

Einer besonderen Regelung unterlagen der vorläufige Rechtsschutz und insbesondere die Sicherungsmaßnahmen in der Phase nach dem Erhalt eines anerkennungs- und vollstreckungsfähigen Titels. Nach Art. 47 Abs. 1 EuGVO a.F. stand dem Gläubiger das Recht zu, beim Vorliegen einer Entscheidung in der Hauptsache und vor Einleitung des Vollstreckbarerklärungsverfahrens eine einstweilige Maßnahme nach dem Recht des künftigen Vollstreckungsmitgliedstaats – insbesondere eine Sicherungsmaßnahme wie den Arrest – zu beantragen. Diese Regelung war das Pendant des Art. 31 EuGVO a.F. im zeitlich nachverlagerten Exequaturverfahren.[157] Wie auch die Maßnahmen nach Art. 31 EuGVO a.F. wirkten diese Maßnahmen ebenfalls ausschließlich im jeweiligen Vollstreckungsstaat der Hauptentscheidung.[158] Art. 47 Abs. 1 EuGVO a.F. setzte für die Beantragung der Sicherungsmaßnahmen nur voraus, dass „(...) eine Entscheidung nach dieser Verordnung *anzuerkennen ist* (...)". Nach Art. 33 EuGVO a.F. bedarf es dafür keines besonderen Verfahrens. Dadurch wurde dem Gläubiger die Möglichkeit der Einreichung mehrerer Sicherungsanträge in verschiedenen Mitgliedstaaten gewährt, in denen Schuldnervermögen vorhanden war oder gewesen sein müsste, bevor er die Vollstreckbarerklärung veranlasste. Somit konnte er zuerst den Vollstreckungsgegenstand sichern und nachträglich das vollständige Exequaturverfahren durchführen.[159]

bb. Nach der Vollstreckbarerklärung

Außerdem sah Art. 47 Abs. 2 EuGVO a.F. vor, dass die Vollstreckbarerklärung *ipso iure* die Befugnis gab, Sicherungsmaßnahmen zu veranlassen. Im Gegensatz zu den Maßnahmen in Abs. 1 kam hier dem nationalen Recht eine quasi exekutive Rolle zu. Die von den meisten nationalen Rechtsordnungen verlangten Voraussetzungen der Dringlichkeit oder der Gefahr mussten vom Gläubiger nicht nachgewiesen werden. Das Recht auf vorläufigen Rechtsschutz ergab sich direkt aus Art. 47 Abs. 2 EuGVO a.F. bzw. aus der Natur der Vollstreckbarerklärung,

---

157 Vgl. *Kropholler/von Hein*, EuZPR (9. Aufl. 2011), Art. 47 a.F. Rn. 4: „Fortsetzung".

158 Rauscher/*Mankowski*, EuZPR/EuIPR (Bearbeitung 2010), Art. 47 a.F. Rn. 2a; *Kropholler/von Hein*, EuZPR (9. Aufl. 2011), Art. 47 a.F. Rn. 6.

159 *Kropholler/von Hein*, EuZPR (9. Aufl. 2011), Art. 47 a.F. Rn. 6; Rauscher/*Mankowski*, EuZPR/EuIPR (Bearbeitung 2010), Art. 47a.F. Rn. 11; *Mauch*, Die Sicherungsvollstreckung, 2003, § 5 III.

ohne dass eine gerichtliche Entscheidung notwendig wäre.[160] Dem fügte Art. 47 Abs. 3 EuGVO a.F. hinzu, dass bis zur Rechtskraft der Vollstreckbarerklärung die Zwangsvollstreckung nicht über Sicherungsmaßnahmen hinausgehen durfte. Dadurch konnten beide Parteien interessengerecht geschützt werden.[161]

II. Sicherungsmaßnahmen in der EuGVO

1. Exequaturabschaffung

Die EuGVO a.F. sah bekanntlich vor, dass die Vollstreckung einer ausländischen Entscheidung in einem Mitgliedstaat nur nach ihrer Vollstreckbarerklärung möglich war. Es handelte sich um eine fast automatische, formale *ex parte*-Prüfung, bei der keine amtswegige Prüfung der Vollstreckungshindernisse stattfand.[162] Der Schuldner konnte sich allerdings gegen die Vollstreckbarerklärung mit einem Rechtsbehelf wehren und die Versagungsgründe geltend machen

---

160 EuGH Urteil v. 3.10.1985 – *Capelloni*, Rs. C-119/84, insbes. Rn. 34: „Diese Maßnahmen erfolgen nämlich nicht aufgrund eines summarischen Zulassungsverfahrens, sondern aufgrund der Rechtswirkung, die das Übereinkommen (EuGVÜ) einer in einem anderen Vertragsstaat ergangenen Entscheidung verleiht."; *Kropholler/von Hein*, EuZPR (9. Aufl. 2011), Art. 47 a.F. Rn. 9; *Mauch*, Die Sicherungsvollstreckung, 2003, S. 41 f.; *Klamaris*, in: FS Gottwald (2014), S. 341 (351 f.); für den gleichlautenden Art. 47 Abs. 2 LugÜ 2007 vgl. BGE 143 III 693, wo aufgrund der erfolgten Vollstreckbarerklärung der griechischen einstweiligen Maßnahme der Arrestpfändung (konservative Beschlagnahme, *conservatory attachment*) ein schweizerischer Arrest auf einem schweizerischen Konto angeordnet und vollzogen wurde. Nach dem Bundesgericht „fällt der Arrest gemäss Art. 271 Abs. 1 Ziff. 6 SchKG nicht deswegen ausser Betracht, weil der vollstreckbar erklärte griechische Entscheid erst einstweiligen Rechtsschutz für eine Geldleistung gewährt, da (...) der Grund für die Sicherungsmassnahme jedenfalls 'direkt in Art. 47 Abs. 2 LugÜ' liegen kann." Das Gericht setzte jedoch voraus, dass das ausländische – anerkannte und vollstreckbar erklärte – Arresturteil ebenfalls vermögensbezogen (*in rem*) wirkt, damit es einen schweizerischen ebenso *in rem* wirkenden Arrest auferlegen darf; vgl. für *in personam*-Maßnahmen, Supreme Court (QBD) Cyprus Popular Bank Ltd v Vgenopoulos [2017] 2 WLR 67, wonach eine englische *freezing order* als nachträgliche einstweilige Maßnahme nach Art. 47 Abs. 2 und 3 EuGVO a.F. aufgrund einer für vollstreckbar erklärten zypriotischen *freezing order* erlassen werden kann. Art. 47 gewährt jedoch nach der gleichen Entscheidung kein automatisches Recht auf die Maßnahme, sondern es muss die drohende Gefahr des Vermögenstransfers nachgewiesen werden.

161 *Kropholler/von Hein*, EuZPR (9. Aufl. 2011), Art. 47 a.F. Rn. 7.

162 Erwägungsgrund Nr. 17 und Artt. 38 ff. der Verordnung 44/2001 (EuGVO a.F.).

(Art. 43 ff. EuGVO a.F.).[163] Trotz des formalen Charakters des Exequaturverfahrens hatte die Vollstreckbarerklärung eine konstitutive und titelschaffende Wirkung für die Vollstreckung.[164]

Bei der Ausarbeitung des Brüsseler Übereinkommens bis zum Erlass der EuGVO a.F. hat sich die Auffassung durchgesetzt, dass die Beibehaltung des Exequturverfahrens auf der Anordnungsbefugnis („Imperium") des Staates begründet sei, die sich hinter der Zwangsvollstreckung verbirgt und eine Ausdrucksform der nationalen Souveränität darstellt. Die Unterschiede zwischen den nationalen Rechten bei der Definition eines vollstreckbaren Titels und bei den Modalitäten der Zwangsvollstreckung, wie insbesondere in Bezug auf die Rechtsstellung, die Befugnisse und die Verantwortung der Vollstreckungsbeamten, erlaubten nach der h.M. keine direkte Vollstreckbarkeit einer ausländischen Entscheidung.[165]

Diese Grundauffassung wurde erstmals durch die EuVTVO und anschließend durch die EuMahnVO und die EuGFVO relativiert, welche eine Gewichtsverlagerung von der nationalen Souveränität auf das gegenseitige Vertrauen in die ordnungsgemäße Rechtspflege der Mitgliedstaaten signalisierten. Diese Verordnungen verlagern nämlich die Überprüfung einiger Mindestvoraussetzungen auf die Gerichte des Ursprungsstaates, sodass das Vollstreckbarerklärungsverfahren abgeschafft wird (Artt. 5 und 6 EuVTVO, Artt. 19 und 20 EuMahnVO, Artt. 18 und 20 EuGFVO) und auf Antrag des Schuldners nur bestimmte Vollstreckungsverweigerungsgründe im Vollstreckungsstaat überprüft werden können (Art. 21 EuVTVO, Art. 22 EuMahnVO, Art. 22 EuGFVO). Allerdings gilt für das eigentliche Vollstreckungsverfahren grundsätzlich das Recht des Vollstreckungsmitgliedstaats (Art. 20 EuVTVO, Art. 21 EuMahnVO und EuGFVO).

Die Einführung der vorgenannten Verordnungen kennzeichnete die generelle Abschaffung des Vollstreckbarerklärungsverfahrens in der Neufassung der EuGVO (Art. 39 EuGVO). Durch die Abschaffung des Exequaturs ist die grenzüberschreitende Vollstreckung unmittelbar möglich, da sich der Gläubiger ohne Zwischenverfahren im ausländischen Staat direkt an das Vollstreckungsorgan wenden und die Zwangsvollstreckung einleiten kann.[166] Im geltenden System

---

163 Das vorgeschaltete Exequaturverfahren wurde im Einzelfall durch das Erheben zahlloser Einwände des Schuldners verzögert und verteuert nach *Grohmann*, ZIP 2015, 16 (20).

164 *Wiedemann*, Vollstreckbarkeit, 2017, S. 54; *Bitter*, Vollstreckbarerklärung, 2009, S. 7.

165 *Europäische Kommission*, Mitteilung von 31.1.1998, ABl. EG Nr. C 33/14 Rn. 17.

166 *Frangou*, Vollstreckung ausländischer Entscheidungen in Griechenland, 2017, S. 118; *Wiedemann*, Vollstreckbarkeit, 2017, S. 67 ff.

wird das Überprüfungsverfahren erst mit einem Antrag des Schuldners eröffnet, mit dem er die Versagungsgründe geltend macht (Artt. 45 ff. EuGVO). Die Initiative obliegt dem Beklagten, der sich durch die Erhebung eines Rechtsbehelfs gegen die ansonsten vorantreibende Vollstreckung wehren kann.[167]

2. Primärer vorläufiger Rechtsschutz

a. Definition und internationale Zuständigkeit

Die EuGVO verschafft in Bezug auf die Freizügigkeit der einstweiligen Maßnahmen dadurch mehr Klarheit als die alte Fassung, dass sie grundsätzlich die EuGH-Rechtsprechung[168] in den Verordnungstext aufnimmt. Da der Schwerpunkt der Revision auf der Titelfreizügigkeit lag,[169] erschöpfte sich die Neuregelung auch im Bereich des einstweiligen Rechtsschutzes grundsätzlich in der Anerkennung und Vollstreckung der einstweiligen Maßnahmen. Von einer allgemeinen Definition der einstweiligen Maßnahmen wurde weiterhin abgesehen.[170] Auch die EuGVO n.F. verzichtet auf eine eigenständige Regelung der internationalen Zuständigkeit für den Erlass von einstweiligen Maßnahmen.[171] Es wird das zweispurige[172] Modell der alten Fassung weitergeführt. Demgemäß sind das Gericht, das in der Hauptsache zuständig ist, und die Gerichte jedes Mitgliedstaats gem. des Verweises in Art. 35 EuGVO nach der jeweiligen *lex*

---

167 Vgl. auch Mitteilung der Kommission ABl. C 33 vom 31.1.1998 Rn. 39 f.

168 EuGH Urteil v. 17.11.1998 – *van Uden*, Rs. C-391/95, Slg. 1998 I-7091; Urteil v. 27.4.1999 – *Mietz*, Rs. C- 99/96, Slg. 1999 I-2299 und Urteil v. 21.5.1980 –*Denilauler*, Rs. C-125/79, Slg. 11980 I-1554. S.o. A.I.3; vgl. *Schlosser*/Hess, EuZPR (5. Aufl. 2021) Art. 35 EuGVVO Rn. 1.

169 Erwägungsgründe 26-27 i.V.m. Artt. 36-57.

170 Somit gelten weiterhin die Erläuterungen unter die EuGVO a.F., dazu oben I.3.a.bb.(ii); vgl. aber Erwägungsgrund 25 der EuGVO, wo fragmentarisch die Anordnungen zur Beweiserhebung und Beweissicherung i.S.d. Enforcement-RL im Begriff der einstweiligen Maßnahmen miteinbezogen und die Anordnungen zur Zeugenvernehmung ausgenommen werden. Dazu *von Hein*, RIW 2013, 97 (108).

171 Vgl. auch *Domej*, RabelsZ 78 (2014), 508 (547); *von Hein*, RIW 2013, 97 (107); der Kommissionsvorschlag hatte die bislang als selbstverständlich erachtete Möglichkeit des Gerichts, das in der Hauptsache zuständig war, einstweilige Maßnahme anzuordnen in Art. 35 vorgesehen, ohne jedoch die Problematik der Bestimmung des Hauptsachegerichts nach der Anhängigkeit des Hauptverfahrens zu lösen, KOM(2010) 748, S. 41 Art. 35.

172 Nach a.A. *dreispuriges* System, vgl. *Eichel*, ZZP 131 (2008), 71 (72) m.w.N. S.o. I.3.a.aa.

fori[173] international zuständig zum Erlass von einstweiligen Maßnahmen. Dies beinhaltet auch die nationalen exorbitanten Zuständigkeiten[174] unter der Voraussetzung der realen Verknüpfung, welche weiterhin zwar vollstreckungstechnischen Inhalt – i.S.d. Belegenheit des Maßnahmengegenstands – hat, begründet allerdings dadurch die internationale Zuständigkeit des Gerichts.[175]

b. Anerkennung und Vollstreckung

aa. Grundsatz

In Art. 2 lit. a) EuGVO wird klargestellt, dass nur die aus einem in der Hauptsache zuständigen Gericht ergehenden einstweiligen Maßnahmen, welche entweder nach Ladung des Schuldners erlassen worden sind oder vor der Vollstreckung dem Schuldner zugestellt werden, nach dem Kapitel III der EuGVO grenzüberschreitend vollstreckt werden können. Die Wahrnehmung der Verteidigungsrechte des Schuldners stellt im Allgemeinen einen Grundstein des europäischen Zivilprozessrechts dar. Nach dem EuGH muss vom Gericht des Vollstreckungsstaats vor der Vollstreckung einer endgültigen Entscheidung konkret geprüft werden, ob der Schuldner vor Erlass der Entscheidung im Ursprungsstaat gehört

---

173 Artikel 35 n.F. ist außer der Streichung des Merkmals „aufgrund dieser Verordnung" gleichlautend mit Artikel 31 a.F. Dazu oben unter I.3.a.aa; aufgrund dieser Streichung wird vertreten, dass die früher schon herrschende Meinung bestätigt werde, nach der sich die Hauptsachezuständigkeit für den Erlass einstweiliger Maßnahmen nicht nur aus der EuGVO, sondern auch aus dem nationalen Recht ergeben kann. Dazu Rauscher/*Leible*, EuZPR/EuIPR (5. Aufl. 2021), Art. 35 Rn. 7. Dem ist jedenfalls entgegenzuhalten, dass das Merkmal der Hauptsachezuständigkeit „nach dieser Verordnung" in der Neufassung statt in Art. 35 n.F. in Art. 2 lit. a aufgenommen wurde, wo der Begriff der anerkennungs- und vollstreckungsfähigen Entscheidung nach Kapitel III der Verordnung definiert ist. Deshalb soll die Titelfreizügigkeit im System der EuGVO nur einstweilige Maßnahmen betreffen, die aus zuständigen Gerichten in der Hauptsache nach derselben Verordnung ergehen und nicht nach nationalem Recht; vgl. auch *Hau*, MDR 2014, 1417 (1420); *Eichel*, ZZP 131 (2018), 71 (73 f.).

174 Vgl. die Notifizierungen der Mitgliedstaaten zu der Kommission gem. Art. 76 Abs. 1 a der EuGVO n.F., https://e-justice.europa.eu/content_brussels_i_regulation_recast-350-de-de.do?member=1. (zuletzt aufgerufen am 20.2.2022).

175 Rauscher/*Leible*, EuZPR/EuIPR (5. Aufl. 2021), Art. 35 EuGVO Rn. 24 ff.; Thomas/Putzo/*Hüßtege*, ZPO (42. Aufl. 2021), Art. 35 EuGVO Rn. 1; Magnus/Mankowski/*Pertegás Sender/Garber*, ECPIL, Brussels *Ibis* Regulation (2016), Art. 35 EuGVO Rn. 61; Zöller/*Geimer*, ZPO (33. Aufl. 2020), Art. 35 EuGVO Rn. 1; *Eichel*, ZZP 131 (2008), 71 (74 ff.).

wurde oder ob er zumindest nachträglich die Möglichkeit dazu hätte.[176] Im einstweiligen Rechtsschutz wirkt der Anhörungsgrundsatz allerdings nicht als Vollstreckungsversagungsgrund einer ansonsten vollstreckungsfähigen Entscheidung, sondern macht die grenzüberschreitende Vollstreckungsfähigkeit der Maßnahme von der Vorladungspflicht oder der *ex post*-Zustellung abhängig. Damit der Schuldner nachträglich vor dem Ursprungsgericht gehört werden kann, muss ihm die Entscheidung, welche die Maßnahme anordnet, zugestellt worden sein. Durch diese Zustellung wird allerdings der Überraschungseffekt der Sicherungsmaßnahmen zunichte gemacht.[177]

bb. Freizügigkeit der aus dem in der Hauptsache zuständigen Gericht ergehenden Sicherungsmaßnahmen

In Bezug auf die grenzüberschreitende Anerkennung und Vollstreckung von einstweiligen Maßnahmen differenziert die EuGVO je nachdem, ob die Maßnahme von dem in der Hauptsache zuständigen Gericht oder von einem anderen nach Art. 35 EuGVO zuständigen Gericht angeordnet wurde. Demgemäß werden die einstweiligen Maßnahmen, die von einem nach der EuGVO in der Hauptsache zuständigen Gericht erlassen wurden, nach Art. 2 lit. a S. 2 i.V.m. Art. 42 Abs. 2 EuGVO europaweit und ohne Exequatur anerkannt und vollstreckt, wenn der Schuldner vor dem Erlass der Maßnahme vorgeladen wurde. Die ohne Vorladung und deshalb *ex parte* ergehenden Maßnahmen des Gerichts der Hauptsache, die aber dem Beklagten vor der Vollstreckung zugestellt werden, unterliegen derselben Regelung. Demgegenüber ist eine ohne Vorladung ergehende einstweilige Maßnahme, die vor der Vollstreckung nicht zugestellt

---

176 EuGH Urteil v. 2.4.2009 – *Gambazzi*, Rs. C-394/07, ECLI:EU:C:2009:219; vgl. EGMR Urteil v. 23.5.2016 – *Avotiņš/Lettonie* (n°17502/07), sowie BGH 17.5.2018 – IX ZB 26/17, EuZW 2018, 732 m. Anm. *Gade* 734; *Gebauer*, LMK 2018, 410814, wo die Problematik geschildert wird, wenn die Entscheidung im Rahmen des Vollstreckbarerklärungsverfahrens dem Schuldner zwar zugestellt wird, aber er über die bestehenden Anfechtungsmöglichkeiten im Ursprungsstaat nicht richtig belehrt wird. Dies gilt weiterhin für die Zustellung der Bescheinigung nach Art. 43 Abs. 1 EuGVO. *M.E.* ist die Anfechtungsbelehrung unerlässlich; vgl. über den Antrag zur Wiedereinsetzung in den vorigen Stand EuGH Urteil v. 7.7.2016 – *Lebek*, Rs. C-70/15, ECLI:C:EU:2016:524.

177 Kritisch daher *Domej*, RabelsZ 78 (2014), 508 (545); *von Hein*, RIW 2013, 97 (107); *Zerr*, EuZW 2013, 292 f.; Rauscher/*Leible*, EuZPR/EuIPR (5. Aufl. 2021), Art. 2 EuGVO Rn. 15; *Geimer*, LMK 2007, 212640; *Heinze*, IPRax 2007, 347 in Fn. 76 m.w.N.; *Heinze*, RIW 2003, 922.

wird,[178] nicht nach der EuGVO anerkennungs- und vollstreckungsfähig, was aber laut Erwägungsgrund 33 die Anerkennung und Vollstreckung nach einzelstaatlichem Recht nicht ausschließt.[179] Der Ausschluss der Extraterritorialität von *ex parte*-Maßnahmen nimmt auf die Verfahrensgrundrechte des Schuldners Rücksicht. Eine etwaige generelle Freizügigkeit wegen unterlassener Vorladung *ex parte* ergehender Maßnahmen[180] würde eine Missachtung des rechtlichen Gehöranspruchs des Schuldners und einen Verstoß gegen Art. 6 EMRK[181] sowie Art. 47 GR-Charta bedeuten. Die Einführung der EuKpfVO[182] kann daher nur als Ausnahmeinstrument für die besondere Konstellation, in der der effektive Rechtsschutz des Gläubigers wegen vorsätzlichen Vermögensverschiebungen des Schuldners vollkommen zunichte wird, verstanden werden. Dies setzt eine Notsituation des Gläubigers und eine konkrete Interessenabwägung voraus.

178 Der Verordnungstext ist an dieser Stelle schuldnerfreundlicher als der Kommissionsvorschlag, der keine vorherige Zustellung forderte, sondern nach dem Vorbild des Art. 9 Abs. 4 der enforcement-RL 2004/48 die Möglichkeit des Schuldners, nach dem nationalen Recht des erlassenden Gerichts die Maßnahme nachträglich anzufechten, als ausreichende Garantie für die grenzüberschreitende Vollstreckung betrachtete. Dazu vgl. Art. 2 lit. a und Erwägungsgrund 25 a.E. EuGVO-E, sowie Grünbuch für die Überprüfung der Verordnung 44/2001, KOM(2009) 175, S. 8. Die durchgesetzten Änderungen sind auf die Stellungnahme des Europäischen Parlaments zurückzuführen. Dazu *Europäisches Parlament*, Bericht vom 15.10.2012 (*Zwiefka*) A7-0320/2012, Änderungsvorschlag 1 Erwägungsgrund 25; vgl. *von Hein*, RIW 2013, 97 (103).

179 Zutreffend kritisch zu diesem Rückgriff auf nationales Recht, der einen Bruch in den im Übrigen vereinheitlichten Anerkennungsregeln darstellt: *von Hein*, RIW 2013, 97 (108); *Hau*, MDR 2014, 1417 (1420); *Linke/Hau*, IZVR (8. Aufl. 2021), Rn. 15.16; im deutschen Recht regeln §§ 328 und 722 ff. ZPO die Vollstreckung ausländischer Entscheidungen. Beschlüsse wie der Arrest gehören nicht zum Geltungsbereich dieser Vorschriften. Es entsteht somit eine Regelungslücke. Dazu *Grunsky*, Grundzüge des Zwangsvollstreckungs- und Insolvenzrechts (5. Aufl. 1996), Rz. 315; Baumbach/Lauterbach/Hartmann/*Schmidt*, ZPO (79. Aufl. 2021), § 328 ZPO Rn. 11; vgl. oben zu der Problematik unter der EuGVO a.F. 3.a. cc.(i)

180 Davon sind Maßnahmen, vor deren Erlass der Schuldner vorgeladen wurde, aber nicht erschien, nicht erfasst. Dazu Rauscher/*Leible*, EuZPR/EuIPR (5. Aufl. 2021), Art. 2 Rn. 15; *Domej*, RabelsZ 78 (2014), 508 (546).

181 *Kofmel Ehrenzeller*, Der vorläufige Rechtsschutz im internationalen Verhältnis, 2005, S. 470 f.

182 Vgl. *Schumacher/Köllensperger*, JBl. 2014, 413 (418 ff.), welche Bedenken dazu äußerten, ob der in dem Vorschlag der Kommission [KOM(2011) 445 endg.] verkürzt vorgesehene Schuldnerschutz, den Anforderungen eines *fair trial* des Art. 47 GR-Charta entsprach.

Die aus einem Gericht, das in der Hauptsache zuständig ist, ergehenden Maßnahmen werden somit nach der EuGVO direkt in einem anderen Mitgliedstaat vollstreckt. Dafür muss der Antragsteller dem zuständigen Vollstreckungsorgan nach Art. 42 Abs. 2 lit. a und lit. b (ii) EuGVO, wie für endgültige Entscheidungen nach Abs. 1, eine Ausfertigung der Entscheidung und die Bescheinigung nach Art. 53 EuGVO über die Vollstreckbarkeit im Ursprungsmitgliedstaat vorlegen. Darüber hinaus muss die Bescheinigung des Ursprungsgerichts eine Beschreibung der Maßnahme enthalten und bestätigen, dass das erlassende Gericht das in der Hauptsache zuständige Gericht ist (Art. 42 Abs. 2 lit. b (i)) EuGVO). Dazu muss der Antragsteller, wenn die Maßnahme ohne Vorladung des Antragsgegners[183] erlassen wurde, einen Nachweis für die Zustellung der Entscheidung, die die Maßnahme enthält, vorlegen (Art. 42 Abs. 2 lit. c EuGVO).

cc. *Keine Freizügigkeit der aus einem sonstigen Gericht ergehenden Sicherungsmaßnahmen*

Für die einstweiligen Maßnahmen, die von einem nicht in der Hauptsache zuständigen, sondern von einem sonstigen Gericht nach Art. 35 EuGVO i.V.m. nationalem Recht angeordnet werden, enthält die Verordnung keine ausdrückliche Regelung. Das *argumentum e contrario* zum Art. 2 lit. a S. 2 EuGVO und der Rückgriff auf den Erwägungsgrund 33 offenbaren allerdings den Willen des Verordnungsgebers, dass solche Maßnahmen keine anerkennungs- und vollstreckungsfähigen Entscheidungen i.S.d. Verordnung sind.[184] Ebenso ausgeschlossen ist die Anerkennung und Vollstreckung nach nationalem Recht, da sich die entsprechende Öffnung ins nationale Recht nach Wortlaut und Zweck des Erwägungsgrunds 33 S. 3 nur auf Maßnahmen, die von dem Gericht der Hauptsache ergehen, erschöpft.[185]

Demgemäß schreibt der Erwägungsgrund 33 EuGVO a.E. vor, dass „die Wirkung dieser Maßnahmen auf das Hoheitsgebiet des betreffenden Mitgliedstaats

---

183 Ungenau ist der Wortlaut in Art. 42 Abs. 2 lit. c EuGVO „ohne Vorladung *des Beklagten*“, da bei der erlassenen einstweiligen Maßnahme möglicherweise der Antragsgegner noch nicht Beklagter ist, wenn nämlich die Maßnahme vor Einleitung des Hauptverfahrens ergeht.

184 Vgl. auch *Honorati*, RDIPP 2012, 525 (533); *Junker*, Internationales Zivilprozessrecht (5. Aufl. 2020), § 18 Rn. 11; Rauscher/*Leible*, EuZPR/EuIPR (5. Aufl. 2021), Art. 2 EuGVO Rn. 15; *Wiedemann*, Vollstreckbarkeit, 2017, S. 74.

185 Rauscher/*Leible*, EuZPR/EuIPR (5. Aufl. 2021), Art. 35 EuGVO Rn. 42; *Domej*, RabelsZ 78 (2014), 508 (545). Vgl. kritisch zu dieser Möglichkeit im Allgemeinen oben in Fn. 179.

gemäß dieser Verordnung beschränkt werden sollte". Darin wurde außer der Umsetzung der EuGH-Rechtsprechung über die *reale Verknüpfung*[186] teilweise auch die Argumentation des EuGH im Fall *Purrucker* zur EuEheVO widergespiegelt gesehen. In jenem Urteil hat der EuGH ausgesprochen, dass, wenn die Anerkennung und Vollstreckung von Maßnahmen nach Art. 20 der Verordnung Nr. 2201/2003 (entspricht Art. 35 EuGVO) in jedem anderen Mitgliedstaat einschließlich des in der Hauptsache zuständigen Mitgliedstaats zugelassen wäre, dies die Gefahr einer Umgehung der in dieser Verordnung vorgesehenen Zuständigkeitsvorschriften und ein *forum shopping* heraufbeschwören würde. Dies würde im Widerspruch zu den mit der Verordnung verfolgten Zielen und insbesondere zur Berücksichtigung des Kindeswohls stehen, die dadurch erfolgt, dass Entscheidungen, die das Kind betreffen, von dem Gericht seines gewöhnlichen Aufenthalts erlassen werden, das nach Ansicht des Unionsgesetzgebers die im Interesse des Kindes anzuordnenden Maßnahmen am besten beurteilen kann.[187] In Zivil- und Handelssachen ist das Gericht der Hauptsache nach autonomem und nationalem Verständnis am besten in der Lage, über die Notwendigkeit einer einstweiligen Maßnahme zu urteilen. In der neugefassten EuGVO wird die zusätzliche ungeschriebene Voraussetzung der realen Verknüpfung zur Begründung der internationalen Zuständigkeit des Gerichts aus Art. 35 EuGVO weiterhin notwendig sein. Ihr Inhalt lässt sich zwar im Vorhandensein einer Vollstreckungsmöglichkeit konkretisieren, bestimmt aber dadurch zugleich den Erlassstaat. Somit nimmt sie eine ausschließlich zuständigkeitsbegründende Funktion ein, da die Maßnahmen aus dieser Zuständigkeitsgrundlage – Art. 35 EuGVO i.V.m. nationalem Recht – ohnehin von der grenzüberschreitenden Vollstreckung ausgeschlossen sind.[188] Daher sind im Interesse der geordneten Rechtspflege und des interessengerechten Rechtsschutzes der Beteiligten die Freizügigkeit der Maßnahmen des Gerichts der Hauptsache und ihr Ausschluss bei Maßnahmen sonstiger Gerichte gerechtfertigt.[189]

---

186 *von Hein*, RIW 2013, 97 (107); *Domej*, RabelsZ 78 (2014), 508 (543), die von einer modifizierten Umsetzung ausgeht, weil die Beschränkung im Verordnungstext aus vollstreckungsbezogener Sicht ergeht und nicht auf Zuständigkeitsebene, wie in der EuGH-Rechtsprechung.

187 EuGH Urteil v. 15.7.2010 – *Purrucker*, Rs. C-256/09, ECLI:EU:C:2010:437 Rn. 91; für eine analoge Anwendung in Zivil- und Handelssachen im Rahmen der EuGVO vgl. *Heinze*, RabelsZ 75 (2011), 581 (612); skeptisch *Honorati*, RDIPP 2012, 525 (531 f.).

188 Rauscher/*Leible*, EuZPR/EuIPR (5. Aufl. 2021), Art. 35 EuGVO Rn. 26.

189 Im Ergebnis auch *Domej*, RabelsZ 78 (2014), 508 (544).

Die Erwägungsgründe stellen keinen bindenden Verordnungstext dar, geben allerdings Aufschluss über den Willen des Unionsgesetzgebers. Es drängt sich die Frage auf, welcher der Bezugspunkt des Erwägungsgrundes 33 EuGVO insoweit ist, als er die *Wirkung* dieser Maßnahmen auf das Hoheitsgebiet des *betreffenden Mitgliedstaats gemäß dieser Verordnung* beschränkt. Die Wirkung im Fall der Sicherungsmaßnahmen beinhaltet deren Vollstreckung, um den prozessrechtlichen Sicherungsanspruch zu befriedigen, ohne die Hauptsache zu präjudizieren.[190] Materiell-rechtlich bewirkt eine einstweilige Maßnahme kein Zu- oder Aberkennen des Arrestanspruchs, sondern nur die Sicherung, bis die endgültige Entscheidung in der Hauptsache ergeht. Das Kapitel III der EuGVO koordiniert die grenzüberschreitende Vollstreckung und schreibt vor, dass eine mitgliedstaatliche Entscheidung in den anderen Mitgliedstaaten frei zirkulieren darf, ohne jedoch festzuschreiben, in welchem Mitgliedstaat die Vollstreckung erfolgen soll. Es wird angenommen, dass der Gläubiger gleichzeitig in mehreren bzw. allen Mitgliedstaaten die Vollstreckung einer endgültigen Entscheidung beantragen darf.[191] Die EuGVO enthält keine eigenständige Vorschrift für die internationale Zuständigkeit zur Vollstreckung,[192] um *den betreffenden Mitgliedstaat* zu bestimmen. Sie orientiert sich ausweislich Art. 2 lit. e EuGVO an dem Antrag des Gläubigers auf Vollstreckung. Der Gläubiger wählt also, in welchem Mitgliedstaat die Maßnahme vollstreckt werden soll, wenn der Schuldner über Vermögen in mehreren Mitgliedstaaten verfügt. Dies kann im Fall der einstweiligen Maßnahmen aus Art. 35 EuGVO nur der Mitgliedstaat sein, in dem sich der Gegenstand der Sicherungsmaßnahme befindet. Anhand des völkerrechtlichen Territorialitätsprinzips geht die EuGVO von der souveränen ausschließlichen Vollstreckungsgewalt jedes Mitgliedstaats auf dem eigenen Hoheitsgebiet aus, in dem sich der Gegenstand befindet. Dies betrifft sowohl Entscheidungen in der

---

190 *Baur/Stürner/Bruns*, Zwangsvollstreckungsrecht (13. Aufl. 2006), Rn. 51.27 auch über die beschränkte Rechtskraft in Bezug auf weitere Maßnahmen. Allerdings scheint im Fall einer bereits vollzogenen Maßnahme zwischen denselben Parteien für dieselbe Sache, dass für eine weitere Maßnahme das Rechtsschutzbedürfnis fehlt und man nicht auf die Rechtskraft zurückgreifen muss.

191 *Geimer*, in: FS Torggler (2013), S. 311 (337); Rauscher/*Mankowski*, EuZPR/EuIPR (5. Aufl. 2021), Art. 39 EuGVO Rn. 26 ff.; *Ulrici*, JZ 2016, 127 (133).

192 Art. 24 Nr. 5 regelt nicht die internationale Zuständigkeit zur Zwangsvollstreckung, sondern nur die sich im Rahmen einer Zwangsvollstreckung ergebenden Verfahren. Dazu *Domej*, Internationale Zwangsvollstreckung und Haftungsverwirklichung, 2016, S. 277 ff.

Hauptsache als auch einstweilige Maßnahmen.[193] Infolgedessen ist die Formulierung im Erwägungsgrund 33 EuGVO, dass „die Wirkung dieser Maßnahmen auf das Hoheitsgebiet des betreffenden Mitgliedstaats gemäß dieser Verordnung beschränkt werden sollte", als Verweis auf die Zuständigkeitsregelung des Art. 35 EuGVO zu verstehen, was auf nationales Recht hinausläuft.

Der Ausschluss der Freizügigkeit der einstweiligen Maßnahmen, die aus einem nach Art. 35 EuGVO zuständigen Gericht ergehen, löste wie auch der insoweit gleichlautende Kommissionsvorschlag Kritik aus, weil er gerade der angestrebten Stärkung der Titelfreizügigkeit in der Europäischen Union zuwiderlaufe.[194] Anstelle dieses Ausschlusses wurde vom Heidelberg Report eine andere Herangehensweise vorgeschlagen, welche das tatsächlich berufene Gericht der Hauptsache zur Abänderung oder Aufhebung der von einem anderen Gericht angeordneten Maßnahme befugt sehen wollte.[195] Dieser Vorschlag konnte sich jedoch gegen Souveränitätsargumente nicht durchsetzen. Es wurde vom Heidelberg Report insbesondere vorgeschlagen, dass die reale Verknüpfung für den Erlass von Pfändungsmaßnahmen zum Zwecke der Sicherung der späteren Vollstreckung beibehalten werden könne, aber nicht als strikte Zuständigkeitsvoraussetzung, sondern nur als Kriterium zur richterlichen Berücksichtigung.[196] Das Hauptargument dieser Meinung liegt in der Überlegung, dass nicht alle Mitgliedstaaten über das gleiche Niveau und die gleiche Vielfalt an einstweiligen Maßnahmen verfügen und daher das „provisorische" *forum*

193 *Wiedemann*, Vollstreckbarkeit, 2017, S. 73.

194 *Dickinson*, IPRax 2010, 203; *Honorati*, RDIPP 2012, 525 (532 ff.).

195 *Hess/Pfeiffer/Schlosser*, The Brussels I Regulation, 2008, Rn. 731; Grünbuch der Kommission zur Überprüfung der Verordnung (EG) Nr. 44/2001, KOM(2009) 175 endg., S. 8; *Hess*, EuZPR (2021) § 6 Rn. 6.291; *Dickinson*, IPRax 2010, 203 (210), der den Vorschlag für zu weitgehend und unnötig hält; andererseits findet *Domej*, RabelsZ 78 (2014), 508 (547 f.) dessen Nichtumsetzung allzu zurückhaltend.

196 *Hess/Pfeiffer/Schlosser*, Study JLS/C4/2005/03, Report on the Application of Regulation Brussels I in the Member States – Heidelberg Report, 2007, Rn. 614 und 737; vgl. auch *Dickinson*, IPRax 2010, 203 (208 ff., 212), der ausführlich differenziert, je nachdem, ob die Sicherungsmaßnahme einen bestimmten Vermögensgegenstand – ausgehend eher vom unbeweglichen Vermögen, wie aus dem Bezug auf „entries on registers" zu entnehmen ist – betrifft oder nicht. Im ersten Fall beharrt er auf den Belegenheitsort, während er im zweiten Fall auf das Hauptsachegericht oder das Gericht des Schuldnersitzes bzw. seines Lebensmittelpunkts (*centre of main interests*) zurückgreift.

shopping nicht systemwidrig sei.[197] Es drängt sich die Frage auf, ob es konsequent ist, zwischen „provisorischem" und sonstigem *forum shopping* zu unterscheiden, da durch die rangwahrende Wirkung der Sicherung der endgültige Rechtsschutz ebenfalls beeinflusst wird. Wenn man jedoch auf die Dringlichkeit und Schnelligkeit des Schutzes abstellt, worin der Existenzgrund des einstweiligen Rechtsschutzes liegt, erscheint das „provisorische" *forum shopping* in der Tat plausibel. Auch die Aufhebungs- oder Abänderungsbefugnis des Gerichts der Hauptsache ist nicht vorschnell abzuweisen. Diese Möglichkeit könnte die justizielle Zusammenarbeit i.S.d. gegenseitigen Vertrauens *ad hoc* fördern und sie in die Praxis umsetzen. Das Gericht der Hauptsache hat wegen seiner Sachnähe die besten Kenntnisse über den Fall und die widerstreitenden Interessen und sollte die „Oberhand" in Bezug auf die von anderen Gerichten bereits erlassenen Maßnahmen haben. Somit würde das Gericht der Hauptsache eine ausländische Maßnahme anhand der tatsächlichen Umstände des Falles modifizieren dürfen, ohne dass die Parteien den langwierigen Weg zu dem Ursprungsgericht hätten durchgehen müssen.[198]

Über diese Meinungsverschiedenheit bezüglich der Plausibilität der Voraussetzung der realen Verknüpfung für alle oder für bestimmte einstweilige Maßnahmen hinaus, herrscht Einigkeit darüber, dass auch nach der Revision der EuGVO die Gefahr der Zwangsvollstreckungsvereitelung durch Vermögenstransfer oder Vermögenszersplitterung nicht bewältigt werden kann.[199] Daher wurde vertreten, dass die Lösung der prekären Problematik nicht auf der Anerkennungs- und Vollstreckungsebene, sondern auf der Definitions- und Zuständigkeitsebene zu suchen ist.[200] Wenn man die verschiedenen in den nationalen

---

197 *Hess/Pfeiffer/Schlosser*, Study JLS/C4/2005/03, Report on the Application of Regulation Brussels I in the Member States – Heidelberg Report, 2007, Rn. 737; *Dickinson*, IPRax 2010, 203 (205).

198 Vgl. auch *Cristofaro*, in: Stürner/Kawano (Hg.), Comparative Studies on Enforcement and Provisional Measures (2011), S. 355 f.

199 Vgl. *Dickinson*, IPRax 2010, 203 (212): „Indeed, the link to a particular State may only be temporary and capable of being altered by the conduct of the parties, most obviously by moving assets before an order is made effective in the granting State or by changing residence."; *Hess/Pfeiffer/Schlosser*, Study JLS/C4/2005/03, Report on the Application of Regulation Brussels I in the Member States – Heidelberg Report, 2007, Rn. 621; *Domej*, RabelsZ 78 (2014), 508 (543 f.); *Honorati*, RDIPP 2012, 525 (542); *Schlosser*/Hess, EuZPR Kommentar (5. Aufl. 2021) Art. 35 EuGVVO Rn. 11.

200 *Honorati*, RDIPP 2012, 525 (535); *Hess*, Study JAI/A3/2002/02, S. 139 ff.; *Dickinson*, IPRax 2010, 203 (211 f.).

Rechtsordnungen vorgesehenen Maßnahmen nach deren Art bzw. nach der erfüllenden Funktion differenziere, ergäben sich homogene Kategorien, für die folglich der am besten geeignete Anknüpfungspunkt für die Annahme internationaler Zuständigkeit bestimmt werden könne.[201]

dd. Zwischenergebnis

Im geltenden europäischen Prozessrecht sind Maßnahmen, die einerseits der Sicherung der Vollstreckung oder der Beweiserhebung dienen und andererseits Maßnahmen, welche den Hauptanspruch provisorisch zusprechen und zur vorläufigen Befriedigung des Antragstellers führen soweit die Rückzahlung gewährleistet ist, als einstweilige Maßnahmen nach der EuGVO einzuordnen.[202] International zuständig sind weiterhin erstens, die Gerichte der Hauptsache und zweitens, die nationalen – auch exorbitanten – Gerichtsstände unter der Voraussetzung der vollstreckungsbezogenen realen Verknüpfung nach Art. 35 EuGVO i.V.m. nationalem Recht.[203]

Grenzüberschreitend anerkannt und direkt vollstreckt werden dürfen nach der EuGVO nur die aus dem Gericht der Hauptsache nach Vorladung des Schuldners ergehenden Maßnahmen oder, bei unterlassener Ladung, wenn sie spätestens vor der Vollstreckung an den Schuldner zugestellt werden. Dadurch ist die grenzüberschreitende Vollstreckung vieler nationaler Sicherungsmaßnahmen auch in der neugefassten EuGVO nicht möglich, da sie auf dem Überraschungseffekt beruhen und vor der Vollstreckung eben nicht zugestellt werden.[204] Einstweilige Maßnahmen, die aus einem Gerichtsstand nach Art. 35 EuGVO i.V.m. nationalem Recht ergehen, dürfen nicht grenzüberschreitend vollstreckt werden, sondern entfalten ihre Wirkung nur in dem erlassenden Mitgliedstaat. Mithin schafft die EuGVO für den einstweiligen Rechtsschutz durch die Setzung von Mindeststandards auf Anerkennungs- und Vollstreckungsebene vereinheitlichte Regeln. Erstens muss das erlassende Gericht in der Hauptsache nach den bereits mit der EuGVO vereinheitlichten Vorschriften international

---

201 *Honorati*, RDIPP 2012, 525 (535); *Dickinson*, IPRax 2010, 203 (212).

202 Vgl. auch Rauscher/*Leible*, EuZPR/EuIPR (5. Aufl. 2021), Art. 35 EuGVO Rn. 10 ff.

203 Vgl. auch Thomas/Putzo/*Hüßtege*, ZPO (42. Aufl. 2021), Art. 35 EuGVO Rn. 1.

204 Dazu gehört auch der ohne Ladung des Schuldners ergehende deutsche Arrestbeschluss, der nach § 929 Abs. 3 ZPO ohne Zustellung vollzogen wird. Vgl. auch *Ulrici*, JZ 2016, 127 (128). Das Gleiche gilt für die für den Gläubiger großzügige niederländische Kontopfändung – *conservatoir beslag* –, für deren Erlass die Glaubhaftmachung nur der Forderung, ohne Anhören des Schuldners, grundsätzlich ausreicht, vgl. *Henke*, RIW 2019, 273 (278).

zuständig sein. Zweitens muss der Antragsgegner die Möglichkeit gehabt haben, angehört zu werden. Andererseits ist die internationalzuständigkeitsrechtliche Öffnung nach Art. 35 EuGVO auf nationales Recht durch die Notwendigkeit eines raschen Rechtsschutzes begründet. Dies setzt allerdings nach der EuGVO voraus, dass die Vorläufigkeit und die im Inland begrenzte Wirkung der Maßnahme gesichert sind. Folglich wird ersichtlich, dass der systematische Aufbau des einstweiligen Rechtsschutzes kohärent nur vorankommen kann, wenn man die Zuständigkeits- und die Vollstreckungsebene miteinander verknüpft.

c. In rem vs. in personam Maßnahmen am Beispiel des deutschen Arrestes und der worldwide freezing order

aa. Deutscher Arrest

(i) Begriff und Wirkung

Aus der Definition der einstweiligen Maßnahmen wird ersichtlich, dass die auf Sicherung von Geldforderungen gerichteten Maßnahmen – im deutschen Recht der Arrest nach §§ 916 ff. ZPO –, zu denen auch der nun eingeführte Beschluss zur vorläufigen Kontenpfändung gehört, den Kernbereich[205] des Art. 35 EuGVO darstellen. Der Arrestbefehl ist ein sofort vollstreckbarer Vollstreckungstitel, der auf keinen Fall zur Befriedigung des materiellen Anspruchs des Gläubigers führt, sondern nur zur Sicherung der Realisierbarkeit einer Geldforderung[206] ergeht und dem Hauptsacheverfahren dienend ist. Der Arrest ist somit nach *Baur* „stets ein *minus* gegenüber der Verurteilung zur Erfüllung des Anspruchs. Die Arrestmaßnahme ist aber auch ein *aliud* im Vergleich zu der nach materiellem Recht gegebenen Rechtsfolge (der Zahlungspflicht), Arrestmaßnahme und materiellrechtliche Rechtsfolge decken sich also nicht".[207]

Der deutsche Arrestbefehl wirkt dinglich[208] und betrifft das ganze Vermögen des Schuldners. Erst mit seinem Vollzug durch Pfändung wird er einem bestimmten Gegenstand auferlegt. Im deutschen Recht wird nämlich streng zwischen dem allgemeinen Arrestbefehl, welcher die nach einem besonderen summarischen Erkenntnisverfahren erlassene einstweilige Maßnahme darstellt, und

205 *Kropholler/von Hein*, EuZPR (9. Aufl. 2011), Art. 31 EuGVO a.F. Rn. 5.

206 *Grunsky*, Grundzüge des Zwangsvollstreckungs- und Insolvenzrechts (5. Aufl. 1996), Rn. 286.

207 *Baur*, Studien zum einstweiligen Rechtsschutz, 1967, S. 46 f.

208 Im Gegensatz zum persönlichen Arrest, der sich gegen die persönliche Freiheit des Schuldners richtet und daher fast keine Anwendung in der Praxis findet.

dem Pfändungsbeschluss, der zur Vollziehung des Arrestbefehls ergeht, unterschieden.[209] Die zwei Beschlüsse können verbunden werden und vom gleichen Gericht erlassen werden,[210] behalten jedoch ihre rechtliche Selbstständigkeit und sind separat zu betrachten. Im Gegensatz zum Arrestbefehl gilt der Pfändungsbeschluss nicht als Entscheidung, sondern als Vollstreckungsakt, der den allgemeinen Arrestbefehl auf einen konkreten Gegenstand vollzieht.[211] Deshalb sind die Regelungen der EuGVO, die sich auf Entscheidungen und auf einstweilige Maßnahmen beschränken, nicht auf den Pfändungsbeschluss anwendbar.[212]

(ii) Internationale Zuständigkeit

Auf Zuständigkeitsebene kommen nach der EuGVO für die Anordnung[213] eines dinglichen Arrestes die Hauptgerichtsstände nach der EuGVO sowie die

---

209 *Baur/Stürner/Bruns*, Zwangsvollstreckungsrecht (13. Aufl. 2006), Rn. 52.16; Thomas/Putzo/*Seiler*, ZPO (42. Aufl. 2021) § 916 Vorb. Rn. 4 f.

210 Was nach § 308 ZPO die Verbindung der beiden Anträge seitens des Gläubigers voraussetzt. Wenn der Arrest und die Pfändung nicht in einem einzigen Beschluss ergehen, ist für die Pfändung nach § 20 Nr. 1 RPflG der Rechtspfleger zuständig. Dazu Thomas/Putzo/*Seiler*, ZPO (42. Aufl. 2021), § 930 Rn. 2; die Entscheidungen des Rechtspflegers sind i.A. auch vom Begriff der vollstreckungsfähigen Entscheidung im Rahmen der EuGVO erfasst. Dazu *Bitter*, Vollstreckbarerklärung, 2009, S. 11.

211 „Vollziehung“ und „Vollstreckung“ werden nach der ganz h.M. gleichgesetzt bzw. Vollziehung ist das besondere Vollstreckungsverfahren des einstweiligen Rechtsschutzes. Dazu *Gronstedt*, Grenzüberschreitender einstweiliger Rechtsschutz, 1994, S. 314 f.; *Wannenmacher*, Einstweilige Maßnahmen im Anwendungsbereich von Art. 31 EuGVVO in Frankreich und Deutschland, 2007, S. 31 f.; Thomas/Putzo/*Seiler*, ZPO (42. Aufl. 2021), Vorb. § 916 Rn. 5; Wieczorek/Schütze/*Thümmel*, ZPO (4. Aufl. 2014), vor § 916 Rn. 13; a.A. *Baumbach/Lauterbach/Albers/Hartmann*, ZPO (76. Aufl. 2018), § 916 Grundz. Rn. 19 f., wonach der Arrestvollzug nur das Wirksamwerden des Arrestbefehls (d.h. durch Zustellung nach § 922 Abs. 2 ZPO) bedeutet. Davon zu unterscheiden sei die Arrestvollstreckung, welche erst dem Gläubiger die gewünschte Sicherung gebe. Gegen diese unnötige Fragmentierung spricht der Wortlaut des § 930 Abs. 1 S. 1 und § 929 Abs. 3 S. 1 ZPO. Aufgegeben in Baumbach/Lauterbach/Hartmann/*Becker*, ZPO (79. Aufl. 2021) Vor § 916 Rn. 19.

212 *Wiedemann*, Vollstreckbarkeit, 2017, S. 73 und ebenso für den deutschen Pfändungsbeschluss in der endgültigen Zwangsvollstreckung S. 76; anders hat die englische *worldwide freezing order* Entscheidungscharakter und war bis zum Brexit nach der EuGVO vollstreckbar.

213 Für die Vollziehung des Arrestbefehls durch Pfändung bleibt nach § 930 Abs. 1 S. 3 ZPO das Arrestgericht als Vollstreckungsgericht zuständig, auch wenn Arrestbefehl und Pfändungsbeschluss nicht aus einer Entscheidung hervorgehen.

ergänzende Zuständigkeit der Belegenheit des Arrestgegenstands nach Art. 35 i.V.m. § 919 Alt. 2 ZPO in Betracht.[214] Wenn der Arrestantrag auf § 919 Alt. 2 ZPO gestützt wird, muss ausnahmsweise das Vorhandensein eines Arrestgegenstands im Bezirk des Amtsgerichts zuständigkeitsbegründend vorgetragen werden. Andernfalls ist der Arrestgegenstand keine Voraussetzung für den Erlass des Arrestbefehls,[215] sondern nur der Arrestanspruch und der Arrestgrund. Der Arrestgrund des § 917 Abs. 2 ZPO ist ferner im europäischen Raum nicht anwendbar.[216]

Der deutsche Arrest eignet sich für die Forderungspfändung. Das Bankkontoguthaben stellt eine Forderung des Kunden gegen die Bank dar, welche von dem Gläubiger des Kunden verarrestiert werden kann. Der dingliche Arrest und die den Arrest vollziehende Pfändung eines Bankkontos könnte folglich ebenfalls vom Amtsgericht der Kontobelegenheit nach § 919 Alt. 2 ZPO angeordnet werden, wobei deren Konkretisierung erhebliche Schwierigkeiten aufweist.[217] Im internationalen Verhältnis gibt es keine Definition der Forderungsbelegenheit mit völkerrechtlicher Geltung[218] und die EuGVO leistet dabei keine Abhilfe. Im deutschen autonomen Recht wird nach einer Meinung auf den exorbitanten Gerichtsstand des § 23 S. 2 ZPO zurückgegriffen, wo die Forderung bei dem Wohnsitz des Schuldners lokalisiert wird. Bei der Sicherungspfändung fungiert die drittschuldnerische Bank als Schuldner der zu pfändenden Forderung. Daher wird grundsätzlich auf den Sitz der Bank abgestellt.[219] Bei ausländischem Drittschuldnersitz verschafft die h.M. inländischen Erlassgerichtsstand soweit die Forderung einen vernünftigen, hinreichenden Inlandsbezug (*genuine link*)[220] wie die inländische Kontofiliale[221] oder den inländischen Schuldnersitz[222] aufweist.

---

214 Rauscher/*Leible*, EuZPR/EuIPR (5. Aufl. 2021), Art. 35 EuGVO Rn. 33.

215 *Baur/Stürner/Bruns*, Zwangsvollstreckungsrecht (13. Aufl. 2006), Rn. 51.5.

216 EuGH v. 10.2.1994 – *Mund & Fester/Hatrex*, Rs. C-398/92, ECLI:EU:C:1994:52; *Linke/Hau*, IZVR (8. Aufl. 2021), Rn. 15.9; *Zerr*, EuZW 2013, 292 in Fn. 22.; vgl. unter dem EuGVÜ *Grunsky*, Grundzüge (5. Aufl. 1996), Rn. 290.

217 Vgl. *Riebold*, Die Europäische Kontopfändung, 2014, § 9 IV.

218 *Mössle*, Internationale Forderungspfändung, 1991, S. 31 ff.; *Gassmann*, Arrest im internationalen Rechtsverkehr 1998, S. 52 f; *Wiedemann*, Vollstreckbarkeit, 2017, § 4 I. 2. bb.

219 *Welter*, Zwangsvollstreckung und Arrest, 1988, S. 27.

220 *Riebold*, Die Europäische Kontopfändung, 2014, § 9 III. 2., S. 115 ff.

221 *Geimer*, IZPR (7. Aufl. 2014), Rn. 3211 ff.

222 *Stamm*, IPRax 2014, 124 (128).

Nach der h.M. können sich die Hauptgerichtsstände im einstweiligen Rechtsschutz nicht nur aus der EuGVO wie in einem Hauptverfahren, sondern auch aus dem autonomen Recht – § 919 Alt. 1 i.V.m. §§ 12 ff. ZPO – ergeben.[223] Somit ist der – exorbitante – Vermögensgerichtsstand nach § 23 ZPO auf den Erlass eines Arrestes anwendbar, aber nicht auf die Entscheidung in der Hauptsache.[224] § 23 ZPO lässt jeden beliebigen Vermögensgegenstand des Schuldners genügen, wobei der leichtere Vollstreckungszugriff für den Gegenstand spricht, auf den der Antragsteller zugreifen möchte.[225] Dieser Meinung ist im Ergebnis zuzustimmen. Allerdings kommen *m.E.* die aus dem nationalen Recht ergehenden Hauptsachezuständigkeiten erst durch den Verweis in Art. 35 EuGVO auf nationale Rechte in Betracht.[226] Aus der Sicht der EuGVO sind diese Zuständigkeiten nicht für die Hauptsache relevant. Nur durch Art. 35 EuGVO dürfen sie aber doch zur Geltung kommen, weil diese Vorschrift eben die Inanspruchnahme der nationalen Zuständigkeitsregeln einschließlich der exorbitanten Gerichtsstände für den einstweiligen Rechtsschutz ermöglicht.

(iii) Anerkennung und Vollstreckung

Der an der Gegenstandsbelegenheit nach § 919 Alt. 2 ZPO (i.V.m. Art. 35 EuGVO) erlassene Arrest ist innerhalb der Bundesrepublik nicht nur im Bezirk des Amtsgerichts, sondern bundesweit vollstreckbar.[227] Nach Art. 2 lit. a EuGVO

---

223 *Geimer*/Schütze, EuZVR (4. Aufl. 2020), Art. 35 EuGVO Rn. 61 ff.; Rauscher/*Leible*, EuZPR/EuIPR (5. Aufl. 2021), Art. 35 EuGVO Rn. 32; *Kropholler/von Hein*, EuZPR (9. Aufl. 2011), Art. 31 a.F. Rn. 18; *Nagel/Gottwald*, IZPR (8. Aufl. 2020), § 17 Rn. 10 f.; *Eisermann*, Einstweilige Maßnahmen auf dem Gebiet der EuGVO, 2011, § 16; *Kofmel Ehrenzeller*, Der vorläufige Rechtsschutz im internationalen Verhältnis, 2005, S. 123 f.

224 A.A. *Schlosser*/Hess, EuZPR Kommentar (5. Aufl. 2021), Art. 35 EuGVO Rn. 18, der die durch Art. 5 EuGVO verdrängten Zuständigkeiten auch für den einstweiligen Rechtsschutz ausgeschlossen sieht.

225 Auch wenn § 23 ZPO im einstweiligen Rechtsschutz nicht anwendbar wäre, gäbe § 919 Alt. 2 ZPO die Möglichkeit, am Belegenheitsort die Arrestzuständigkeit zu begründen. Einziger Unterschied wäre, dass nur das Amtsgericht und nicht das Landgericht in Frage kommen würden. Vgl. dazu *Kropholler/von Hein*, EuZPR (9. Aufl. 2011), Art. 31 a.F. Rn. 18; *Geimer*/Schütze, EuZVR (4. Aufl. 2020), Art. 35 EuGVO Rn. 68.

226 Vgl. *Schlosser*/Hess, EuZPR Kommentar (5. Aufl. 2021), Art. 35 EuGVO Rn. 18.

227 *Baur/Stürner/Bruns*, Zwangsvollstreckungsrecht (13. Aufl. 2006), Rn. 51.10; MüKoZPO/*Drescher* (5. Aufl. 2016), § 919 Rn. 11; vgl. *Gronstedt*, Grenzüberschreitender einstweiliger Rechtsschutz, 1994, S. 37 ff., der diese Ausdehnung auch ins Ausland unter Geltung des Art 24 EuGVÜ zu übertragen versuchte.

ist er jedoch von der grenzüberschreitenden Vollstreckung ohnehin ausgeschlossen.[228] Wenn der Arrest von einem nach der EuGVO in der Hauptsache zuständigen Gericht erlassen wurde, kann er auch das ausländische Vermögen des Schuldners erfassen, da der Arrest sich im Gegensatz zum Pfändungsbeschluss noch allgemein gegen sein Vermögen richtet.[229]

Allerdings kann der Arrestbeschluss, auch wenn er vom Gericht der Hauptsache ergeht, nicht grenzüberschreitend vollstreckt werden, weil er nach deutschem Recht ohne Vorladung ergeht (§ 922 Abs. 1 S. 1 ZPO) und ohne Zustellung vollstreckt wird (§ 929 Abs. 3 ZPO). Dies genügt nicht den Kriterien des Art. 2 lit. a EuGVO. Somit kann nur ein Arresturteil, das nach mündlicher Verhandlung erfolgt und nur wenn es aus dem Gericht der Hauptsache ergeht, dem gesamten (auch ausländische) Vermögen des Schuldners auferlegt und nach der EuGVO grenzüberschreitend vollstreckt werden. Es liegt auf der Hand, dass bei einem solchen Vorgehen durch die Verhandlung zum Erlass des Arresturteils und die von Art. 42 Abs. 2 EuGVO verlangte Zustellung der Schuldner gewarnt wird. Somit geht der Überraschungseffekt verloren. Darüber hinaus setzt die Vollstreckung des Arresturteils die Vollstreckungsgewalt des jeweiligen Staates voraus. Die Grenzen der staatlichen Vollstreckungsgewalt für Forderungen, wie das Kontoguthaben, sowie die möglichen Methoden der Anerkennung einer ausländischen Pfändung sind stark umstritten.[230]

(iv) Vorläufigkeit des Arrestes und erfolgte ausländische Vollstreckung

Ein Arrest, der aus dem Gericht der Hauptsache vor der Klageerhebung ergeht, kann nach der EuGVO nur nach der Zustellung an den Schuldner in einem anderen Mitgliedstaat direkt vollstreckt werden. Wenn der Antragsteller jedoch im Ursprungsstaat das Hauptverfahren entgegen der gerichtlichen Anordnung (§ 926 Abs. 1 ZPO) nicht einleitet, wird der Arrest nach deutschem Recht auf Antrag (§ 926 Abs. 2 ZPO) in Deutschland aufgehoben.[231] Der Arrest stellt den vollstreckbaren Titel für die ausländische Vollstreckung dar, der

228 Vgl. auch Erwägungsgrund 33 EuGVO; *Schlosser*/Hess, EuZPR Kommentar (5. Aufl. 2021), Art. 35 EuGVO Rn. 20.

229 Vgl. *Geimer*/Schütze, EuZVR (4. Aufl. 2020), Art. 35 EuGVO Rn. 59 über die Kognitionsbefugnis des Gerichts der Hauptsache im Gegensatz zu deren Begrenzung im Hoheitsgebiet des Gerichts, das nach Art. 35 i.V.m. nationalem Recht zuständig ist; vgl. *Gronstedt*, Grenzüberschreitender einstweiliger Rechtsschutz, 1994, S. 37.

230 Ausführung des Meinungstands bei *Wiedemann*, Vollstreckbarkeit, 2017, S. 88 ff.

231 Kindl/Meller-Hannich/Wolf/*Haertlein*, Zwangsvollstreckung (3. Aufl. 2015), § 926 Rn. 27 f.

nach der Aufhebung entfällt. Der Wegfall der Vollstreckbarkeit im Ursprungsstaat erstreckt sich nach der nach Art. 39 EuGVO geltenden Wirkungserstreckungstheorie auch auf den Vollstreckungsstaat und hindert das Weiterbestehen der Vollstreckung. Wenn die Vollstreckbarkeit im Ursprungsstaat ganz entfällt, fehlt es an der Kernvoraussetzung des Art. 39 EuGVO und hiermit entfällt auch *quasi-automatisch* die Grundlage für die Vollstreckung in jedem anderen Mitgliedstaat.[232] Allerdings ist in der EuGVO für den kompletten Wegfall der Vollstreckbarkeit im Ursprungsstaat kein konkreter Rechtsbehelf des Schuldners im Vollstreckungsmitgliedstaat vorgesehen, sondern nur für die Aussetzung der Vollstreckbarkeit nach Art. 44 Abs. 2 EuGVO. Diese Lücke wird dem nationalen Recht zur Regelung überlassen. In Deutschland kann der Schuldner nach § 1116 ZPO nicht nur die Beschränkung, sondern auch den Wegfall der Vollstreckbarkeit im Ursprungsstaat geltend machen.[233] Die durchgeführten Vollstreckungsmaßnahmen sind nach § 776 ZPO aufzuheben.

Insbesondere soll die Klagefrist bei einem Arrest (§ 926 Abs. 1 ZPO) aus der Maßnahmenbeschreibung in der Bescheinigung (Art. 42 Abs. 2 lit. b EuGVO) ergehen, da sich daraus ein wesentliches Charakteristikum der ergriffenen Maßnahme ergibt, und zwar deren Vorläufigkeit bzw. deren Geltungszeitraum, da die Maßnahme eine dienende Funktion zu der Hauptsache aufweist. Diese Vorläufigkeit erstreckt sich vom Ursprungsstaat auf den Vollstreckungsstaat. Das Verstreichen der Frist für die Einleitung des Hauptverfahrens, das die Rechtslage dauerhaft aufklären sollte, hindert die Vollstreckung der Maßnahme in jedem Mitgliedstaat.[234] Daher soll sie dem Antragsgegner, der möglicherweise im Vollstreckungsstaat wohnhaft ist, bekanntgemacht werden, damit er sich ggf. gegen die Vollstreckung wehren kann.

Anders als die Klagefrist ist nach dem EuGH die Arrestvollziehungsfrist nach § 929 Abs. 2 ZPO handzuhaben. In dem *Al Bosco*-Urteil[235] sprach der EuGH aus, dass die Geltung der Vollziehungsfrist nicht gegen Art. 38 EuGVO a.F. verstößt,

232 Rauscher/*Mankowski*, EuZPR/EuIPR (5. Aufl. 2021), Art. 44 EuGVO Rn. 49 und Art. 39 EuGVO Rn. 45.

233 S. auch *Raffelsieper*, Die Rückabwicklung, 2017, S. 128.

234 Vgl. *Wiedemann*, Vollstreckbarkeit, 2017, S. 207; Rauscher/*Mankowski*, EuZPR/EuIPR (5. Aufl. 2021), Art. 39 EuGVO Rn. 53.

235 EuGH Urteil v. 4.10.2018 – *Società Immobiliare Al Bosco*, Rs. C-379/17, ECLI:EU:C:2018:806 = RIW 2018, 756 ff. = EuZW 2019, 37 m. zustimmender Anm. *Wagner*, 41 ff.; Ablehnende Anm. *Rademacher*, GPR 2019, 109. Vgl. dazu OLG Hamm RIW 1985, 973; *Welter*, Zwangsvollstreckung und Arrest in Forderungen, 1988, S. 89 f. unter Geltung des EuGVÜ.

auch wenn es sich um die Vollziehung eines ausländischen Arrestbefehles handelt, der in Deutschland für vollstreckbar erklärt wurde. Es ist bemerkenswert, dass der EuGH für die Bestimmung des Regelungsinhalts der EuGVO auf Art. 23 EuKpfVO, der auf das Recht des Vollstreckungsmitgliedstaats verweist, Bezug nimmt. Genauer gesagt schreibt das Urteil fest, dass für die eigentliche Vollstreckung weder die EuGVO noch das Recht des Ursprungsmitgliedstaats, sondern ausschließlich die Verfahrensvorschriften des Vollstreckungsmitgliedstaats anwendbar sind.[236] Obwohl das Urteil die Vollstreckung eines nach der alten Fassung der EuGVO für vollstreckbar erklärten ausländischen Arrestes betrifft, sieht der EuGH diese Auslegung auch in Erwägungsgrund 26 i.V.m. Art. 39 EuGVO bestätigt, wonach eine ausländische Entscheidung bei ihrer Vollstreckung so behandelt werden soll, als sei sie im Vollstreckungsmitgliedstaat erlassen. Dass sich dadurch eine Divergenz zwischen den Wirkungen der Entscheidung aus dem Ursprungsmitgliedstaat und ihrer Vollstreckung im Vollstreckungsmitgliedstaat ergeben kann, nimmt der EuGH in Kauf (Rn. 40 ff.), weil andernfalls die in Deutschland zu vollstreckenden ausländischen Arrestbefehle und die deutschen Arrestbefehle unterschiedliche Wirkungen in ein und demselben Mitgliedstaat – d.h. dem Vollstreckungsmitgliedstaat – hätten, und dies ist jedenfalls untragbar. Dazu kommt, dass es eine unverhältnismäßige Belastung für die deutschen Vollstreckungsbehörden wäre, wenn sie eine etwaige im Ursprungsmitgliedstaat geltende Vollziehungsfrist hätten berücksichtigen müssen.

M.E. ist dieses Urteil konsequent, weil es auf die grundsätzliche Trennung zwischen der Hauptwirkung der Entscheidung in der Form der Vollstreckbarkeit und dem Vollstreckungsverfahren an sich unterscheidet. Solange die Vollstreckung in einem bestimmten Mitgliedstaat angestrebt wird, ist die ausländische Entscheidung der gleichartigen inländischen Entscheidung gleichzustellen (Art. 39 EuGVO, vgl. Art. 54 EuGVO). Ansonsten wird gegen das Diskriminierungsverbot verstoßen. Außerdem hat jeder Staat den Auftrag des Schutzes seiner Bürger innerhalb des eigenen Territoriums, was gegen unterschiedliche Vollstreckungsmodalitäten je nach Ursprung des vollstreckbaren Titels spricht. Da die Entscheidung unter der Geltung der EuGVO a.F. erging, knüpft sie für die Fristbemessung an die Vollstreckbarerklärung, welche nunmehr abgeschafft worden ist. Es wäre erwägenswert, die Frist an das Pendant der Vollstreckbarkerklärung, nämlich an die Zustellung der Bescheinigung an den Schuldner nach

236 EuGH Urteil v. 4.10.2018 – *Società Immobiliare Al Bosco*, Rs. C-379/17, ECLI:EU:C:2018:806 Rn. 36-38.

Art. 43 EuGVO anzuknüpfen.[237] Somit hat der Gläubiger, der in der Bundesrepublik einen ausländischen Arrest vollstrecken will, zugegeben wenig Zeit. Dies ist jedoch dem einstweiligen Rechtsschutz immanent, der eine lange Aufrechterhaltung von provisorischen Titeln zum Schutz des Schuldners untersagt.[238]

Darüber hinaus ist die Einleitung des Hauptverfahrens nach § 926 ZPO notwendige Bedingung für die Vorläufigkeit des einstweiligen Rechtsschutzes. Die Fristversäumnis hat als Rechtsfolge die Aufhebung des Arrestbefehls und somit die Beseitigung der Vollstreckbarkeit. Das *argumentum e contrario* zu dem EuGH-Urteil erlaubt die Schlussfolgerung, dass die Klagefrist zur Vollstreckbarkeit und nicht zum Vollstreckungsverfahren gehört und mithin nach dem Recht des Ursprungsmitgliedstaats zu beurteilen ist. Unter dem gleichen systematischen Blickwinkel wie im *Al Bosco*-Urteil ist im Rahmen der EuKpfVO für die Nichteinleitung des Hauptverfahrens das Recht des Ursprungsmitgliedstaats nach Art. 10 EuKpfVO entscheidend, da sie eben zu der Vollstreckbarkeit gehört und nicht zu den Modalitäten der Vollstreckung (Art. 23 EuKpfVO). Dies wird ebenfalls dadurch betont, dass, im Gegensatz zu der Aufhebung des Arrestbefehls nach § 926 Abs. 2 ZPO wegen versäumter Klageerhebung, nach der Streichung der Vollziehungsfrist nach § 929 Abs. 2 ZPO der Arrestbeschluss unberührt bleibt.[239]

bb. Worldwide freezing order

(i) Begriff und Wirkung

Charakteristisch für die Divergenzen im grenzüberschreitenden einstweiligen Rechtsschutz ist der Blick auf den Rechtsverkehr – bis zum Brexit – mit den Maßnahmen der englischen Rechtstradition. Das Vereinigte Königreich war an der EuKpfVO auch vor dem Brexit nicht beteiligt. Hier soll allerdings die grundlegende Unterscheidung zwischen den *in rem*- und *in personam*-Maßnahmen am Beispiel der englischen *freezing order* näher betrachtet werden. Die *in personam* wirkenden Maßnahmen bleiben für Mitgliedstaaten wie Zypern und Irland weiterhin relevant.

---

237 S. auch *Hess*, EuZPR (2021) § 6 Rn. 6.292.

238 Vgl. *Wagner*, EuZW 2019, 41 (42) und *Rademacher*, GPR 2019, 109 (112), welche ein Aktivwerden des deutschen oder europäischen Gesetzgebers in Betracht ziehen, um die Frist für ausländische Arreste zu verlängern bzw. zu vereinheitlichen.

239 Kindl/Meller-Hannich/Wolf/*Haertlein*, Zwangsvollstreckung (3. Aufl. 2015), § 926 Rn. 27 und § 929 Rn. 28.

Die *freezing order* stellt das funktionale Pendant zum dinglichen Arrest der kontinentalen Rechte in der Kategorie der vorläufigen Sicherungsmaßnahmen dar. Umstritten in der Lehre und Rechtsprechung war die Frage, ob und wie die englische *worldwirde freezing order* in Deutschland vollstreckt werden durfte.[240] Die *worldwide freezing order* stellt eine Weiterentwicklung der *Mareva injunction* dar und enthält ein weltweites Veräußerungsverbot gegen den Schuldner für in- und ausländisches Vermögen bis zu einem bestimmten Wert, soweit er der *personal jurisdiction* des Gerichts unterworfen ist.[241] Sie kann *ex parte* erlassen werden und wird dem Schuldner mit einer *penal notice* bzw. einem Hinweis auf die Rechtsfolgen der Missachtung zugestellt. Die Anordnung ist vor und nach Erhebung der Klage sowie nach der Entscheidung in der Hauptsache[242] möglich. Der Gläubiger gibt beim Gericht *undertakings* bzw. Erklärungen ab, mit denen er sich zu Schadensersatz oder Sicherheitsleistung verpflichtet, sollte sich die *order* als unbegründet erweisen.[243] Der Gläubiger gibt ferner *undertakings* für die Kosten der Bank bei der Implementierung der *order* sowie für ihren etwaigen Schadensersatz ab.[244] Die *freezing order* stammt aus dem *equity*-Recht und

---

240 *Nunner-Krautgasser*, ÖBA 2010, 794; bejaht in der Schweiz: BGE 129 III 626; Frankreich: Cour de Cassation, 30.6.2004, Stolzenberg c/Société Daimler Chrysler Canada Inc., dazu *Schlosser*, IPRax 2006, 300; Deutschland: OLG Nürnberg 22.12.2010, WM 2011, 700; OLG Karlsruhe ZZPInt 1 (1996), 91.

241 Art. 25.1 (1) (f) (ii) engl. CPR; Court of Appeal, *Babanaft Int. v Bassatne* [1989] W.L.R. 232; für die Voraussetzungen der *in personam jurisdiction Heinze*, RIW 2003, 929 (924 in Fn. 34).

242 Court of Appeal, *Masri v Consolidated Contractors International Co SAL* [2008] EWCA Civ 303: "Article 22(5) of the Brussels I Regulation does not apply to (...) (ii) (the freezing order). Article 22(5) is concerned with actual enforcement and not with steps which may lead to enforcement. The orders pave the way for execution, but they are not proceedings concerned with enforcement of judgments ([123]–[124]). (...) A freezing order will be granted more readily after judgment than before."; *Babanaft International Co SA v Bassatne*, Court of Appeal [1990] Ch. 13.; *Heinze*, IPRax 2007, 348; *Wiedemann*, Vollstreckbarkeit, 2017, S. 77.

243 Vgl. Practice Direction 25A Schedule C und Schedule D, wo die Verpflichtungen der Anwälte des Antragstellers aufgelistet sind; zu den *undertakings Solomon*, in: Hess (Hg.), Die Anerkennung im Internationalen Zivilprozessrecht – Europäisches Vollstreckungsrecht (2014), S. 173 (201 ff.).

244 Court of Appeal, *Z ltd. v A-Z and AA-LL* [1982] 2 WLR 288, S. 575; Practice Direction 25A Annex, Schedule B (7): „The Applicant will pay the reasonable costs of anyone other than the Respondent which have been incurred as a result of this order including the costs of finding out whether that person holds any of the Respondent's assets and if the court later finds that this order has caused such person loss, and decides that

deshalb liegt ihr Erlass immer im Ermessen des Gerichts, auch wenn der Antragsteller einen *good arguable case* hat.[245] Sie soll nur in Ausnahmesituationen zur Anwendung kommen. Die gerichtliche Praxis nutzt dieses Instrument allerdings rege. Ferner kann sie vom Hauptsachegericht angeordnet werden, aber auch zur Unterstützung eines ausländischen Hauptsacheverfahrens ergehen.[246] Die *order* entfaltet erst bei Zuwiderhandlung eine *in personam*-Wirkung durch *contempt of court*-Strafen gegen den Schuldner und Dritte[247], wenn sie Kenntnis von der *order* hatten.[248] Grundsätzlich handelt es sich um Vermögensbeschlagnahme oder erhebliche Geldstrafen, die nach rule 81.9 CPR in die Staatskasse einfließen. Die Haftstrafe wird nicht angewandt, weil sie unverhältnismäßig ist.[249] Eine mögliche Strafe mit weitergehenden Konsequenzen für das europäische Vollstreckungsrecht war der Verfahrensausschluss (*debarment*) der ungehorsamen Partei, nach dem ein Versäumnisurteil erging, dessen Vollstreckung im Ausland beantragt werden konnte.[250] Die Vollstreckung der *freezing order* im Inland erfordert keine zusätzliche Vollstreckbarkeitsklausel, sondern erfolgt bei Zuwiderhandlung mit der Verhängung der *contempt of court*-Strafen.

Die frühere englische Rechtsprechung hatte die ausländischen Dritten von der Wirkung der *worldwide freezing order* ausdrücklich ausgeschlossen.[251] Diese Einschränkung war nach Ansicht der Richter von der fehlenden *jurisdiction* der

---

such person should be compensated for that loss, the Applicant will comply with any order the court may make."

245 Vgl. *Kyriakides*, European Account Preservation Order, in: Boundaries of European Private International Law, (2015), S. 189 (195).

246 Republic Haiti v Duvalier [1990] 1 QB 202; section 25 Civil Jurisdiction and Judgments Act 1982, wobei das englische Gericht nach sec. 25 (2) den Erlass ablehnen kann, wenn er "*inexpedient*" für das ausländische Verfahren ist. Dazu *Heinze*, IPRax 2007, 343; *Müller*, Die worldwide Mareva injunction, 2001, S. 24.

247 Zu unterscheiden von der *third-party debt order*, früher *garnishee order*, welche zur Zwangsvollstreckung einer Entscheidung ergeht. Dazu *Hartley*, International Commercial Litigation, S. 837 ff.

248 Vgl. Practice Direction 25A para. 16: "It is a contempt of court for any person notified of this order knowingly to assist in or permit a breach of this order. Any person doing so may be imprisoned, fined or have their assets seized." Darunter fallen grundsätzlich die Banken, bei denen der Schuldner Konten hat.

249 *Wiedemann*, Vollstreckbarkeit, 2017, S. 258 f.

250 Dazu EuGH, Urteil v. 2.4.2009 – *Gambazzi*, Rs. C-394/07, ECLI:EU:C:2009:219, wo der EUGH eine konkrete Prüfung seitens des Vollstreckungsgerichts forderte.

251 Klausel bekannt als „Babanaft-proviso", in: Court of Appeal, *Bananaft Int. v Bassatne,* [1989] W.L.R. 232.

englischen Gerichte gegenüber den ausländischen Drittschuldnern begründet. Die dadurch entstehenden Einbußen auf die Wirksamkeit der *freezing order* waren in Kauf genommen worden. Es wurde jedenfalls mit dieser Klausel dem ausländischen Gericht vorgeschrieben, dass die *freezing order* nur *in personam* gegen den Schuldner wirkte und eine *in rem*-Vollziehung nach der Vollstreckbarerklärung im Ausland ausscheiden müsste.[252]

(ii) Internationale Zuständigkeit aus autonom europäischer Sicht

Die *freezing injunction* ließ sich unter die EuGVO als einstweilige Maßnahme begrifflich einordnen, auch wenn sie aus einem Gerichtsstand nach Art. 35 EuGVO i.V.m. nationalem Recht zur Unterstützung eines ausländischen Hauptsacheverfahrens erging.[253] Dies erlaubte allerdings nicht, dass die erlassene *freezing injunction* nach der EuGVO im Ausland anerkannt und vollstreckt werden konnte (*arg. e contrario* aus Art. 2 lit. a, Erwgr. 33), sondern dass sie nur im Erlassstaat wirkte. Aufgrund der *in personam*-Wirkung der *injunction* wäre dies der Staat, in dem die *contempt of court*-Sanktionen durchgesetzt werden durften. Die *contempt of court*-Sanktionen konnten gegen den Schuldner in England angeordnet werden, auch wenn das Verfügungsverbot Vermögensgegenstände im Ausland betraf.[254]

Die englischen Gerichte hatten folglich nach der EuGVO[255] internationale Zuständigkeit zum Erlass einer *worldwide freezing order*, soweit sie die Hauptsachezuständigkeit besaßen. Wenn in der Hauptsache ein ausländisches Gericht international zuständig war, war es fraglich, welche Verbindung der Fall mit

---

252 "A proviso in the terms of that included in our order, or in similar terms, would, I think, go a long way towards explaining to the foreign court the limited and personal nature of the order made by the English court. Nevertheless, in my view, an English court should remain alert to the possibility that a foreign court might treat the injunction as though it were a form of attachment in rem." Bananaft Int. v Bassatne [1989] W.L.R. 232 (241).

253 Rauscher/*Leible*, EuZPR/EuIPR (5. Aufl. 2021), Art. 35 EuGVO Rn. 10 m.w.N.

254 Die *in personam* wirkende Maßnahme wurde im Gegensatz zu den deutschen oder griechischen *in rem* wirkenden nicht auf einen Gegenstand, sondern gegen den Schuldner vollzogen. Somit galt für die Bejahung der realen Verknüpfung der Mitgliedstaat seiner Niederlassung als der Vollzugsort und mithin als Ort, in dem sich der Gegenstand der Maßnahme befand. Dazu *Tsikrikas*, ZZPInt 17 (2012), 293 (308); *Geimer*/Schütze, EuZVR (4. Aufl. 2020), Art. 35 EuGVO Rn. 14; i.E auch *Schlosser*/Hess EuZPR Kommentar (5. Aufl. 2021) Art. 35 EuGVVO Rn. 33.

255 Und Section 25 of the 1982 Civil Jurisdiction and Judments Act.

den englischen Gerichten aufweisen sollte, damit nicht nur eine im Inland zu vollstreckende (Art. 35 EuGVO) *freezing order*, sondern eine *worldwide freezing order* gerechtfertigt war. Die reale Verknüpfung war allerdings nicht unbedingt an das Vorliegen von Vermögen im Inland gebunden, weil die *order* nicht *in rem*, sondern *in personam* wirkte. Daher konnte aus autonom europäischer Sicht nur auf den Wohnsitz bzw. die Niederlassung des Schuldners in England abgestellt werden.[256] Somit war der Erlass einer *worldwide freezing order* gegen einen ausländischen Schuldner nach Art. 35 EuGVO ausgeschlossen.[257]

(iii) Anerkennung und Vollstreckung aus autonom europäischer Sicht

Unter der Geltung der EuGVO konnte die *freezing order*, soweit sie vom Hauptsachegericht und *inter partes* erging oder vor der Vollstreckung zugestellt wurde, in Deutschland vollzogen werden.[258] Nach Abschaffung der Vollstreckbarerklärung konnte die Maßnahme direkt nach der EuGVO gegen den Schuldner auch im Ausland mit lokalen Vollstreckungsmitteln (z.B. in Deutschland §§ 888, 890 oder §§ 930, 829 ZPO) vollstreckt werden.[259] Nach Art. 41 EuGVO sind die Vollstreckungsmittel nicht der EuGVO, sondern dem nationalen Vollstreckungsrecht zu entnehmen.

Alternativ war es unter der EuGVO möglich, dass der Gläubiger die Verhängung der *contempt of court*-Sanktion vom englischen Gericht bewirkte und anschließend die Anerkennung und Vollstreckung der Sanktion im Ausland

256 Vgl. Court of Appeal, *Motorola Credit Corporation v. Uzan*, [2003] EWCA Civ 752, welche nur auf der Basis vom inländischen Vermögen (ohne andere Verbindung des *forum* mit dem Fall oder dem Schuldner) eine *worldwide freezing order* mit *worldwide disclosure* für das gesamte Vermögen des in der Türkei wohnhaften Schuldners zugesprochen hat. Dazu *Hartley*, Internationale Commercial Litigation (2. Aufl. 2015) S. 474 f., nach dem die englischen Gerichte zu glauben scheinen, dass sie als „policemen of the world" fungieren.

257 Vgl. *Hartley*, International Commercial LItigation, S. 498 f.

258 Nach dem Brexit werden die aus England stammenden *orders* nicht mehr nach der EuGVO automatisch vollstreckt. Es bleibt abzuwarten, ob das Vereinigte Königreich dem LugÜ beitreten wird, welches ein Exequatur vorsieht. Dazu *Hess*, IPRax 2016, 409 (414). Ansonsten würden die *freezing orders* nicht nach §§ 328, 722 ZPO vollstreckt werden können. Die Problematik bleibt allerding in der EuGVO von Interesse, weil *freezing orders* auch von zypriotischen, maltesischen und irischen Gerichten ausgesprochen werden.

259 Vgl. bereits *Heinze*, RIW 2003, 922 (929), der in der Zeit vor der Neufassung der EuGVO i.E. für eine grenzüberschreitende Vollstreckung einer *freezing injunction* aus einem Gerichtsstand nach Art. 31 a.F. gegen den Schuldner zu sein schien.

gegen den Schuldner nach Art. 55 EuGVO durchführte.[260] Das Zwangsgeld übte allerdings nur mittelbaren Zwang aus und konnte ausschließlich gegen den Schuldner verhängt werden, was zu einem geringeren Schutzniveau als die *freezing order* führte. Die Erhebung des schon festgesetzten Zwangsgeldes unterlag dann dem Recht des Vollstreckungsstaats.

(iv) Vollstreckung einer freezing order in Deutschland

α. Meinungsstand

Im deutschen Recht kamen grundsätzlich zwei Möglichkeiten in Betracht. Erstens konnte eine *worldwide freezing order* durch ein einstweiliges Verfügungsverbot mit Zwangsgeldanordnung gegen den Schuldner nach den Grundsätzen der Unterlassungsvollstreckung nach §§ 888, 890 ZPO erfolgen.[261] Im Wege der Substitution kamen nach dieser Meinung §§ 135, 136, 407 BGB zur Anwendung und führten zur Unwirksamkeit jeder Verfügung auch seitens der Bank, welche im deutschen Recht jedoch kein Adressat der Unterlassungsvollstreckung nach § 890 ZPO ist.[262] Nach einer zweiten Meinung entsprach die *worlwide freezing order* der Arrestpfändung nach §§ 930, 829 ZPO und der Drittschuldner konnte nach Zustellung des Pfändungsbeschlusses in Anspruch genommen werden.[263] Teilweise wurde ferner versucht, eine Forderungspfändung nach § 829 ZPO zur Vollziehung einer einstweiligen Verfügung (§ 938 ZPO) heranzuziehen.[264] Eine Mindermeinung hielt auch die Vollziehung einer *freezing order* mit dem

---

260 Vgl. EuGH, Urteil v. 18.10.2011 – *Realchemie Nederland*, Rs. C-406/09, ECLI:EU:C:2011:668 Rn. 40 ff., wo der Begriff des Zwangsgeldes weit ausgelegt wurde und den Strafcharakter oder das Einfließen in die staatliche Kasse nicht ausschließt.

261 OLG Karlsruhe ZZPInt 1 (1996), 91; ein Antrag auf Anordnung von Zwangsmitteln nach § 890 Abs. 2 ZPO scheint Gegenstand des OLG Brandenburg 11.7.2016, MDR 2016, 1171 gewesen zu sein; davon ausgehend LG Hamburg 27.4.2018, Az. 322 O 601/16 (2), juris, Rn. 52; *Schlosser*, IPRax 2006, 300; *Heinze*, IPRax 2007, 343 (346); *Koch*, in: Basedow/Schlosser (Hg.), Materielles Recht und Prozeßrecht (1992), 257; *Wiedemann*, Vollstreckbarkeit, 2017, S. 277.

262 *Schlosser*, IPRax 2006, 300 (303); *Heinze*, IPRax 2007, 343 (346).

263 *Albrecht*, Das EuGVÜ und der einstweilige Rechtsschutz in England und der Bundesrepublik Deutschland, 1991, S. 175; *Koch*, in: Basedow/Schlosser (Hg.), Materielles Recht und Prozeßrecht (1992), S. 257; *Wiedemann*, Vollstreckbarkeit, 2017, S. 257; *Zuckerman/Grunert*, ZZPInt 1 (1996), 96; OLG Nürnberg Urteil v. 22.10.2010 -14 W 1442/10, WM 2011, 700.

264 Vgl. die Nachweise in: *Heinze*, IPRax 2007, 343 (346).

persönlichen Arrest nach § 933 ZPO für möglich, damit die *in personam*-Natur der ausländischen *order* erhalten blieb.[265]

β. Kritische Würdigung

Da eine gleich wirkende Maßnahme im deutschen Recht nicht existiert, musste nach einem entsprechenden Mechanismus im Wege der Anpassung gesucht werden. Dabei sollte der Funktion und dem Zweck der Maßnahme sowie den möglichen Risiken für den Drittschuldner erhebliche Bedeutung zukommen. Insbesondere konnte ein Zwangsgeld nach § 890 ZPO nur gegen den Schuldner verhängt werden und nicht gegen einen Dritten, obwohl das englische Recht, wie gesehen, eine *in personam*-Drittwirkung miteinschließt. Andererseits bekam der Gläubiger nach der Arrestpfändung gem. §§ 930, 829 ZPO eine bessere Rechtsstellung als mit der *freezing order*, weil das Arrestpfandrecht rangwahrend zu einem Pfändungspfandrecht umgewandelt wurde, was bei der *freezing order* nicht vorgesehen war. Der mit der Pfändung erfolgte Schutz war dinglicher Natur und musste deshalb von dem englischen Gericht genehmigt werden.[266] Der persönliche Arrestbefehl wurde durch Haft oder eine andere Freiheitsbeschränkung vollzogen und war nur subsidiär und ausnahmsweise anzuordnen.[267] Ferner war bei § 933 ZPO die Anordnung von Zwangsgeld oder einer anderen Geldstrafe nicht vorgesehen. Daher konnte mit dem persönlichen Arrest kein vergleichbarer Schutz zu der *freezing order* gewährt werden.

γ. OLG Karlsruhe v. 19.12.1994

Die englische *freezing order* war bis zum Brexit nur selten Gegenstand eines gerichtlichen Urteils in Deutschland. Die Frage, wie die *order* gegen einen deutschen Schuldner durchgesetzt werden konnte, ist in der deutschen Rechtsprechung divers beantwortet worden. Soweit ersichtlich stammt die erste Entscheidung aus dem Jahre 1994 vom OLG Karlsruhe und betraf die Beschwerde der Schuldnerin gegen die Vollstreckbarerklärung einer klassischen *Mareva injunction* in Deutschland. Nach dem OLG konnte die *freezing order* in Deutschland

---

265 *Tsikrikas*, ZZP 124 (2011), 461 (473 f.).

266 Practice Directions 25A, Annex Schedule B (9), (10). In der Regel wurde eine *in rem*-Wirkung von der englischen Rechtsprechung abgelehnt. Vgl. dazu die Prinzipien in Court of Appeal, Dadourian Group International Inc v Simms, [2006] WLR 2499 und *Heinze*, IPRax 2007, 343.

267 MüKoZPO/*Drescher* (5. Aufl. 2016), § 918 Rn. 3; *Domej*, Internationale Zwangsvollstreckung und Haftungsverwirklichung, 2016, S. 360 in Fn. 117.

für vollstreckbar erklärt werden, weil dem Schuldner in jenem Fall *vor* ihrem Erlass rechtliches Gehör gewährt worden war.[268] Das OLG Karlsruhe hatte die Durchsetzung mit dem dinglichen Arrest oder mit einem dinglich wirkenden Verfügungsverbot abgelehnt, weil der Vollstreckungstitel unheilbar unbestimmt gewesen sei. Die *freezing order* erlaubte nämlich dem Schuldner, Vermögensverfügungen für den Erhalt seines normalen Geschäftsgangs zu betätigen, die dem konkreten Inhalt des Vollstreckungstitels nach deutschem Vollstreckungsrecht widersprachen. Deshalb entschied das OLG Karlsruhe, dass die *freezing order* mit den Mitteln der Unterlassungsvollstreckung durchgesetzt werden musste.[269] Die *contempt of court*-Wirkung bei Zuwiderhandlung des englischen Verfügungsverbots entspreche in Deutschland nach Ansicht des OLG der Anordnung von Zwangsgeld nach § 890 ZPO. Allerdings war es sehr fraglich, ob die *freezing order* gegen eine deutsche drittschuldnerische Bank mit Zwangsgeld vollzogen werden konnte, wie dies im englischen Recht vorgesehen ist. Da die dem OLG vorliegende Vollstreckbarerklärung der *freezing order* sich nur gegen den Schuldner richtete und keine vollstreckungsmäßige Drittwirkung entwickelte, hat das OLG nur im *obiter dictum* ausgesprochen, dass die Einbeziehung Dritter in die Unterlassungsvollstreckung ohne vorheriges gerichtliches Gehör gegen tragende Grundsätze des deutschen Rechts verstoßen würde. Ohne Gewährung rechtlichen Gehörs an den Drittschuldner hätte nach dem OLG die Festsetzung von Zwangsgeld gegen den *ordre public* verstoßen, weil der Drittschuldner ohne Verfahrensbeteiligung zum echten Vollstreckungsschuldner werden würde, auf den mit Ordnungsmitteln zur Willensbeugung zugegriffen werden würde.[270] Die Festsetzung von Zwangsgeld hätte daher zum Zwecke der Willensbeugung nur gegen den Schuldner angeordnet werden können. Für eine Festsetzung von Zwangsgeld gegen den Drittschuldner wäre außer der Vollstreckbarerklärung seine vorherige Anhörung notwendig gewesen sein.

Diese Begründung war unzulänglich, weil auch nach Gewährung rechtlichen Gehörs an den Drittschuldner die Anordnung eines Zwangsgeldes gegen

---

268 OLG Karlsruhe ZZPInt 1 (1996), 91 (93) m. Anm. *Zuckerman/Grunert*, 96; *Kofmel Ehrenzeller*, Der vorläufige Rechtsschutz im internationalen Verhältnis, 2005, S. 247; *Kropholler/von Hein*, EuZPR (9. Aufl. 2011), Art. 31 a.F. Rn. 8 m.w.N.

269 Zu diesem Punkt berechtigte Kritik von *Schlosser*, IPRax 2006, 300 (302 f.), weil die Unterlassungsvollstreckung erst recht das Problem der Unbestimmtheit aufwarf; *Zuckerman/Grunert* Anm. ZZPInt 1 (1996), 96 (100 f.), nach denen die Anforderungen an Bestimmtheit nach nationalem Recht zugunsten der Titelfreizügigkeit abgemildert werden sollten.

270 OLG Karlsruhe ZZPInt 1 (1996), 91 (95).

ihn problematisch gewesen wäre. Die Rechtsstellung des Drittschuldners in der Zwangsvollstreckung wird i.A. vom Recht des Vollstreckungsstaats bestimmt. Im deutschen Recht ist in der Unterlassungsvollstreckung die Anordnung von Zwangsgeld nur gegen den Schuldner vorgesehen.[271] Auf einer vorverlagerten Ebene war die Vollstreckung der *freezing order*, genauer gesagt die Vollstreckung gegen eine Zuwiderhandlung gegen die *order*, mit den Grundsätzen der Unterlassungsvollstreckung nicht vereinbar. Die *freezing order* bezweckt das Einfrieren von Schuldnervermögen bis zu einem bestimmten Gesamtwert zur Vollstreckungssicherung und bezieht sich auf Geldansprüche. Somit konnte der *freezing order* dem Drittschuldner gegenüber eine *quasi in rem*-Funktion zugesprochen werden. Dieser hatte sicherzustellen, dass keine Verfügung erfolgte. Erst bei einer Zuwiderhandlung vom Schuldner oder Drittschuldner kam die *in personam*-Wirkung in der Form der *contempt of court*-Sanktionen zum Einsatz.[272] Im Gegensatz dazu ist die Unterlassungsvollstreckung auf das Unterlassen oder Dulden von Handlungen orientiert und bedient sich der Zwangsgeldanordnung zur Erzwingung dieses Schuldnerverhaltens. Vorausgesetzt, dass das englische Verfügungsverbot überhaupt als eine deutsche Regelungsverfügung angesehen werden durfte, schied eine Zwangsgeldanordnung gegen den Drittschuldner aus. Dadurch war die Wirkung der deutschen Vollstreckungsmaßnahme kürzer als diejenige der englischen *freezing order*. Eine Ersatzvornahme bei vertretbaren Handlungen schied ebenso aus, weil es sich nicht um eine Handlung oder Unterlassung des Schuldners handelte, welche auch ein Dritter vornehmen konnte, sondern um separate Verpflichtungen.

Die Sicherungsverfügung nach §§ 938, 890 ZPO ist auf die Sicherung von Geldansprüchen nicht anwendbar. Sie kann bei Geldansprüchen nur zur vorläufigen Zahlung angeordnet werden, aber nicht zur Sicherung, wofür der Arrest und die anschließende Arrestpfändung zur Verfügung stehen.[273] Darüber hinaus spricht der im Zwangsvollstreckungsrecht grundlegende Typenzwang gegen eine Einsetzung des Zwangsgeldes in der Geldvollstreckung.[274] Ferner

271 Statt allen Musielak/Voit/*Lackmann*, (18. Aufl. 2021), § 890 ZPO Rn. 4.

272 Vgl. Lord Denning in *Z Ltd. v A-Z and AA-LL* [1982] 2 WLR 288.

273 MüKoZPO/*Drescher* (5. Aufl. 2016), vor § 916 Rn. 34; *Jauernig/Berger*, Zwangsvollstreckungs- und Insolvenzrecht (23. Aufl. 2010), § 37 Rn. 1 ff.; *Domej*, Internationale Zwangsvollstreckung und Haftungsverwirklichung, 2016, S. 361.

274 *Domej*, Internationale Zwangsvollstreckung und Haftungsverwirklichung, 2016, S. 369 ff.; *Bruns*, ZZP 118 (2005), 3 (22 f.) in Bezug auf die *astreinte*, die eine Zwangszahlung (ähnlich zu den *punitive damages*) an den Gläubiger und nicht an die Staatskasse wie die *contempt of court*-Strafen ermöglicht.

unterstrich das Gericht die vermeintliche Schwere einer Unterlassungsvollstreckung gegen den Drittschuldner dadurch, dass es sie mit dem Arrest verglich und zum Ergebnis kam, dass bei dem Arrest die Folge einer widerrechtlichen drittschuldnerischen Verfügung nur die Unwirksamkeit der Verfügung gewesen sei. Dem ist nur begrenzt zuzustimmen, weil die Unwirksamkeit der Verfügung die Gefahr der doppelten Inanspruchnahme und Haftung des Drittschuldners mit sich brachte.[275]

δ. OLG Nürnberg v. 22.12.2000

Im Gegensatz zum OLG Karlsruhe hat das OLG Nürnberg entschieden, dass die Vollstreckung einer *freezing order* in Deutschland mit einer dinglichen Arrestvollziehung erfolgen sollte. Das Gericht sprach aus, dass der Exequaturbeschluss einem dinglichen Arrest entsprach, der ebenfalls in das gesamte bewegliche und unbewegliche Vermögen des Schuldners angeordnet wird.[276] Die Bestimmtheitsanforderungen des deutschen Vollstreckungsrechts wurden der Vollstreckbarerklärung gegen den Schuldner und im Übrigen dem zugrundeliegenden Vollstreckungstitel, nämlich der *freezing order* an sich, entnommen.[277] Das entspricht der hier vertretenen Meinung, weil zugunsten des internationalen Wirtschaftsverkehrs einerseits die allzu strengen Bestimmtheitsanforderungen der nationalen Rechte i.A. herabzusetzen sind und andererseits die allzu unbestimmten Titel im Vorfeld vermieden werden sollen. Dem wurde mit der spezifischen Nennung von deutschen Bankkonten in der *freezing order* und im Exequaturbeschluss Genüge geleistet.[278] Die Rangsicherung des deutschen Arrestpfandrechts ging freilich über die Funktion der englischen *freezing order* hinaus, musste aber wie die Geltung von verschiedenen Systemen in den nationalen Vollstreckungsrechten (i.e. Prioritätsprinzip oder Gruppenprinzip) hingenommen werden. Allerdings war ein gewichtiges Gegenargument dem Art. 54 Abs. 1 EuGVO zu entnehmen, wonach die Anpassung einer im Vollstreckungsstaat unbekannten Maßnahme nicht dazu führen darf, dass Wirkungen entstehen, die über die im

---

275 Kritisch auch *Schlosser*, IPRax 2006, 300 (303).

276 OLG Nürnberg 22.12.2000, WM 2011, 700 Rn. 49.

277 OLG Nürnberg 22.12.2010, WM 2011, 700 Rn. 50 ff.

278 Vgl. auch den Tenor (II) des Urteils OLG Nürnberg 22.12.2010 WM 2011, 700; *Zuckerman/Grunert*, ZZPInt 1 (1996), 101; die *freezing order* durfte im Vollstreckungsstaat inhaltlich nicht nachgeprüft werden. Jedenfalls waren die Erfordernisse für die Glaubhaftmachung des zu sichernden Anspruchs und der Gefahr äquivalent zu den deutschen Arrestvoraussetzungen.

Ursprungsstaatsrecht vorgesehenen Wirkungen hinausgehen. Somit war nach der hier vertretenen Ansicht die *freezing order* mit dem Arrest und der Arrestpfändung nur unter der Voraussetzung, dass der letzteren keine Rangsicherung zukam, vollziehbar. Andernfalls konnte sie als Unterlassungsvollstreckung nur gegen den Schuldner und nicht gegen den Drittschuldner vollzogen werden. Die hier vertretene Meinung der Vollstreckung der *freezing order* mit einer Arrestpfändung nach § 829 ZPO ohne Rangsicherung würde die Bindung der Bank nach Zustellung des Pfändungsbeschlusses bedeuten. Mit der Unterlassungsvollstreckung blieb die Bank aus Gläubigersicht unberührt, weil gegen sie kein Zwangsgeld erhoben werden konnte. Die Bindung des Drittschuldners an die gerichtliche Anordnung und gleichzeitig sein Schutz waren jedoch auch in der englischen Rechtsprechung ausschlaggebend.

(v) Rechtsstellung des deutschen Drittschuldners gegenüber einer freezing order

In der englischen Rechtspraxis ist die Bank bei Zuwiderhandlung gegen die *freezing order* nur gegenüber dem Gericht zu einer *contempt of court*-Strafe schuldig. Es entsteht hingegen kein Schadensersatzanspruch des Gläubigers.[279] Auf der anderen Seite ist die Bank durch die vom Gläubiger eingereichten *undertakings* beim Gericht bezüglich ihrer Kosten und einem etwaigen eigenen Schadensersatzanspruch abgesichert. Zuletzt ist für die Stellung der Bank im Prozess ausschlaggebend, dass sie nach der Zustellung der *order* einen Rechtsbehelf erheben und ihre Abänderung oder Aufhebung beantragen kann.[280]

Die *worlwide freezing injunction* konnte auch gegenüber einer ausländischen Bank *in personam* wirken, vorausgesetzt, dass sie vom ausländischen Gericht vollstreckt wurde und der Drittschuldner Kenntnis von dem Verfügungsverbot erlangte, unabhängig davon, ob der Schuldner Kenntnis davon hatte.[281] Da die Bank keine Partei war, konnte sie vom Verfahren nicht ausgeschlossen werden. Das wissentliche Ignorieren der *freezing order* konnte aber mit Geldstrafen und Vermögensbeschlagnahmen auch gegen die Bank geahndet werden.[282] Die Bank

279 House of Lords, *Customs and Excise Commissioners v Barclays Bank plc*, [2006] WLR 1 (paras. 74 und 113), keine weitere Haftung der Bank zum Schadensersatz des Gläubigers wegen fahrlässiger Nichtvorbeugung von Verfügungen seitens des Schuldners.

280 Practice Direction 25A, Annex para. 13.

281 Practice Direction 25A (Annex freezing injunction) para. 19 (2) c; *Hartley*, International Commercial Litigation (2nd ed. 2015) S. 456.

282 *Bach*, GPR 2017, 138; *Schlosser*, IPRax 2006, 300 (302).

trug allerdings keine weitere Haftung zum Schadensersatz des Gläubigers wegen fahrlässiger Nichtvorbeugung von Verfügungen seitens des Schuldners. Die *contempt of court*-Strafen setzen vielmehr eine vorsätzliche Zuwiderhandlung der Bank gegen die gerichtliche Anordnung voraus und betreffen nur das Verhältnis Bank – Gericht, nicht ein vermeintliches Rechtsverhältnis zwischen Bank und Gläubiger.[283] Nach Zustellung der Vollstreckbarerklärung konnte sich also die drittschuldnerische Bank haftbar machen, wenn sie bei einer Verfügung aus dem Kontoguthaben ihres Kunden bzw. des Schuldners mitwirkte, es sei denn, sie wäre nach dem anwendbaren Recht dazu verpflichtet gewesen.[284] Nach dem *Bank of China v. NBM LLC*-Urteil wurde die *Baltic proviso* insofern konkretisiert, dass nicht nur das ausländische Recht, sondern auch die vertraglichen Verpflichtungen der Bank dem Schuldner gegenüber respektiert werden mussten und somit keine Durchsetzung von *contempt of court*-Strafen gegen die Bank möglich war, wenn sie zur Abhebung oder Transferierung von Geldern mitwirkte.[285] Folglich konnte eine *worldwide freezing order* für ausländische Banken nur von sehr geringer Bedeutung sein.

3. Nachträglicher vorläufiger Rechtsschutz

a. Zustellungserfordernis und zustellungsfreie Maßnahmen

Nach der Abschaffung des Exequaturverfahrens sind naturgemäß die dem Gläubiger zustehenden Sicherungsmöglichkeiten bei Vorliegen einer ausländischen vollstreckbaren Entscheidung ebenfalls modifiziert worden. Der Gläubiger kann zügiger mit dem Zwangsvollstreckungsverfahren anfangen. Dafür muss er eine Bescheinigung des Ursprungsgerichts nach Art. 53 EuGVO bei der ausländischen Vollstreckungsbehörde (Art. 42 EuGVO) einreichen, aus der die Vollstreckbarkeit der Entscheidung hervorgeht. Außerdem müssen nach Art. 43 EuGVO die Bescheinigung und die Entscheidung dem Schuldner vor der ersten Vollstreckungsmaßnahme zugestellt werden.

Nach Art. 43 Abs. 3 EuGVO sind die Zustellung und die Übersetzung für die Vollstreckung einer in einer Entscheidung enthaltenen Sicherungsmaßnahme

283 House of Lords, *Customs and Excise Commissioners v Barclays Bank plc*, [2006] WLR 1 (paras. 59 ff.).

284 Klausel bekannt als *Baltic proviso*, Baltic Shipping Co v Translink Shipping Ltd. [1995] 1 Lloyd's Rep. 673; Court of Appeal, *Derby & Co. Ltd v. Weldon* [1989] 2 WLR 412; Practice Direction 25A (Annex) para 20.

285 Court of Appeal [2002] 1 WLR 844, Rn. 19.

nicht erforderlich.[286] Die Regelung erspart dem Gläubiger die Zustellung der Bescheinigung und die dadurch erfolgte Warnung des Schuldners vor der ersten Vollstreckungsmaßnahme. Die Vorschrift erlaubt erstens die direkte Vollstreckung von Sicherungsmaßnahmen ohne vorherige Zustellung und Übersetzung. Darunter fallen vor allem die Sicherungsvollstreckung und alle begleitenden Maßnahmen, die ein Gericht nach der *lex fori* zur Sicherung mit seiner Entscheidung über die Hauptsache anordnen darf und die nicht zur Befriedigung führen. Sie erfasst ferner einstweilige Maßnahmen, die nach Art. 2 lit. a EuGVO die Qualität einer anerkennungs- und vollstreckungsfähigen Entscheidung haben. Diese sind einstweilige Maßnahmen, die vom Gericht der Hauptsache nach Vorladung des Schuldners ergehen. Wenn solche Maßnahmen bereits zugestellt worden sind, bringt die Ausnahme zu der Zustellung nach Art. 43 Abs. 1 EuGVO dem Gläubiger insoweit keinen Vorteil mit sich. Von der Vorschrift nicht betroffen sind hingegen Maßnahmen, die aus einem Gerichtsstand nach Art. 35 EuGVO i.V.m. nationalem Recht ergehen, weil sie ohnehin von der grenzüberschreitenden Vollstreckung ausgeschlossen sind. Zweitens sind die nach Art. 40 EuGVO erwirkten Maßnahmen von der Ausnahmeregelung des Art. 43 Abs. 3 EuGVO, die vom Zustellungserfordernis befreit, ausdrücklich erfasst. Diese Maßnahmen sind im Recht des Anerkennungsstaats vorgesehen und gehören dem sekundären vorläufigen Rechtsschutz an, da sie aufgrund der bereits vorliegenden vollstreckbaren Entscheidung in der Hauptsache von Rechts wegen ergehen. Diese Ausnahme vermag also einen gewissen Ausgleich für den vollkommenen Ausschluss des Überraschungseffekts im primären vorläufigen Rechtsschutz zu schaffen.[287]

b. *Sicherungsmaßnahmen beim Vorliegen einer vollstreckbaren Entscheidung nach der EuGVO*

aa. *Befugnis von Rechts wegen*

Art. 47 Abs. 1 EuGVO a.F., der die Verfügbarkeit der nationalen Sicherungsmaßnahmen vor dem Exequaturverfahren vorsah, ist wegen der Abschaffung der Vollstreckbarerklärung konsequenterweise entfallen. Die Vollstreckbarerklärung, welche die Befugnis gab, Sicherungsmaßnahmen zu veranlassen (Art. 47

286 Rauscher/*Mankowski*, EuZPR/EuIPR (5. Aufl. 2021), Art. 43 EuGVO Rn. 58; vgl. Thomas/Putzo/*Hüßtege*, ZPO (42. Aufl. 2021), Art. 43 EuGVO Rn. 8, der trotz des Wortlauts des Art. 43 Abs. 3: „Dieser Artikel gilt nicht (...)“ die Regelung nur auf das Übersetzungserfordernis des Abs. 2 und nicht auch auf die Zustellung zu beziehen scheint.

287 Rauscher/*Mankowski*, EuZPR/EuIPR (5. Aufl. 2021), Art. 43 EuGVO Rn. 58 m.w.N.

Abs. 2 EuGVO a.F.), ist von der ausländischen „vollstreckbare(n) Entscheidung" selbst ersetzt worden. In Art. 40 EuGVO wird vorgesehen, dass sich diese Befugnis aus einer vollstreckbaren Entscheidung *von Rechts wegen* ergibt und dass entsprechend der alten Regelung die zu veranlassenden Sicherungsmaßnahmen die im Recht des Vollstreckungsstaates vorgesehenen sind.

Die Befugnis von Rechts wegen wird teilweise dahingehend interpretiert, dass sie eine kraft Gesetzes mögliche Vornahme im Gegensatz zum Antragserfordernis impliziert, wobei das Ermessen über deren Erlass dem Gericht vorbehalten bleibe.[288] Allerdings nimmt nach der Exequaturabschaffung die ausländische vollstreckbare Entscheidung selbst die Stelle der Vollstreckbarerklärung ein und begründet die unmittelbare Vornahme von Sicherungsmaßnahmen, ohne dass eine inländische Entscheidung überhaupt notwendig ist oder dass etwaige zusätzliche Voraussetzungen der nationalen Rechte vorgebracht werden müssen.[289] Der Inhalt der Sicherungsmaßnahmen ist somit den Mitgliedstaaten überlassen, während sich die Voraussetzungen für deren Veranlassung autonom aus der EuGVO ergeben. Die EuGVO stellt nämlich als einzige Voraussetzung für diese Sicherungsmaßnahmen die Existenz einer ausländischen vollstreckbaren Entscheidung. Weitere Voraussetzungen aus dem nationalen Recht sind nicht glaubhaft zu machen. Der Gläubiger muss also weder seinen Anspruch noch eine Gefahr oder Dringlichkeit vortragen,[290] sondern darf direkt die Sicherungsmaßnahme veranlassen.

---

288 Baumbach/Lauterbach/Hartmann/*Schmidt*, ZPO (79. Aufl. 2021), Art. 40 EuGVO Rn. 3; Thomas/Putzo/*Hüßtege*, ZPO (42. Aufl. 2021), Art. 40 EuGVO Rn. 3.

289 Vgl. für die alte Fassung der EuGVO oben unten A.I.3.b.bb; für die Neufassung: MükoZPO/*Gottwald* (5. Aufl. 2017), Art. 40 EuGVO Rn. 4; *Geimer*/Schütze, EuZVR (4. Aufl. 2020) Art. 40 EuGVO Rn. 6; *Raffelsieper*, Die Rückabwicklung, 2017, S. 119; *Mäsch/Peiffer*, RIW 2019, 245 (251): „(…) unionsrechtlicher Anspruch auf Sicherungsmaßnahmen im Vollstreckungsland (...)"; Rauscher/*Mankowski* EuZPR/EuIPR, (5. Aufl. 2021), Art. 40 EuGVO Rn. 1, mit Einschränkungen in Rn. 10 für Sicherungsmaßnahmen, die nur unter bestimmten Voraussetzungen ergehen.

290 A.A. Schlosser/*Hess*, EuZPR Kommentar (5. Aufl. 2021), Art. 40 EuGVO Rn. 2, wonach der Arrestanspruch von der ausländischen Entscheidung belegt wird, der Arrestgrund jedoch vom Antragsteller vorgebracht werden muss. Ebenso Rauscher/*Mankowski*, EuZPR/EuIPR (5. Aufl. 2021), Art. 40 Rn. 11; Schuschke/Walker/*Jennissen*, Vollstreckung und vorläufiger Rechtsschutz, (6. Aufl.), Art. 40 EuGVO Rn. 2, wonach der Antragsteller die notwendigen Voraussetzungen beibringen muss.

bb. Art der Maßnahme

Ferner ist die Formulierung „jede Sicherungsmaßnahme zu veranlassen, die im Recht des ersuchten Mitgliedstaats vorgesehenen ist", dahingehend zu deuten, dass die Art der Maßnahme und die Vornahme durch das Gericht oder das Vollstreckungsorgan dem nationalen Recht überlassen ist.[291] Folglich kommen im deutschen Recht für Geldforderungen die Sicherungsvollstreckung nach § 720a ZPO[292] und die Vorpfändung nach § 845 ZPO in Betracht. Bei der Vorpfändung ist zu beachten, dass ihre Wirkung von der Durchführung der Pfändung innerhalb eines Monats abhängig ist, da Art. 40 EuGVO über die Wirkung der Sicherungsmaßnahmen keine Aussage trifft. Vielmehr dürfen die Sicherungsmaßnahmen, die aufgrund einer ausländischen vollstreckbaren Entscheidung ergehen, wegen des Diskriminierungsverbots keine weitergehenden Wirkungen entfalten als es im Fall eines inländischen Urteils möglich wäre. Letztlich kommen auch die Arrestmaßnahmen zur Sicherung der endgültigen Vollstreckung in Betracht.

Im deutschen Recht wird davon ausgegangen, dass das Vorliegen eines direkt vollstreckbaren Titels den Arrestgrund ausschließt. Es fehlt somit am Sicherungsbedürfnis und daher ist ein Arrest in der Phase nach Erhalt eines Titels nicht gerechtfertigt.[293] Dass alle Sicherungsmaßnahmen des einzelstaatlichen Rechts ohne Prüfung ihrer Voraussetzungen erlaubt sind, wird nach einer Meinung dadurch bekräftigt, dass Art. 40 EuGVO aus den romanischen Rechten stammt, die als zusätzliche Option vor der eigentlichen Zwangsvollstreckung die Maßnahmen des einstweiligen Rechtsschutzes erlauben.[294] Folglich wird

---

291 Bereits *Gassmann*, Arrest im internationalen Rechtsverkehr, 1998, S. 184 ff. (187) zur Auslegung des EuGH-Urteils in der Rs. C-119/84 – *Capelloni/Pelkmans*, Slg. 1985, 3147.

292 Ohne dass ihre Voraussetzungen bzw. Titel, Klausel, Zustellung vorgebracht werden müssen, weil die EuGVO nur die Sicherungsmittel dem nationalen Recht überlässt, während sie die Voraussetzungen, nämlich die bloße Existenz der ausländischen vollstreckbaren Entscheidung, autonom bestimmt; vgl. auch *Raffelsieper*, Die Rückabwicklung, 2017, S. 125.

293 Thomas/Putzo/*Seiler*, ZPO (42. Aufl. 2021), vor § 916 ZPO Rn. 3; *Baur/Stürner/Bruns*, Zwangsvollstreckungsrecht (13. Aufl. 2006), Rn. 51.5; Schuschke/Walker/*Walker*, Vollstreckung und Vorläufiger Rechtsschutz (6. Aufl. 2016), § 917 Rn. 16; *Brox/Walker*, Zwangsvollstreckungsrecht (11. Aufl. 2018), Rn. 1502; Baumbach/Lauterbach/Hartmann/*Becker*, ZPO (79. Aufl. 2021), § 917 Rn. 14; MüKoZPO/*Drescher* (5. Aufl. 2016), vor § 916 Rn. 1.

294 Schlosser/*Hess*, EuZPR Kommentar (5. Aufl. 2021), Art. 40 EuGVO Rn. 1.

die Arrestvollziehung zur Anwendung kommen können. Ein summarisches Erkenntnisverfahren und ein Arrestbeschluss sind allerdings nicht erforderlich, weil Art. 40 EuGVO die Voraussetzungen autonom festschreibt. Die Grundlage zur Arrestvollziehung besteht somit in der ausländischen vollstreckbaren Entscheidung. Daher findet nach der hier vertretenen Auslegung der h.M. nur die Arrestvollziehung nach §§ 928, 930 ZPO analoge Anwendung, ohne einen Arrestbeschluss erwirken zu müssen.[295]

cc. Vorläufiger vollstreckungsrechtlicher Schutz des Schuldners nach Anhängigkeit des Versagungsantrags

Die EuGVO enthält ein abgestuftes Regelungsschema für Fälle, in denen sich der Schuldner gegen die ausländische vollstreckbare Entscheidung mit einem Rechtsbehelf auf Vollstreckungsversagung wehrt. An die Stelle des Art. 47 Abs. 3 EuGVO a.F. tritt Art. 44 Abs. 1 lit. a EuGVO, der anders als die alte Fassung erstens die Beschränkung des Vollstreckungsverfahrens auf Sicherungsmaßnahmen von einem entsprechenden Antrag des Schuldners abhängig macht. Wenn folglich der Schuldner die Beschränkung nicht beantragt, ist er der Gefahr ausgesetzt, dass die Zwangsvollstreckung durchgeführt wird, bevor ihm rechtliches Gehör gewährt wird. Dieses Recht steht dem Schuldner nur in dem Fall zu, in dem er auch einen Rechtsbehelf gegen die Vollstreckung (Art. 46 ff. EuGVO) tatsächlich erhoben hat.[296] Die einzelnen Voraussetzungen für die Beschränkung der Vollstreckung auf Sicherungsmaßnahmen sind nicht in der EuGVO geregelt worden, sondern bestimmen sich nach der *lex fori* des Vollstreckungsstaates.[297] Ausgehend von dem Gebot, dass jede ausländische Entscheidung wie eine inländische zu behandeln sei,[298] soll der Schuldner substantiiert vortragen,

---

295 Rauscher/*Mankowski*, EuZPR/EuIPR (5. Aufl. 2021), Art. 40 EuGVO Rn. 23 „analog"; Zöller/*Geimer*, ZPO (33. Aufl. 2020), Art. 40 EuGVO Rn. 1; Schlosser/*Hess*, EuZPR Kommentar (5. Aufl. 2021), Art. 40 EuGVO Rn. 2; Thomas/Putzo/*Hüßtege*, ZPO (42. Aufl. 2021), Art. 40 Rn. 2; Kropholler/*von Hein*, EuZPR (9. Aufl. 2011), Art. 47 EuGVO a.F. Rn. 13.

296 Rauscher/*Mankowski*, EuZPR/EuIPR (5. Aufl. 2021), Art. 44 EuGVO Rn. 10; im Abschnitt 3 der EuGVO ist keine autonome Frist für den Antrag auf Versagung vorgesehen. Erwägungsgrund 30 deutet darauf hin, dass sie dem nationalen Recht unterliegt, was aber zum ungleichen Schuldnerschutzniveau zwischen den Mitgliedstaaten führen kann. Deutschland sieht in § 1115 ZPO keine Frist vor; vgl. *Domej*, RabelsZ 78 (2014), 509 (518); *Hau*, MDR 2014, 1417 (1418).

297 Rauscher/*Mankowski*, EuZPR/EuIPR (5. Aufl. 2021), Art. 44 EuGVO Rn. 19 f.

298 Erwägungsgrund 26 a.E. und Art. 39 EuGVO.

warum die Einstellung der Vollstreckung geboten ist.[299] Die Beschränkung hat keine erheblichen Nachteile für den Gläubiger, sondern sichert seine endgültige Befriedigung aus dem Schuldnervermögen, welche auf einen späteren Zeitpunkt verlegt wird. Daher soll die Beweislast des Schuldners, dass sein Rechtsbehelf nach Art. 46 EuGVO erfolgreich sein wird, nicht zu streng sein.[300]

Auf Antrag des Schuldners[301] kann das Gericht zweitens (Art. 44 Abs. 1 lit. b EuGVO) eine Sicherheit bestimmen, die der Gläubiger leisten soll, um die Vollstreckung fortsetzen zu dürfen. Für die Bestimmung der Höhe und der Art der Sicherheitsleistung wendet das Gericht sein eigenes Recht an (z.B. für deutsche Gerichte § 108 ZPO).[302] Unter der Geltung des EuGVÜ hatte der EuGH ausgesprochen, dass die Sicherheitsleistung nur angeordnet werden konnte, wenn im Urteilsstaat nicht bereits eine Sicherheit geleistet worden ist. Darüber hinaus musste die Anordnung in dem abschließenden Urteil über den Rechtsbehelf enthalten sein und durfte nicht als einstweilige Maßnahme während des Rechtsbehelfsverfahrens ergehen.[303] Zu diesem Zeitpunkt war der Schuldner nach dem EuGH ausreichend geschützt, weil die Zwangsvollstreckung während des Rechtsbehelfsverfahrens nach dem EuGVÜ „automatisch" auf Sicherungsmaßnahmen eingeschränkt war. Dies wurde in der Literatur zu Recht kritisiert, weil selbst die Sicherungsvollstreckung, wie die vorläufige Kontopfändung, einen massiven Eingriff in die wirtschaftlichen Interessen des Schuldners darstellte und große Schäden auslösen konnte, denen der Schuldner ausgesetzt war, obwohl die Interessen des Gläubigers mit der Sicherungsvollstreckung ausreichend geschützt waren.[304] An dieser Rechtsprechung ist nicht mehr festzuhalten, weil die Beschränkung auf die Sicherungsvollstreckung nach der neugefassten EuGVO nicht mehr „automatisch", sondern auf Antrag des Schuldners eintritt.[305] Daher ist der Schuldner während des Rechtsbehelfsverfahrens nicht ausreichend geschützt und die Anordnung zur Sicherheitsleistung darf als einstweilige Maßnahme erfolgen.

---

299 *Schlosser/Hess*, EuZPR Kommentar (5. Aufl. 2021), Art. 44 EuGVO Rn. 5.

300 *Schlosser/Hess*, EuZPR Kommentar (5. Aufl. 2021), Art. 44 EuGVO Rn. 7.

301 Demgegenüber war in der alten Fassung das Gericht von Amts wegen befugt, eine Sicherheitsleistung anzuordnen. Art. 47 Abs. 2 a.F.

302 *Rauscher/Mankowski*, EuZPR/EuIPR (5. Aufl. 2021), Art. 44 EuGVO Rn. 30; *Schlosser/Hess*, EuZPR Kommentar (5. Aufl. 2021), Art. 44 EuGVO Rn. 6.

303 EuGH Urteil v. 27.11.1984 – *Schuhfabrik Brennero*, Rs. C-258/83, Slg. 1984-3971.

304 *Rauscher/Mankowski*, EuZPR/EuIPR (4. Aufl. 2015), Art. 46 EuGVO a.F. Rn. 19; *Kropholler/von Hein*, EuZPR (9. Aufl. 2011), Art. 46 EuGVO a.F. Rn. 8.

305 A.A. Rauscher/*Mankowski*, EuZPR/EuIPR (5. Aufl. 2021), Art 44 EuGVO Rn. 31: „dem Gericht der höheren Instanz als Teil seiner Schlussentscheidung vorbehalten".

Dazu besagt das systematische Argument, dass die in Art. 44 EuGVO vorgesehenen Maßnahmen nach Rechtsfolgenintensität bzw. vom geringsten Eingriff in die Gläubigerinteressen bis auf den am meisten belastenden aufgelistet sind.[306] Der dadurch erfolgte Rechtsschutz gehört rechtssystematisch zu dem sekundären vorläufigen Rechtsschutz im Vollstreckungsstaat.[307]

4. Zwischenergebnis

In Anbetracht der in Art. 43 EuGVO gestellten Voraussetzung der Zustellung der Bescheinigung an den Schuldner vor der ersten Vollstreckungsmaßnahme, kann der Gläubiger keine überraschende Volltreckungsmaßnahmen ergreifen.[308] Er kann allerdings nur mit den Sicherungsmaßnahmen des Art. 40 EuGVO, die nach Art. 43 Abs. 3 EuGVO von dem Zustellungserfordernis ausgenommen sind, den Überraschungseffekt aufrechterhalten.[309] Dadurch kann er den Vollstreckungsgegenstand mit Hilfe der einstweiligen Maßnahmen im Vollstreckungsstaat sichern und erst später die endgültige Zwangsvollstreckung mit der Zustellung des Titels nach Art. 43 EuGVO einleiten.

Der Gläubiger, der die Vollstreckung aus einem vorhandenen endgültigen Titel durch eine einstweilige Maßnahme sichern will und daher auf den Überraschungseffekt abzielt, soll in jedem Mitgliedstaat, in dem er Vermögensgegenstände bzw. Bankguthaben des Gegners ausfindig macht, einzelne Sicherungsmaßnahme nach Art. 40 EuGVO veranlassen.[310] Die Sicherungsmaßnahmen sind nur in deren Erlassmitgliedstaat vollstreckbar, der gleichzeitig der Vollstreckungsmitgliedstaat in Bezug auf die Entscheidung in der Hauptsache ist. Der Rückgriff auf Art. 35 EuGVO i.V.m. nationalem Recht ist nach dem Erhalt einer vollstreckbaren Entscheidung nach richtiger Ansicht ausgeschlossen,[311] weil im System der EuGVO an die Stelle der aus Art. 35 ergehenden territorial

---

306 Als weitreichendste mögliche Rechtsfolge und somit als *ultima ratio* sieht Art. 44 Abs. 1 lit. c EuGVO die Aussetzung des Vollstreckungsverfahrens vor.

307 Vgl. Erwägungsgrund 31.

308 *Mäsch/Peiffer*, RIW 2019, 245 (248).

309 Entsprechend in der alten Fassung der Art. 47 Abs. 1 i.V.m. Art. 42; vgl. auch *Schlosser/Hess*, EuZPR Kommentar (5. Aufl. 2021) Art. 43 EuGVO Rn. 3.

310 Vgl. *Zerr*, EuZW 2013, 292 (295), wenn der Überraschungseffekt nicht wesentlich ist, steht dem Gläubiger die grenzüberschreitende Vollstreckung einer Sicherungsmaßnahme, die vom Hauptsachegericht in einem kontradiktorischen Verfahren angeordnet wurde, zur Verfügung.

311 *Kropholler/von Hein*, EuZPR (9. Aufl. 2011), Art. 47 EuGVO a.F. Rn. 4.

begrenzt wirkenden einstweiligen Maßnahmen bis zum Urteil die ebenso nur in einem Staat wirkenden Maßnahmen nach Art. 40 treten. In der EuGVO sind der primäre und der nachträgliche vorläufige Rechtsschutz auf unterschiedliche Zuständigkeiten begründet. Erhalten bleibt nur die Zuständigkeit des Gerichts der Hauptsache, sichernde Maßnahmen vor und nach Erhalt einer Entscheidung zu veranlassen, die unter den Voraussetzungen des Art. 2 lit. a EuGVO grenzüberschreitend vollstreckt werden können.[312]

Diese Mehrfachsicherung kommt nicht nur vor, wenn dem Gläubiger nicht bekannt ist, wo sich ausreichendes Vermögen des Schuldners befindet, sondern auch im Falle der Vermögenszersplitterung, wenn das schuldnerische Vermögen in einem einzelnen Mitgliedstaat nicht für die Sicherung des Anspruchs ausreicht oder der Schuldner Vermögensgegenstände bzw. Kontoguthaben von einem Mitgliedstaat zu einem anderen transferiert. Dem wohnen allerdings große Schwierigkeiten für den Antragsteller inne, vor allem wegen der meist unzureichenden Kenntnisse der ausländischen Verfahrensordnung, der Sprachbarriere und des unterschiedlichen Niveaus an Effizienz zwischen den Rechtsordnungen.[313] Diese Faktoren erzeugen einen großen finanziellen Aufwand und ein langwieriges Verfahren, welche der Dringlichkeit des Schutzes durch einstweilige Maßnahmen zuwiderlaufen und die Mehrheit der Gläubiger von der gerichtlichen Eintreibung von Forderungen abhalten.[314] Da die Sicherung der späteren Vollstreckung insbesondere für die kleinen und mittelgroßen Unternehmen, die in der Regel über keine international vernetzte juristische Abteilung verfügen, aber dennoch einen sehr großen Anteil am internationalen Handel darstellen, fast unmöglich ist, machen sie ihre Ansprüche nicht geltend, sondern schreiben sie ab.

---

312 Vgl. auch *Domej*, Internationale Zwangsvollstreckung und Haftungsverwirklichung, 2016, S. 453 f.

313 Vgl. auch Grünbuch zur effizienteren Vollstreckung von Urteilen in der Europäischen Union: vorläufige Kontenpfändung, KOM(2006) 618 endg.

314 Vgl. *Marcus*, IJPL 2013, 133 (156), der die Schwierigkeiten bei der grenzüberschreitenden Eintreibung von Schulden in der EU als einen Grund dafür sieht, dass die EU wirtschaftlich hinter den USA zurückbleibt: „Sometimes, in other words, improved access to civil justice can be the vehicle to prosperity instead of falling victim to austerity."

B. Genesis der EuKpfVO

Der einstweilige Rechtsschutz ist im europäischen Rechtsraum nicht vereinheitlicht, sondern es ist nur ein Grundgerüst an Vorschriften vorhanden, welche die Definition, die internationale Zuständigkeit und die grenzüberschreitende Vollstreckung von einstweiligen Maßnahmen regeln. Diese Entwicklung wird mit der EuKpfVO modifiziert fortgesetzt. Die Verordnung führt einerseits eine einheitliche sektoriell begrenzte Sicherungsmaßnahme, nämlich die vorläufige Kontenpfändung ein und harmonisiert somit inhaltlich einen Teil des einstweiligen Rechtsschutzes. Diese gegenständlich begrenzte Harmonisierung erfasst sowohl den primären als auch den sekundären vorläufigen Rechtsschutz und erlaubt die grenzüberschreitende Vollstreckung einer *ex parte*-Maßnahme.

Andererseits folgt die EuKpfVO größtenteils der bisherigen Tendenz der nur rudimentären autonomen Regelung und beinhaltet dafür zahlreiche Verweisnormen für speziellen Fragen sowie eine allgemeine Verweisungsnorm in Art. 46 Abs. 1 auf nationales Recht. Die Verweisungstechnik wird erstens mit der Dringlichkeit und daher mit dem im einstweiligen Rechtschutz zentralen Bedürfnis nach einem raschen Rechtsschutz begründet, was für das dem Richter bekannte eigene nationale Recht spricht.[315] Dem muss entgegengehalten werden, dass auf diese Weise der Vervollständigung und dem Bekanntheitsgrad des europäischen Zivilprozessrechts nicht geholfen wird. Die Tatsache, dass ein Recht einfach zu ermitteln und anzuwenden ist, sollte weder die Anwendung des im konkreten Fall „richtigen" Rechts noch die Entwicklung des autonomen europäischen Rechts verhindern. Zweitens beruft man sich auf die mitgliedstaatliche Verfahrensautonomie in Bezug auf das Vollstreckungsrecht bzw. auf die Vollziehung des Beschlusses durch Pfändung,[316] weil die Pfändung nach völkerrechtlichem und mitgliedstaatlichem Verständnis einen Vollstreckungsakt darstellt und traditionell mit dem Souveränitäts- und Territorialitätsprinzip verbunden wird.

In Bezug auf die Titelfreizügigkeit orientiert sich der Schwerpunkt der Entwicklung an der gegensätzlichen Richtung als die EuGVO. Die EuGVO untersagt die grenzüberschreitende Vollstreckung von *ex parte*-Maßnahmen, während die EuKpfVO schafft ein europaweit direkt vollstreckbares, optionales

---

315 Vgl. z.B. die Regelung für die Pfändungsfreigrenze laut Erwägungsgrund 36 und Art. 31 Abs. 1 i.V.m. Art. 34 Abs. 1 lit. a; Einwände dagegen *Wolber*, Schuldnerschutz im europäischen Zwangsvollstreckungsrecht, 2015, S. 213 ff.

316 Erwägungsgrund 23; *Domej*, GPR 2017, 84 (89 f.).

ex parte-Instrument schafft. Die vorläufige Kontenpfändung stellt ein sehr wirksames Sicherungsmittel in den Händen des Gläubigers dar, das in allen europäischen Rechtsordnungen vorgesehen ist. Entsprechend hoch ist der auf den Schuldner ausgeübte Druck durch das Potential großer wirtschaftlicher Schäden. Der vorläufigen Beschlagnahme an sich wohnt die Begünstigung des Sicherungsinteresses des Gläubigers und die Gefährdung der wirtschaftlichen Lage des Schuldners inne, was nach dem EuGH keinen *ordre public*-Verstoß darstellt.[317] Nach der Abschaffung des Exequaturverfahrens ergeben sich mehrere praktische Vorteile für die Gläubiger grenzüberschreitender Zwangsvollstreckungen.[318] Es ist ein laufender Prozess, ein kohärentes Rechtssystem zu schaffen, welches die Forderungsbeitreibung vereinfacht, da die Grenzen kein Hindernis mehr darstellen sollen. Die Abschaffung des Exequaturs und die Einführung einer europaweit eigenständigen, vorläufigen Sicherungsmaßnahme gegen die Vereitelung der späteren Zwangsvollstreckung sind Schritte in diese Richtung.

Die Europäische Kommission, beruhend auf der Studie von *Hess*,[319] bezweckte ursprünglich, den Einbruch ins europäische Vollstreckungsrecht zunächst auf die Pfändung von Bankguthaben zu begrenzen. Die materielle Begrenzung auf die Kontenpfändung findet ihre Begründung in der Häufigkeit solcher Maßnahmen in der Praxis. Im Jahre 2006 veröffentlichte die Europäische Kommission das Grünbuch zur effizienteren Vollstreckung von Urteilen in der Europäischen Union durch die Einführung eines eigenständigen Verfahrens für die vorläufige europaweite Kontenpfändung.[320] Dieses Vorgehen hat seine Wurzeln in den ersten Bemühungen der Europäischen Gemeinschaft zur Revision des Brüsselers Übereinkommens, die später zu der EuGVO a.F. geführt haben. In jenen Texten schien zwar eine vollständige Abschaffung des Exequaturverfahrens noch unvorstellbar, seine Vereinfachung wurde jedoch angestrebt.[321] Außerdem wurden die Einführung eines einheitlichen Verfahrens für die Erwirkung eines Europäischen

317 EuGH Urteil v. 23.10.2014 – *flyLAL-Lithuanian Airlines AS*, Rs. C-302/13, ECLI:EU:C:2014:2319.

318 *Mäsch/Peiffer*, New enforcement regime under the Brussels I*bis* Regulation, in: von Hein/Krüger (Hg.) Informed Choices in Cross-Border Enforcement (2021), S. 44 ff.

319 Study Nr. JAI/A3/2002/02, Version von 18.2.2014.

320 Grünbuch zur effizienteren Vollstreckung von Urteilen in der Europäischen Union: vorläufige Kontenpfändung KOM(2006) 618 endg.

321 Mitteilung der Kommission an den Rat und das Europäische Parlament: „Wege zu einer effizienteren Erwirkung und Vollstreckung von gerichtlichen Entscheidungen in der Europäischen Union", ABl. EG C 33/3 v. 31.1.1998, S. 6; s. auch die Ausführungen in *Sikorski*, Vorläufige Kontopfändung, 2018, S. 31 ff.

Vollstreckungstitels sowie die Begrenzung der Angleichung des Vollstreckungsrechts in die Kontopfändung und die Transparenz des Schuldnervermögens als weitere Perspektiven für einen effizienteren europäischen Justizraum vorgeschlagen.[322] Diese Begrenzung des Tätigwerdens des europäischen Gesetzgebers im Vollstreckungsrecht war auf das Kontoguthaben bezogen, schloss jedoch nicht nur die zur Sicherung vorläufige Pfändung, sondern auch die endgültige Pfändung und Einziehung des Geldes ein.[323] Die Reichweite der Regelung sollte daher die Vollziehung der vorläufigen Pfändung als einstweilige Maßnahme und der endgültigen Vollstreckung zur Befriedigung des Gläubigers umfassen. Der Ausgangspunkt dieser ersten Überlegungen liegt darin, dass das Brüsseler Übereinkommen und die nachfolgende EuGVO a.F. nur die Vollstreckbarerklärung regelten – und nunmehr die EuGVO nur die Titelfreizügigkeit koordiniert –, wobei die eigentliche Vollstreckung dem nationalen Verfahrensrecht des jeweiligen Vollstreckungsstaates unterworfen bleibt.[324] Angesichts der erheblichen Unterschiede zwischen den nationalen Rechtssystemen war jedoch die wirksame Vollstreckung eines Titels gefährdet, was wiederum den Zugang zum Recht als Grundrecht im europäischen Rechtsraum untergräbt. In diesem Rahmen hat die Kommission in der Mitteilung und im Grünbuch die wichtigsten Fragen des Verfahrens der Kontopfändung, wie die Festlegung des Pfändungsorts, die technische Ausgestaltung des Verfahrens und die Voraussetzungen und Wirkungen des Pfändungsbeschlusses, angesprochen.

Erst fünf Jahre nach dem Grünbuch hat die Kommission ihren Vorschlag für eine Verordnung des Europäischen Parlaments und des Rates zur Einführung eines europäischen Beschlusses zur vorläufigen Kontenpfändung im Hinblick auf die Erleichterung der grenzüberschreitenden Eintreibung von Forderungen in Zivil- und Handelssachen[325] vorgelegt. Dies stellte die Reaktion der Kommission dar, als Impulsgeber des Gesetzgebungsverfahrens auf Aufforderung des Europäischen Rates, einen angemessenen Vorschlag für die Verbesserung der Effizienz der Vollstreckung von Urteilen in der Union betreffend Bankkonten

322 Mitteilung der Kommission, S. 12 ff. Die erstgenannte Perspektive hat schon in der EuVTVO Gestalt genommen. Die Transparenz des Vermögens betreffend ist das Gesetzgebungsverfahren nach dem Grünbuch der Kommission vom 6.3.2008 KOM(2008) 128 endg. gescheitert.

323 Mitteilung der Kommission, ABl. EG C 33/3 v. 31.1.1998, S. 14 Rn. 42-33 und 46.

324 Mitteilung der Kommission, ABl. EG C 33/3 v. 31.1.1998, S. 14 Rn. 44.

325 KOM(2011) 445 endg.

vorzulegen.[326] Die Verordnung sollte das wesentliche politische Ziel des europäischen Zivilprozessrechts, nämlich dass die Grenzen zwischen den Mitgliedstaaten kein Hindernis mehr für die Streitbeilegung und die Schuldeneintreibung sein sollen, voranbringen, damit das Vertrauen in den Binnenmarkt gefördert wird.[327] Dadurch sollte das neu einzuführende Verfahren der Unterstützung der Wirtschaft im Rahmen des Binnenmarkts dienen und zur Vervollständigung Europas als Raum des Rechts und der Justiz beitragen.[328]

Die europäische Kontenpfändungsverordnung wurde drei Jahre später, am 15.5.2014 verabschiedet und am 27.6.2014 im Amtsblatt der Europäischen Union veröffentlicht. Das Vorhaben der Kommission, den Umbruch in das Vollstreckungsrecht einzuführen, haben die Gesetzgebungsorgane der Union bzw. das Parlament und der Rat aus der Sicht des Schuldnerschutzes ausgewogener behandelt und ausgebremst. In der Endfassung haben sich folglich viele Neuerungen nicht durchsetzen können. Allerdings ist sie aus gesetztechnischer Sicht ein umfangreicher und recht komplexer Rechtsakt[329] mit zahlreichen Verweisen auf nationales Recht, welche die Nützlichkeit der Verordnung als optionales Instrument in Frage stellen.[330]

I. EU-Kompetenz

Die Kontenpfändungsverordnung ist auf die Kompetenzgrundlage des Art. 81 Abs. 2 lit. a, e und f AEUV gestützt worden.[331] Die Schaffung eines Raums der

---

326 Aktionsplan der Kommission zur Umsetzung des Stockholmer Programms KOM(2010) 171 endg., in dem der Vorschlag zur Kontenpfändungsverordnung unter die Rubrik „Unterstützung der Wirtschaft" gestellt wurde und für das Jahr 2010 geplant war.

327 Das Stockholmer Programm – Ein offenes und sicheres Europa im Dienste und zum Schutz der Bürger, ABl. EU C 115 v. 4.5.2010, S. 15; Aktionsplan der Kommission zur Umsetzung des Stockholmer Programms KOM(2010) 171 endg., S. 5.

328 Das Stockholmer Programm, ABl. EU C 115 v. 4.5.2010, S. 11 ff. (16).

329 *Hess/Raffelsieper*, Eckpunkte der Kontenpfändungsverordnung, in: Hess (Hg.), Die Anerkennung im Internationalen Zivilprozessrecht – Europäisches Vollstreckungsrecht (2014), S. 214 (215).

330 Vgl. *Heitmann/Lukas*, GPR 2015, 66 (70).

331 *Stamm*, IPRax 2014, 124 (126 f.) bestreitet die Ermächtigung der EU zum Erlass der EuKpfVO. Seine weitergehenden Überlegungen zum Mangel an der Normsetzungsbefugnis der Union zur Einführung eines „eigenständigen europäischen Vollstreckungssystems" erscheinen jedoch widersprüchlich zu seiner früheren (S. 125) Annahme, dass es „sehr forderungswürdig" sei und nur „zur Vorsicht im Umgang mit den mehr als heterogenen Vollstreckungsordnungen der Mitgliedstaaten mahnt".

Freiheit, der Sicherheit und des Rechts, in dem die Grundrechte und die verschiedenen Rechtsordnungen und -traditionen der Mitgliedstaaten geachtet werden, ist ein vorrangiges Ziel der Europäischen Union, das in Art. 67 Abs. 1 des Titels V des dritten Teils des Vertrags von Lissabon über die Arbeitsweise der Europäischen Union verankert ist.[332] Diese Zielsetzung steht in engem Verhältnis mit dem europäischen gemeinsamen Binnenmarkt, da sie die Voraussetzungen für einen funktionierenden und wettbewerbsfähigen freien Markt setzt. Allerdings soll der Raum der Freiheit, der Sicherheit und des Rechts nicht nur als Komplementärziel zum Vertragsziel Binnenmarkt herabgesetzt werden, sondern als eigenständiges, gleichrangiges Ziel der Union, das die Rechtsstaatlichkeit umsetzt, verstanden werden.[333] Grundlegend für das europäische Zivilprozessrecht ist außerdem die besondere Zielsetzung der Union, nach Art. 67 Abs. 4 AEUV den Zugang der Bürger zum Recht zu erleichtern, sowie der Grundsatz der gegenseitigen Anerkennung gerichtlicher und außergerichtlicher Entscheidungen in Zivilsachen. Der europäische Verordnungsgeber ist dieser Aufgabe derart entgegengekommen, dass sich nunmehr eine Grundlage aus zivilprozessrechtlichen Verordnungen herauskristallisiert hat.

Nach dem Vertrag von Amsterdam 1999 ist die Zielsetzung der Union hinsichtlich des Zugangs zum Recht in der neuen Kompetenzgrundlage des Art. 81 AEUV[334] für die justizielle Zusammenarbeit in Zivilsachen (ex Art. 65 EGV) konkretisiert geworden.[335] Die Schaffung neuer Rechtsakte ist seitdem deutlich gestiegen. Die EuGVO regelt die internationale Zuständigkeit, die Anerkennung und Vollstreckung ausländischer Entscheidungen in Zivil- und Handelssachen und stellt damit den Eckpfeiler des europäischen Prozessrechts[336] dar.

---

332 In der vorherigen Fassung Art. 2, 4. Spiegelstr.:"(…) die *Erhaltung* und *Weiterentwicklung* der Union als Raum der Freiheit, der Sicherheit und des Rechts" und Art. 29 EUV sowie Art. 61 EGV i.d.F von Amsterdam und nunmehr Art. 67 Asb. 1 AEUV: „(…) die Union *bildet* einen Raum der Freiheit, der Sicherheit und des Rechts, in dem die Grundrechte und die verschiedenen Rechtsordnungen und -traditionen der Mitgliedstaaten geachtet werden" (Hervorhebung hinzugefügt). Der Fokus in der neuen Formulierung liegt auf der Beachtung der Grundrechte und den unterschiedlichen Traditionen, vgl. auch *Wagner* RabelsZ 79 (2015), 521 (523 f.).

333 *Suhr*, in: Calliess/Ruffert (Hg.), EUV/AEUV (4. Aufl. 2011), Art. 67 AEUV Rn. 73 ff.

334 Die Förderung des reibungslosen Funktionierens des Binnenmarkts stellt keine zwingende Voraussetzung mehr für das Tätigwerden der Union dar; vgl. Art. 81 Abs. 2 AEUV „(…) insbesondere wenn (...)".

335 *Suhr*, in: Calliess/Ruffert (Hg.), EUV/AEUV (4. Aufl. 2011), Art. 67 AEUV Rn. 82; *Wagner*, RabelsZ 79 (2015), 521 (530).

336 Vgl. *Mankowski*, in: FS Kropholler (2008), S. 829 (831 f.): „(…) die Magna Charta des IZPR in Europa."; vgl. auch aus schweizerischer Sicht *Furrer*, SJIER 2013, 201 (204)

Im Laufe des europäischen zivilprozessrechtlichen Integrationsprozesses[337] wurden speziellere Rechtsakte wie die EuGFVO[338], die EuMahnVO[339], die EuVTVO[340], die EuZustVO[341] und die EGBewVO[342] verabschiedet.[343] Dazu kommen auch die neueren Rechtsakte wie die EuErbVO[344] die EuUnthVO[345] und

---

„Innerhalb der EU bildet die (...) EuGVO einen Baustein in einem übergeordneten Patchwork unterschiedlicher Rechtsakte, die zunehmend als Einheit ausgelegt und angewandt werden."

337 *Hess*, EuZPR (2021), § 1 Rn. 1.35.

338 Verordnung (EG) Nr. 861/2007 zur Einführung eines europäischen Verfahrens für geringfügige Forderungen, ABl. EU 2007 Nr. L 199, S. 1, zuletzt geändert durch Artikel 1 der Verordnung (EU) Nr. 2015/2421 des Europäischen Parlaments und des Rates vom 16.12.2015, ABl. EU Nr. L 341, S. 1.

339 Verordnung (EG) Nr. 1896/2006 zur Einführung eines Europäischen Mahnverfahrens, ABl. EU 2006 Nr. L 399, S. 1, zuletzt geändert durch Artikel 1 der Verordnung (EU) Nr. 2015/2421 des Europäischen Parlaments und des Rates vom 16.12.2015, ABl. EU Nr. L 341, S. 1.

340 Verordnung (EG) Nr. 805/2004 zur Einführung eines europäischen Vollstreckungstitels für unbestrittene Forderungen, ABl. EU 2004 Nr. L 143, S. 15.

341 Verordnung (EG) Nr. 1393/2007 über die Zustellung gerichtlicher und außergerichtlicher Schriftstücke in Zivil- oder Handelssachen in den Mitgliedstaaten („Zustellung von Schriftstücken") und zur Aufhebung der Verordnung (EG) Nr. 1348/2000 des Rates, ABl. EU 2007 Nr. L 324, S. 79. Geändert durch Verordnung (EU) Nr. 517/2013, ABl. EU 2013 Nr. L 158, S. 1, neugefasst durch Verordnung (EU) 2020/1784, ABl. EU 2020 Nr. L 405, S. 40, mit Geltung ab 1.7.2022.

342 Verordnung (EG) Nr. 1206/2001 über die Zusammenarbeit zwischen den Gerichten der Mitgliedstaaten auf dem Gebiet der Beweisaufnahme in Zivil- oder Handelssachen, ABl. EG 2001 Nr. L 174, S. 1, zuletzt geändert durch Verordnung (EU) 1103/2008, ABl. 2008 Nr. L 304, S. 80, neugefasst durch Verordnung (EU) 2020/1783, ABl. EU 2020 Nr. L 405, S. 1, mit Geltung ab 1.7.2022.

343 Vgl. ferner die zutreffende Darstellung des europäischen Verfahrensrechts in *Kramer, Xandra,* Procedure Matters, Construction and Deconstructivism in European Civil Procedure, Inaugural address, 2013, S. 21.

344 Verordnung (EU) Nr. 650/2012 über die Zuständigkeit, das anzuwendende Recht, die Anerkennung und Vollstreckung von Entscheidungen und die Annahme und Vollstreckung öffentlicher Urkunden in Erbsachen sowie zur Einführung eines Europäischen Nachlasszeugnisses, ABl. EU Nr. L 201, S. 107.

345 Verordnung (EG) Nr. 4/2009 des Rates über die Zuständigkeit, das anwendbares Recht, die Anerkennung und Vollstreckung von Entscheidungen und die Zusammenarbeit in Unterhaltssachen, ABl. EU 2009 Nr. L 7, S. 1.

die EuGüterVO[346], deren gemeinsames Charakteristikum die Koordinierung sowohl des Prozess- als auch des Kollisionsrechts in einem Rechtsakt ist. In dieser Vorgehensweise verwirklicht sich die bereits im Jahr 1998 vorangekündigte[347] Absicht der Kommission, ihre Initiativen für die justizielle Zusammenarbeit im Zivilrecht in Etappen vorzutragen.

An dieser Stelle ergibt sich die Frage nach der Systembildung im europäischen Prozessrecht: ob nämlich die *Koordinierung* zwischen den nationalen Rechtsordnungen und Justizsystemen auf dem Grundsatz der gegenseitigen Anerkennung[348] oder die *Harmonisierung* der mitgliedstaatlichen Rechtsordnungen zur Schaffung eines einheitlichen europäischen Verfahrensrechts für grenzüberschreitende Sachverhalte bezweckt wird.[349] Wenn man auf Art. 81 Abs. 1 S. 1 AEUV zurückgreift, wird als Aufgabe der Union die Entwicklung der justiziellen Zusammenarbeit in Zivilsachen mit grenzüberschreitendem Bezug beruhend auf dem Grundsatz der gegenseitigen Anerkennung vorgesehen. Allerdings wird gem. S. 2 die bloße Angleichung der mitgliedstaatlichen Rechtsvorschriften nicht ausgeschlossen.[350] Die Form der Richtlinien lässt den Mitgliedstaaten einen relativ großen Spielraum bei der Umsetzung und gilt insbesondere für die Modalitäten des Verfahrensrechts als weitgehend ungeeignet.[351]

---

346 Verordnung (EU) Nr. 2016/1103 des Rates vom 24. Juni 2016 zur Durchführung einer Verstärkten Zusammenarbeit im Bereich der Zuständigkeit, des anzuwendenden Rechts und der Anerkennung und Vollstreckung von Entscheidungen in Fragen des ehelichen Güterstands, ABl. EU 2016 Nr. L 183 S. 1.

347 Mitteilung der Kommission an den Rat und an das Europäische Parlament: „Wege zu einer effizienteren Erwirkung und Vollstreckung von gerichtlichen Entscheidungen in der Europäischen Union, ABl. EG C 33/3 v. 31.1.1998, S. 7 f. Rn. 13.

348 Vgl. auch *Wagner* RabelsZ 79 (2015), 521 (524), wo die Diskussion auf den Punkt gebracht wird: „Die Faszination der Politik für den Grundsatz der gegenseitigen Anerkennung erklärt sich daraus, dass dieser Grundsatz 'souveränitätsschonender' als die unionsrechtliche Harmonisierung der mitgliedstaatlichen Rechtsvorschriften ist.“; vgl. *Weimann/Heukamp*, MDR 2017, 673 (679).

349 Kritisch zu der „Maßnahmennormsetzung“, die eine punktuelle, nicht systematische Rechtsschöpfung darstellt *Kreutz*, Rpfleger 2016, 509 (510).

350 *Rossi*, in: Calliess/Ruffert (Hg.), EUV/AEUV (4. Aufl. 2011), Art. 81 AEUV Rn. 6.

351 Allerdings sind auch prozessrechtliche Richtlinien vorhanden, wie z.B. die Prozesskostenhlife-RL und die Mediationsrichtlinie.

Die europäische Gesetzgebung verwendet im Rahmen ihrer Kompetenz eine Mischung aus den vorhandenen Mitteln zur Europäisierung des Verfahrensrechts.[352] Diese Mittel sind im Einzelnen die Angleichung der mitgliedstaatlichen Rechtsordnungen durch Richtlinien, die sektorielle Abdeckung verschiedener Materien durch Verordnungen und die Koordinierung der unterschiedlichen Rechtsordnungen auf der Basis der gegenseitigen Anerkennung und Vollstreckung, ohne deren Inhalt direkt zu beeinflussen. Die Kommission wählte für die grenzüberschreitende vorläufige Kontenpfändung das Mittel der Verordnung, welche direkte und unmittelbare Anwendung in den Mitgliedstaaten findet. Das Modell der direkten unmittelbaren Anwendung erfährt jedoch erhebliche Einbuße durch erstens, die richtlinientypische Verweisungstechnik[353] und zweitens, die Optionalität des Instruments, welche die Verordnung als noch ein wählbares Recht außer der nationalen Mechanismen stellt.[354] Alternativ zu dem optionalen Instrument der EuKpfVO könnte dem Konzept der EuGVO gefolgt werden, sodass, soweit der Anwendungsbereich der EuKpfVO eröffnet ist, sie das nationale Recht verdrängt.[355] Dies würde bedeuten, dass der Gläubiger einerseits nur unter Anwendung der Verordnung eine grenzüberschreitende europaweite vorläufige Kontenpfändung bewirken könnte. Die ausschließliche Anwendung der Verordnung würde mit der EuGVO nicht kollidieren, sondern sie ergänzen. Allerdings würde dieses Vorgehen andererseits gegen Souveränitätsargumente über die Verfahrensautonomie der Mitgliedstaaten in der Praxis scheitern. Die Einführung nur der europäischen vorläufigen Kontopfändung fragmentiert in die EuGVO ohne andere Kategorien von einstweiligen Maßnahmen miteinzubeziehen, wäre vorerst keine Alternative, weil die inhaltlich spezialisierte Thematik nicht in die ansonsten allgemeine EuGVO passt.

352 European Parliamentary Research Services/*Mańko*, In-Depth Analysis: Europeanisation of civil procedure – Towards common minimum standards?, June 2015, PE 559.499.

353 Kritisch auch Rauscher/*Rauscher/Wiedemann*, EuZPR/EuIPR (4. Aufl. 2015), Art. 1 EuKPFVO Rn. 13.

354 Vgl. treffend: „Qual der Wahl" in: *Einhaus*, IPRax 2008, 323.

355 Vgl. *Kengyel*, Vorläufige Pfändung von Bankkonten, in: Harsági, Viktória / Kengyel, Miklós (Hg.), Grenzüberschreitende Vollstreckung in der Europäischen Union (2011), S. 361 (362), der für eine Einbeziehung des Pfändungsbeschlusses in die EuGVO plädiert hatte.

II. Subsidiaritätsprinzip

Der Europäische Wirtschafts- und Sozialausschuss hat in seiner Stellungnahme zu dem Kommissionsvorschlag Zweifel über die Erforderlichkeit der Verordnung und die Einhaltung des Subsidiaritätsprinzips angesichts der Exequaturabschaffung geäußert.[356] *Stamm* rügt ebenso einen Verstoß gegen das Subsidiaritätsprinzip, weil eine Lösung auf zuständigkeitsrechtlicher Ebene, und zwar ein Gerichtsstand am Schuldnerwohnsitz, entweder über eine harmonisierende Richtlinie oder durch eine den Art. 24 Nr. 5 EuGVO ergänzende Zuständigkeitsregel möglich wäre.[357] Im Gegensatz zu der h.M., welche auf eine fiktive Forderungsbelegenheit und somit auf den Drittschuldnersitz abstellt, knüpft *Stamm* für die internationale Zuständigkeit für die Forderungspfändung an den Schuldnerwohnsitz an, weil der Schuldner der Adressat der Vollstreckung ist.[358] Die Verordnung hingegen stellt auf das Bankkonto ab und definiert den grenzüberschreitenden Charakter derart, dass nämlich entweder das Konto oder das Gericht in einem anderen Mitgliedstaat als der Gläubigerwohnsitz sein muss, unabhängig davon, wo der Schuldnerwohnsitz ist. Außerdem handelt es sich bei der EuKpfVO um eine einstweilige Maßnahme und ihren Vollzug und eben nicht um ein Verfahren im Rahmen der Zwangsvollstreckung, wie diejenige Verfahren, die in den Anwendungsbereich des Art. 24 Nr 5 EuGVO fallen.[359] Nach der Verordnung ergeht für die vorläufige Kontenpfändung nur ein Beschluss, welcher gleichzeitig das Ergebnis des summarischen Erkenntnisverfahrens und die Pfändungsanordnung enthält. Dies ändert allerdings nichts an der Tatsache, dass es sich um eine einstweilige, direkt vollstreckbare Maßnahme und nicht um ein Verfahren aus Anlass der Zwangsvollstreckung handelt.

Es muss gegen einen Verstoß gegen das Subsidiaritätsprinzip argumentiert werden, dass die Verordnung den Überraschungseffekt bewahrt, was im System der EuGVO und insbesondere nach Art. 2 lit. a EuGVO nicht möglich ist. Der grenzüberschreitende einstweilige Rechtsschutz kann nur auf europäischer Ebene effektiv ermöglicht werden. Dies gilt umso mehr für die zur Vollziehung der Maßnahme erforderliche Pfändung, welche aus einzelstaatlicher Sicht die staatliche Vollstreckungsgewalt voraussetzt. Die bisherigen Darstellungen zeigen, dass die Ermöglichung einer effizienten Geldvollstreckung in Europa von den Mitgliedstaaten nicht

---

356 Stellungnahme vom 29.6.2012 KOM(2011) 445 endg. – 2011/0204 (COD) ABl. EU C 191, S. 57.

357 IPRax 2014, 124 (127 f.) unter IX.

358 IPRax 2014, 124 (128); vgl. auch *Hök*, MDR 2005, 306 (310 f.)

359 MüKoZPO/*Gottwald* (5. Aufl. 2017), Art. 24 EuGVO Rn. 47 m.w.N.

effektiv vorangetrieben werden kann. Daher stellt die EuKpfVO keine Verletzung des Subsidiaritätsprinzips dar.[360]

360 S. auch *Ritz*, Vorläufige Kontenpfändung in Europa, 2019, S. 30.

C. Grundstrukturen der europäischen vorläufigen Kontopfändung

I. Abgrenzung von der vorläufigen Vollstreckbarkeit

Da der europäische Beschluss nur die vorläufige Pfändung eines Bankkontoguthabens ermöglicht, ist er vergleichbar mit dem Rechtsinstitut der vorläufigen Vollstreckbarkeit von Entscheidungen.

1. Europäischer Beschluss und Vollstreckbarkeit des vorhandenen Titels (Art. 5 lit. b EuKpfVO)

Der europäische Beschluss ist verfügbar vor und nach Erhalt eines Titels in der Hauptsache. Die EuKpfVO trifft keine explizite Regelung, ob der bereits vorhandene Titel (Art. 5 lit. b) vollstreckbar sein muss. Die überwiegende Meinung in der Literatur geht davon aus, dass die Vollstreckbarkeit des Titels keine Voraussetzung ist.[361] Diese Meinung wird hier auch vertreten.

a. EuGH-Urteil v. 7.11.2019

Der EuGH hat sich in der Rechtssache C-555/18[362] insbesondere mit der Fragestellung beschäftigt, ob der eventuell vorhandene Titel (in diesem Fall ein Mahnbescheid) vollstreckbar sein muss, damit der Antrag des Gläubigers zum Erlass des europäischen Kontopfändungsbeschlusses als ein nach Art. 5 lit. b EuKpfVO eingereichter Antrag, *nachdem* der Gläubiger in einem Mitgliedstaat eine gerichtliche Entscheidung, einen gerichtlichen Vergleich oder eine öffentliche

---

361 Rauscher/*Rauscher/Wiedemann*, EuZPR/EuIPR (4. Aufl. 2015), Art. 7 EuKpfVO Rn. 3; MüKoZPO/*Hilbig-Lugani* (5. Aufl. 2017), Art. 5 EuKpfVO Rn. 2; Schumacher/*Köllensperger*/Trenker, EuKpfVO (2017), Art. 7 Rn. 7; *Domej*, GPR 2017, 84 (88); *Wiedemann/Harbeck* RIW 2018, 777 (785); Davon ausgehend: *Lüttringhaus*, ZZP 2016, 187 (195); *Nordmeier/Schichmann*, RIW 2017, 407 (412); Schlosser/*Hess*, EuZPR Kommentar (5. Aufl. 2021), Art. 5 EuKpfVO Rn. 1 "Zahlungstitel"; *Konstantinidis*, Armenopoulos 2015, 1804 (1812); a.A. und von der Vollstreckbarkeit ausgehend *Sikorski*, Vorläufige Kontopfändungen, 2018, S. 193 f.

362 EuGH Urteil v. 07.11.2019 – *K.H.K gegen B.A.C. und E.E.K.* (Saisie conservatoire des comptes bancaires), Rs. C-555/18, ECLI:EU:C:2019:937 = RIW 2020, 30, welches im Rahmen des ersten Vorlageverfahrens seit Inkrafttreten der EuKpfVO erging. Im Ergebnis zustimmende Anm. *Rieländer*, RIW 2020, 102 ff.

Urkunde erwirkt hat, mit der bzw. dem der Schuldner aufgefordert wird, die Forderung des Gläubigers zu erfüllen, qualifiziert werden darf.

Dies ist im Rahmen der EuKpfVO von Bedeutung, weil die Verordnung zwar ein einheitliches Verfahren für den Erlass des europäischen Beschlusses zur vorläufigen Kontopfändung vorsieht, trifft jedoch einige signifikante differenzierende Regelungen je nachdem, ob der Antrag des Gläubigers vor oder nach Erhalt eines Titels über die Forderung gestellt wird. Dabei ist unklar, ob dieser Titel vollstreckbar sein muss. Die wichtigsten Unterschiede sind Folgende: in *prä*-Titel-Anträgen ist das nach den allgemeinen Regeln in der Hauptsache zuständige Gericht auch für den Erlass des Beschlusses international zuständig[363] (Art. 6 Abs. 1); der Gläubiger muss nicht nur *periculum in mora*, sondern auch *fumus boni iuris* glaubhaft machen: nämlich nicht nur die Dringlichkeit der Maßnahme, sondern auch, dass über seine Forderung in der Hauptsache voraussichtlich zu seinen Gunsten entschieden wird (Art. 7 Abs. 2); die Sicherheitsleistung seitens des Gläubigers ist obligatorisch (Art. 12 Abs. 1); der Gläubiger darf das Kontoinformationenverfahren des Artikels 14 nicht anregen und letztlich gilt für das Gericht eine zehntägige Entscheidungsfrist (Art. 18 Abs. 1).

In *post*-Titel-Anträgen sind die Gerichte des Mitgliedstaates, in dem der Titel erlassen wurde, international zuständig (Art. 6 Abs. 3 und 4); der Gläubiger muss nur den Sicherungsgrund, nämlich die Gefahr der Vollstreckungsvereitelung, glaubhaft machen (Art. 7 Abs. 1); die Sicherheitsleistung unterliegt dem Ermessen des Gerichts (Art. 12 Abs. 3); das Kontoinformationsverfahren ist im Prinzip verfügbar (Art. 14) und die Erlassfrist ist kürzer bzw. beträgt nur fünf Tage (Art. 18 Abs. 2). Das *post*-Titel-Verfahren ist einfacher für den Gläubiger, da auf die Richtigkeitsgewähr des vorhandenen Titels *prima facie* vertraut wird. Man kann behaupten, dass, obwohl das Verfahren einheitlich ist, die Verfügbarkeit des Beschlusses in jeder Phase einem unterschiedlichen Hauptziel dient. In Fällen vor Erhalt eines Titels steht der Überraschungseffekt deutlich im Vordergrund, während nach Erlangung eines Titels die Sicherung und Beschleunigung des Gesamtprozesses wichtiger erscheint. Wenn vielmehr der Titel vollstreckbar ist, ist das Auskunftsverfahren (Art. 14) auschlaggebend, welches die endgültige Zwangsvollstreckung aufklärend beeinflusst.

Somit könnte die Vorlagefrage im Wesentlichen folgendermaßen umformuliert werden: Reicht ein noch nicht (vorläufig) vollstreckbarer Titel für die

---

363 Vgl. Art. 6 Abs. 2, der eine ausschließliche Zuständigkeit für Beschlüsse gegen einen Verbraucher in den Gerichten des Mitgliedstaats, in dem der Verbraucher seinen Wohnsitz hat, vorschreibt.

Bezeichnung als Titel im Rahmen der EuKpfVO aus? Dies scheint besonders problematisch zu sein, wenn der Titel ein noch nicht vollstreckbarer Mahnbescheid ist, welcher in der Regel nur anhand des Gläubigerantrags und ohne Prüfung in der Sache ergeht.

aa. Sachverhalt

Der dem Urteil unterliegende Sachverhalt sieht laut dem EuGH[364] folgendermaßen aus: Der Antragsteller (Gläubiger) des bulgarischen Ausgangsverfahrens hat einen nationalen Mahnbescheid wegen einer behaupteten Anzahlung aus einem Kaufvorvertrag gegen die Schuldner erlangt. Der Mahnbescheid wurde nach bulgarischem Recht nur formell durch Benachrichtigung an der Tür bzw. im Briefkasten der Schuldner zugestellt. Eine tatsächliche Zustellung an die Schuldner war nicht möglich, da sie an der einzig dem Gericht bekannten und im nationalen Melderegister verzeichneten Adresse nicht anzutreffen waren. Das Gericht wies den Gläubiger darauf hin, dass er eine Klage erheben soll, da andernfalls der Mahnbescheid nach bulgarischem Recht aufgehoben werden muss. Noch am gleichen Tag beantragte der Gläubiger den Erlass eines europäischen Beschlusses zur vorläufigen Kontenpfändung der inzwischen in Schweden ansässigen Schuldner. Das vorlegende Gericht war der Meinung, dass ein noch nicht vollstreckbarer Mahnbescheid keine „öffentliche Urkunde" nach der EuKpfVO darstelle und daher die internationale Zuständigkeit zum Erlass des europäischen Kontopfändungsbeschlusses nicht bei ihm, sondern beim Gericht der Hauptsache läge.[365]

bb. Urteil

Der Tenor des Urteils in der Rechtssache C-555/18 legt fest, dass ein nicht vollstreckbarer Mahnbescheid nicht unter den Begriff „öffentliche Urkunde" i.S.d. Art. 4 Nr. 10 EuKpfVO fällt. Dem ist im Ergebnis zuzustimmen, aber die Begründung des Urteils ist von weitaus größerer Bedeutung. Der EuGH beschäftigte sich nämlich nicht mit der Frage, ob ein Mahnbescheid den spezielleren Tatbestand einer „öffentlichen Urkunde" i.S.d. Art. 4 Nr. 10 EuKpfVO überhaupt erfüllt,[366] sondern nach erlaubter Auslegung der Vorlagenfrage mit der

364 Urteil v. 7.11.2019, Rn. 19-23.

365 EuGH Urteil, v. 7.11.2019, Rn. 24-27.

366 Vgl. die Schlussanträge des Generalanwalts Szpunar v. 29.7.2019, ECLI:EU:C:2019:652, Rn. 37-46, der zum Ergebnis kam, dass der Mahnbescheid eine Entscheidung und keine „öffentliche Urkunde" darstellt. Die, soweit ersichtlich, zwei veröffentlichten Entscheidungen der deutschen Gerichte über die EuKpfVO haben auch festgestellt,

erweiterten Vorfrage der Vollstreckbarkeit jeglichen Titels. Konsequenterweise entschied der EuGH ferner, dass ein laufendes Mahnverfahren als „Verfahren in der Hauptsache" nach Art. 5 lit. a EuKpfVO gilt und dass die Gerichtsferien keine „außergewöhnlichen Umstände" für eine Verlängerung der vorgesehenen Fristen nach Art. 45 EuKpfVO darstellen.

cc. Argumentation des EuGH

Der EuGH stellt fest, dass nach autonomer Auslegung der EuKpfVO keine explizite Regelung darüber vorliege, ob der bereits vorhandene Titel vollstreckbar sein muss.[367] Dafür nimmt er auf die Bestimmungen des Art. 4 Nrn. 8 bis 10 EuKpfVO Bezug. Dort werde nicht ausdrücklich geregelt, ob die Vollstreckbarkeit des Titels vorausgesetzt ist. Daher sei nach dem EuGH der Wortlaut nicht ausreichend für die Beantwortung der Vorlagefrage. Der EuGH greift auf die systematische Auslegung und die Schlussanträge des Generalanwalts zurück. Der Angelpunkt der Entscheidungsargumentation ist demnach, dass wenn ein nicht vollstreckbarer Titel für die *post*-Titel Qualifizierung des Antrags genügen würde, der in Art. 7 EuKpfVO zum Ausdruck gebrachte Ausgleich zwischen den Interessen des Gläubigers und des Schuldners beeinträchtigt wäre.[368] Der EuGH betont nämlich, dass der antragstellende Gläubiger gemäß Art. 7 Abs. 1 EuKpfVO in *post*-Titel-Anträgen nur die Dringlichkeit der Maßnahme glaubhaft machen muss, während er in *prä*-Titel-Anträgen darüber hinaus vorbringen muss, dass er in der Hauptsache voraussichtlich gewinnen wird (Art. 7 Abs. 2).[369] Daher lässt sich aus dem EuGH-Urteil der Schluss ziehen, dass ein nicht vollstreckbarer Titel nicht ausreicht, um ein Kontopfändungsverfahren nach Art. 5 lit. b

---

dass der Europäische Mahnbescheid, (OLG Hamm, v. 10.4.2017 – Az. I-32 SA 28/17, Rn. 8) und „*zumal* der vom Mahngericht erlassene *Vollstreckungsbescheid*" (LG Freiburg, Beschluss v. 20.8.2018, Rn. 5, DGVZ 2019, 39 (40)) eine gerichtliche Entscheidung und keine öffentliche Urkunde im Rahmen der EuKpfVO sind (Hervorhebung hinzugefügt); so auch *Rieländer*, RIW 2020, 102 (105).

367 EuGH Urteil, v. 7.11.2019, Rn. 39.

368 EuGH Urteil, v. 7.11.2019, Rn. 41.

369 EuGH Urteil v. 7.11.2019, Rn. 40 letzter Satz, wobei die deutsche Übersetzung fehlerhaft ist: „Insbesondere muss der Gläubiger in ersterem Fall [nach Titel] *nicht die Dringlichkeit* der Maßnahme wegen einer akuten Gefahr nachweisen, (…)". Vgl. z.B. die richtige englische Fassung: "In particular, in the first situation, the creditor *is required to* establish *only* that the measure is needed as a matter of *urgency* on account of imminent risk, (...)" Hervorhebungen hinzugefügt.

EuKpfVO zu führen, weil dadurch der Bestand der Forderung nicht ausreichend belegt sei.

Dafür spreche nach dem Europäischen Gerichtshof der Wortlaut in Art. 14 Abs. 1 EuKpfVO, der für das Einleiten des Auskunftsverfahrens eben die Vollstreckbarkeit verlangt und nur ausnahmsweise einen nicht vollstreckbaren Titel genügen lässt.[370] Ein weiteres Argument zur Unterstützung seiner Auffassung zieht der EuGH aus der historischen Auslegung.[371] Im Vorschlag der Kommission war die Unterscheidungslinie zwischen zwei Verfahrensarten derart gezogen worden, dass einerseits ein nur im Ursprungsmitgliedstaat vollstreckbarer, aber im Vollstreckungsmitgliedstaat noch nicht für vollstreckbar erklärter Titel zu einem Verfahren *vor* Erlangung eines Titels ermächtigte, während andererseits ein *post*-Titel-Verfahren einen im Vollstreckungsmitgliedstaat vollstreckbaren Titel voraussetzte.[372] Nach dem EuGH sei diese eigentlich aufgegebene Unterscheidung derart in die Verordnung aufgenommen worden, dass der erstere Fall des nur im Ursprungmitgliedstaat vollstreckbaren Titels auf denjenigen im Verordnungstext übertragen wurde, in dem der Gläubiger einen Titel besitzt, mit dem der Schuldner zur Erfüllung der Forderung aufgefordert wird und deshalb der Titel im Ursprungsmitgliedstaat vollstreckbar sein müsse.[373]

dd. Stellungnahme

Die vorliegende Argumentation des EuGH beleuchtet einige der Schwierigkeiten, welche die praktische Handhabung der europäischen Kontopfändungsverordnung auslöst und welche ihre Bekanntheit ausbremsen. Es empfiehlt sich daher eine nähere Betrachtung des Urteils, denn auch wenn man ihm aus Schuldnerschutzsicht zustimmen möchte, ist es fraglich, ob diese korrigierende Auslegung der EuKpfVO gerechtfertigt ist. *M.E.* ist das Urteil teilweise zu kurz begründet und schießt teilweise über das Ziel und die Gesamtsystematik der EuKpfVO hinaus.

(i) Grammatikalische Auslegung

Der Anfangspunkt ist der Wortlaut der Verordnung und die Frage, inwieweit die EuKpfVO keine explizite Regelung über die Vollstreckbarkeit des Titels enthält und vor allem, ob diese Frage ausschlaggebend für die Unterteilung in

---

370 EuGH Urteil, v. 7.11.2019, Rn. 42.
371 EuGH Urteil, v. 7.11.2019, Rn. 43.
372 Art. 5 EuKpfVO-E, KOM(2011)445 endg.
373 EuGH Urteil, v. 7.11.2019, Rn. 44.

prä- und *post-*Titel-Anträge ist. In Artt. 5 Abs. 2 und 7 Abs. 2 EuKpfVO, welche die *post-*Titel-Verfügbarkeit und die Erlassbedingungen des Beschlusses vorsehen, wird darauf abgestellt, dass der Gläubiger „eine gerichtliche Entscheidung, einen gerichtlichen Vergleich oder eine öffentliche Urkunde besitzen muss, mit der bzw. dem der Schuldner aufgefordert wird, die Forderung des Gläubigers zu erfüllen". Ob die einzelnen Titel vollstreckbar sein müssen, wird – anders als erwartet – nicht in Art. 4 Nrn. 8 bis 10 für die Zwecke der EuKpfVO[374] definiert. Es werden größtenteils die Bestimmungen von Art. 2 lit. a[375], b und c EuGVO wiederholt. Dabei ist jedoch festzuhalten, dass Gewichtung und Risikoverteilung der EuKpfVO sich von denjenigen der EuGVO unterscheiden, nach denen ein Titel im Ursprungsmitgliedstaat bekanntlich vollstreckbar sein muss, um Wirkung in anderen Mitgliedstaaten entfalten zu können. Die EuKpfVO enthält somit in der Tat keine explizite positive Regelung über die Vollstreckbarkeit des Titels.

Die EuGH-Entscheidung überrascht allerdings, weil es nach der h.M. in der Literatur zu Recht für die Unterteilung in *prä-* und *post-*Titel-Verfahren nicht relevant ist, ob der Titel vollstreckbar ist oder nicht, da die Verordnung beide Titel unabhängig von der Vollstreckbarkeit miteinschließt.[376] Dafür kann ausgeführt werden, dass die Kontopfändungsverordnung eine explizite Regelung in Art. 5 trifft, und sich insoweit für einen weiteren Begriff des Titels unabhängig von der Rechtskraft oder der Vollstreckbarkeit entschieden hat.[377] Es soll sich lediglich um ein Leistungsurteil (Leistungstitel) handeln. Der entscheidende Punkt für den Titel ist somit nicht die formelle Vollstreckbarkeit, sondern das Vorhandensein einer gerichtlichen Entscheidung, eines gerichtlichen Vergleichs oder einer

---

374 Fast alle weiteren Begriffe wurden speziell definiert, vgl. die Definitionen in Nrn. 1 bis 7, 12-14 oder auch Nr. 15, in dem für die Bestimmung des Wohnsitzes wiederum explizit auf die EuGVO verwiesen wird.

375 Naturgemäß modifiziert in Bezug auf die einstweiligen Maßnahmen.

376 MüKoZPO/*Hilbig-Lugani* (5. Aufl. 2017), Art. 5 EuKpfVO Rn. 2; Rauscher/*Rauscher/Wiedemann*, EuZPR-EuIPR (4. Aufl. 2015), Art. 7 Rn. 2 f; Schumacher/*Köllensperger/* Trenker, EuKpfVO (2017), Art. 7 Rn. 7; *Wiedemann/Harbeck* RIW 2018, 777 (785); *Domej*, GPR 2017, 84 (88). Davon ausgehend: *Lüttringhaus*, ZZP 2016, 187 (195); *Nordmeier/Schichmann*, RIW 2017, 407 (412) und Schlosser/*Hess*, EuZPR Kommentar (5. Aufl. 2021), Art. 5 EuKpfVO Rn. 1 "Zahlungstitel".

377 S. auch *Paglietti*, EuCML 2015, 223 (229), die ferner argumentiert, dass die EuKpfVO auch zukünftige Vollstreckungen sichert, da sie andernfalls nur die bereits in der EuGVO vorgesehenen Möglichkeiten duplizieren würde; *Rieländer*, RIW 2020, 102 (106 f.).

öffentlichen Urkunde, mit dem bzw. der der Schuldner aufgefordert wird, die Forderung des Gläubigers zu erfüllen. Diese Aufforderung entspricht der Definition des deutschen Mahnbescheids.[378] In Art. 5 EuKpfVO und in mehreren Stellen in der Verordnung[379] wird diese Formulierung wiederholt und besagt nur, dass der Titel inhaltlich vollstreckbar sein muss, damit er für die EuKpfVO von Bedeutung ist. Somit sind die Gestaltungs- und Feststellungstitel ausgeschlossen.[380] Der Grund dafür ist, dass die EuKpfVO nur sektoriell die Sicherung von Geldforderungen durch das Einfrieren von Geldbankkonten harmonisiert und somit der Beschluss zur Erleichterung der Geldvollstreckung ergeht.

(ii) Historische Auslegung

In Bezug auf die historische Auslegung des EuGH ist es fraglich, warum der Verordnungstext die durch die Revision der EuGVO obsolet gewordene Unterscheidung des Kommissionsvorschlags nicht explizit auf die Vollstreckbarkeit des Titels übertrug, sondern sich mit der für das europäische Prozessrecht neuen Formulierung: „(…) mit der bzw. dem der Schuldner aufgefordert wird, die Forderung des Gläubigers zu erfüllen", begnügt. Dazu kommt, dass die Verordnung zahlreiche Indizien dafür enthält, dass sie unter diesen Begriff beide, vollstreckbare und nicht (auch vorläufig) vollstreckbare, Titel einordnet.[381] Die Einschränkung auf Leistungsurteile ist die einzige Voraussetzung, welche die Verordnung stellt und sie hat auf die im Vorschlag vorgenommene Unterscheidung anhand der Vollstreckbarkeit bewusst verzichtet. Ein Gegenargument könnte sich aus Art. 34 Abs. 1 lit. b (iii) EuKpfVO ergeben, wonach die im Ursprungsmitgliedstaat erfolgte Aussetzung der Vollstreckbarkeit der gerichtlichen Entscheidung, deren Vollstreckung der Gläubiger mit dem Beschluss sichern wollte, einen Rechtsbehelfsgrund zur Beendigung der Vollstreckung des Beschlusses darstellt. Dies überzeugt allerdings nicht, weil die nachträgliche Aufhebung der (eventuell vorhandenen) Vollstreckbarkeit zwar der weiteren Aufrechterhaltung einer Sicherungsmaßnahme widerspricht, aber den in einem früheren Zeitpunkt erfolgten Beschlusserlass nicht beeinflusst. Im Übrigen regelt dieser Rechtsbehelfsgrund genau nur die Fälle, in denen der Titel vollstreckbar ist, ohne den Fall des noch nicht vollstreckbaren Titels auszuschließen. Vielmehr regelt Art. 33 Abs. 1 lit.

378 Musielak/Voit/*Voit*, (18. Aufl. 2021), ZPO § 692 Rn. 1; MüKoZPO/*Schüler* (5. Aufl. 2016), § 692 Rn. 1: „gerichtliche Zahlungsaufforderung".

379 Z.B. Art. 6, Art. 7 Abs. 2, Art. 8 Abs. 2 lit. g, Art. 12 EuKpfVO.

380 Schlosser/*Hess*, EuZPR Kommentar (5. Aufl. 2021), Art. 5 Rn. 1 und Art. 10 Rn. 2.

381 S. Erwägungsgründe 18 a.E., 20, sowie Art. 14 und Art. 33 Abs. 1 lit. g EuKpfVO.

g EuKpfVO diesen Fall: "Die gerichtliche Entscheidung in der Hauptsache, der gerichtliche Vergleich oder die öffentliche Urkunde, deren Vollstreckung der Gläubiger mit dem Beschluss sichern wollte, [wurde] aufgehoben oder gegebenenfalls annulliert." Dies kann zum Widerruf des Beschlusses führen. Darüber hinaus beinhaltet die historische Auslegung des EuGH einen Denkfehler, denn auch wenn der nur im Ursprungsmitgliedstaat vollstreckbarer Titel des Art. 5 Abs. 1 lit. b EuKpfVO-E zu der in Art. 5 EuKpfVO enthaltenen Formulierung über den Titel übertragen worden wäre, würde dies nach der Wertung des Vorschlags zu einem Verfahren *vor*-Titel und nicht *nach*-Titel führen.[382]

(iii) Teleologische Auslegung

Das dritte Hauptargument des EuGH-Urteils hebt die Beeinträchtigung des Interessenausgleichs der Parteien hervor, wenn ein nicht vollstreckbarer Titel eine gerichtliche Entscheidung, einen gerichtlichen Vergleich oder eine öffentliche Urkunde nach Art. 5 lit. b EuKpfVO darstellen würde.[383] Es ist wahr, dass nach Art. 7 Abs. 2 EuKpfVO der Gläubiger in einem *post*-Titel-Antrag vom *fumus boni iuris* befreit ist und nur die Dringlichkeit der Maßnahme glaubhaft machen muss. Man sollte allerdings für die Auslegung der EuKpfVO stets berücksichtigen, dass sie ihrer Funktion nach „nur" eine Sicherungsmaßnahme einführt, welche unter den einstweiligen Rechtsschutz einzuordnen ist und nicht der Zwangsvollstreckung. Daher ist die Vollstreckbarkeit des Titels erstens nicht ausschlaggebend. Zweitens wird in Art. 7 EuKpfVO ein geringes Beweismaß verlangt. Das Gericht muss zu „der berechtigten Annahme" gelangen, dass die tatsächlichen Erlassbedingungen vorliegen. Der Verhältnismäßigkeitsgrundsatz besagt, dass ein auch nicht vollstreckbarer Titel, wie zum Beispiel eine (nicht vorläufig vollstreckbare) erstinstanzliche Entscheidung, inhaltlich den geringeren Maßstab der berechtigten Annahme bzw. der Glaubhaftmachung[384] erfüllt

382 Art. 5 Abs. 1 lit. b EuKpfVO-E solle das Verfahren *vor* Erlangung eines Titels regeln; vgl. für das Verfahren *nach* Titelerlangung: Art. 5 Abs. 2 EuKpfVO-E.

383 EuGH Urteil v. 7.11.2019, Rn. 41.

384 Die Glaubhaftmachung ist nach deutschem Recht einer „überwiegenden Wahrscheinlichkeit" gleichzusetzen. Ob die EuKpfVO ein autonomes Beweismaß einführt, ist zweifelhaft. Es wird jedenfalls in den nationalen Rechten in Anbetracht des Äquivalenzprinzips mit dem im Arrestverfahren geltenden Maßstab der Glaubhaftmachung verstanden. Vgl. Rauscher/*Rauscher*/*Wiedemann*, EuZPR/EuIPR (4. Aufl. 2015), Art. 9 Rn. 2.

und für eine Sicherungsmaßnahme ausreicht, da auch dieser Titel als Akt der öffentlichen Gewalt eine gewisse Richtigkeitsgewähr verkörpert.[385]

Dies sollte auch für den Mahnbescheid gelten, da die EuKpfVO auf die nationalen und das europäische Mahnverfahren zur Erleichterung der Forderungsdurchsetzung aufbaut. Der deutsche Mahnbescheid stellt eine durch das Gericht vermittelte Zahlungsaufforderung dar, die dem Antragsgegner zugestellt wird und durch Widerspruch beseitigt werden kann. Wenn der Antragsgegner nicht reagiert, erlässt das Mahngericht den Vollstreckungsbescheid, der eben auf Grundlage des Mahnbescheids ergeht und seinen Inhalt wiederholt.[386] Ähnlich ist das Verfahren im griechischen Recht, in dem der Mahnbescheid eine gerichtliche Anordnung (Befehl) darstellt, da das griechische Recht keine Unterscheidung zwischen Beschlüssen und Urteilen kennt. Entscheidend bei dem Mahnverfahren ist, dass die Zahlungsaufforderung dem Schuldner zugestellt werden muss, damit das Verfahren vorangeht und der Antragsgegner die Chance zur Widerlegung bekommt.[387] Genau so wie beim Schuldnerschutzgedanken der EuKpfVO und der EuGVO[388] muss also der Schuldner im Mahnverfahren erst nachträglich aktiv werden. Somit soll der Mahnbescheid unter Art. 4 Nr. 8 EuKpfVO, d.h. unter „jede von einem Gericht eines Mitgliedstaats erlassene Entscheidung ohne Rücksicht auf ihre Bezeichnung, einschließlich des Kostenfestsetzungsbeschlusses eines Gerichtsbediensteten", fallen.

Dass jedoch der Mahnbescheid im Sachverhalt des Ausgangsverfahrens nicht tatsächlich zugestellt werden konnte, zeigt die Probleme des internationalen (und nationalen) Rechtsverkehrs auf, da Titel ohne ausreichende gerichtliche Prüfung in der Sache in den Verkehr gelangen.[389] Die Rolle der EuKpfVO ist an dieser Stelle ausschlaggebend, weil sie eben einen Druckmechanismus schafft, der den prozessverzögernden Schuldner wieder in den Prozess bringt. Dies erfolgt nicht ohne Schuldnerschutz, sondern mit nachträglichem Schuldnerschutz. Da die EuKpfVO nur einen vorläufigen Rechtsschutz anbietet, ist der Schuldnerschutz auch durch die immanent begrenzte Geltungsdauer des Beschlusses berücksichtigt worden. Wenn die endgültige Zwangsvollstreckung eines vor oder im Laufe

385 Vgl. *Rieländer*, RIW 2020, 102 (106).

386 MüKoZPO/*Schüler* (5. Aufl. 2016), § 692 Rn. 3.

387 Vgl. das Europäische Mahnverfahren und die Überleitung zum streitigen Verfahren (Art. 16 ff. EuMahnVO).

388 Art. 45 ff.

389 Dem könnte entgegengewirkt werden, wenn im (europäischen und nationalen) Mahnverfahren eine Schlüssigkeitsprüfung der behaupteten Forderung erfolgt, wie *Ulrici* RIW 2018, 718 (727) vorschlägt.

der Pfändung erlangten, vollstreckbaren Titels wirksam eingeleitet wird, endet die Geltung des Beschlusses.[390] Der Schuldnerschutz bleibt mit der nachträglichen Zustellung und Anhörung, sowie mit der Sicherheitsleistung erhalten.[391] Der Kontopfändungsbeschluss wird zugestellt und dadurch werden die Interessen des Schuldners gewahrt, nur dass gleichzeitig auch die Interessen des Antragstellers (Gläubigers) ausreichend berücksichtigt worden sind. Anders gesagt erlaubt der Mahnbescheid einen *post*-Titel-Kontopfändungsbeschluss, weil die Gewichtung der EuKpfVO dies explizit erlaubt. Die Qualifizierung eines noch nicht vollstreckbaren Mahnbescheids als ein *post*-Verfahren ermächtigender Titel i.S.d. Art. 5 lit. b EuKpfVO ermöglicht an erster Stelle überhaupt den Erlass des Beschlusses, ohne dem Gläubiger eine unverhältnismäßige Beweislast aufzuerlegen, da er ohnehin die Dringlichkeit nachweisen muss.[392] Diese getroffene Wahl der EuKpfVO fördert die Verfahrensökonomie[393] und stärkt zugleich das Mahnverfahren als einen effektiven und schnellen Rechtsschutzmechanismus. Der vergleichende Blick in die nationalen Rechte zeigt, dass die EuKpfVO in dieser Hinsicht sogar restriktiver ist, da der Arrestanspruch in manchen Rechtsordnungen in *prä*-Titel-Fällen, denen keine gerichtliche Kontrolle vorangegangen ist, nicht unbedingt glaubhaft zu machen ist, solange Sicherheit geleistet wird.[394]

Der Gläubiger ist ferner nach Art. 8 Abs. 3 EuKpfVO verpflichtet, eine Ausfertigung des Titels vorzulegen, welche die für ihre Beweiskraft erforderlichen Voraussetzungen erfüllen muss. Das Vorlegen des Titels dient nämlich ersatzweise dem Vorbringen vom *fumus boni iuris*. Dies hindert allerdings das

---

390 Als *ultima ratio* kann sich auch auf den *ordre-public*-Vorbehalt berufen werden, s. *Ulrici*, RIW 2018, 718 (727, in Fn. 176).

391 A.A. *Rieländer*, RIW 2020, 102 (107 ff.), der beruhend auf der Interessenabwägung dem EuGH i.E. zustimmt.

392 Vgl. *Orfanidis*, Die Verordnung (EU) Nr. 655/2014, in: Hopt/Tzouganatos (Hg.), Das europäische Wirtschaftsrecht (2014), S. 263 (283), der vielmehr das Verlangen, in der EuKpfVO glaubhaft zu machen, dass ein Sicherungsgrund auch beim Vorliegen eines Mahnbescheids oder einer erstinstanzlichen gerichtlichen Entscheidung vorliegt, kritisiert. Im griechischen Recht können auf Grundlage eines Mahnbescheids oder einer erstinstanzlichen Entscheidung quasi automatisch, ohne Nachweise, einstweilige Maßnahmen ergriffen werden, s. Art. 724 gr. ZPGB; *Konstantinidis*, Armenopoulos 2015, 1804 (1812), der betont, dass die Vollstreckbarkeit i.d.R. die Gefahr ausschliesst und auf Art. 40 EuGVO Bezug nimmt. Dadurch unterstreicht er die Zweckmäßigkeit der Qualifikation des nicht vollstreckbaren Titels als Titel i.S.d. EuKpfVO.

393 Vgl. *Ulrici*, RIW 2018, 718 (727).

394 § 921 Abs. 1 ZPO; § 390 Abs. 1 EO; *Hess*, Study JAI/A3/2002/02, S. 129.

Gericht nicht daran, nach den expliziten Regelungen des Art. 9 Abs. 1 i.V.m. Art. 17 Abs. 3 EuKpfVO zusätzliche, schriftliche Beweismittel zu verlangen.[395] Durch das Einreichen der Ausfertigung ist die *post*-Titel-Erlassbedingung ins Verfahren eingebracht worden und kann nach Ermessen des Gerichts von weiteren Beweismitteln untermauert werden.[396] Allerdings muss das gerichtliche Nachfordern von Beweismitteln nach der *lex fori* zugelassen sein, was die Verallgemeinerung dieses Lösungswegs verbietet.[397] Die Einseitigkeit des Verfahrens erlegt dem Richter jedoch eine etwas größere Verantwortung auf und erlaubt eine Auflockerung des allgemein in *inter partes*-Verfahren geltenden Beibringungsgrundsatzes zugunsten der Untersuchungsmaxime (Art. 9 Abs. 2 EuKpfVO) und der materiellen Prozessleitung (Art. 9 Abs. 1 EuKpfVO).[398] Das Gericht ist letztlich für die Erzielung des Maßstabs der „berechtigten Annahme" selbst verantwortlich.[399]

Darüber hinaus ist es widersprüchlich, einen noch nicht vollstreckbaren Titel, der eine nationale erstinstanzliche *inter partes* ergangene Entscheidung sein kann, im Rahmen des Art. 5 EuKpfVO wie ein rechtliches Nullum zu qualifizieren und mit dem nichtvorhandenen Titel gleichzusetzen, aber gleichzeitig denselben Titel als Indiz für den Bestand der Forderung zu betrachten.[400] Letztlich überzeugt die Begründung des EuGH-Urteils, dass Art. 14 EuKpfVO die Voraussetzung der Vollstreckbarkeit unterstützt, auch nicht. In Anbetracht des massiven Eingriffs in die persönlichen Kontodaten des Schuldners verlangt Art. 14 EuKpfVO für das Auskunftsverfahren etwas mehr als Art. 7 EuKpfVO

---

395 Vgl. MüKoZPO/*Hilbig-Lugani* (5. Aufl. 2017), Art. 7 EuKpfVO Rn. 2: „das Gericht sich auf die Prüfung des Erlassgrundes beschränken kann", und nicht muss; Zöller/*Geimer* ZPO (33. Aufl. 2020), § 946 Rn. 21; vgl. für solche Befugnisse des Gerichts im nationalen Recht § 389 Abs. 1 EO.

396 A.A. Rauscher/*Rauscher/Wiedemann*, EuZPR/EuIPR (4. Aufl. 2015), Art. 7 Rn. 1.

397 Im deutschen Recht ist die Nachbesserung des Arrestantrags erlaubt, s. Musielak/Voit/*Huber*, ZPO (18. Aufl. 2021), § 920 Rn. 10.

398 S. die Leitlinien des Erwägungsgrundes 14 letzter Absatz an dem Gericht. Vgl. Rosenberg/Schwab/*Gottwald*, Zivilprozessrecht (18. Aufl. 2018), § 82 Rn. 30; *Gaul/Schilken/Becker-Eberhard*, Zwangsvollstreckungsrecht (12. Aufl. 2010), § 74, Rn. 9 f; Stein/Jonas/*Kern* ZPO (23. Aufl. 2016), vor § 128 Rn. 176; MüKoZPO/*Drescher* (5. Aufl. 2016), § 920 Rn. 12.

399 Vgl. Erwägungsgrund 15 a.E, wonach das Gericht den Antrag abweisen sollte, wenn es von der Rechtfertigung der Maßnahme nicht überzeugt ist.

400 Vgl. die Schlussanträge des Generalanwalts Szpunar v. 29.7.2019, ECLI:EU:C:2019:652, Rn. 88.

für den Erlass des Beschlusses, damit die Legitimation des Gläubigers zur Kontoermittlung gerechtfertigt ist. Es wird nur im Rahmen des Artikels 14 EuKpfVO zwischen vollstreckbarem und noch nicht vollstreckbarem Titel unterschieden, damit der Eingriff von der zeitlichen und inhaltlichen Nähe der endgültigen Zwangsvollstreckung im ersteren Fall gerechtfertigt werden kann, und nicht zur Ausforschung des Schuldnervermögens führt.[401] Die Unterscheidung führt letztendlich nur dazu, dass strengere Voraussetzungen für die Einleitung des Auskunftsverfahrens im Fall der noch nicht vollstreckbaren Titel aufgestellt sind (Art. 14 Abs. 1 UAbs. 2 EuKpfVO). Die Differenzierung anhand der Vollstreckbarkeit erfolgt an diesem Punkt gerade zugunsten des Ausgleichs zwischen den Interessen des Gläubigers und denen des Schuldners, weil eine solche Differenzierung hier in dieser Art auch notwendig ist. Dieser Spezialregelung kann kein darüber hinaus gehender Einfluss auf die Gesamtsystematik der Verordnung zugesprochen werden.

ee. Zwischenergebnis

Es kommt in die Praxis oft vor, dass der Schuldner untertaucht und keine zustellungsfähige Adresse vorliegt, was den weiteren Ablauf des Prozesses und die Forderungsdurchsetzung verhindert. Dabei soll die Verordnung im Interesse des effektiven Rechtsschutzes (Art. 47 GR-Charta) Abhilfe leisten. Der Schuldner wird im europäischen Kontopfändungsverfahren erst nach Ausführung der Pfändung informiert und kann seinen Anspruch auf rechtliches Gehör nachträglich erfüllen. Auch ein Versäumnisurteil oder ein Mahnbescheid gegen den Schuldner stellen *m.E.* einen Titel dar, der zu einem Antrag für einen europäischen Beschluss nach Art. 5 lit. b EuKpfVO (*post*-Titel) berechtigt. Außer den *prä*-Titeln-Fällen, in denen der Gläubiger als erste Hilfe zum Kontopfändungsbeschluss zugreift, liegt gerade in den hier besprochenen Fällen der noch nicht vollstreckbaren Titel der Mehrwert der Verordnung.[402] Da die nationalen Rechte verschiedene Regelungsmodelle für den Eintritt der (vorläufigen) Vollstreckbarkeit kennen,[403] schafft die EuKpfVO ein harmonisierendes

---

401 Vgl. *Nordmeier/Schichmann*, RIW 2017, 407 (410).

402 Vgl. *Wiedemann/Harbeck*, RIW 2018, 777 (785).

403 *Raffelsieper*, Die Rückabwicklung, 2017, S. 66 ff.; *Wiedemann*, Vollstreckbarkeit, 2017, S. 173 ff. und 187 ff.; dem kann nur hinzugefügt werden, dass die nationalen Rechte unterschiedliche Modelle auch bezüglich des Gesamtverhältnisses zwischen Sicherungsmaßnahmen, vorläufiger und endgültiger Vollstreckung vorsehen, dazu *Hess*, Study JAI/A3/2002/02, S. 104 ff.; *Mohr*, Die vorläufige Kontenpfändung, 2014, Rn. 53 für Österreich.

Sicherungsinstrument, um einen gerechten Ausgleich zwischen den Parteieninteressen zu sichern. Daher schließt die Kontopfändungsverordnung die Fälle mit ein, in denen der Gläubiger an einer direkten Zwangsvollstreckungseinleitung ohnehin gehindert wäre. Dabei ist für die Zwecke der EuKpfVO ein noch nicht vollstreckbarer Titel ausreichender Beweis für die Ergreifung einer Sicherungsmaßnahme. Sobald der Gläubiger einen vollstreckbaren Titel an der Hand hat, ist es für ihn ohnehin günstiger, die Zwangsvollstreckung einzuleiten, statt eine einstweilige Maßnahme zu beantragen und den Sicherungsgrund glaubhaft machen zu müssen. Möglich bleibt es auch in diesem Fall, sich für die EuKpfVO zu entscheiden, damit man den großen Vorteil des Auskunftsverfahrens (Art. 14 EuKpfVO) nutzt, das grundsätzlich nur nach dem Erhalt eines vollstreckbaren Titels erlaubt ist. Die Verordnung ermöglicht somit das Vorantreiben des Verfahrens zur Forderungseintreibung dadurch, dass auch ein Titel, der nicht vollstreckbar ist, aber den Bestand einer Forderung in einem öffentlichen Akt zumindest glaubhaft macht, zur Sicherung durch den europäischen Beschluss nach Art. 5 lit. b EuKpfVO führen kann.

Da das Kontopfändungsverfahren *ex parte* stattfindet, wird der Schuldner nach der Pfändung erscheinen, um sich zu verteidigen.[404] Dadurch bekommt der Gläubiger wieder einen zustellungsfähigen Kontakt, der die Erledigung des Rechtsstreits im Interesse der Rechtssicherheit und des Rechtsfriedens ermöglicht. Die Qualifizierung solcher Fälle nach dem EuGH als *prä*-Titel erschwert nur die Effektivität des vorläufigen Rechtsschutzes und verkürzt den Schutz des Gläubigers, der, obwohl er einen Titel an der Hand hat, seinen Anspruch nochmal beweisen muss.

Das EuGH-Urteil wird ferner Folgen auch für die Frage der internationalen Zuständigkeit haben, welche die deutschen Gerichte in Bezug auf das Kontopfändungsverfahren nach einem europäischen und einem nationalen Mahnbescheid bereits beschäftigt hat.[405] Das EuGH-Urteil qualifiziert ein laufendes Mahnverfahren als „Verfahren in der Hauptsache" (vereinbar mit dem unverbindlichen Erwägungsgrund 13 EuKpfVO). Dies führt dazu, dass nach Art. 6 Abs. 1 EuKpfVO das Mahngericht als Gericht der Hauptsache auch für den Erlass des europäischen Beschlusses zuständig ist.[406] Dies mag im Ergebnis stimmen, denn auch wenn man den noch nicht vollstreckbaren Mahnbescheid als

404 *Monteiro*, EU Law Journal 2015, 121 (129).

405 OLG Hamm v. 10.4.2017 – I-32 SA 28/17 – juris; LG Freiburg v. 20.8.2018 – 5 O 269/18, DGVZ 2019, 39 ff.

406 Zustimmend *Rieländer*, RIW 2020, 102 (109 f.).

Titel nach Art. 5 lit. b EuKpfVO nach der hier vertretenen Meinung qualifiziert, wäre das gleiche Gericht (Mahngericht) auch über Art. 6 Abs. 3 EuKpfVO für den Kontopfändungsbeschluss zuständig. Der Weg zum Ergebnis ist also *m.E.* verfehlt. Dies wird ersichtlich, wenn zum Beispiel eine Gerichtsstandsvereinbarung in der Hauptsache vorliegt, welche ein anderes Gericht prorogiert.[407] Nach dem EuGH wäre das Mahngericht, solange das Mahnverfahren noch läuft,[408] für den Erlass des europäischen Kontopfändungsbeschlusses zuständig, weil nach dem Erwägungsgrund 13 das Mahnverfahren als „Verfahren in der Hauptsache" gilt. Dies würde allerdings im Fall der Klageerhebung mit dem prorogierten Gericht kollidieren und zu einer Verkomplizierung des Verfahrens führen. Wenn man aber den Mahnbescheid als Titel nach der EuKpfVO qualifiziert und sich somit die internationale Zuständigkeit des Mahngerichts aus Art. 6 Abs. 3 EuKpfVO ergibt, löst die Hauptsachezuständigkeit des prorogierten Gerichts keinen Konflikt aus.[409] Somit wäre das erste Gericht anhand des Titels zuständig und das zweite anhand der Hauptsache. Um negative Zuständigkeitskonflikte zu vermeiden, sollte ab Klageerhebung die Zuständigkeit des Hauptgerichts angenommen werden, da der einstweilige Rechtsschutz zu keiner Konzentration der Zuständigkeit führt.

Die auf dem Schuldnerschutzgedanken basierende Argumentation des Europäischen Gerichtshofs scheint fest auf die frühere schuldnerfreundliche Tendenz im einstweiligen Rechtsschutz nach der *Denilauler*-Rechtsprechung zu verweisen, in dem Sinne, dass das Gläubigerrecht auf effektiven Rechtsschutz verkürzt wird. Dies lässt sich jedoch schwer mit der besonderen Zielsetzung und der Gesamtsystematik der EuKpfVO vereinbaren. Folglich kann man das allgemeine Ergebnis festhalten, dass die Auslegung des europäischen *status quo* zwar die Kohärenz zwischen den Verordnungen des EuZPR fördern soll,[410] aber der Vorrang des speziellen Regelungszwecks der einzelnen Verordnungen nicht außer Acht gelassen werden darf. Daraus lässt sich allerdings nicht schließen, dass die EuKpfVO nicht vielfältig verbesserungsfähig ist.

---

407 Dies war der Fall im OLG Hamm v. 10.4.2017 – I-32 SA 28/17 – juris.

408 Nach deutschem Recht bis zur Abgabe an das Streitgericht §§ 700 Abs. 3 und 696 Abs. 1 S. 4 ZPO.

409 Vgl. die richtige Auslegung über Art. 6 Abs. 3 EuKpfVO in LG Freiburg v. 20.8.2018, Rn. 5, DGVZ 2019, 39 (40). Dazu ausführlich weiter unten D.II.2.

410 Vgl. *von Hein/Imm*, IWRZ 2019, 112 (118 f.).

2. Verfügbarkeit des europäischen Beschlusses

Gegenstand der EuKpfVO ist nach ihrem Art. 1 ein eigenständiges Unionsverfahren in grenzüberschreitenden Rechtssachen, mit dem der Gläubiger einen europäischen Beschluss zur vorläufigen Kontenpfändung erwirken kann. Die Verordnung führt mithin eine einheitliche, direkt vollstreckbare einstweilige Maßnahme[411] ein, welche ausschließlich der Sicherung der späteren Zwangsvollstreckung dient. Der Gläubiger darf nicht anhand des Beschlusses aus den eingefrorenen Geldern befriedigt werden, sondern nur sein Recht auf effektiven Rechtsschutz nach Art. 47 GR-Charta dadurch sichern, dass er einer Vollstreckungsvereitlung rechtzeitig entgegenwirkt.

Der europäische Beschluss ist zwar eng mit dem Hauptverfahren verbunden, ergeht jedoch nach einem separaten und eigenständigen Eilverfahren. Er ist laut Art. 1 Abs. 2 EuKpfVO eine autonome fakultative Möglichkeit, welche neben den gleichwertigen, im nationalen Recht vorgesehenen Maßnahmen in Anspruch genommen werden kann.[412] Dadurch führt die Verordnung eine autonome Sicherungsmaßnahme ein, die in jeder Phase des Rechtsstreits, nämlich vor und während des Hauptverfahrens, sowie nach Erlangung eines Titels verfügbar ist. Aus Art. 20 lit. c EuKpfVO lässt sich außerdem herleiten, dass, wenn noch keine die Forderung eintreibende Zwangsvollstreckungsmaßnahme ergriffen worden ist, der europäische Beschluss und das Auskunftsverfahren des Art. 14 EuKpfVO auch in der Zwangsvollstreckung bzw. in deren Vorbereitungsstadium zur Verfügung stehen. Außer dem Auskunftsverfahren, das nur nach dem Erhalt eines vollstreckbaren Titels stattfinden darf, weist das Verfahren einige Unterschiede auf, je nachdem, ob ein Titel vorhanden ist oder nicht. Darunter fallen für den Fall, dass kein Titel vorliegt: die Anforderung zur selbstständigen Glaubhaftmachung der Forderung nach Art. 7 Abs. 2 EuKpfVO, die Pflicht zur Sicherheitsleistung (Art. 12 Abs. 1) und die längere Frist zum Erlass des Beschlusses (Art. 18 Abs. 1). Davon abgesehen sind Art und Natur des Beschlusses in beiden Fällen identisch.

---

411 *Mohr*, Die vorläufige Kontenpfändung, 2014, Rn. 3; *Hess/Raffelsieper*, IPRax 2015, 46 (51); Schlosser/*Hess*, EuZPR Kommentar (5. Aufl. 2021), Art. 1 EuKtPVO Rn. 1 f; *Lüttringhaus*, ZZP 2016, 187 (190).

412 Den grenzüberschreitenden Bezug betonend: Erwägungsgrund 6.

3. Vorläufiger Rechtsschutz in den nationalen Rechten

a. *Einstweilige Maßnahmen*

Die nationalen Rechte verfügen hingegen über unterschiedliche Mechanismen zur Vollstreckungssicherung je nachdem, ob diese vor Einleitung des Hauptverfahrens, während des Hauptverfahrens oder nach Erhalt eines Titels beantragt wird.[413] Im Rahmen des primären einstweiligen Rechtsschutzes, nämlich in der Phase eines Rechtsstreits vor dem Erhalt eines vollstreckbaren Titels, können nach Glaubhaftmachung einer Gefahr sichernde Maßnahmen angeordnet werden. Insbesondere ist für die Sicherung von Forderungen im deutschen Recht der Arrest (§§ 916 ff. ZPO) und im griechischen Recht die „konservative Beschlagnahme" oder Arrestpfändung (Art. 707 ff. gr. ZPGB) vorgesehen.

Die Frage, ob eine nationale sichernde einstweilige Maßnahme, wie der Arrest, auch nach Erhalt eines vollstreckbaren Titels über den Hauptanspruch erlassen werden kann, wird in den nationalen Rechtsordnungen unterschiedlich beantwortet. Nach der ganz h.M. in den untersuchten kontinentalen Rechtssystemen fehlt es in diesem Fall an einem Sicherungsbedürfnis, weil der Gläubiger direkt die Zwangsvollstreckung einleiten kann. Somit fehlt es an einem Arrestgrund, den man für den Erlass der Maßnahme zubilligen muss.[414] Im Gegensatz dazu kennt die englische Rechtstradition die nachträgliche *freezing order*, owohl die Entscheidung direkt vollstreckbar ist.[415]

---

413 Manche Rechtsordnungen kennen allerdings einstweilige Maßnahmen nur nach Erhebung der Klage in der Hauptsache und bis zum Erlass des Urteils, aber nicht davor, S. Stellungnahme Rumänien v. 3.9.2012, 13140/12 ADD 7, S. 3; *Kengyel*, Vorläufige Pfändung von Bankkonten, in: Harsági/Kengyel, Grenzüberschreitende Vollstreckung in der Europäischen Union, 2011, S. 361 (363) in Fn. 5 für das ungarische Recht.

414 H.M. in Griechenland: *Douvli*, EllDni 2019, 412 (414); *Giannopoulos*, EPolD 2015, 665 (673); *Koutsoulelos*, Zivilprozess, (Athen, 2018), S. 423; *Pipsou*, Die Verordnung (EU) Nr. 655/2014 (Athen, 2017), S. 289 (327 f.); h.M. in Deutschland: *Baur/Stürner/Bruns*, Zwangsvollstreckungsrecht (13. Aufl. 2006), Rn. 51.5; Thomas/Putzo/*Seiler* ZPO (42. Aufl. 2021), Vor § 916 ZPO Rn. 3; Schuschke/Walker/*Walker*, Vollstreckung und Vorläufiger Rechtsschutz (6. Aufl.), § 917 Rn. 16; *Brox/Walker*, Zwangsvollstreckungsrecht (11. Aufl. 2018), Rn. 1502; Baumbach/Lauterbach/Hartmann/*Becker* ZPO (79. Aufl. 2021), § 917 Rn. 14; MüKoZPO/*Drescher* (5. Aufl. 2016), vor § 916 Rn. 1.

415 Vgl. *Hess*, Study JAI/A3/2002/02, S. 105; s.o. A.II.2.c.bb.

b. Vorläufige Vollstreckbarkeit

aa. Allgemein

Der sekundäre vorläufige Rechtsschutz erfolgt in der deutschen und der griechischen Rechtsordnung mit dem Institut der vorläufigen Vollstreckbarkeit von erstinstanzlichen Entscheidungen, die zur vollen aber aufhebbaren Vollstreckung berechtigt.[416] Die vorläufige Vollstreckbarkeit ist ein in den meisten Mitgliedstaaten[417] bekanntes Rechtsinstitut, das die Vollstreckung von erstinstanzlichen Urteilen, die noch mit Rechtsmitteln anfechtbar sind, erlaubt. Dadurch wird die vorläufige Befriedigung des Gläubigers ermöglicht, bevor die Rechtsmittel gegen die Entscheidung ausgeschöpft sind.[418] Dabei handelt es sich um eine volle Zwangsvollstreckung des durchsetzbaren materiellen Anspruchs, welche jedoch abänderbar oder aufhebbar (§ 717 ZPO) ist, während es bei den sichernden einstweiligen Maßnahmen ausschließlich um eine vorübergehende Sicherung der späteren Vollstreckung geht. Dies wird am Beispiel der griechischen Rechtsordnung veranschaulicht, welche systematisch die vorläufige Vollstreckbarkeit unter die Zwangsvollstreckung[419] einordnet, während die einstweiligen Maßnahmen abgekoppelt von der Zwangsvollstreckung als eigenständige Verfahrensart im fünften Buch der griechischen Zivilprozessordnung geregelt sind. Wenn das Rechtsmittel erfolgreich ist, muss die erfolgte vorläufige Vollstreckung rückgängig gemacht werden. Die vorläufige Vollstreckbarkeit stellt den Kompromiss zwischen Gläubiger- und Schuldnerschutz in Fällen, in denen ein noch anfechtbares, aber mit Richtigkeitsvermutung erlassenes Urteil vorliegt, dar.[420]

416 Vgl. Art. 907 ff. gr. ZPGB und §§ 708 ff. sowie § 720a und § 845 ZPO; siehe oben A.III.2.

417 Im deutschen Recht § 704 ff. ZPO; im griechischen Recht Art. 907 ff. gr. ZPGB; der österreichische Gesetzgeber hat sich traditionell für Rechtsmittel ohne Suspensiveffekt statt der Zuerkennung der vorläufigen Vollstreckbarkeit entschieden. Um den gleichen Zweck des Interessensausgleichs zu verfolgen, führt die Sicherstellungsexekution nach §§ 370 ff. öst. EO nicht zur Befriedigung des Gläubigers. Dazu ausführlich *König/Praxmarer*, Vorläufige Vollstreckbarkeit, Rückforderung und Schadenersatz, 2016, S. 10 ff. und 126 ff., wo sich das abweichende Verständnis durch die Formulierung „vorläufige Vollsteckbarkeit nach der EuKoPfVO" zu erkennen gibt; *Schreiber*, Die Haftung des Vollstreckungsgläubigers im internationalen Zivilrechtsverkehr, 2008, S. 135. Vgl. für Italien und England *Raffelsieper*, Die Rückabwicklung, 2017, S. 41 f.

418 *Brox/Walker*, Zwangsvollstreckungsrecht (11. Aufl. 2018), Rn. 53.

419 Im achten Buch der gr. ZPGB mit der Überschrift „allgemeine Bestimmungen", s. Art. 907 ff. gr. ZPGB.

420 *Raffelsieper*, Die Rückabwicklung, 2017, S. 43.

bb. Voraussetzungen der vorläufigen Vollstreckbarkeit

Im deutschen (§§ 704 Alt. 1 i.Vm. 705 ZPO) und im griechischen Recht (Art. 904 i.V.m. Art. 321 gr. ZPGB) sind grundsätzlich nur die formell rechtskräftigen Entscheidungen vollstreckbar. Die vorläufige Vollstreckbarkeit wird im deutschen Recht von Amts wegen vom erkennenden Gericht grundsätzlich mit oder in den gesetzlich vorgesehenen Fällen auch ohne Sicherheitsleistung (§ 708 ZPO) ausgesprochen.[421] Wenn die Vollstreckung dem Schuldner einen nicht zu ersetzenden Nachteil bringen würde und er nicht in der Lage ist, Sicherheit zur Abwendung zu leisten, wird die Entscheidung auf Antrag des Schuldners nicht für vorläufig vollstreckbar erklärt (§ 712 Abs. 1 ZPO). Im Gegensatz dazu herrscht in der griechischen Rechtsordnung in der Regel ein Antragserfordernis (Art. 907 gr. ZPGB) sowohl für die Gewährung der vorläufigen Vollstreckbarkeit als auch für die Anordnung einer Sicherheitsleistung.[422] Aber das Gericht ist in Ausnahmefällen nach Art. 908 gr. ZPGB, beim Vorliegen von besonderen Gründen oder wenn die Verzögerung der Vollstreckung der obsiegenden Partei erheblichen Schaden hinzufügt, vom Antragserfordernis befreit und kann die vorläufige Vollstreckbarkeit nach Ermessen anordnen. Dies gewährt dem Gericht die Flexibilität, die Interessen des Einzelfalls zu berücksichtigen.[423] Im griechischen Recht sind also die vorläufige Vollstreckbarkeit eines erstinstanzlichen Urteils und die Anordnung einer Sicherheitsleistung nicht zwingend für das Gericht, sondern hängen vom Antrag des Gläubigers ab und unterliegen grundsätzlich dem gerichtlichen Ermessen[424] (Art. 911 gr. ZPGB). Im deutschen Recht hat erst die Einlegung des Rechtsmittels Suspensiveffekt (§ 705 ZPO), während im griechischen Recht bereits die Berufungsfrist (Art. 519 Abs. 1 gr. ZPGB) die Vollstreckung hemmt. Auch wenn das erstinstanzliche Urteil für vorläufig vollstreckbar erklärt wird, wird die Vollstreckung während der Berufungsfrist trotzdem gehemmt, wenn sich die Vollstreckung gegen Dritte richtet (Art. 519 Abs. 2 gr. ZPGB). Als Ausgleich erlaubt die griechische ZPO explizit die gerichtliche

---

421 Kindl/Meller-Hannich/Wolf/*Giers*, Zwangsvollstreckung (3. Aufl. 2015), § 708 Rn. 5.

422 *Kerameus*, in: FS Gaul (1997), S. 277, (278 f.); *Meier/Kotronis*, in: FS Kaissis (2012), S. 702 f.

423 Vgl. kritisch gegen die starren Anforderungen des deutschen Rechts *Raffelsieper*, Die Rückabwicklung, 2017, S. 91 f.

424 Nach Art. 910 gr. ZPGB ist das Gericht verpflichtet, die vorläufige Vollstreckbarkeit anzuordnen, nur wenn das Urteil die Mietraumrückgabe, die Mietzahlungen oder Forderungen aus Wertpapieren betrifft, sowie bei Unterhalts- oder Lohnforderungen für einen Zeitraum von drei Monaten vor der Klagerhebung.

Anordnung von einstweiligen Maßnahmen in der Phase nach dem Erlass der erstinstanzlichen Entscheidung und bis sie mit dem Ablauf der Berufungsfrist oder mit dem Erlass des Berufungsurteils rechtskräftig und vollstreckbar wird (Artt. 519 Abs. 1, 521 Abs. 1 gr. ZPGB).[425]

cc. *Verhältnis zwischen vorläufiger Vollstreckbarkeit und einstweiligen Maßnahmen*

Das Verhältnis zwischen einstweiligen Maßnahmen und vorläufiger Vollstreckbarkeit betreffend, schliesst der sekundäre einstweilige Rechtsschutz – d.h. ein vorläufig vollstreckbares Urteil – den primären – d.h. die einstweiligen Maßnahmen – prinzipiell nicht aus, weil deren Gegenstand unterschiedlich und daher auch die Interessenlage der Parteien nicht immer vergleichbar ist.[426] Im deutschen Recht hat sich der Streit seit Einführung des § 720a ZPO grundsätzlich erledigt, weil die Sicherungsvollstreckung zwar in zeitlicher Hinsicht und ihren Voraussetzungen nach eine Vollstreckungsmaßnahme ist, aber eine nur sichernde und rangwahrende Wirkung und somit eine arrestähnliche Funktion hat.[427] Man kann somit behaupten, dass die Sicherungsvollstreckung der auf die Bedürfnisse der Vollstreckung umgesetzte zeitverzögerte Arrest ist, ohne jedoch die Voraussetzungen des Arrestes erfüllen zu müssen. Im griechischen Recht sieht der neugefasste Art. 724 gr. ZPGB die Arrestpfändung aufgrund eines Mahnbescheids und eines erstinstanzlichen Urteils vor. Ferner ist nach Art. 519

---

425 Im Gegensatz zu der Wertgrenze in der Höhe von 600 Euro nach § 511 Abs. 2 Nr. 1 ZPO, lässt das griechische Zivilprozessrecht nach der Reform (Gesetz Nr. 4335/2015) die Berufung gegen die Entscheidungen des Friedensrichters (AG) über geringfügige Forderungen bis 5.000 Euro nicht zu (Art. 512 i.V.m. 466 ff. gr. ZPGB), ohne eine begründete Berufungszulassung durch das Gericht wie in § 511 Abs. 4 ZPO vorzusehen.

426 *Baur*, Studien zum einstweiligen Rechtsschutz, 1967, S. 77 ff.; *Vogg*, Einstweiliger Rechtsschutz und vorläufige Vollstreckbarkeit, 1991, S. 157 f.; Baumbach/Lauterbach/Hartmann/*Becker* ZPO (79. Aufl. 2021), § 917 Rn. 14, wo erklärt wird, dass die gegen Sicherheitsleistung vorläufige Vollstreckbarkeit (§ 709) einem Arrest nicht entgegensteht.

427 Vgl. auch *Vogg*, Einstweiliger Rechtsschutz und vorläufige Vollstreckbarkeit, 1991, S. 158; MüKoZPO/*Götz* (5. Aufl. 2016), § 720a Rn. 3; Thomas/Putzo/*Seiler* ZPO (42. Aufl. 2021), § 720a Rn.1; in Betracht kommt auch die Vorpfändung nach § 845, die jedoch privater Natur ist und nur unter der Voraussetzung der innerhalb eines Monats bewirkten Pfändung arrestähnliche Wirkung hat.

Abs. 1 gr. ZPGB der Erlass einer Arrestpfändung bei Vorliegen eines erstinstanzlichen, noch nicht rechtskräftig gewordenen Urteils möglich.

4. Vorläufiger Rechtsschutz im europäischen Zivilprozessrecht

Das europäische Prozessrecht scheint insoweit ein von den kontinentalen nationalen Rechtsordnungen leicht abweichendes System des vorläufigen Rechtsschutzes zu bilden, als der sekundäre vorläufige Rechtsschutz erweitert wird und die nachträglichen Sicherungsmaßnahmen umfasst.[428] In der EuGVO stehen die nationalen einstweiligen Maßnahmen dem Gläubiger vor und während des Hauptverfahrens (Art. 31 a.F., Art. 35 n.F.) sowie nach Erhalt eines vollstreckbaren Urteils (Art. 47 a.F. und Art. 40 n.F.) zur Verfügung. Dass der Wortlaut des Art. 47 EuGVO a.F. von „einstweiligen Maßnahmen" zu „Sicherungsmaßnahmen" in Art. 40 EuGVO n.F. geändert wurde, ist nur klarstellend in Bezug auf die Art der einstweiligen Maßnahmen und deren Gegenstand, nämlich den prozessualen Sicherungsanspruch im Gegensatz zum Regelungsanspruch, der mit einer Regelungsverfügung verfolgt wird. Zwar erfolgt im Rahmen der EuGVO die nachträgliche Maßnahmenanordnung ohne summarisches Erkenntnisverfahren und Gefahrglaubhaftmachung,[429] da die bloße Existenz des ausländischen vollstreckbaren Urteils[430] die Befugnis zum Erlass der Maßnahme gibt und sich somit der Zwangsvollstreckung annähert. Allerdings ist die Sicherungsfunktion ein derart auschlaggebendes Merkmal, dass die Maßnahmen unter den nachträglichen vorläufigen Rechtsschutz zugeordnet werden sollen.[431]

---

428 Vgl. aus der Sicht des österreichischen Rechts in Bezug auf die EuKpfVO *Rechberger*, FS Coester-Waltjen (2015), S. 651 (653).

429 Vgl. aber Supreme Court, *Cyprus Popular Bank v Vgenopoulos* [2017] WLR 67.

430 In der EuGVO a.F. kam an die Stelle des vollstreckbaren ausländischen Urteils die Vollstreckbarerklärung, siehe Art. 47 a.F.

431 A.A. *Schlosser*, IPRax 2006, 300 (304), der charakteristisch bemerkt, dass alles, was zur Durchsetzung der ersten vollstreckbaren Entscheidung angeordnet werde, nicht mehr einstweiliger Rechtsschutz sei, sondern Zwangsvollstreckung; *Gassmann*, Arrest im internationalen Rechtsverkehr, 1998, S. 72 f., der die Erlasszuständigkeit für einen sekundären schweizerischen Arrest an Art. 16 Nr. 5 LugÜ (Verfahren um die Zwangsvollstreckung) anknüpft. Diese Meinung scheint zu verkennen, dass die nachträglichen einstweiligen Maßnahmen nach der Absicht des europäischen Verordnungsgebers eben zur Sicherung der Vollstreckung und nicht zur Durchsetzung des vorangegangenen Urteils, nämlich des in dem Urteil titulierten materiellen Anspruchs ergehen. Ebenfalls für Vollstreckungsmaßnahmen hält *Wiedemann*, Vollstreckbarkeit, 2017, S. 77 die nachträglichen Sicherungsmaßnahmen, weil die einstweiligen Maßnahmen zur Sicherung des späteren Hauptsacheverfahrens und nicht wie hier zur Sicherung

Die Zwangsvollstreckung und die vorläufige Vollstreckbarkeit dienen der zwangsweisen Durchsetzung des mit dem Urteil geprüften und zugesprochenen materiellen Anspruchs. Hingegen betrifft der primäre und nachträgliche vorläufige Rechtsschutz den prozessualen Sicherungsanspruch des Gläubigers. Er wird in der EuKpfVO auf rein autonomer Ebene mit der *prä-* und *post-*Titel vorläufigen Kontenpfändung effektiv geschützt. Die EuKpfVO fordert für den nachträglichen Erlass des Beschlusses, anders als Art. 40 EuGVO, nicht nur das Vorhandensein einer mitgliedstaatlichen Entscheidung – eines Vergleichs oder einer öffentlichen Urkunde – über die zu sichernde Forderung, sondern auch den Vortrag hinreichender Beweismittel, welche die tatsächliche Vollstreckungsvereitelungsgefahr und somit die Erforderlichkeit der Maßnahme begründen. Die Zugehörigkeit des Beschlusses zum einstweiligen Rechtsschutz wird somit mit der Erforderlichkeit eines Sicherungsgrundes (Arrestgrundes) trotz des Vorhandenseins eines Titels manifestiert.[432] Es ist für den Gläubiger freilich aufwendig, einen Sicherungsgrund vorzutragen, obwohl er stattdessen die Vollstreckung einleiten könnte.[433] Dem soll entgegengehalten werden, dass nach der hier vertretenen Ansicht der vorhandene Titel nicht unbedingt vollstreckbar sein muss.[434] Daher bezieht die EuKpfVO Fälle mit ein, in denen der

---

der Vollstreckung ergehen. Deshalb spricht sie den nachträglichen Sicherungsmaßnahmen den Sicherungscharakter ab. Diese einschränkende Auslegung der EuGH-Rechtsprechung wird durch die Entwicklung des europäischen Prozessrechts mit der EuKpfVO nicht bestätigt; wie hier: *Domej*, Internationale Zwangsvollstreckung und Haftungsverwirklichung, 2016, S. 453 f; *Bitter*, Vollstreckbarerklärung, 2009, S. 15, die den nachträglichen einstweiligen Maßnahmen Entscheidungscharakter zuspricht; *Heinze*, IPRax 2007, 348; *Mauch*, Die Sicherungsvollstreckung, 2002, § 5.

432 Dies wird ferner in der sofortigen Vollziehung ohne Hemmungsfristen und in der Abhängigkeit vom Hauptverfahren widerspiegelt, dazu *Raffelsieper*, Die Rückabwicklung, 2017, S. 243 f.

433 *Orfanidis*, Die Verordnung (EU) Nr. 655/2014, in: Hopt/Tzouganatos (Hg.), Das europäische Wirtschaftsrecht (2014), S. 263 (283). Vgl. im Kommissionsvorschlag Art. 15, der keinen Sicherungsgrund für den Erlass des Beschlusses nach Titel fordert, KOM(2011) 445 endg. S. 24. Die Änderung in der Verordnung ist auf den Rat zurückzuführen, vgl. Arbeitsdokument vom 26.4.2013, 8806/13, JUSTCIV 90, CODEC 883, S. 2 ff.

434 Rauscher/*Rauscher/Wiedemann*, EuZPR/EuIPR (4. Aufl. 2015), Art. 7 EuKpfVO Rn. 3; MüKoZPO/*Hilbig-Lugani* (5. Aufl. 2017), Art. 5 EuKpfVO Rn. 2; *Wiedemann/Harbeck* RIW 2018, 777 (785); Davon ausgehend: *Lüttringhaus*, ZZP 2016, 187 (195) und Schlosser/*Hess*, EuZPR Kommentar (5. Aufl. 2021), Art. 5 EuKpfVO Rn. 1 "Zahlungstitel"; a.A. und von der Vollstreckbarkeit ausgehend *Sikorski*, Vorläufige Kontopfändungen, 2018, S. 193 f.

Gläubiger an einer direkten Zwangsvollstreckungseinleitung ohnehin gehindert wäre. Der Beschluss stellt keine Zwangsvollstreckungsmaßnahme dar, welche die titulierte Forderung eintreiben soll, sondern eine einstweilige – genauer gesagt vorläufige – Maßnahme, welche vor und während des Hauptverfahrens sowie nach dem Erhalt eines Titels erlassen werden kann. Die eventuelle vorläufige Vollstreckbarkeit des schon vorhandenen Titels könnte zwar der tatsächlichen Gefahr zum Erlass der Maßnahme widersprechen, steht jedoch der Regelung eines *prä-* und *post*-Titel erlassenen einstweiligen Kontenpfändungsbeschlusses systematisch nicht entgegen. Somit zeigt sich eine Divergenz zwischen nationalen Rechten und autonomem Prozessrecht über die zeitliche Verfügbarkeit von Maßnahmen des einstweiligen Rechtsschutzes. Die EuKpfVO erlaubt auch *ex post* den Erlass von vorläufigen Sicherungsmaßnahmen aufgrund des in der Verordnung konzipierten, summarischen Erkenntnisverfahrens.[435] Dies bedeutet gleichzeitig, dass das Sicherungskonzept des europäischen Prozessrechts, wie sich dies in der EuGVO und in der EuKpfVO widerspiegelt, enger als die vorläufige Vollstreckbarkeit der nationalen Rechte ist, welche eine volle, aber aufhebbare Vollstreckung ist.[436] Dem europäischen Verordnungsgeber ist mit dieser Verordnung nun zweierlei gelungen: erstens, das erste Unionsverfahren für eine einstweilige Maßnahme im europäischen Prozessrecht einzuführen und zweitens, durch deren grenzüberschreitende Vollstreckung einen ersten Schritt in Richtung einer Europäisierung des Zwangsvollstreckungsrechts zu betätigen.[437]

5. Zwischenergebnis

Die EuKpfVO betrifft den primären und eine Art des sekundären vorläufigen Rechtsschutzes. Es wird nämlich in dem sekundären Rechtsschutz der vorhandene nationale Titel an sich nicht für vorläufig vollstreckbar erklärt, sondern nach Glaubhaftmachung der Vollstreckungsvereitelungsgefahr ein separater Beschluss erlassen, der die Vollstreckungsanordnung bereits enthält und somit sofort vollziehbar ist. Der Beschluss führt nicht zur Befriedigung, sondern nur zur Sicherung der Vollstreckung. Dies verdeutlicht, dass der Mehrwert der Verordnung genau darin liegt, dass der Gläubiger in einem frühen Zeitpunkt eine sichernde grenzüberschreitende Kontopfändung ergreifen kann, nämlich wenn

---

435 Die EuKpfVO stellt eine "andersartige", wenn auch arrestähnliche, vorläufige Regelung dar nach Baumbach/Lauterbach/Hartmann/*Becker* ZPO (79. Aufl. 2021), Vor § 916 Rn. 10.

436 Vgl. *Hess*, Study JAI/A3/2002/02, S. 101 f.

437 Vgl. auch *Lüttringhaus*, ZZP 2016, 187 (189).

die gerichtliche Entscheidung, der gerichtliche Vergleich oder die öffentliche Urkunde gerade noch nicht (vorläufig) vollstreckbar sind. Bezüglich der zeitlichen Verfügbarkeit des Beschlusses lässt sich somit noch ein Unterschied zu den nationalen Strukturen bestimmen.

II. EuKpfVO vs. Territorialitätsprinzip

1. Jurisdiction to adjudicate – jurisdiction to enforce

Die Abgrenzung der Gerichtsbarkeit von der internationalen Zuständigkeit stellt eine Schnittstelle zwischen Völkerrecht, europäischem Recht und den nationalen Rechten dar.[438] Nach nationalem Verständnis sind beide Begriffe von Amts wegen prüfende formelle Prozessvoraussetzungen jedes gerichtlichen Verfahrens mit Auslandsbezug.[439] Unter Gerichtsbarkeit versteht man die Befugnis, staatliche Gerichtshoheit auszuüben bzw. die Staatsgewalt, Recht auszusprechen.[440] Die Gerichtsbarkeit wird von jedem Staat selbständig bestimmt und für den Prozess auch über rein inländische Fälle vorausgesetzt. Aus dem Völkerrecht ergeben sich zweierlei Grenzen der Gerichtsbarkeit. Räumlich wird sie im Territorium des Staates nach dem Territorialitätsprinzip beschränkt. Persönlich und sachlich begrenzen verschiedene Immunitäten die Gerichtshoheit eines Staates auch im eigenen Territorium. Die Gerichtsbarkeit ist mithin völkerrechtlicher Herkunft und wird nicht vom europäischen Recht verdrängt.[441] Hingegen ist die staatliche Befugnis, die internationale Zuständigkeit der eigenen Gerichte in Fällen mit Auslandsbezug selbst zu bestimmen, größtenteils auf die Union übertragen worden und wird von Verordnungen, wie der EuGVO, geregelt. Die internationale Zuständigkeit beantwortet die Frage, die Gerichte welches Staates über einen bestimmten Fall entscheiden müssen.[442]

---

438 *Kreuzer/Wagner/Reder*, Europäisches Internationales Zivilverfahrensrecht, in: Dauses/Ludwigs, Handbuch des EU-Wirtschaftsrechts (52. EL Februar 2021) Bd. 1, Rn. 1 ff.

439 Baumbach/Lauterbach/Hartmann/*Anders*, ZPO (79. Aufl. 2021) Vor § 253 Rn. 22.

440 *Schack*, Internationales Zivilverfahrensrecht (8. Aufl. 2021), Rn. 155; *Marquordt*, Das Recht der internationalen Forderungspfändung, 1975, S. 8; *Bitter*, Vollstreckbarerklärung, 2009, S. 163.

441 *Bitter*, Vollstreckbarerklärung, 2009, S. 162 m.w.N.

442 *Schack*, Internationales Zivilverfahrensrecht (8. Aufl. 2021), Rn. 217; *Marquordt*, Das Recht der internationalen Forderungspfändung, 1975, S. 8 f.; *Bitter*, Vollstreckbarerklärung, 2009, S. 163.

Die Gerichtsbarkeit und die internationale Zuständigkeit müssen für das Erkenntnis- und das Zwangsvollstreckungsverfahren vorliegen.[443] Im Rahmen der Gerichtsbarkeit hat das international zuständige Gericht die Befugnis, sich über den materiellen Anspruch des Klägers gegen den Beklagten auszusprechen und zu einer Handlung, Unterlassung oder Leistung zu verurteilen, welche unter Umständen auch im Ausland stattfinden soll (*jurisdiction to adjudicate*).[444] Die *jurisdiction to adjudicate* betrifft also die Rechtsanwendung im Erkenntnisverfahren, wie sie aus dem Urteilsinhalt ergeht und nicht die Zwangsvollstreckung aus diesem Leistungsurteil. Die Vollstreckungsgewalt eines Staates beinhaltet die Befugnis, Vollstreckungsmaßnahmen zu erlassen und durchzusetzen unter der Voraussetzung, dass die Souveränität anderer Staaten nicht verletzt wird (*jurisdiction to enforce*). Sie wird völkerrechtlich von dem Territorialitätsprinzip auf das eigene Territorium begrenzt. Die Geltung des Territorialitätsprinzips ist allerdings im Rahmen der internationalen Wirtschaftsbeziehungen und der Europäisierung des Prozessrechts zumindest im europäischen Raum abgeschwächt worden. Es vermehren sich die Fälle mit Auslandsbezug, für welche eine gerichtliche Entscheidung mit grenzüberschreitender Wirkung ergehen muss. Nach der EuGVO gilt die Wirkungserstreckungstheorie, nach der die Wirkung einer Entscheidung vom Ursprungsstaat auf den Vollstreckungsstaat erstreckt wird.[445] Die EuGVO regelt nicht die internationale Zuständigkeit zur Vollstreckung, scheint aber davon auszugehen, dass sie in dem Mitgliedstaat, in dem der Gegenstand der Vollstreckung liegt, lokalisiert wird. Die daran anschließende Frage ist, ob ein Mitgliedstaat einen Zwangsvollstreckungsakt mit grenzüberschreitender, extraterritorialer Wirkung erlassen darf oder ob dies in allen Fällen gegen das abgeschwächte Territorialitätsprinzip verstößt.

---

443 *Brox/Walker*, Zwangsvollstreckungsrecht (11. Aufl. 2018), Rn. 20; *Bitter*, Vollstreckbarerklärung, 2009, S.163.

444 *Bitter*, Vollstreckbarerklärung, 2009, S. 163; *Gronstedt*, Grenzüberschreitender einstweiliger Rechtsschutz, 1994, S. 8 ff.; *Kofmel Ehrenzeller*, Der vorläufige Rechtsschutz im internationalen Verhältnis, 2005, S. 324 f. Die Feststellungs- und Gestaltungsurteile sind nicht in der hier interessierenden Hinsicht vollstreckbar, dass sie nicht durch Zwangsausübung seitens der Vollstreckungsorgane durchgesetzt werden. Das Feststellungsurteil versichert bloß das Bestehen (oder Nichtbestehen) einer Rechtslage, das Gegenstand eines nachträglichen Leistungsurteils werden kann. Das Gestaltungsurteil braucht keine Vollstreckung, weil die Wirkung direkt aus dem Urteil ergeht. Dazu *Grunsky*, Grundzüge (5. Aufl. 1996), S. 133 f.

445 Im Gegensatz zu der Wirkungsverleihung, die in der alten Fassung der EuGVO mit der Vollstreckbarerklärung einherging.

Der Erlass des europäischen Pfändungsbeschlusses könne somit nach dem herkömmlichen Verständnis eine Vermischung der *jurisdiction to adjudicate* in der Form der internationalen Entscheidungszuständigkeit und der *jurisdiction to enforce*, d.h. der internationalen Vollstreckungszuständigkeit, hervorrufen.[446] Der Beschluss enthält nämlich einen zuerkennenden Teil, der die Sicherungsmaßnahme an erster Stelle anordnet, aber auch die Pfändungsanordnung zur Vollstreckung dieser Sicherungsmaßnahme. Der Mitgliedstaat der Kontoführung übernimmt nur die weitere, tatsächliche Ausführung der Pfändung. Nach herkömmlichem Verständnis beanspruche der Erlass einer vorsorglichen Maßnahme mit derartiger direkter extraterritorialer Wirkung ein *genuine link*-Erfordernis, das in der Regel die Vollstreckung im eigenen Territorium voraussetzen würde.[447] In der Lehre wird jedoch mittlerweile stärker eine Abkehr von dem Territorialitätsprinzip und eine Öffnung hin zur grenzüberschreitenden Vollstreckung befürwortet.[448] Es scheint, dass sich in der jüngeren Literatur die äußerste Grenze der staatlichen Vollstreckungsgewalt bei dem tatsächlichen Zugriff auf körperliche Gegenstände im Ausland befindet. Dies verbietet die direkte Vollstreckung in Auslandsvermögen, wie Grundstücke und körperliche Sachen. Eine Entscheidung, die einen körperlichen Gegenstand betrifft, wird nach der EuGVO zwar ohne Zwischenverfahren anerkannt und vollstreckt. Die Vollstreckung an sich wird allerdings vom Recht des Vollstreckungsmitgliedstaats geregelt. Für die Lokalisierung von Forderungen existieren aber keine völkerrechtlichen Vorgaben.[449] Daher bestimmt jeder Staat selbständig, wie und wo er Forderungen als belegen ansieht. Das deutsche Recht knüpft nach herrschender Meinung an den Drittschuldnersitz an, wobei der Forderung dadurch eine fiktive Belegenheit gegeben wird.[450] Allerdings ist der Erlass eines Pfändungsbeschlusses gegen einen ausländischen Drittschuldner nicht ausgeschlossen. Es

---

446 Kritik in diese Richtung *Häcker*, WM 2012, 2180 (2183); *Stamm*, IPrax 2014, 124 (126).

447 *Kofmel Ehrenzeller*, Der vorläufige Rechtsschutz im internationalen Verhältnis, 2005, S. 322 ff.

448 *Domej*, Internationale Zwangsvollstreckung und Haftungsverwirklichung, 2016, S. 568 f.; Schlosser/*Hess* EuZPR Kommentar (5. Aufl. 2021), Art. 22 EuKtPVO Rn. 3; *Schimrick*, Die unmittelbar grenzüberschreitende Forderungsvollstreckung, 2012, S. 309 ff. Vgl. *Hess*, Study JAI/A3/2002/02, S. 98 ff. in der alternativ zu der „European Garnishment Order" die Option einer zentralen paneuropäischen Pfändung am Hauptsitz der Bank, welche alle Bankkonten bei derselben Bank samt ihren ausländischen Filialen erfassen könnte, skizziert wird.

449 *Mössle*, Internationale Forderungspfändung, 1991, S. 39.

450 *Geimer*, IZPR (8. Aufl. 2020), Rn. 3213.

wird auf die Erforderlichkeit einer fiktiven Inlandsbelegenheit der Kontoforderung verzichtet und jeglichem „nachvollziehbaren Bezug der zu pfändenden Kontoforderung“ im Sinne eines *genuine links* der Vorrang gegeben.[451] Dafür reicht aus, dass der Drittschuldner eine Zwiegniederlassung und damit Vermögen im Inland hat.[452]

2. Internationale Erlass- und Vollstreckungszuständigkeit in der EuKpfVO

Nach Art. 6 EuKpfVO liegt die Zuständigkeit für den Erlass des Beschlusses vorbehaltlich des Verbrauchergerichtsstands bei dem Gericht der *Hauptsache*, damit eine enge Verbindung zwischen den beiden Verfahren erhalten bleibt.[453] Der europäische Gesetzgeber hat auf den im Vorschlag noch vorgesehenen alternativen Gerichtsstand der Kontobelegenheit[454] verzichtet. Im Grünbuch war die Absicht der Kommission ersichtlich, dem Gerichtsstand der Hauptsache den Vorzug zu geben und nur alternativ dem Gläubiger ein Wahlrecht für den Mitgliedstaat der Kontobelegenheit oder des Schuldnerwohnsitzes einzuräumen, weil schon „nach der gegenwärtigen Rechtslage sich der Gläubiger an den Mitgliedstaat wenden muss, in dem sich das Konto befindet, und das Ziel

---

451 *Geimer*; IZPR (8. Aufl. 2020) Rn. 3211 ff.; *Riebold*, Die Europäische Kontopfändung, 2014, S. 114 m.w.N.

452 *Hök*, MDR 2005, 306 (310).

453 Erwägungsgrund 13; nach Erwirkung einer öffentlichen Urkunde sind die als zuständig bezeichneten Gerichte des Mitgliedstaats, in dem die Urkunde errichtet wurde, für den Erlass des europäischen Beschlusses zuständig. Vgl. § 946 Abs. 2 ZPO, der das Gericht, in dessen Bezirk die Urkunde errichtet wurde, als zuständig bezeichnet.

454 KOM(2011) 445, Art. 6. Der in diesem Gerichtsstand ergehende Beschluss hätte jedoch nur im Belegenheitsstaat beschränkte Wirkung, damit laut der Begründung (3.1.2) ein *forum shopping* vermieden wird. Die Regelung wurde nach Kritik nicht in die Verordnung aufgenommen. Dazu Rauscher/*Rauscher/Wiedemann*, EuZPR/EuIPR (4. Aufl. 2015), Art. 6 Rn. 4 m.w.N. Die Kritik betraf vor allem die Gefahr der Überpfändung, wenn der Gläubiger ein Wahlrecht hat und Parallelverfahren einleitet. Dieses Problem wurde jedoch mit der unvollkommenen Regelung (Art. 16) der parallelen Anträge und des Sanktionsmechanismus nicht aus der Welt geschafft. Dazu *Orfanidis*, Die Verordnung (EU) Nr. 655/2014, in: Hopt/Tzouganatos (Hg.), Das europäische Wirtschaftsrecht (2014), S. 286; vgl. MüKoZPO/*Drescher* (5. Aufl. 2016), Vor § 916 Rn. 16 für die entsprechende Missbrauchsgefahr im deutschen einstweiligen Rechtsschutz.

der EU-Regelung gerade darin besteht, die Situation für den Gläubiger zu vereinfachen [...]“[455].

Der Gläubiger kann weiterhin nach der revidierten EuGVO i.V.m. mitgliedstaatlichem Recht eine nationale Sicherungsmaßnahme im Mitgliedstaat der Kontobelegenheit beantragen, welche aber nur in diesem Mitgliedstaat vollstreckt werden darf (Erwgr. 33 a.E. EuGVO). Dadurch, dass der Mitgliedstaat der Kontobelegenheit nicht als Gerichtsstand für den Erlass des Beschlusses gilt, wird ersichtlich, dass das europäische Zivilprozessrecht das Territorialitätsprinzip weiter abzumildern versucht, ohne die Mitgliedstaaten dabei stark in deren Souveränitätserwägungen zu verletzen. Mithin wird die vollstreckungsbezogene Erlasszuständigkeit für eine einstweilige Maßnahme, welche im Rahmen der EuGVO für den einstweiligen Rechtsschutz im Allgemeinen noch gilt, für die europäische Kontopfändung abgewiesen. Die Vollstreckungszuständigkeit liegt im Mitgliedstaat der Kontoführung, welche aus der IBAN zu entnehmen ist, da der Beschluss ein oder mehrere stets identifizierbare Bankkonten betrifft und nicht allgemein auf das Vermögen des Schuldners erstreckt wird.

3. Zwischenergebnis

In der EuKpfVO wird das Territorialitätsprinzip einerseits insoweit bestätigt, als die Vollstreckung des Beschlusses vom Recht des Mitgliedstaats der Kontoführung, nämlich vom Vollstreckungsmitgliedstaat, nach Art. 23 EuKpfVO geregelt wird. Andererseits wird das Territorialitätsprinzip dadurch weiter abgeschwächt, dass die Erlasszuständigkeit von der Kontoblegenheit abgekoppelt und an der Hauptsachezuständigkeit verortert wird, in der auch die Pfändungsanordnung ergeht.

Die EuKpfVO bringt in dieser Hinsicht eine Neuerung ins europäische Zivilprozessrecht, weil sie die internationale Zuständigkeit für das summarische Erkenntnisverfahren zum Erlass des Pfändungsbeschlusses von dem Territorialitätsdenken der Kontobelegenheit abkoppelt und an dem Gericht der Hauptsache lokalisiert. Dadurch wird die Akszessorität des Beschlusses zu dem Hauptverfahren deutlich. Der ergehende Beschluss ist dann europaweit vollstreckbar.[456] Die Verordnung umgeht den Streit über die Belegenheit der Forderung bzw. die

455 Grünbuch zur effizienteren Vollstreckung von Urteilen in der Europäischen Union: vorläufige Kontenpfändung KOM(2006) 618 endg. unter 3.5.

456 Vgl. aber schon *von Bar*, Theorie und Praxis des internationalen Privatrechts, Bd. II (1889), S. 476 f., wo für die grenzüberschreitende Vollstreckung von provisorischen Maßnahmen des Hauptsachegerichts plädiert wurde.

Lokalisierung des Drittschuldnersitzes und knüpft ausschließlich an die Hauptsache an.[457] Diese ist die sinnvollste Anknüpfung, da die Sachnähe und die Kenntnis der Umstände zwischen den Parteien das ausschlaggebende Kriterium darstellen und dem Gericht der Hauptsache innewohnen.

Der Schuldnerwohnsitz ist zwar für den Anwendungsbereich der EuKpfVO unbeachtlich, tritt jedoch mittelbar durch die Bestimmung der Hauptsachezuständigkeit nach Artt. 4 ff. EuGVO in den Vordergrund. Die Hauptsachezuständigkeit wird nach nationalem Recht nur bestimmt, wenn der Schuldnerwohnsitz in einem Drittstaat ist sowie wenn er bei ausländischer Kontoführung im gleichen Mitgliedstaat wie der Gläubigersitz ist.[458] Durch den Schuldnerwohnsitz in einem Drittstaat kommen auch die nationalen exorbitanten Hauptzuständigkeiten in Betracht. Die exorbitanten Zuständigkeiten sind aber ohnehin auch im Rahmen der EuGVO im einstweiligen Rechtsschutz erlaubt. Die in der EuGVO vorgesehene Beschränkung der Vollstreckung nach nationalem Recht erlassener einstweiliger Maßnahmen im Erlassmitgliedstaat wird in der EuKpfVO durch die Einführung eines autonomen Verfahrens für den Erlass des Beschlusses kompensiert.

Die enge Verbindung für die Annahme internationaler Zuständigkeit wird zu Recht zwischen dem Verfahren zum Erlass des Beschlusses und dem Verfahren in der Hauptsache lokalisiert und nicht wie die unter der Geltung der EuGVO auf Territorialitätsdenken beruhende reale Verknüpfung zwischen dem Gegenstand der Maßnahme und dem Gericht. Somit wird dem im einstweiligen Rechtsschutz verstärkten Erfordernis nach Sachnähe des Gerichts und nach Rechtssicherheit durch die Vermeidung von Parallelverfahren an der Kontobelegenheit Genüge getan. Ferner wird die dienende Funktion der vorläufigen Kontenpfändung gegenüber dem Hauptverfahren betont. Die internationale Zuständigkeit nach Art. 6 EuKpfVO betrifft nämlich den einstweiligen Rechtsschutz und daraus kann kein allgemeiner Schluss für die internationale Zuständigkeit für die Vollstreckung gezogen werden.[459] Die internationale Zuständigkeit für die Vollstreckung teilt die EuKpfVO nach einer Meinung zwischen dem

---

457 Art. 6 Abs. 2 sieht nur eine Ausnahme zugunsten des Schuldnersitzes vor, wenn der Schuldner Verbraucher ist; vgl. *Konstantinidis*, Armenopoulos 2015, 1804 (1809).

458 Nach der weiten negativen Definition der grenzüberschreitenden Rechtssache in Art. 3 EuKpfVO werden auch inländische Fälle von der Verordnung erfasst, soweit nur das zu pfändende Konto in einem anderen teilnehmenden Mitgliedstaat geführt wird und der Gläubiger die Anwendung der Verordnung auswählt.

459 *Hau*, ZVglRWiss 16 (2017), 23 (30 in Fn. 29).

Erlassmitgliedstaat des europäischen Pfändungsbeschlusses, nämlich der Pfändungsanordnung, und dem Mitgliedstaat, der aus der IBAN des Bankkontos zu entnehmen ist und die weitere Ausführung des Beschlusses regelt, auf. Die Vollstreckungsanordnung ergeht demzufolge im Ursprungsmitgliedstaat, während nur die tatsächliche Ausführung im Vollstreckungsmitgliedstaat erfolgt.[460] Allerdings ist der Erlass des Beschlusses hauptsächlich das Ergebnis des summarischen Erkenntnisverfahrens und gehört somit zu der *jurisdiction to adjucate* und nicht zur *jurisdiction to enforce*. Hingegen ist die Vollstreckung bzw. die tatsächliche Vollziehung des Beschlusses nur im Mitgliedstaat der Kontoführung bzw. dem Vollstreckungsmitgliedstaat zu lokalisieren.[461] Da es bei der Anwendung der EuKpfVO stets um Bankkontoguthaben geht, stimmt die Lokalisierung der Forderung auf die kontoführende Stelle mit dem Erfüllungsort überein.[462] Daher sind die übrigen Niederlassungen einer Bank in anderen Mitgliedstaaten für die Vollstreckungsgewalt nicht relevant, da sie bereits an dem Mitgliedstaat der Kontoführung lokalisiert ist. Dieser Ort wird in der Regel der Mitgliedstaat (genauer gesagt: die Filiale) der Kontoeröffnung und der vertraglichen Auszahlungspflicht der Bank sein.

III. Rechtsnatur des europäischen Beschlusses

1. Unionsautonome Regelung

Der europäische Beschluss enthält sowohl die nach einem summarischen Erkenntnisverfahren ergehende einstweilige Maßnahme als auch den Pfändungsbefehl des Bankkontos in ein und demselben gerichtlichen Akt, sodass der Vollzug der Maßnahme keine weitere gerichtliche Anordnung voraussetzt.[463]

---

460 Rauscher/*Rauscher*/*Wiedemann*, EuZPR/EuIPR (4. Aufl. 2015), Art. 22 EuKpfVO Rn. 2 ff., wo von einer „Co-Vollstreckung" die Rede ist.

461 Von einer klaren Trennung zwischen Erlass und Vollzug spricht auch *Domej*, GPR 2017, 84 (87).

462 Vgl. *Hök*, MDR 2005, 306 (310).

463 Schlosser/*Hess*, EuZPR Kommentar (5. Aufl. 2021), Art. 23 EuKtPVO Rn. 2 f.; Rauscher/*Rauscher*/*Wiedemann*, EuZPR/EuIPR (4. Aufl. 2015), Art. 1 EuKpfVO Rn. 2; *Lüttringhaus*, ZZP 2016, 187 (190), wo dem Beschluss eine doppelköpfige Gestalt zugesprochen wird, da er sowohl eine eigenständige einstweilige Maßnahme („Erkenntnisteil") als auch die Pfändungsanordnung („Vollstreckungsteil") bereits enthält. Vgl. MüKoZPO/*Hilbig-Lugani* (5. Aufl. 2017), Art. 22 EuKpfVO Rn. 3, der dem nach der Titulierung ergehenden Beschluss nur einen Zwangsvollstreckungsteil zuspricht, was allerdings nicht präzise ist, da der Arrestgrund auch in diesem Fall nach Art. 7 Abs. 1 EuKpfVO nachgewiesen werden muss und somit ein Erkenntnisverfahren bezüglich

Der Beschluss kann nicht als Titel für die Anordnung einer anderen Vollstreckungsmaßnahme in einem Mitgliedstaat verwendet werden, sondern er beinhaltet selbst die Pfändungsanordnung.

2. Rechtsvergleichende Betrachtung

Abweichend von dieser Konzeption herrscht im deutschen Recht eine klare Trennung zwischen dem Arrestbefehl und dem Pfändungsbeschluss, die auf der grundsätzlichen Trennung des Erkenntnis- von dem Zwangsvollstreckungsverfahren beruht.[464] Obwohl für die Vollziehung des Arrestes als Vollstreckungsgericht abweichend von § 828 Abs. 2 ZPO das Arrestgericht zuständig ist und in der Praxis der Arrest- und der Pfändungsbeschluss zusammen ergehen, sind sie rechtlich scharf voneinander zu trennen.[465]

Im griechischen Recht wird ebenso zwischen Erkenntnis- und Vollstreckungsverfahren unterschieden.[466] Die Pfändung ist eine Vollstreckungsmaßnahme, die allerdings in dem Zwangsvollstreckungsverfahren keine gerichtliche Anordnung voraussetzt, sondern von der Initiative des Vollstreckungsgläubigers abhängt. Der Gläubiger ist berechtigt, auf der Grundlage eines vollstreckbaren Titels den Gerichtsvollzieher mit der Vornahme der Pfändung zu beauftragen (Art. 983 gr. ZPGB).[467] Anders ist die Rechtslage im einstweiligen Rechtsschutz, wo der Erlass eines Pfändungsbeschlusses unerlässlich ist (Art. 707 gr. ZPGB). Zwischen Arrest- und Pfändungsbeschluss wird jedoch nicht unterschieden.

3. Zwischenergebnis

Es ist ersichtlich, dass der Beschluss nicht haargenau zu den nationalen Vorgaben passt. Allerdings ist eine solche Gleichsetzung auf autonomer Ebene nach der hier vertretenen Ansicht weder unbedingt notwendig noch erwünscht. Der Streit ist eher theoretischer Natur, da die Verordnung auf Rechtsbehelfsebene

---

der tatsächlichen Vollstreckungsvereitelungsgefahr stattfinden muss; kritisch *Stamm* IPRax 2014, 124 (126), der von der Gefahr der Vermengung des Erkenntnis- mit dem Vollstreckungsverfahren warnt.

464 Musielak/Voit/*Huber* ZPO (18. Aufl. 2021), § 916 Rn. 8 ff.; Saenger/*Kemper* ZPO (7. Aufl.) Vorb. zu § 916 Rn. 4; *Stamm* IPRax 2014, 124 (127).

465 Statt aller: Kindl/Meller-Hannich/Wolf/*Haertlein*, Zwangsvollstreckung (3. Aufl. 2015), § 930 Rn. 3.

466 *Yessiou-Faltsi*, Zwangsvollstreckungsrecht (Athen 1998), S. 47 f.; *Hess*, Study JAI/A3/2002/02, S. 115.

467 Vgl. auch *Tekidou*, Der Vollstreckungszugriff auf Bankkonten, 2005, S. 44 ff.

zwischen dem Beschluss bzw. dem Erkenntnisteil und der Vollstreckung unterscheidet.[468]

IV. Anerkennung und Vollstreckung

1. Europaweite Anerkennung und Vollstreckung

Der europäische Beschluss wird laut Art. 22 EuKpfVO *„in den anderen Mitgliedstaaten“* anerkannt, ohne dass es eines besonderen Verfahrens bedarf, und ist *„in den anderen Mitgliedstaaten“* vollstreckbar, ohne dass es einer Vollstreckbarerklärung bedarf.[469] Der Wortlaut von Art. 22 wird nach einer Meinung dahingehend interpretiert, dass der Plural – i.e. „in den anderen Mitgliedstaaten“ – irreführend sei, weil die Anerkennung und die Vollstreckbarkeit nur den Vollstreckungsmitgliedstaat betreffen, welcher der Mitgliedstaat der Kontoführung ist.[470]

a. *Stellungnahme: Vollstreckungsmitgliedstaaten*

Der Beschluss kann mehrere Bankkonten in verschiedenen Mitgliedstaaten betreffen (Art. 23 Abs. 6 EuKpfVO).[471] Somit ist es durchaus möglich, dass mehrere Vollstreckungsmitgliedstaaten vorliegen, in denen auch separate

---

468 Art. 34 und 35 EuKpfVO.

469 Gleich lauten die englische Version des Artikels 22 der Verordnung: “(…) shall be recognised *in the other Member States* without any special procedure being required and shall be enforceable *in the other Member States* without the need for a declaration of enforceability” und die französische: “(…) dans *les autres États membres* sans qu’une procédure spéciale soit requise et est exécutoire *dans les autres États membres* sans qu’une déclaration constatant sa force exécutoire soit nécessaire.” Die griechische Übersetzung enthält jedoch eine Differenzierung: “Οι διαταγές δέσμευσης που εκδίδονται σε κράτος μέλος κατά τον παρόντα κανονισμό αναγνωρίζονται *στα λοιπά κράτη μέλη* χωρίς να απαιτείται άλλη ειδική διαδικασία και καθίστανται εκτελεστές *στο άλλο κράτος μέλος* χωρίς να χρειάζεται κήρυξη εκτελεστότητας.“ Übersetzung der Verfasserin: „Die in einem Mitgliedstaat gemäß dieser Verordnung erlassenen Beschlüsse zur vorläufigen Pfändung werden *in den übrigen Mitgliedstaaten* anerkannt, ohne dass es eines besonderen Verfahrens bedarf, und sind *in dem anderen Mitgliedstaat* vollstreckbar, ohne dass es einer Vollstreckbarerklärung bedarf.“ (Hervorhebungen hinzugefügt); vgl. Art. 36 Abs. 1 und Art. 39 EuGVO.

470 Rauscher/*Rauscher*/*Wiedemann*, EuZPR/EuIPR (4. Aufl. 2015), Art. 22 EuKpfVO Rn. 7; MüKoZPO/*Hilbig-Lugani* (5. Aufl. 2017), Art. 22 EuKpfVO Rn. 2 in Fn. 1.

471 Vgl. auch Erwägungsgrund 36.

Vollstreckungsverfahren eingeleitet werden.[472] Es ist fraglich, ob der Beschluss Konten des Schuldners, die zwar bei der gleichen Bank, jedoch in anderen Mitgliedstaaten als dem Vollstreckungsmitgliedstaat geführt werden, erfasst. Die EuKpfVO ermöglicht nur das Einfrieren eines bestimmten Geldbetrags auf einem in einem Mitgliedstaat geführten Konto (Art. 1 Abs. 1 EuKpfVO). Der Beschluss kann zwar mehrere Konten in einem oder mehreren Mitgliedstaaten bei der gleichen oder bei verschiedenen Banken betreffen, gibt allerdings darüber hinaus keinen „Freibrief" zur europaweiten Pfändung aller Konten des Schuldners.

b. Stellungnahme: Europaweite Anerkennung der Pfändung

Darüber hinaus etabliert die EuKpfVO in Art. 22 die europaweite Anerkennung des Pfändungsbeschlusses. Anhand der Doppelnatur des Beschlusses, der eine einstweilige Maßnahme, die den Erkenntnisteil darstellt, aber auch die Pfändungsanordnung enthält, wird im europäischen Prozessrecht erstmalig außer der Anerkennung von Urteilen auch die Anerkennung von Vollstreckungsakten eingeführt. Anders als bei der Anerkennung von Urteilen nach der EuGVO handelt es sich bei der EuKpfVO inhaltlich nicht um nationale Entscheidungen, sondern um einen autonomen europäischen Beschluss, der unionsweit gleich sein soll. Allerdings ist die Vorbildfunktion der EuGVO auch für die EuKpfVO nicht zu leugnen.

Die Anerkennung und die Vollstreckbarkeit sind von der tatsächlichen Vollstreckung derart zu trennen, dass die Anerkennung des Beschlusses nicht notwendigerweise auch seine Vollstreckung in dem bestimmten Mitgliedstaat voraussetzt.[473] Das Anerkennungsprinzip betrifft außer der Vollstreckbarkeit auch die anderen Wirkungen des Beschlusses, welche sich jedoch auf der autonomen Ebene der EuKpfVO in der Sicherungsfunktion erschöpfen. Die Verordnung übernimmt das Modell der inzidenten Anerkennung von der EuGVO und überträgt es auf die prozessuale Anerkennung der Pfändung in allen Mitgliedstaaten. Der Beschluss wird zwar nur in dem Mitgliedstaat (oder den Mitgliedstaaten) der Kontoführung (Art. 4 Nr. 12 EuKpfVO) vollstreckt, soll aber nach

---

472 So auch *Schumacher/Köllensperger/Trenker*, EuKoPfVO Kommentar (2017), Art. 22 Rn. 5.

473 Vgl. *Hau* ZVglRWiss 116 (2017), 23 ff.; *Wiedemann*, Vollstreckbarkeit, 2017, S. 119 über das Anerkennungsmodell in der EuGVO; *Adolphsen*, in: Hess (Hg.), Die Anerkennung im Internationalen Zivilprozessrecht – Europäisches Vollstreckungsrecht, (2014), 1 ff.

der hier vertretenen Ansicht basierend auf dem Grundsatz der Universalität von allen Mitgliedstaaten im Rahmen anderer Verfahren anerkannt werden.[474]

Die europaweite Anerkennung der Sicherungswirkung des Pfändungsbeschlusses ist folglich auf Art. 22 EuKpfVO zu stützen und nicht dem nationalen Recht zu überlassen. Die Pfändung soll von den Gerichten anderer Mitgliedstaaten beachtet werden, damit widersprüchliche Ergebnisse vermieden werden. Demgemäß hieß es schon im Grünbuch, dass „ein Pfändungsbeschluss *unmittelbar in der gesamten Europäischen Union gelten* sollte, ohne dass es eines Zwischenverfahrens (z.B. einer Vollstreckbarerklärung) in dem Vollstreckungsmitgliedstaat bedarf."[475]

Wenn die Anerkennung dem nationalen Recht eines anderen Mitgliedstaats (eines nicht in der Kontopfändung beteiligten Mitgliedstaats) überlassen bliebe[476] und die aus nationaler Sicht gestellten Anerkennungsvoraussetzungen nicht erfüllt wären, könnte der Schuldner den Drittschuldner vor den Gerichten dieses Mitgliedstaats auf Leistung verklagen. Der Drittschuldner wäre grundsätzlich in diesem Fall verpflichtet, der ausländischen Entscheidung Folge zu leisten und an den Schuldner auszuzahlen oder ein Einspruchsverfahren einzugehen. Dadurch würde er seine Pflichten aus der vorläufigen europäischen Kontopfändung verletzen, sich gegenüber dem Pfändungsgläubiger haftbar machen und je nach Verfahrensphase – z.B. bei erfolgter Umwandlung der vorläufigen in eine endgültige Pfändung nach dem Recht des Vollstreckungsmitgliedstaats – doppelt in Anspruch genommen werden können.[477] Wenn die Anerkennungsfähigkeit der europäischen vorläufigen Kontopfändung von dem nationalen Recht des

---

474 Wie hier schon *Schimrick*, Die unmittelbar grenzüberschreitende Forderungsvollstreckung, 2012, S. 323; *Riebold*, Die Europäische Kontopfändung, 2014, S. 404; *Bitter*, Vollstreckbarerklärung, S. 233; *Hess*, Study JAI/A3/2002/02, S. 97; *Schumacher/Köllensperger/Trenker*, EuKoPfVO Kommentar (2017), Art. 22 RN. 9; a.A. Rauscher/*Rauscher/Wiedemann*, EuZPR/EuIPR (4. Aufl. 2015), Art. 22 EuKpfVO Rn. 8 und *Lüttringhaus* ZZP 2016, 187 (209), die in Art. 22 nur die Anerkennung im jeweiligen Vollstreckungsmitgliedstaat erfasst sehen und behaupten, dass für eine etwaige Anerkennung von den Gerichten anderer Mitgliedstaaten der allgemeine Verweis des Artikels 46 EuKpfVO auf nationales Recht greift.

475 Grünbuch KOM(2006) 618 endg. unter 5.1. (Hervorhebung hinzugefügt).

476 So Rauscher/*Rauscher/Wiedemann*, EuZPR/EuIPR (4. Aufl. 2015), Art. 22 EuKpfVO Rn. 8; *Lüttringhaus* ZZP 2016, 187 (209); *Sikorski*, Vorläufige Kontopfändungen, 2018, S. 270 ff.

477 Vgl. *Ritz*, Vorläufige Kontenpfändung, S. 167.

Anerkennungsmitgliedstaats abhängig wäre, würde dies die Effizienz der EuKpfVO und den an allen Beteiligten gewährten Rechtsschutz zunichtemachen.

Eine etwaige Kontrollbefugnis über die Erlasszuständigkeit des ausländischen Gerichts aus der Sicht des Vollstreckungsmitgliedstaats, wie in der deutschen Literatur erwogen wird,[478] ist nach dem Grundsatz des gegenseitigen Vertrauens und anhand der Hauptsachezuständigkeit nach Art. 6 EuKpfVO, welche wiederum harmonisierten Regelungen in der EuGVO unterliegt,[479] verfehlt. Die EuKpfVO enthält keinen Rechtsbehelfsgrund wegen Nichtbeachtung der speziellen Verbraucherzuständigkeit nach Art. 6 Abs. 2 EuKpfVO[480] oder der sonstigen internationalen Hauptsachezuständigkeit des Erlassgerichts (Art. 6 Abs. 1 und 3). Da keine spezielle Regelung vorliegt, ist jedoch nach der hier vertretenen Ansicht in diesem Fall der Rückgriff auf die EuGVO und nicht auf nationales Recht geboten. Der allgemeine Verweis in Art. 46 EuKpfVO bezieht sich auf das Verfahren selbst und auf die nicht ausdrücklich geregelten verfahrensrechtlichen Fragen im Rahmen der Erwirkung und Vollstreckung des Beschlusses. Die Anerkennung der Pfändungswirkung im Rahmen eines ausländischen Verfahrens betrifft aber nicht das Verfahren der europäischen Kontopfändung an sich, sondern ihr Zusammenspiel mit den mitgliedstaatlichen Rechtsordnungen. Dabei entsteht eine ähnliche Interessenlage wie bei der grenzüberschreitenden Anerkennung von Entscheidungen und eine analoge Heranziehung der EuGVO-Vorschriften kann erwogen werden.[481] Nach Art. 45 Abs. 3 EuGVO stellt die internationale Zuständigkeit des Erlassgerichts im Allgemeinen keinen Bestandteil des *ordre public* dar. Daher kann die internationale Zuständigkeit des Erlassgerichts auch nicht über den *ordre public*-Vorbehalt des Art. 34 Abs. 2 EuKpfVO überprüft werden. Dem unionsautonomen Recht soll somit die Koordinierungsrolle zwischen den Mitgliedstaaten zugesprochen werden und durch die europaweite Anerkennung der Pfändung soll diesen Divergenzen ein Riegel vorgeschoben werden. Obwohl nämlich die Anerkennung im nationalen Recht

---

478 Rauscher/*Rauscher/Wiedemann*, EuZPR/EuIPR (4. Aufl. 2015), Art. 22 EuKpfVO Rn. 8.

479 Dass durch den drittstaatlichen Schuldnersitz (oder durch den Sitz der Parteien im gleichen Mitgliedstaat, während das Konto in einem anderen Mitgliedstaat geführt wird) auch die nationalen exorbitanten Zuständigkeiten in Anwendung kommen können, hat nur begrenzt eine Bedeutung, weil das Verfahren und die Erlassvoraussetzungen autonom in der Verordnung geregelt sind.

480 Vgl. Art. 45 Abs. 1 lit. e EuGVO.

481 Vgl. *Domej*, Internationale Zwangsvollstreckung und Haftungsverwirklichung, 2016, S. 569, welche den Aufbau eines Systems zur Anerkennung bereits vollzogener Vollstreckungsmaßnahmen primär an die Urteilsanerkennungsregeln anknüpft.

auf Voraussetzungen wie dem Spiegelbildprinzip aufbaut, integriert das europäische Prozessrecht die Voraussetzungen in dem Erlassverfahren des Beschlusses selbst.

Von der Anerkennung der erfolgten vorläufigen Pfändung ist die Anerkennung einer nach dem Recht des Vollstreckungsmitgliedstaats umgewandelten endgültigen Pfändung zu unterscheiden. Dafür bietet die EuKpfVO keine Anerkennungsgrundlage, da sie ausschließlich die Sicherung regelt und die endgültige Pfändung ihren sachlichen Anwendungsbereich übersteigt. In diesem Fall hat das nationale Recht des dritten Mitgliedstaats zu entscheiden, ob es dieser weitergehenden Wirkung Anerkennung verleihen will. Die Pfändung im Rahmen der EuKpfVO ist systematisch als einstweilige Maßnahme einzuordnen und demgemäß entwickelt sie auch in den nationalen Rechten eine auf die Sicherungswirkung begrenzte Bindung.

2. Wirkungen der vorläufigen Pfändung

a. *Funktionsäquivalente nationale Maßnahmen des Vollstreckungsmitgliedstaats*

Außer der Anerkennung der Pfändung von anderen, in der Vollstreckung des Beschlusses nicht beteiligten Mitgliedstaaten nach Art. 22 EuKpfVO sind auch die Wirkungen der vorläufigen Pfändung an sich nicht eindeutig geklärt. Es drängt sich die Frage auf, nach welchem Recht die Pfändungswirkungen bestimmt werden sollen. Nach Art. 23 Abs. 1 EuKpfVO erfolgt die Vollstreckung des Beschlusses nach den Verfahren, die in dem Vollstreckungsmitgliedstaat für die Vollstreckung gleichwertiger nationaler Beschlüsse gelten. Die herrschende Ansicht sieht in Art. 23 Abs. 1 EuKpfVO die Aufnahme des Äquivalenzprinzips in die Verordnung und beurteilt deshalb die Wirkungen der Pfändung im Allgemeinen nach dem Recht des Vollstreckungsmitgliedstaats, das für eine funktionsäquivalente nationale Maßnahme gilt.[482] Diese Meinung argumentiert damit, dass auch für die Bestimmung des Ranges, welcher eine der Pfändungswirkungen ist, gem. Art. 32 EuKpfVO das Recht des Vollstreckungsmitgliedstaats für

---

482 *Hess* EuZPR (2010), § 10 Rn. 161 noch in Bezug auf den Vorschlag der Kommission; Schlosser/*Hess*, EuZPR Kommentar (5. Aufl. 2021), Art. 23 EuKtPVO Rn. 1; vgl. aber auch *ders.*, Art. 22 EuKtPVO Rn. 2, wo sich auf die Wirkungserstreckungstheorie bezogen wird; Rauscher/*Rauscher/Wiedemann*, EuZPR/EuIPR (4. Aufl. 2015), Art. 23 EuKpfVO Rn. 7; *Lüttringhaus* ZZP 2016, 187 (210); *Max Planck Working Group*, ECFR 2007, 252 (299); *Sikorski*, Vorläufige Kontopfändungen, 2018, S. 262 ff.

einen gleichwertigen Beschluss anwendbar ist. Des Weiteren gilt der allgemeine Verweis des Art. 46 EuKpfVO auf das Recht, in dem das Verfahren stattfindet,[483] wobei nach dem Verfahrensabschnitt bzw. dem Erlass und der Vollstreckung des Beschlusses differenziert werden muss. Es werden ferner der europäische Beschluss und seine Eigenständigkeit in den Vordergrund gestellt und demzufolge wird behauptet, dass die Verordnung dem Beschluss eine dingliche Wirkung autonom beimisst.[484]

b. Wertung

Die Hauptwirkung der vorläufigen Pfändung ergeht autonom aus der Verordnung und besteht in dem Einfrieren eines bestimmten Geldbetrags auf dem Bankkonto des Schuldners. Der Inhalt dieser autonomen Regelung ist allerdings im Vergleich zu den nationalen Rechtsordnungen auf einen Minimalgehalt begrenzt.[485] Dieser Minimalgehalt stellt eine unionsautonome Schöpfung im einstweiligen Rechtsschutz dar,[486] die jedoch auf den Traditionen der meisten Mitgliedstaaten beruht. Für alle weiteren Fragen des Vollstreckungsverfahrens, der weitergehenden Wirkungen und speziell des Ranges entscheidet nach Art. 23 Abs. 1, Art. 32 und Art. 46 Abs. 1 EuKpfVO das Recht des Vollstreckungsmitgliedstaats.[487] Ob diese Folgewirkungen von den anderen Mitgliedstaaten im Rahmen anderer Verfahren anerkannt werden, entscheidet das dortige nationale Recht.

---

483 Rauscher/*Rauscher/Wiedemann*, EuZPR/EuIPR (4. Aufl. 2015), Art. 22 EuKpfVO Rn. 8; *Lüttringhaus* ZZP 2016, 187 (210).

484 MüKoZPO/*Hilbig-Lugani* (5. Aufl. 2017), Art. 22 EuKpfVO Rn. 4; vgl. aber *ders.* Art. 32 Rn. 1, wo in Bezug auf den Rang vom Äquivalenzprinzip ausgegangen wird.

485 Vgl. Rauscher/*Rauscher/Wiedemann*, EuZPR/EuIPR (4. Aufl. 2015), Art. 23 EuKpfVO Rn. 7; *Orfanidis*, Die Verordnung (EU) Nr. 655/2014, in: Hopt/Tzouganatos (Hg.), Das europäische Wirtschaftsrecht (2014), S. 263 (278 f.).

486 *Orfanidis*, Die Verordnung (EU) Nr. 655/2014, in: Hopt/Tzouganatos (Hg.), Das europäische Wirtschaftsrecht (2014), S. 263, (291).

487 Vgl. Erwägungsgrund 23, wonach die Verordnung auf die bestehenden nationalen Methoden und Strukturen für die Vollstreckung und Ausführung gleichwertiger nationaler Beschlüsse aufbaut. Erwägungsgrund 26, der für die Methode der Ausführung auf die im Recht des Vollstreckungsmitgliedstaats verfügbaren Methoden für gleichwertige nationale Beschlüsse verweist. Erwägungsgrund 28, in dem die im nationalen Recht vorgesehenen *in personam*-Beschlüsse für die Bestimmung des Ranges als gleichwertige nationale Beschlüsse angesehen werden.

Somit basiert die EuKpfVO im Gegensatz zu der revidierten EuGVO nicht auf der Wirkungserstreckungstheorie, wonach sich die Wirkungen eines Titels vom Ursprungsmitgliedstaat auf den Vollstreckungsmitgliedstaat erstrecken, sondern folgt dem Äquivalenzprinzip. Das Äquivalenzprinzip (Gleichbehandlungsprinzip, Grundsatz der Gleichwertigkeit) wurde in der EuGH-Rechtsprechung aus der Mitwirkungspflicht der Mitgliedstaaten nach *ex*-Art. 10 EGV entwickelt, nach dem die nationalen Gerichte den Schutz der aus dem europäischen Recht erwachsenden Rechte gewährleisten müssen.[488] Solange kein europäisches autonomes Verfahrensrecht existiert, besagt das Äquivalenzprinzip, dass die verfahrensrechtlichen Modalitäten zur Durchsetzung der aus dem Unionsrecht gewährten Rechte nicht ungünstiger sein dürfen als diejenigen, die gleichartige Sachverhalte regeln, die dem nationalen Recht unterliegen.[489] Die gewährten Unionsrechte können im Einklang mit Art. 6 EMRK und Art. 47 GR-Charta materiell- oder verfahrensrechtlicher Natur sein. Die EuKpfVO gewährt dem Gläubiger ein Instrument zur Förderung seines Verfahrensrechts auf effektiven Rechtsschutz bezüglich seines materiellen Anspruchs im Rahmen vom Art. 47 GR-Charta.[490] Hierbei handelt es sich um den prozessualen Sicherungsanspruch des Gläubigers gegen die Vollstreckungsvereitelung durch den Schuldner, der auch in den nationalen Rechten geregelt ist. Die EuKpfVO schafft im Gegensatz zu der EuGVO ein autonomes Unionsverfahren, das in einem europäischen Beschluss endet, welcher europaweit anerkannt und vollstreckt wird. Beruhend auf dem Grundsatz der gegenseitigen Anerkennung kommt dem Beschluss in allen Mitgliedstaaten die gleiche Wirkung zu. Die Hauptwirkung der Sicherung des Schuldnervermögens ergibt sich also aus der EuKpfVO autonom und wird nach Art. 22 EuKpfVO automatisch anerkannt.[491] Die Modalitäten der Vollstreckung werden von dem Recht des Vollstreckungsmitgliedstaats geregelt, es sei denn, die Verordnung enthält zu speziellen Fragen autonome Regelungen.

Allerdings sind in den nationalen Rechtsordnungen, wie gezeigt,[492] nicht nur dinglich wirkende Sicherungsmaßnahmen, sondern auch *in personam*-

488 *Hess*, EuZPR (2021) § 11 Rn. 11.7; EuGH Urteil v. 13.3.2007 – *Unibet*, Rs. C-432/05, ECLI:EU:C:2007:163, Rn. 37 ff. = Slg. 2007, I-02271.

489 EuGH Urteil v. 14.3.2013 – *Aziz*, Rs. C-415/11, ECLI:EU:C:2013:164 Rn. 50; *Leible*, in: FS Gottwald (2014), S. 381 (385 f.)

490 Vgl. über das Recht auf einstweiligen Rechtsschutz und auf Zwangsvollstreckung als Ausprägung des Grundrechts auf ein faires Verfahren in der griechischen Rechtsordnung *Klamaris*, ZZP Int 19 (2014), 151 (157 f.); *Klamaris*, in: FS Nakamura (1996), S. 255 ff.

491 Vgl. auch *Hess*, Study JAI/A3/2002/02, S. 93.

492 S. o. unter A.II.2.c.bb.

Maßnahmen vorgesehen. Der europäische Beschluss ist als eine *in rem* wirkende Maßnahme konzipiert. Er betrifft weder das gesamte Schuldnervermögen noch die Verfügungsmacht des Schuldners persönlich, sondern nur einen bestimmten Geldbetrag in seinem Bankkonto.[493] Trotzdem sind die *in personam* wirkenden Beschlüsse laut Erwägungsgrund 28 S. 3 EuKpfVO als gleichwertige nationale Beschlüsse anzusehen, weil sie die gleiche Funktion, und zwar die der Vermögenssicherung, aufweisen. Diese Gleichsetzung ist im Erwägungsgrund 28 auf den Rang des Beschlusses bezogen. Da die *in personam*-Maßnahmen eben keine Rangsicherung bewirken, schafft der europäische Beschluss keinen Fremdkörper in den *common law*-Mitgliedstaaten.[494]

493 Vgl. auch im Vorschlag der Kommission KOM(2011) 445, S. 6: „Im Einklang mit den Rechtstraditionen der weitaus meisten Mitgliedstaaten hätte der europäische Beschluss dingliche Wirkung, er würde sich also gegen bestimmte Konten und nicht gegen den Schuldner persönlich richten."

494 Diese Mitgliedstaaten wären Irland, Malta und Zypern. Unabhängig vom Brexit, nahm das Vereinigte Königreich ohnehin nicht an der EuKpfVO teil, siehe Erwägungsgrund 50.

D. Äquivalente Maßnahmen und Integrierung des Beschlusses in die deutsche und die griechische Rechtsordnung

In diesem Kapitel liegt der Schwerpunkt auf dem europäischen Beschluss und seine „Integrierung" in die untersuchten Rechtsordnungen. Es wird eine kritische Gegenüberstellung der zwei Rechtsordnungen und der EuKpfVO ausgeführt, bezogen auf konkreten Fragen der vorläufigen Pfändung.

I. Systematische Stellung und äquivalente Maßnahmen

1. Autonome Regelung

Die Verordnung führt zwar eine autonome Sicherungsmaßnahme ein und bereichert somit inhaltlich das europäische Zivilprozessrecht. Erstmalig enthält das europäische Zivilprozuessrecht ein neues eigenständiges Instrument für die Sicherung der Geldvollstreckung. Nach Art. 23 Abs. 1 EuKpfVO erfolgt allerdings die Vollstreckung des Beschlusses gemäß den Verfahren, die in dem Vollstreckungsmitgliedstaat für die Vollstreckung gleichwertiger nationaler Beschlüsse gelten.[495] Einen Verweis auf nationales Recht enthält die Kontenpfändungsverordnung auch für den Rang des Beschlusses (Art. 32), sowie im Allgemeinen für sämtliche verfahrensrechtliche Fragen, die in der Verordnung nicht ausdrücklich geregelt sind (Art. 46).[496] Der Beschluss stellt ein neues autonomes Institut dar. Er beruht jedoch gleichzeitig auf dem Äquivalenzprinzip und muss daher mit den entsprechenden nationalen Maßnahmen gleichbehandelt werden. Dies kann zu Friktionen zwischen dem autonomen und dem nationalen Recht sowie zwischen der prozess- oder materiellrechtlichen Qualifizierung bestimmter Frage führen, bei deren Lösung der Vorrang des autonomen Rechts berücksichtigt werden muss. In diesem Abschnitt werden die systematische Stellung und Integrierung des europäischen Beschlusses in den zwei untersuchten

495 Dazu EuGH Urteil v. 4.10.2018 – *Società Immobiliare Al Bosco*, Rs. C-379/17, ECLI:EU:C:2018:806 = RIW 2018, 756 Rn. 38.

496 Vgl. auch Erwägungsgrund 23.

Rechtsordnungen genauer untersucht und die äquivalenten nationalen Maßnahmen näher betrachtet.

2. Deutsches Recht

a. Durchführungsvorschriften

Die Durchführungsvorschriften zur EuKpfVO wurden ins deutsche Recht als „Abschnitt 6" des 8. Buches der ZPO mit den §§ 946-959 ZPO eingeführt, die wegen der strukturellen Vergleichbarkeit[497] des europäischen Verfahrens mit dem deutschen Arrestverfahren richtigerweise direkt nach dem Abschnitt über den Arrest und die einstweilige Verfügung hinzugefügt wurden und für die Vollstreckung des Beschlusses auf die Vorschriften der Zwangsvollstreckung sowie § 930 Abs. 1 S. 2 ZPO (§ 950 ZPO) verweisen.[498]

b. Äquivalente Maßnahme

Die äquivalente Maßnahme im deutschen Recht ist die Arrestpfändung nach § 916 ff. i.V.m. § 829 ZPO. Durch die Vollstreckung des Beschlusses erwirbt der Gläubiger wie bei der Arrestvollziehung ein Arrestpfandrecht nach § 950 i.V.m. § 930 Abs. 1 S. 2 und § 804 ZPO, ohne Verwertungsbefugnis. Der Gläubiger erhält nach bloßer Pfändung ohne Überweisungsbeschluss nur ein rangwahrendes Sicherungsrecht, aber kein Einziehungsrecht. Möglich ist nur die gemeinsame Leistung oder Hinterlegung der gepfändeten Forderung für ihn und den Schuldner (§ 1281 BGB).[499] Die Pfändung im deutschen Recht bewirkt nach § 829 Abs. 1 S. 1 ZPO das *Arrestatorium* bzw. ein an den Drittschuldner gerichtetes Verbot, an den Schuldner zu leisten und das *Inhibitorium* bzw. ein Verfügungsverbot gegen den Schuldner.

c. Zwischenergebnis

In der EuKpfVO ist weder ein striktes *Arrestatorium*[500] noch ein *Inhibitorium*

---

497 BT-Drs. 18/7560, S. 32.

498 Kritik an dieser Wahl übt *Wolber* IWRZ 2017, 5 (6), der für die systematische Stellung der Durchführungsvorschriften in das elfte Buch über die justizielle Zusammenarbeit in der EU plädiert. Dagegen zu Recht MüKoZPO/*Hilbig-Lugani* (5. Aufl. 2017), § 946 Rn. 3.

499 *Stöber/Rellermeyer*, Forderungspfändung (17. Aufl. 2020), Rn. B.150 f.

500 Vgl. auch im Anhang II der Durchführungsverordnung 2016/1823 das Formblatt für den Beschluss, in dem kein solches Verbot enthalten ist; *Lüttringhaus* ZZP 2016,

enthalten.[501] Die Verordnung erlegt dafür der drittschuldnersichen Bank die Pflicht auf, sicherzustellen, dass der zu pfändende Betrag weder überwiesen noch abgehoben wird (Art. 24), ohne ihr direkt ein Auszahlungsverbot auszusprechen. Die Anordnung zur Pfändung des Betrages auf dem Bankkonto ist in dem europäischen Beschluss enthalten. Somit ergibt sich ein grundlegender Unterschied zu der deutschen Arrestvollziehung, bei der das *Arrestatorium* notwendig für die Entstehung des Pfändungspfandrechts ist.[502] Nach richtiger Ansicht sind solch strenge nationale Verbote von dem europäischen Beschluss nicht zu verlangen.[503] Andernfalls würde das Fehlen solcher Verbote in der deutschen Rechtsordnung die Unwirksamkeit der Pfändung bedeuten (§ 829 ZPO). Solche Friktionen mit dem nationalen Recht lösen sich durch den Grundsatz des Vorrangs des Unionrechts, wenn die Anwendung der Verordnung ausgewählt wird. Letztendlich sind das Leistungsverbot für den Drittschuldner und das Verfügungsverbot für den Schuldner durch Auslegung und angesichts des Äquivalenzprinzips und Art. 23 EuKpfVO auch in den europäischen Beschluss hineinzulesen.[504] Die Verordnung fungiert hier ähnlich wie eine Richtlinie in dem Sinne, dass die Mitgliedstaaten den Zweck des Geldereinfrierens mit Hilfe lokaler Mittel erfüllen müssen.

Im Rahmen der Vollziehung des europäischen Beschlusses findet keine Überweisung der Forderung nach § 835 ZPO statt, da das Instrument ausschließlich der Vollstreckungssicherung dient. Ein auf den europäischen Beschluss gestützter Überweisungsbeschluss wäre ebenso nichtig, wie wenn er basierend auf

---

187 (211 f.); Rauscher/*Rauscher/Wiedemann*, EuZPR/EuIPR (4. Aufl. 2015), Art. 23 EuKpfVO Rn. 7.

501 Nur in Bezug auf die Offenlegung seiner Konten im Rahmen des Kontoinformationenverfahrens nach Art. 14 Abs. 5 lit. c ist ein Verfügungsverbot gegen den Schuldner vorgesehen, dazu auch *Orfanidis*, Die Verordnung (EU) Nr. 655/2014, in: Hopt/Tzouganatos (Hg.), Das europäische Wirtschaftsrecht (2014), S. 278 f.

502 *Baur/Stürner/Bruns*, Zwangsvollstreckungsrecht (13. Aufl. 2006), Rn. 30.12; sehr streitig im deutschen Recht ist die Rechtsnatur des Pfändungspfandrechts. Dazu Thomas/Putzo/*Seiler* ZPO (42. Aufl. 2021), § 804 Rn. 2.

503 Rauscher/*Rauscher/Wiedemann*, EuZPR/EuIPR (4. Aufl. 2015), Art. 23 EuKpfVO Rn. 7; ähnlich *Lüttringhaus* ZZP 2016, 187 (211 f.), obwohl hier kein Fall der „unionsrechtlich induzierten Substitution" vorliegt, sondern autonome Auslegung der Verordnung und Vorrang des Unionrechts.

504 *Orfanidis*, Die Verordnung (EU) Nr. 655/2014, in: Hopt/Tzouganatos (Hg.), Das europäische Wirtschaftsrecht (2014) S. 279.

einem deutschen Arrest ergehen würde.[505] Es kommt mithin dem Pfändungsbeschluss immer die Wirkung eines Arrestes zu, unabhängig davon, ob er vor oder nach dem Erhalt eines Titels ergeht, obwohl im zweiten Fall § 720a ZPO[506] systematisch genauer ist.

3. Griechisches Recht

a. *Durchführungsvorschrift*

Im Gegensatz zu allen früheren Verordnungen des europäischen Zivilprozessrechts, die ohne Integrierung in die griechische Zivilprozessordnung direkte Anwendung finden, wurden die Durchführungsvorschriften zur EuKpfVO in das fünfte Buch über die einstweiligen Maßnahmen als letztes neuntes Kapitel, bestehend aus nur einem Art. 738A[507], in das griechische Zivilprozessgesetzbuch (gr. ZPGB) eingeführt.[508] Gemäß der griechischen Übersetzung des Verordnungstitels spricht Art. 738A auch vom „Europäischen Konto*sicherungsbefehl*", weil das Erlassverfahren regelungstechnisch ähnlicher zu dem mit Urkunden belegten *ex parte*-Verfahren zum Erlass eines Zahlungsbefehls (Mahnbescheid) als zu dem Erlassverfahren einer einstweiligen Maßnahme ist, welche in der Regel *inter partes* erfolgt. Außerdem kennt das griechische Zivilprozessrecht im Gegensatz zum deutschen Recht keine Unterscheidung zwischen Entscheidung, Urteil und Beschluss.[509]

Der griechische Mahnbescheid (Zahlungsbefehl) wird nach einem summarischen *ex parte*-Verfahren vom Richter erlassen, wenn der Gläubiger seinen Anspruch mit Urkunden beweist. Der Mahnbescheid wird in der griechischen Gerichtspraxis sehr häufig verwendet, weil er einen direkt vollstreckbaren Titel darstellt (Art. 631 gr. ZPGB).[510] Bis zu der großen Reform des griechischen

---

505 Vgl. MüKoZPO/*Drescher* (5. Aufl. 2016), § 930 Rn. 6; BGH NJW 2014, 2732, Rn. 10; *Brox/Walker*, Zwangsvollstreckungsrecht (11. Aufl. 2018), Rn. 1541; *Baur/Stürner/Bruns*, Zwangsvollstreckungsrecht (13. Aufl. 2006), Rn. 52.9.

506 Wie hier *Wolber*, IWRZ 2017, 5 (6). Für Österreich *Trenker*, Vorläufige Kontenpfändung: Überblick und ausgewählte Fragen, in: König/Mayer (Hg.), Europäisches Zivilverfahrensrecht in Österreich (2015), S. 130 (151 f.).

507 S. im Anhang Art. 738A gr. ZPGB übersetzt von der Verfasserin.

508 Mit dem Artikel 42 des Gesetzes Nr. 4509/2017 (Regierungsblatt (FEK) 201/22.12.2017).

509 *Klamaris*, in: FS Gottwald (2014), S. 341 (346 f.).

510 Anders im deutschen Recht nach § 699 Abs. 1, dazu MüKoZPO/*Schüler* (5. Aufl 2016), § 699 Rn. 38.

ZPGB mit dem Gesetz Nr. 4335/2015 war es nicht möglich, einen Mahnbescheid gegen einen Schuldner mit ausländischem Wohnsitz zu erwirken (vgl. nun Art. 624 Abs. 2 gr. ZPGB). Die direkte Vollstreckbarkeit des Mahnbescheids wird allerdings in diesem Fall ausnahmsweise gehemmt, solange die Frist zur Einspruchserhebung seitens des Schuldners nicht verstrichen ist. Bis zum Fristablauf (30 Tage) ermächtigt der Mahnbescheid nur zur Vornahme einstweiliger Maßnahmen und somit auch zu einer Sicherungspfändung in den Händen eines Dritten (Art. 631 i.V.m. Art. 724 gr. ZPGB).[511]

Eine weitere Ähnlichkeit des Verfahrens zum Erlass des europäischen Beschlusses zu dem Verfahren zum Erlass eines griechischen Mahnbescheids ist, dass beide Beschlüsse auf dem Vortrag des antragstellenden Gläubigers beruhen und das Gericht nur ergänzende Erklärungen verlangen darf (Artt. 591 Abs. 3 und 627 gr. ZPGB; Art. 7 und Art. 9 EuKpfVO). Hingegen gilt im Verfahren zum Erlass einer einstweiligen Maßnahme die Untersuchungsmaxime[512] und das Gericht darf von Amts wegen agieren (Art. 691 Abs. 1 gr. ZPGB).

Trotz dieser Ähnlichkeiten wurde die Durchführungsvorschrift systematisch richtig zum fünften Buch des griechischen ZPGB über die einstweiligen Maßnahmen hinzugefügt, weil der europäische Beschluss funktional „nur" eine einstweilige Maßnahme darstellt.[513] Im Gegensatz dazu sind die verfahrenstechnisch ähnlich ausgestalteten Zahlungs- und Räumungsbefehle (Mahn- und Räumungsbescheide) als „Besondere Verfahrensarten" im vierten Buch geregelt und stellen direkte Vollstreckungstitel dar, auf deren Basis einstweilige und endgültige Vollstreckungsmaßnahmen ergriffen werden dürfen (Art. 631 und 904 Abs. 2 lit. e gr. ZPGB).

Die Durchführungsvorschrift trifft keine Differenzierung zwischen inländischen und ausländischen Beschlüssen, die in Griechenland vollstreckt werden sollen. Es scheint, dass sie von dem Fall ausgeht, dass ein inländischer europäischer Beschluss im Inland vollstreckt wird. Für die Vollstreckung des Beschlusses finden nach Art. 738A Abs. 3 S. 2 gr. ZPGB vorbehaltlich der Regelungen

511 Dazu *Anthimos*, IJPL 2016, 327 (337 f.), der zurecht Diskriminierungsbedenken gegen inländische Schuldner wegen dieser Ausnahme äußert; vgl. zu dem Verhältnis zwischen dem europäischen und dem deutschen Mahnbescheid, *Einhaus*, IPRax 2008, 323 (324).

512 Im Gegensatz zum Verhandlungsgrundsatz im Arrestverfahren, MüKoZPO/*Drescher* (5. Aufl. 2016), Vorb. § 916 Rn. 20.

513 Begründung des Gesetzes Nr. 4509/2017, Art. 42, S. 11. Verfügbar unter: https://www.hellenicparliament.gr/Nomothetiko-Ergo/Anazitisi-Nomothetikou-Ergou?law_id=21ea0129-0b28-4479-b6d5-a839013de48c. aufgerufen am 20.2.2022.

der Verordnung die Vorschriften über die Zwangspfändung zu Händen Dritter Anwendung, welche ein Zwangsvollstreckungsmittel wegen Geldforderungen darstellt. Die beteiligten Personen haben die in diesen Vorschriften vorgesehenen Rechte und Pflichten. Die Vorschrift hat den gleichen Wortlaut wie Artikel 712 Abs. 2 gr. ZPGB, welcher die Vollstreckung der einstweiligen Maßnahme der Arrestpfändung zu Händen eines Dritten betrifft und ebenso auf die Vorschriften der „Zwangspfändung" verweist. Somit wiederholt der griechische Gesetzgeber in Art. 738A Abs. 3 S. 2 gr. ZPGB den Inhalt dieser Vorschrift, statt nur auf sie zu verweisen. Auf diese Weise werde der europäische Beschluss nach der Gesetzesbegründung reibungslos ins System der vorläufigen Pfändung zu Händen eines Dritten integriert.

b. *Äquivalente Maßnahme*

Im griechischen Recht ist der *ex parte*-Erlass von einstweiligen Maßnahmen die Ausnahme. Der Schuldner wird in der Regel vor dem Erlass einer Maßnahme eingeladen und angehört. Nur in besonders dringenden Fällen wird nach Art. 687 gr. ZPGB davon abgesehen.[514] Das akute Rechtsschutzbedürfnis des Antragstellers wird ausnahmsweise nur im Rahmen der „vorläufigen Anordnung" des Art. 691A gr. ZPGB höher als das Recht auf rechtliches Gehör des Schuldners eingeordnet. Dabei handelt es sich um einen „superprovisorischen" Schutz, mit dem der Richter jede notwendige vorläufige Maßnahme zur Sicherung eines Rechtes oder zur Regelung eines Zustands bis zum Erlass seiner Entscheidung über die beantragte „normale" einstweilige Maßnahme anordnen kann.[515] Mit dem vorläufigen Befehl kann somit die vorläufige Pfändung ohne Schuldneranhörung angeordnet werden, da in diesem Fall der Schuldner nur dann eingeladen wird, wenn der Richter es für notwendig hält (Art. 691A Abs. 2 S. 1 gr. ZPGB). Öfters wird in der Gerichtspraxis der Schuldner allerdings auch im Rahmen des Erlasses einer vorläufigen Anordnung vom Richter angehört. Nach dem Erlass muss die Verhandlung für die einstweilige Maßnahme innerhalb 30 Tage ohne Vertagungsmöglichkeit stattfinden. Der Schuldner hat das Recht, die Einstellung der Vollstreckung zu beantragen.[516]

Die äquivalente einstweilige Maßnahme im griechischen Zivilrecht ist die „vorläufige Sicherungspfändung von Forderungen in den Händen eines

514 S. auch *Giannopoulos*, EPolD 2015, 665 (672).

515 Vgl. *Triantafillidis* DEE 2014, 312 (314).

516 Vgl. Art. 691A Abs. 2 gr. ZPGB; *Klamaris*, in: FS Gottwald (2014), S. 341 (347).

Dritten"[517] gem. Artt. 707 ff. gr. ZPGB, obwohl an keiner Stelle des Art. 738A gr. ZPGB auf sie verwiesen wird. Die Rechte und Pflichten, die mit der Arrestpfändung einhergehen, werden gem. Art. 712 Abs. 2 gr. ZPGB von den Vorschriften der Zwangspfändung (Artt. 982 ff. gr. ZPGB) geregelt. Die Bankkontopfändung wurde für eine lange Zeitspanne bis 2001 in Griechenland als unstatthaft gesehen, da das Bankkonto aufgrund des Bankgeheimnisses als unpfändbar galt.[518] Bei der Bankkontopfändung finden die Artt. 87-94 eines alten Gesetzdekrets von 1923, die mit Art. 52 Abs. 3 des Einführungsgesetzes zu der griechischen ZPO Geltung behielten,[519] als *lex specialis* Anwendung und nur ergänzend gelten die allgemeinen ZPO-Vorschriften. Es vermehren sich die Stimmen in der Literatur, die das Aktivwerden des Gesetzgebers fordern, um diese anachronistische Regelung zu modernisieren.[520]

Ähnlich zum deutschen Recht bewirkt die Pfändung auch im griechischen Recht ein Auszahlungsverbot für den Dritten (*Arrestatorium*) nach Art. 715 Abs. 4 gr. ZPGB und ein Verfügungsverbot für den Schuldner (*Inhibitorium*) gem. Art. 715 Abs. 1 gr. ZPGB.[521] Dem Drittschuldner wird außerdem in der gleichen Vorschrift ein ausdrückliches Aufrechnungsverbot nach Art. 715 Abs. 4 gr. ZPGB auferlegt, das die Aufrechnung mit nachträglichen Forderungen gegen den Schuldner untersagt. Das Verfügungsverbot wird dem europäischen Beschluss auch zugesprochen.[522] Im Gegensatz zum deutschen Recht erhält der Gläubiger allerdings kein Pfandrecht auf die gepfändete Forderung.

---

517 Oder „konservative Beschlagnahme von Forderungen zu Händen eines Dritten" nach dem schweizerischen Gerichtshof, dazu BGE143 III 693; „Arrestpfändung in den Händen eines Dritten" als einstweilige Maßnahme im Gegensatz zu der „Zwangspfändung" als Mittel der Zwangsvollstreckung nach Art. 982 ff. gr. ZPGB in *Klamaris*, in: FS Schilken (2015), S. 339 (344).

518 Areopag 1389/1991, EID 1992, 1187; Dazu ausführlich *Bolos*, Die Pfändung von Bankkonten im griechischen Recht, 2004, S. 44 ff.; *Klamaris*, ZZP (2008), 475 (486 ff.).

519 Gesetzesdekret vom 17.7./23.8.1923 über spezielle Vorschriften für Aktiengesellschaften. Dazu *Tekidou*, Der Vollstreckungszugriff auf Bankkonten, 2005, S. 33 f.

520 Statt vieler *Yessiou-Faltsi*, Zwangsvollstreckungsrecht – BT (Athen, 2018), § 68 Rn. 87.

521 *Klamaris*, in: FS Schilken (2015), S. 339 (344 f.).

522 *Orfanidis*, Die Verordnung (EU) Nr. 655/2014, in: Hopt/Tzouganatos (Hg.), Das europäische Wirtschaftsrecht (2014), S. 279; *Pipsou*, Die Verordnung (EU) Nr. 655/2014 (Athen, 2017), S. 289 (352).

II. Erlasszuständigkeit und Einleitung des Hauptverfahrens

1. Autonome Regelung

Art. 6 Abs. 1 EuKpfVO knüpft die internationale Zuständigkeit an die Gerichte des Mitgliedstaats an, die in der Hauptsache zuständig sind. Nach Erhalt einer gerichtlichen Entscheidung oder eines gerichtlichen Vergleichs für die Hauptforderung sind nach Abs. 2 die Gerichte des erlassenden Mitgliedstaats zum Erlass des Beschlusses international zuständig. Wenn der Titel eine öffentliche Urkunde ist, sind die als hierfür zuständig bezeichneten Gerichte des Mitgliedstaats, in dem die Urkunde errichtet wurde, international zuständig, den europäischen Beschluss zu erlassen (Art. 6 Abs. 4).

Wenn der europäische Beschluss vor der Einleitung des Hauptverfahrens ergeht, wird er nach Art. 10 EuKpfVO bei nicht fristgerechtem Nachweis der Klageerhebung von Amts wegen widerrufen oder automatisch beendet, je nachdem, welche Regelung im Ursprungsmitgliedstaat vorgesehen ist (Abs. 2 UAbs. 2). Wenn der Vollstreckungsmitgliedstaat verschieden ist, muss das erlassende Gericht das Widerrufsformblatt der ausländischen Vollstreckungsbehörde übermitteln (Abs. 2 UAbs. 3). Dabei wundert es, dass weder ein Widerruf auf Antrag des Schuldners vorgesehen ist, noch die Nichteinleitung des Hauptverfahrens einen Rechtsbehelfsgrund nach Artt. 33 ff. EuKpfVO darstellt.

2. Deutsches Durchführungsrecht

Für den Erlass des Beschlusses sieht § 946 Abs. 1 ZPO vor, dass das Gericht der Hauptsache zuständig ist, ohne zu differenzieren, ob eine Entscheidung bzw. ein gerichtlicher Vergleich in der Hauptsache bereits vorliegt oder nicht. Der deutsche Gesetzgeber hat somit die noch generell an den Mitgliedstaat anknüpfende internationale Zuständigkeitsregelung des Art. 6 Abs. 1 und 3 EuKpfVO durch die Festlegung des örtlich zuständigen Gerichts ergänzt. Ferner wird in § 946 Abs. 2 ZPO zur Durchführung des Art. 6 Abs. 4 EuKpfVO das Gericht, in dessen Bezirk die bereits vorliegende öffentliche Urkunde errichtet wurde, als für den Erlass des Beschlusses zuständig bezeichnet.

Die deutschen Gerichte beschäftigten sich bereits mit der örtlichen Zuständigkeit für den Erlass eines europäischen Kontopfändungsbeschlusses in zwei Fällen, in denen ein Europäischer Zahlungsbefehl[523] und ein nationaler

523 AG Wedding – 6a C 1001/17, juris; OLG Hamm v. 10.4.2017, I-32 SA 28/17, juris.

Mahnbescheid[524] – und ein auf dessen Grundlage erlassener Vollstreckungsbescheid – schon vorlagen. Beide Gerichte sind sich soweit einig, dass weder der europäische noch der nationale Mahnbescheid eine öffentliche Urkunde darstellt, sondern eine Entscheidung i.S.d. Art. 6 Abs. 3 EuKpfVO, welche die deutsche internationale Zuständigkeit zum Erlass des europäischen Beschlusses begründet.[525] Das OLG Hamm entschied allerdings mit knapper Begründung, dass das nach § 1087 ZPO örtlich und sachlich ausschließlich für den Erlass eines Europäischen Zahlungsbefehls zuständige Amtsgericht Wedding nicht „zuständig in der Hauptsache" i.S.d. § 946 Abs. 1 ZPO ist und somit keinen Kontopfändungsbeschluss erlassen darf.[526] Im Gegensatz dazu entschied das Landgericht Freiburg, dass das nationale Mahngericht auch für den Erlass des europäischen Beschlusses als Gericht der Hauptsache gem. § 946 Abs. 1 S. 1 ZPO zuständig ist, solange die Anhängigkeit beim Streitgericht nach §§ 700 Abs. 3, 696 Abs. 1 S. 4 ZPO nicht eingetreten ist. Das Gericht erkannte die Äquivalenz zwischen dem Verfahren zum Erlass des Beschlusses und des Arrestverfahrens und wendet mit einer detaillierten Begründung § 946 Abs. 1 S. 2 in entsprechender Verbindung mit §§ 919 und 943 ZPO an.[527] Diese Entscheidung steht im Einklang mit Erwägungsgrund 13 der Verordnung, welcher erklärt, dass der Begriff „Verfahren in der Hauptsache" für die Zwecke der Verordnung weit auszulegen ist und alle Verfahren erfasst, die darauf gerichtet sind, einen vollstreckbaren Titel über die zugrunde liegende Forderung zu erwirken, einschließlich beispielweise summarischer Mahnverfahren. Das Mahnverfahren bis zur Abgabe an

---

524 LG Freiburg v. 20.8.2018 – 5 O 269/18, juris = DGVZ 2019, 39 (40).

525 OLG Hamm v. 10.4.2017 – I-32 SA 28/17, Rn. 8; LG Freiburg v. 20.8.2018 – 5 O 269/18, DGVZ 2019, 39 (40), Rn. 3; S. aber EuGH, Urteil v. 7.11.2019 – C-555/18, Näheres dazu unter Kapitel C.I.1.

526 OLG Hamm v. 10.4.2017 – I-32 SA 28/17, Rn. 9. Es lag eine Gerichtsstandsvereinbarung für das Landgericht Bielefeld vor (Rn. 1). Für die Zwecke der EuKpfVO jedoch sollte der Europäische Zahlungsbefehl für die Zuständigkeit zum Erlass des Beschlusses ausreichen. Die maschinelle Bearbeitung vom Rechtspfleger ist zwar nicht mit einem Hauptsacheverfahren zu vergleichen, gilt allerdings nach dem Verordnungswillen für das ebenso summarische Kontopfändungsverfahren als Hauptsacheverfahren, das zur Vollstreckung der sichernden Forderung führen kann (vgl. Erwägungsgrund 13). Die Hauptsache soll jedenfalls am prorogierten Gericht anhängig gemacht werden, was aber den Erlass von einstweiligen Maßnahmen auch von anderen Gerichten i.S.d. Verordnung nicht ausschließt; kritisch auch *Ulrici*, RIW 2018, 718 (726 in Fn. 148).

527 LG Freiburg, v. 20.8.2018 – 5 O 269/18, DGVZ 2019, 39 (40), Rn. 5.

das Streitverfahren gilt somit i.S.d. Verordnung als Hauptsacheverfahren und rechtfertigt die Zuständigkeit für den Erlass des Beschlusses.[528] Die funktionale Zuständigkeit des Rechtspflegers stellt kein Gegenargument dar, weil er zum Gericht gehört, das den europäischen Beschluss erlassen soll.

Inländische Beschlüsse werden nach § 949 Abs. 1 ZPO durch Beschluss widerrufen, wenn der Gläubiger die Klagerhebung innerhalb der in Art. 10 Abs. 1 EuKpfVO vorgesehenen Frist verstreichen lässt. Das Widerrufsformblatt des ausländischen Beschlusses nach Art. 10 Abs. 2 EuKpfVO wird durch das Amtsgericht als Vollstreckungsgericht nach § 949 Abs. 2 ZPO der Bank zugestellt.[529]

3. Griechisches Durchführungsrecht und äquivalente nationale Regelung

Der griechische Gesetzgeber hat die sachliche Erlasszuständigkeit (Art. 738A Abs. 1 gr. ZPGB) je nach Forderungswert dem Friedensrichter und dem erstinstanzlichen Einzelrichter auferlegt, ohne expliziten Bezug darauf zu nehmen, dass das erlassende Gericht auch das Gericht der Hauptsache sein muss. Vorausgesetzt, dass die internationale Zuständigkeit in der Hauptsache in Griechenland liegt, schließt somit Art. 738A Abs. 1 gr. ZPGB den Erlass des Beschlusses von dem dreigliedrigen Kollegialgericht der ersten Instanz aus, das jedoch je nach Streitwert[530] in der Hauptsache zuständig sein kann. Diese Beschränkung entspricht der geltenden Anordnungsbefugnis für einstweilige Maßnahmen im griechischen Recht, welche nur ein Einzelrichter trägt (vgl. Art. 683 gr. ZPGB). Ein mehrgliedriges Gericht kann nach Art. 684 gr. ZPGB eine einstweilige Maßnahme nur dann anordnen, wenn die Hauptsache vor diesem bereits anhängig ist. Wenn also die Hauptsache bereits vor einem Kollegialgericht anhängig ist, bleibt nach griechischem Recht ausnahmsweise der Einzelrichter für den Erlass des europäischen Beschlusses sachlich zuständig.

---

528 *Hess*, EuZPR (2021) § 10 Rn. 10.136.

529 Zöller/*Geimer* ZPO (33. Aufl. 2020), § 949 Rn. 4.

530 Die Streitwertgrenzen in der griechischen Gerichtsbarkeit sind nach Art. 14 ff. gr. ZPGB: Geldstreitigkeiten mit Streitwert bis 20.000 Euro werden vom Friedensgericht entschieden, während Fälle mit einem Streitwert von 20.001 bis 250.000 Euro, sowie einige Streitigkeiten wie arbeitsrechtliche oder Schadensersatzansprüche aus Autounfällen unabhängig vom Streitwert von dem eingliedrigen Gericht der ersten Instanz (Einzelrichter) entschieden werden. Es wird ersichtlich, dass das dreigliedrige Gericht (Kollegialgericht) nach der letzten Reform des gr. ZPGB eine sehr beschränkte sachliche Zuständigkeit für Fälle mit besonders hohem Streitwert genießt.

Die griechische Vorschrift sieht ferner in Abs. 2 vor, dass der den Antrag abweisende Beschluss begründungsbedürftig ist und dem Antragsteller von Amts wegen übermittelt wird. Die Übermittlung kann auch elektronisch erfolgen. Zur Umsetzung von Art. 21 EuKpfVO, der einen Rechtsbehelf gegen die Ablehnung des Antrags vorsieht, hat der griechische Gesetzgeber die Berufung zugelassen, die von dem nach allgemeinen Regeln zuständigen Gericht in einem *ex parte*-Verfahren geprüft wird. Dies ist eine Regelung, die für die einstweiligen Maßnahmen ungewöhnlich ist, weil bei diesen in der Regel – auch bei ablehnendem Urteil – keine Berufung möglich ist, sondern der Antragsteller nur aufgrund neuer Umstände einen neuen Antrag einreichen kann. Gegen Entscheidungen über einstweilige Maßnahmen sind grundsätzlich keine Rechtsmittel vorgesehen, sondern nur ein Widerrufs- oder Abänderungsantrag.[531] Bezüglich der Rechtsbehelfe des Schuldners gegen den Beschluss verweist Art. 738A Abs. 3 gr. ZPGB auf die Artikel 33 bis 38 EuKpfVO zurück, ohne jedoch nähere Regelungen zu treffen.[532]

Nach Art. 738A Abs. 4 gr. ZPGB wird, wenn der Gläubiger es versäumt, die Klage innerhalb von 30 Tagen ab der Zustellung des Beschlusses an die Bank zu erheben,[533] der Beschluss *ipso iure* aufgehoben, es sei denn, der Gläubiger stellt innerhalb der gleichen Frist dem Schuldner einen Zahlungsbefehl (Mahnbescheid) zu. Nach Art. 715 Abs. 5 gr. ZPGB wird für die Aufrechterhaltung der vor der Klageerhebung erfolgten äquivalenten griechischen Arrestpfändung in den Händen eines Dritten auf die Einleitung des Hauptverfahrens verzichtet, soweit stattdessen die vorläufige Pfändung aufgrund eines Mahnbescheids erfolgt ist

531 Vgl. Art. 699 gr. ZPGB. Vgl. demgegenüber §§ 511, 338, 542 Abs. 2 d. ZPO. Nach dem Grundsatz der Meistbegünstigung wird nicht nur gegen Arresturteile, sondern auch gegen Arrestbefehle die Berufung erlaubt, MüKoZPO/*Drescher* (5. Aufl. 2016), § 922 Rn. 25; Kindl/Meller-Hannich/Wolf/*Haertlein*, Zwangsvollstreckung (3. Aufl. 2015), § 922 Rn. 16 ff.

532 Vgl. dazu die ausführlichen §§ 953-957 ZPO.

533 Nach dem mit dem Gesetz Nr. 4335/2015 revidierten Art. 693 gr. ZPGB bestimmt der erlassende Richter im einstweiligen Rechtsschutz die Klageerhebungsfrist, die allerdings nicht kürzer als 30 Tage sein darf. In der alten Fassung (gültig bis zum 31.12.2015) war die gleiche Frist gesetzlich festgelegt und dem Richter nur der Spielraum gelassen, sie für weitere 20 Tage zu verlängern. Der Anfangspunkt der neuen allgemeinen Frist des Art. 693 ist in der neuen Fassung nicht bestimmt, aber es sollte, nach Sinn und Zweck der Vorschrift sowie entsprechend der vorherigen Regelung, die Anordnung der Maßnahme maßgeblich sein.

oder ein solcher innerhalb der Klageerhebungsfrist zugestellt wird.[534] Durch die Aufrechterhaltung der Pfändung erspart der Gesetzgeber dem Gläubiger, die doppelten Formalitäten eines zweiten Pfändungsakts einhalten zu müssen, da der Mahnbescheid ein direkt vollstreckbarer Titel ist, der nach Art. 724 gr. ZPGB ohnehin den Gläubiger *ipso iure* und ohne eine weitere gerichtliche Einmischung zu einer Arrestpfändung oder einer Hypothekenvormerkung bevollmächtigt. In diesem Zusammenhang führen Art. 724 und Art. 738A Abs. 4 gr. ZPGB eine Ausnahme in den allgemein geltenden Ausschluss der einstweiligen Maßnahmen ein, wenn ein vollstreckbarer Titel vorhanden ist. Der Mahnbescheid ist nämlich nach Art. 904 Abs. 2 lit. e gr. ZPGB ein vollstreckbarer Titel, der den Gläubiger zur Zustellung einer endgültigen Pfändungsurkunde berechtigt. Allerdings schließt Art. 724 gr. ZPGB die sich für den Gläubiger daraus ergebende Rechtsschutzlücke, dass die Vollstreckbarkeit des Mahnbescheids nach dem Widerspruch des Schuldners eingestellt werden kann (Art. 632 Abs. 3 gr. ZPGB). Nach der h.M. kann sogar der Gläubiger, der einen noch nicht an den Schuldner zugestellten Mahnbescheid besitzt, eine Arrestpfändung nach Art. 724 gr. ZPGB vornehmen. Dadurch erreicht der Gläubiger einen sehr effektiven Rechtsschutz. Trotzdem wird daran kritisiert, dass dieses Vorgehen rechtspolitisch zweifelhaft ist, da der Gläubiger stattdessen mit der Zustellung des Mahnbescheids die Zwangsvollstreckung einleiten kann. Da der gesetzgeberische Zweck die Stärkung des Mahnbescheids in der Streitbeilegung ist, wird weiterhin an der h.M. festgehalten.[535] Außerdem wird die Vollstreckbarkeit des Mahnbescheids gegen Schuldner mit ausländischem Wohnsitz[536] nach Art. 631 gr. ZPGB während der Widerrufsfrist gehemmt. In diesem Fall erlaubt Art. 631 gr. ZPGB explizit die Vornahme von einstweiligen Maßnahmen und verweist auf Art. 724 gr. ZPGB. Die Reform des griechischen ZPGB hat vielmehr zu Art. 724 gr. ZPGB hinzugefügt, dass neben dem Mahnbescheid auch eine erstinstanzliche Entscheidung zur Vornahme einer Arrestpfändung berechtigt. Das Gesetz enthält keine explizite Regelung, ob die erstinstanzliche Entscheidung vollstreckbar sein muss. Das Argument *a maiore ad minus* besagt, dass, da der nach einem nur

---

534 Die Klageerhebungsfrist speziell für die Arrestpfändung einer Forderung in den Händen eines Dritten beträgt nach der gleichen Vorschrift 30 Tage ab der Zustellung des Pfändungsbeschlusses an den Schuldner und nicht an den Drittschuldner, Art. 715 Abs. 5 gr. ZPGB.

535 Vgl. *Beys*, Dike 1979, 350; *Kranis*, EllDni 2015, 975 ff.; *Siopi*, Armenopoulos 2015, 2021 (2227) m.w.N.

536 Neu eingeführt mit dem Reformgesetz Nr. 4335/2015; s.o. I.3.b.

summarischen urkundenbelegten Verfahren ergehende Mahnbescheid zur Vornahme einer Arrestpfändung führen kann, ein Urteil, das nach einem ordentlichen Prozess ergeht und mit größeren Richtigkeitserwartungen auferlegt ist, erst recht dazu berechtigen soll.[537]

Die Klagefristbemessung in Art. 738A Abs. 4 gr. ZPGB ist allerdings abweichend und deutlich länger als die Regelung in Art. 10 Abs. 1 EuKpfVO, wo eine Frist von 30 Tagen ab Einreichen des Antrags oder 14 Tagen vom Erlass des Beschlusses, je nachdem, welche die späteste ist, vorgesehen ist. Demzufolge kann anhand des Verweises auf nationales Recht in Art. 10 Abs. 2 S. 2 EuKpfVO die in Art. 738A gr. ZPGB vorgesehene Regelung nur im Falle eines inländischen Beschlusses, der auch im Inland vollstreckt wird, angewandt werden. Die Klagefrist ist in Art. 738A gr. ZPGB für den europäischen Beschluss und in Art. 715 Abs. 5 gr. ZPGB für die äquivalente nationale Arrestpfändung gleich lang, hat aber einen unterschiedlichen Anfangspunkt. In Art. 715 Abs. 5 S. 1 gr. ZPGB ist nämlich nicht die Zustellung an die Bank wie in Art. 738A, sondern die Zustellung an den Vollstreckungsschuldner der Anfangspunkt für die Bemessung der 30-tägigen Frist. Diese Abweichung ist gerechtfertigt, weil bei dem europäischen Beschluss der Vollstreckungsmitgliedstaat vom Bankkonto und nicht vom Schuldnersitz bestimmt wird. Wenn aber ein griechischer europäischer Beschluss im Ausland vollstreckt wird, soll Art. 738A Abs. 4 gr. ZPGB unanwendbar bleiben und die in Art. 10 Abs. 1 EuKpfVO vorgesehenen Fristen

537 Kritisch aus rechtspolitischen Gründen und mit dem Argument, dass die Abweisung des Antrags auf Erklärung der vorläufigen Vollstreckbarkeit des erstinstanzlichen Urteils in der Regel die ansonsten notwendige Gefahr zur Vornahme einer Arrestpfändung ausschließen wird, *Siopi*, Armenopoulos 2015, 2021 (2033). Die Verfasserin sieht den Gläubiger mit der „allgemeinen" Möglichkeit nach Art. 519 Abs. 1 gr. ZPGB zur gerichtlichen Anordnung einer Arrestpfändung, wenn er ein erstinstanzliches noch nicht rechtskräftig gewordenes Urteil besitzt, als ausreichend geschützt. Dagegen kann *m.E.* ausgeführt werden, dass erstens die Abweisung des Antrags auf vorläufige Vollstreckbarkeit nach Art. 908 Abs. 2 gr. ZPGB nicht unbedingt wegen Nichtvorliegen einer Gefahr, sondern auch wegen eines nur drohenden nicht wiedergutzumachenden Schadens der unterliegenen Partei erfolgen kann (s. auch Efeteio Thessaloniki Nr. 480/2017, Elliniki Dikaiosini (ΕλλΔνη) 2017, 1741, nach dem die Abweisung des Antrags auf vorläufige Vollstreckung, die Vornahme von einstweiligen Maßnahmen nicht verhindert) und zweitens Art. 724 gr. ZPGB gerade die direkte – ohne gerichtliche Einmischung – Vornahme einer Arrestpfändung vorsieht. Dazu kommt, dass nach Art. 631 i.V.m. 724 gr. ZPGB der Mahnbescheid zur direkten Arrestpfändung bevollmächtigt, auch wenn seine Vollstreckbarkeit aufgehoben ist. Dazu Monomeles Efeteio (eingliedriges Berufungsgericht) Larisa 6/2009, Datenbank NOMOS.

eingehalten werden, weil nach der Verordnung der Beschluss nur vorläufiger, dem Hauptverfahren dienender Natur ist und vor missbräuchlichen Pfändungen schützen soll. Das Gericht wird das Widerrufsformblatt nach Art. 10 Abs. 2 S. 3 EuKpfVO ohne Antragserfordernis ausfüllen und es an die ausländische zuständige Behörde übermitteln.

Für einen ausländischen Beschluss soll dem umgekehrten Verfahren vom Ursprungsgericht gefolgt werden. Allerdings wird in Art. 738A gr. ZPGB die zuständige Behörde für den Empfang, die Übermittlung und die Zustellung des Beschlusses nicht ernannt. Aus den angegebenen Informationen[538] Griechenlands gem. Art. 4 Nr. 10 Abs. 2 und Nr. 14 sowie Art. 50 Abs. 1 lit. e EuKpfVO ist für die Übermittlung das Gericht der ersten Instanz zuständig, während die Entgegennahme und Zustellung an die Bank der Gerichtsvollzieher ausführt. Es wird nicht definiert, welches Gericht der ersten Instanz örtlich und sachlich für die Übermittlung zuständig ist. Nach allgemeinen Regeln soll das eingliedrige Gericht erster Instanz am Ort der Vollstreckung zuständig sein.[539] Das Gericht ist im griechischen Vollstreckungsrecht kein Vollstreckungsorgan.[540] Für alle Zustellungen im Rahmen der Vollstreckung ist der betreibende Gläubiger zuständig, der einen Gerichtsvollzieher mit der Zustellung beauftragt.[541] Der Gerichtsvollzieher ist in der griechischen Rechtsordnung kein Organ des Gerichts im engeren Sinne, sondern Träger öffentlicher Gewalt, der allerdings nur im Bezirk eines bestimmten Gerichts tätig werden darf und als Organ der Zwangsvollstreckung mit gesetzlich vorgesehenen Hoheitsbefugnissen auftritt.[542]

---

538 Abrufbar unter: https://e-justice.europa.eu/content_european_account_preservation_order-379-el-de.do?member=1#a_87, zuletzt aufgerufen am 20.2.2022.

539 Vgl. Art. 924 über die Bestellung eines Prozessbevollmächtigten am Ort der Vollstreckung und Art. 933 über den Einspruch gegen die Vollstreckung.

540 *Klamaris*, ZZP 121 (2008), 475 (495); *Yessiou-Faltsi*, Zwangsvollstreckungsrecht (Athen 1998), S. 12 f.

541 Art. 1 des Gesetzes Nr. 2318/1995 mit der Überschrift „Gerichtsvollzieherordnung". Die Mindestgebühren, die der Gerichtsvollzieher von der auftraggebenden Person für jede Zustellung erhalten kann, sind gesetzlich festgesetzt, vgl. Ministerialdekret Nr. 21798/2016, Regierungsblatt 709/16.03.2016, S. 8363 f.

542 *Klamaris*, in: FS Nakamura (1996), S. 253 (269 und 272 f.); vgl. Art. 929 gr. ZPGB.

III. Wirkung und Zustellung des Beschlusses

1. Autonome Regelung

Nach autonomer Auslegung von Art. 24 Abs. 1 EuKpfVO und nach den Arbeitsdokumenten der Kommission ist die Zustellung an die Bank der maßgebliche Zeitpunkt, an dem der Beschluss durch Pfändung vollstreckt wird und dadurch das Einfrieren des Geldbetrags bewirkt.[543] Allerdings ist der genaue Zeitpunkt nicht eindeutig definiert, sondern die Ausführung soll „unverzüglich nach Eingang des Beschlusses" an die Bank vorgenommen werden. Der Begriff „unverzüglich" wird im europäischen Zivilprozessrecht autonom ausgelegt und bedeutet: so schnell wie möglich.[544] Diesbezüglich ist also der Rückgriff auf nationales Recht nach Art. 46 EuKpfVO nicht notwendig.[545] Die Zustellung des Pfändungsbeschlusses stellt nach richtiger Auffassung keine Zwangsausübung gegen die Bank nach völkerrechtlichem Verständnis dar.[546] Die Pfändung richtet sich weder gegen den Drittschuldner noch gegen den Schuldner, sondern gegen das Schuldnervermögen. Außerdem bekommen die Banken auf vertrautem Wege den Beschluss zugestellt, da die Verordnung die Übermittlung an die zuständige Behörde des Vollstreckungsmitgliedstaats auferlegt und bezüglich

543 Vgl. Vorschlag der Europäischen Kommission v. 25.7.2011, KOM(2011) 445, S. 8; Arbeitsdokument der Kommissionsdienststellen – Anhang zum Grünbuch [Kom(2006) 618 endg.] 52006SC1341, unter 5.1.2.; Schlosser/*Hess*, EuZPR Kommentar (5. Aufl. 2021), Art. 24 EuKtPVO Rn. 1; *Pipsou*, Die Verordnung (EU) Nr. 655/2014 (Athen, 2017), S. 352. Von einer Pfändungsbewirkung mit dem Erlass des Beschlusses scheinen auszugehen *Häcker*, WM 2012, 2180 (2183); *Müller*, RIW 2012, 151 (155).

544 Rauscher/*Mankowski*, EuZPR/EuIPR (5. Aufl. 2021), Art. 48 Brüssel Ia-VO Rn. 1 f.; *Kropholler/von Hein*, EuZPR (9. Aufl. 2011), Art. 41 EuGVO a.F. Rn. 1. Vgl. weiter unten E.III.1.b.

545 A.A. Rauscher/*Rauscher/Wiedemann*, EuZPR/EuIPR (4. Aufl. 2015), Art. 23 EuKpfVO Rn. 9; *Lüttringhaus*, ZZP 129 (2016) 187 (210).

546 *Geimer*, IZPR (8. Aufl. 2020), Rn. 3249 ff. insbes. Rn. 3256 ff., der sich gegen eine förmliche rechtskonstitutive Zustellung an den Drittschuldner (§ 829 Abs. 3 ZPO) ausspricht und für eine Mitteilung mit Postbrief plädiert. Er sieht ferner keine völkerrechtlichen Bedenken an so einem Vorgehen, weil das an den Drittschuldner mit der Pfändung ausgesprochene Verbot funktional nur bedeute, dass er aus deutscher Sicht nicht mehr schuldbefreiend an den Vollstreckungsschuldner leisten kann. Die Auskunftspflicht greife ebenfalls nicht in die territoriale Souveränität des Drittschuldnersitzstaates, weil sie zur Erfüllung nur mittelbar (Schadensersatzpflicht) zwingt (Rn. 3261 f.); vgl. *Riebold*, Die europäische Kontopfändung, 2014, S. 291 ff.; *Wiedemann*, Vollstreckbarkeit, 2017, S. 88 ff.

der Zustellung an die Bank auf die nationalen Regelungen verweist.[547] Demzufolge geht die EuKpfVO von der Vollstreckungsgewalt des Mitgliedstaats der Kontobelegenheit aus. Der Vollstreckungsmitgliedstaat lässt sich anhand der IBAN-Nummer erkennen (Art. 4 Nr. 4 und 12).[548] Dieser Mitgliedstaat ist nicht für die Pfändungsanordnung, sondern nur für die *tatsächliche* Vollstreckung i.S.d. Ausführung des Beschlusses und für seine weitergehenden Wirkungen und seine Integrierung ins System der späteren Zwangsvollstreckung relevant.

2. Deutsches Recht

a. Äquivalente nationale Regelung

Die Arrestpfändung führt wie jede Pfändung zur Verstrickung der Forderung und lässt ein rangwahrendes Arrestpfandrecht für den Gläubiger entstehen, welches Dritten gegenüber wie das Eigentum geschützt wird (§ 1227 BGB). Die Verstrickung bedeutet, dass über die gepfändete Forderung ein öffentlich-rechtliches Gewaltverhältnis entsteht, das zur Sicherstellung der Forderung im Interesse des Pfändungsgläubigers führt und ihre Veräußerung verhindert. Infolge der Arrestpfändung und der Sicherungsvollstreckung (§ 720a ZPO) erfolgt nur die Sicherung, und im Gegensatz zu der endgültigen Pfändung darf der Gläubiger gerade nicht verwerten.[549] In der deutschen Arrestpfändung kann also der Drittschuldner nach erfolgter Pfändung nur noch an den Arrestschuldner und den Pfändungsgläubiger gemeinschaftlich zahlen, sodass er ggf. zugunsten beider hinterlegen darf.[550] Wenn der Drittschuldner gegen das ihm auferlegte *Arrestatorium* verstößt und an den Vollstreckungsschuldner leistet, ist diese Leistung für den Arrestgläubiger relativ unwirksam (§§ 135, 136 BGB) und hat also ihm

---

547 S. *Van Den Eeckhout/Santaló Goris*, in von Hein/Kruger, Informed Choices in Cross-Border Enforcement, 2021, S. 298, für die Anwendung der EuKpfVO in Luxemburg, wo von Fällen berichtet wird, in denen deutsche Gerichte den Beschluss direkt an die Bank und nicht durch den Gerichtsvollzieher (*bailiff*), der die zuständige Behörde für die Vollstreckung des Beschlusses ist, zugestellt haben. Dies führte zum Ergebnis, dass die Banken die Beschlüsse nicht implementierten.

548 Vgl. allerdings die Konstellation in Luxemburg, wo die inländischen Niederlassungen von ausländischen Banken auch Konten mit der ausländischen IBAN des Hauptsitzes eröffnen dürfen, in *Van Den Eeckhout/ Santaló Goris*, ebenda.

549 *Brox/Walker*, Zwangsvollstreckungsrecht (11. Aufl. 2018), Rn. 1548 und 614.

550 Kindl/Meller-Hannich/Wolf/*Haertlein*, Zwangsvollstreckung (3. Aufl. 2015), § 930 Rn. 5; MüKoZPO/*Drescher* (5. Aufl. 2016), § 930 Rn. 6; *Brox/Walker*, Zwangsvollstreckungsrecht (11. Aufl. 2018), Rn. 1548.

gegenüber keine befreiende Wirkung für den Drittschuldner. Leistet der Drittschuldner in Unkenntnis der Pfändung an den Vollstreckungsschuldner, findet § 407 BGB entsprechende Anwendung und der Vollstreckungsgläubiger muss die Zahlung gegen sich gelten lassen.[551] Von dem Verbot sind Zahlungen an den Schuldner und an Dritte erfasst. Des Weiteren entsteht mit der Pfändung eine Auskunftspflicht des Drittschuldners, der auf Verlangen des Gläubigers eine Erklärung abgeben muss (§ 840 Abs. 1 ZPO). Entscheidend für den Drittschuldner ist somit der Zeitpunkt der Pfändung. Umstritten ist in Deutschland aus Gründen der Bestimmtheit der Pfändung, ob die Zustellung an die Zentrale genügt, wenn die kontoführende Filiale nicht angegeben wird.[552]

b. Durchführungsvorschrift

§ 950 ZPO verweist für die Vollziehung des Beschlusses auf die Zwangsvollstreckungsvorschriften sowie auf § 930 Abs. 1 S. 2 ZPO. Die Pfändung wird im deutschen Recht nach § 829 Abs. 3 ZPO mit der Zustellung an den Drittschuldner wirksam.[553] An den gleichen Zeitpunkt sind auch die übrigen Wirkungen der Pfändung, nämlich die Verstrickung der Forderung, das Pfandrecht des Gläubigers und das *Inhibitorium* für den Schuldner, gekoppelt.[554] Somit wird der europäische Beschluss in der deutschen Rechtsordnung dieselben Wirkungen wie bei einer Arrestpfädnung ab der Zustellung an die Bank entfalten.

Die Zustellung an die Bank erfolgt für inländische Beschlüsse nach Art. 23 Abs. 1 EuKpfVO i.V.m. § 951 Abs. 1 S. 1 ZPO auf Veranlassung des Gläubigers (entspr. § 829 Abs. 2 S. 1 ZPO).[555] Für den Empfang eines ausländischen

551 *Brox/Walker*, Zwangsvollstreckungsrecht (11. Aufl. 2018) Rn. 620.

552 *Bitter*, in: Schimansky/Bunte/Lwowski, Bankrechts-Handbuch (5. Aufl. 2017), § 33 Rn. 21.

553 Kindl/Meller-Hannich/Wolf/*Haertlein*, Zwangsvollstreckung (3. Aufl. 2015), § 930 Rn. 5; Thomas/Putzo/*Seiler* ZPO (42. Aufl. 2021), § 829 Rn. 24; *Geimer*, IZPR (8. Aufl. 2020), Rn. 3249 ff.; vgl. über den genauen Zeitpunkt der Zustellung im Fall mehrerer Pfändungsbeschlüsse die problematische Regelung des § 121 Abs. 1 S. 5 GVGA, die nicht angewandt werden soll, dazu MüKoZPO/*Gruber* (5. Aufl. 2016), § 804 Rn. 33; *Kindl*/Meller-Hannich/Wolf, Zwangsvollstreckung (3. Aufl. 2015), § 804 Rn. 13.

554 MüKoZPO/*Smid* (5. Aufl. 2016), § 829 Rn. 42 und 49 ff.

555 Die Vorschrift umfasst nach verordnungskonformer Auslegung nur inländische Beschlüsse, die auch im Inland vollstreckt werden. Wenn der inländische Beschluss in einem anderen Mitgliedstaat vollstreckt wird, muss die Zustellung nach Art. 23 Abs. 3 EuKPfVO an die ausländische zuständige Behörde erfolgen. Somit ist § 951 Abs. 1 S. 2, der die direkte Parteizustellung an die ausländische Bank vorsieht, als

Beschlusses und seine direkte Zustellung an die Bank ist das Amtsgericht des Vollstreckungsortes als zuständige Behörde nach Art. 23 Abs. 3 EuKpfVO i.V.m. § 952 ZPO bestimmt worden. Da das Amtsgericht als Vollstreckungsgericht nach § 764 Abs. 2 ZPO fungiert, ist funktionell der Rechtspfleger für die Zustellung zuständig (§ 20 Abs. 1 Nr. 20 RPflG).[556]

3. Griechisches Recht

a. *Äquivalente nationale Regelung*

Der Zeitpunkt, zu dem die vorläufige Forderungspfändung bei einem Dritten als erwirkt gilt, ist im griechischen Recht umstritten.[557] Nach der h.M. ist für das Zustandekommen der Pfändung ausschließlich der Zeitpunkt der Zustellung der Anordnungsentscheidung[558] an die Bank mit der Anweisung, nicht an den Schuldner zu leisten, erheblich. Die Zustellung erfolgt nach Art. 983 Abs. 4 gr. ZPGB[559] entweder an den zentralen Sitz der Bank oder an eine Filiale, die nicht zwingend die kontoführende Filiale sein muss.[560] Folglich muss der Gläubiger nach der neuen Rechtslage nicht mehr die kontoführende Filiale (oder sogar die Kontonummer) auf der Pfändungsurkunde ausführen.[561] Ab diesem Zeitpunkt

---

Zustellung an die ausländische zuständige Behörde zu interpretieren; so auch *Wolber* IWRZ 2017, 5 (8).

556 Vgl. auch *Wolber* IWRZ 2017, 5 (8).

557 Vgl. auch *Pipsou,* Die Verordnung (EU) Nr. 655/2014 (Athen, 2017), S. 351.

558 Es wird nur für die Anordnung der vorläufigen Sicherungspfändung nach Art. 712 gr. ZPGB eine Entscheidung erlassen und dem Drittschuldner zugestellt. Die Zwangspfändung als Mittel der Zwangsvollstreckung aus einem vollstreckbaren Titel erfolgt durch Zustellung vom Gerichtsvollzieher einer Pfändungsurkunde, die den volltreckbaren Titel genau beschreibt und andere notwendige Angaben enthält, Art. 983 gr. ZPGB. Die Einleitung der Zwangsvollstreckung erfordert die vorherige Zustellung eines Vollstreckungsbefehls, der dem Schuldner 3 Tage zur eigenwilligen Erfüllung gewährt, Art. 924 ff. gr. ZPGB. Dazu *Tekidou*, Der Vollstreckungszugriff auf Bankkonten, 2005, S. 44 f.

559 Hinzugefügt mit Art. 57 des Gesetztes 3994/2011, dessen Art. 74 Abs. 1 die in Art. 90 des Gesetzesdekrets von 1923 vorgesehene Zustellung an die kontoführende Filiale abschaffte.

560 Kritisch *Orfanidis*, Pfändung (Athen, 2017), S. 52 f., der für Zustellung an den Hauptsitz oder die kontoführende Filiale plädiert.

561 *Tantis*, Nomiko Vima 2016, 1746 (1748). *Kontogeorgakopoulos*, Anm. zu Monomeles Prōtodikeio (eingliedriges LG) Preveza 69/2013, EPolD 2013, 545 (550); veraltet in *Ritz*, Vorläufige Kontenpfändung in Europa, 2019, S. 169.

gilt die Pfändung nach Art. 712 Abs. 1 gr. ZPGB als erfolgt. Nach dem Wortlaut der Vorschrift ist die Pfändung allerdings nichtig, wenn die Zustellung an den Schuldner nicht innerhalb von acht Tagen folgt.[562] Die Nichtigkeit muss vom Gericht mit einem Gestaltungsurteil ausgesprochen werden (Art. 159 Nr. 1 gr. ZPGB). Bis zum Erlass dieses Urteils ist die Pfändung nach der h.M. in Lehre und Rechtsprechung wirksam.[563] Die erfolgte Arrestpfändung versetzt den Drittschuldner in das *Arrestatorium* und untersagt ihm die Auszahlung und die Aufrechnung der gepfändeten Forderung mit einer nachträglichen Forderung nach Art. 715 Abs. 4 gr. ZPGB.[564] Die Vorschrift sieht ausdrücklich vor, dass eine etwaige Auszahlung oder Aufrechnung mit nachträglichen Forderungen trotz des Verbotes relativ unwirksam dem Pfändungsgläubiger gegenüber sind.

Eine andere gewichtige Ansicht in der Lehre gewährt der zweiten Zustellung an den Vollstreckungsschuldner konstitutive Wirkung für die Pfändung. Folglich liegt nach dieser Meinung die Pfändung erst vor, wenn beide Zustellungen erfolgt sind.[565] Das Hauptargument dieser Meinung ist der Wortlaut des Art. 983 Abs. 1 S. 1 gr. ZPGB, der für die Pfändung beide Zustellungen erfordert. Das *Inhibitorium* tritt ferner nach Art. 715 Abs. 1 und 2 gr. ZPGB ab der Zustellung der die Pfändung verkündenden Urkunde an den Schuldner ein. Wenn also die Zustellung an den Schuldner nicht unverzüglich nach der Zustellung an die Bank erfolgt, kann sich eine Zeitspanne ergeben, in der der Schuldner, ohne der Gefahr der relativen Unwirksamkeit an seiner Person ausgesetzt zu sein, über die bei dem Drittschuldner bereits gepfändete Forderung verfügen bzw. sie abtreten könnte. In diesem Fall wäre die Verfügung an sich wirksam und der Drittschuldner könnte nur, sich berufend auf das für ihn schon erfolgte *Arrestatorium*, wegen rechtlicher Leistungsunmöglichkeit die Leistung verweigern. Allerdings liegt die dadurch erfolgte Umgehung des Zwecks der Pfändung auf der Hand. Damit dieses untragbare Ergebnis vermieden wird, muss der ersten Meinung gefolgt und für beide Verbote an die Zustellung an den Drittschuldner geknüpft werden.[566] Die Zustellung an den Schuldner hat somit den Charakter einer Mitteilung, welche die Bewirkung der Pfändung an sich nicht beeinflusst.

---

562 Für die Arrestpfändung: Art. 712 Abs. 1; für die Zwangspfändung: Art. 983 Abs. 2 gr. ZPGB.

563 *Pipsou*, Die Verordnung (EU) Nr. 655/2014 (Athen, 2017), S. 352; *Kolotouros*, EPolD 2016, 128 ff. m.w.N.; *Kontis*, Aktuelle Fragen, (Athen, 2018), S. 37.

564 *Nikas*, Zwangsvollstreckungsrecht (Athen-Thessaloniki, 2018), § 59 Rn. 104 ff.

565 *Orfanidis*, Pfändung (Athen, 2017), S. 50 ff.; *Yessiou-Faltsi*, Zwangsvollstreckungsrecht – BT (Athen, 2018) § 68 Rn. 59 und § 64 Rn. 139.

566 *Kolotouros*, EPolD 2016, 127 (129 ff.).

Der Schuldner kann dadurch keine Nachteile erleiden, da die Rechtsbehelfsfrist nach Art. 934 Abs. 1 gr ZPO ohnehin nicht vor der Zustellung an ihn beginnt.[567]

b. Durchführungsvorschrift

Das *Arrestatorium* tritt mit der Zustellung des Beschlusses an die Bank ein, sodass jegliche Verfügung dem Pfändungsgläubiger gegenüber auch nach griechischem Recht unwirksam ist und somit die Bank nicht befreit wird. Ferner ist der Bank die Aufrechnung mit nachträglichen Forderungen untersagt. Andererseits erlangt der Gläubiger nach griechischem Recht kein Pfandrecht und das *Inhibitorium* wird, je nachdem welcher Theorie gefolgt wird, ab der Zustellung an die Bank oder ab der nachträglichen Zustellung an den Schuldner[568] begründet.

In der Durchführungsvorschrift des Art. 738A gr. ZPGB ist keine spezielle Regelung für die Zustellung des Beschlusses vorgesehen. Dies ist nach der Gesetzesbegründung darauf zurückzuführen, dass im griechischen Vollstreckungsrecht nicht das Gericht, sondern der Gerichtsvollzieher oder der Notar die Vollstreckung und die Vollstreckungsakte ausführt. Die Zwangsvollstreckung ist ein außergerichtliches Verfahren, das größtenteils von der Initiative des Vollstreckungsgläubigers abhängig ist.[569] Dies gilt auch für die Zustellung der Arrestpfändung an einen Dritten.[570] Deshalb gelten für inländische Beschlüsse,

567 *Kolotouros*, EPolD 2016, 127 (133).

568 *Pipsou*, Die Verordnung (EU) Nr. 655/2014 (Athen, 2017), S. 352.

569 *Kerameus*, Judicial Organization and Civil Procedure, in: ders./Kozyris (Hg.), Introduction to Greek Law (2008), S. 373.

570 Begründung des Gesetzes Nr. 4509/2017, Art. 42, S. 11; die Geschäftsstelle (Sekretariat) des Gerichts ist für die Schaffung der allgemeinen Vollstreckungsvoraussetzungen zuständig bzw. sie erteilt dem Gläubiger auf seinem Antrag hin die Vollstreckungsklausel und eine vollstreckbare Ausfertigung des Urteils (Art. 918). Das Gericht entscheidet im Rahmen des Vollstreckungsverfahrens nur über den Einspruch des Schuldners nach Art. 933 gr. ZPGB gegen das Verfahren und den materiellen Anspruch. Dieser Einspruch ist das einzige Verteidigungsmittel des Vollstreckungsschuldners gegen die Vollstreckung und stellt einen Rechtsbehelf dar. Die Reform des griechischen ZPGB im Jahr 2015 schaffte die Einstellung des Zwangsvollstreckungsverfahrens während der Anhängigkeit des Rechtsbehelfs sowie die Revision gegen das abweisende Urteil über den Einspruch ab. Nur ausnahmsweise ist es dem Schuldner nunmehr möglich, von dem Berufungsgericht die Einstellung der Zwangsvollstreckung zu beantragen (Art. 937 Abs. 1 lit. b). Dazu wurden die Fristen der Rechtsbehelfserhebung gegen die einzelnen Vollstreckungsakte rationalisiert. Diese Veränderungen bezwecken die Untersagung von Verzögerungen und die Beschleunigung des Verfahrens. Dazu *Apalagaki*, in: FS Geimer (2017), S. 25 ff.

die in Griechenland vollstreckt werden müssen, die allgemeinen Regeln der Parteizustellung. Der Gläubiger soll den Gerichtsvollzieher mit der Zustellung des Beschlusses an die Bank beauftragen.[571] Wenn die Vollstreckung in einem anderen Mitgliedstaat erfolgen soll, übermittelt das Gericht[572] den Beschluss an die zuständige Behörde des Vollstreckungsmitgliedstaats, die ihn weiter an die Bank nach ihrem Recht zustellen muss.

IV. Verhältnis zur Zwangsvollstreckung

1. Autonome Regelung

Die Verordnung trifft keine Regelung bezüglich des Einflusses der vorläufigen Pfändung auf die spätere endgültige Vollstreckung, sondern überlässt diese Frage dem nationalen Recht.[573] Ob ein Pfändungspfandrecht mit rangwahrender Wirkung aufgrund des Beschlusses entsteht und ob dies in ein endgültiges Pfändungsrecht umgewandelt werden kann, wird nämlich nicht von der Verordnung, sondern von den mitgliedstaatlichen Vollstreckungsrechten beantwortet. Dies ist auf den Willen des europäischen Verordnungsgebers, nur die vorläufige Pfändung als Sicherungsmaßnahme und nicht die Zwangsvollstreckung erfassen zu wollen, zurückzuführen.[574] Beide Fragen werden nach Art. 32 EuKpfVO vom Recht des Vollstreckungsmitgliedstaats für gleichwertige nationale Beschlüsse entschieden. Diese Vorgehensweise ist konsequent, da die Verordnung nur die Vollstreckungssicherung regelt und für weitergehende Wirkungen auf die Strukturen der nationalen Rechte verweist.[575] Die nationalen Zwangsvollstreckungsrechte weisen einen großen Unterschied in Bezug auf das System zur Befriedigung einer Mehrzahl von Gläubigern auf, was bisher die Harmonisierung ausschließt. Einerseits existiert das deutsche Modell des Prioritätsprinzips und andererseits das Ausgleichprinzip, welchem auch das griechische Zwangsvollstreckungsrecht folgt.[576]

---

571 *Pipsou,* Die Verordnung (EU) Nr. 655/2014 (Athen, 2017), S. 355 in Fn. 215.

572 Vgl. auch die Mitteilung Griechenlands an die Kommission nach Art. 50 Abs. 1 lit. e), abrufbar unter: https://e-justice.europa.eu/content_european_account_preservation_order-379-el-de.do?member=1#a_87, (zuletzt aufgerufen am 20.2.2022)

573 S. auch *Sikorski*, Vorläufige Kontopfändungen, 2018, S. 267 f.; Zöller/*Geimer* ZPO (33. Aufl. 2020), § 946 Rn. 12.

574 Erwägungsgründe 5 und 28 sowie Artikel 1 EuKpfVO.

575 Schlosser/*Hess* EuZPR Kommentar (5. Aufl. 2021), Art. 32 EuKpfVO Rn. 2.

576 *Yessiou-Faltsi*, ZZP (106) 1993, 215 ff.

2. Deutsche äquivalente Regelung

Im deutschen Recht entsteht durch die Pfändung nach § 804 ZPO ein rangwahrendes Pfandrecht an der gepfändeten Forderung, das dem Gläubiger im Verhältnis zu anderen Gläubigern dieselben Rechte wie ein vertragliches Faustpfandrecht gewährt. Nach § 804 Abs. 3 ZPO (i.V.m. §§ 928, 930 Abs. 1 ZPO für die Arrestpfändung) gilt das Prioritäts- oder Präventionsprinzip, welches die Reihenfolge der Sicherung bzw. der Befriedigung zwischen mehreren Gläubigern an den Zeitpunkt der Pfandrechtsentstehung derart anknüpft, dass das früher begründete dem später begründeten Pfandrecht vorgeht.[577] Dies gilt auch in Bezug auf ein älteres in AGB-Klauseln vorgesehenes Pfandrecht der Bank auf das Kontoguthaben, welches im Kontoeröffnungsvertrag vereinabrt wird und unter anderem die Überziehung des Kontos ohne zusätzliche Sicherheiten ermöglicht. Eine Ausnahme zu dem Prioritätsprinzip führt § 357 HGB aus Gründen des Pfändungspfandgläubigersschutzes ein, sodass nach der Pfändung entstandene Forderungen der Bank trotz ihres älteren Pfandrechts das gepfändete Zustellungssaldo nicht vermindern.[578] Die Forderung des Gläubigers, der den früheren Rang genießt, wird in voller Höhe befriedigt, unabhängig davon, ob der Rest des Bankkontoguthabens bzw. des Schuldnervermögens für die übrigen Gläubiger ausreicht. Das Vollstreckungs- und das Arrestpfandrecht haben somit eine rangwahrende Funktion für den Gläubiger, welche ihn vor späteren Pfändungen anderer Gläubiger schützt.[579] Die Arrestrangsicherung entwickelt also ihre hauptsächliche Wirkung im eigentlichen Vollstreckungsverfahren dadurch, dass der Rang des Vollstreckungsgläubigers in der Regel nach dem früheren Rang des Arrestes bestimmt wird. Deswegen wird deutlich, dass der

---

577 Anders gesagt: „Wer zuerst kommt, mahlt zuerst“ *Brox/Walker*, Zwangsvollstreckungsrecht (11. Aufl. 2018), Rn. 6 und 375 ff.; bei gleichzeitigen Pfändungen wird der Erlös gleichmäßig im Verhältnis der Forderungen verteilt, dazu: *Kindl*/Meller-Hannich/Wolf, Zwangsvollstreckung (3. Aufl. 2015), § 804 Rn. 13; MüKoZPO/*Gruber* (5. Aufl. 2016), § 804 Rn. 31 ff.; vgl. die Theorien über die umstrittene Rechtsnatur des Pfändungspfandrechts, die Einfluss auf den Entstehungszeitpunkt ausüben, statt aller: Kindl/Meller-Hannich/Wolf, Zwangsvollstreckung (3. Aufl. 2015), § 804 Rn. 2 ff., der entgegen der h.M. für die prozessuale Theorie plädiert.

578 *Bunte*/Zahrte, AGB-Banken, AGB-Sparkassen, Sonderbedingungen (5. Aufl. 2019), Rn. 295 f.; MüKoHGB/*Langenbucher* (4. Aufl. 2018), § 357 Rn. 13 ff.

579 Für das Arrestpfandrecht *Brox/Walker*, Zwangsvollstreckungsrecht (11. Aufl. 2018), Rn. 1543 ff.

Arrest dem Arrestgläubiger einen gravierenden Vorteil anderen Vollstreckungsgläubigern gegenüber gewährt.

Der europäische Beschluss ermächtigt an sich zur Arrestpfändung im deutschem Vollstreckungsrecht nach Art. 32 EuKpfVO i.V.m. §§ 950, 930 Abs. 1 S. 2 und 804 ZPO. Daher hat die vorläufige europäische Pfändung gleich einer Arrestpfändung rangsichernde Funktion. Es ist somit wesentlich zu klären, ob die vorläufige europäische Pfändung, ähnlich der Arrestpfändung, nach dem Obsiegen des Gläubigers in der Hauptsache zu einem Vollstreckungspfandrecht umgewandelt wird, das zur Verwertung berechtigt. Nach Erhalt eines rechtskräftigen Titels, der auch ein ausländischer und in Deutschland nach der EuGVO/EuUntVO vollstreckbarer Titel sein kann, geht das von dem europäischen Beschluss begründete äquivalente Arrestpfandrecht in ein endgültiges Pfändungspfandrecht über, ohne eine zweite Pfändung bzw. einen zweiten Vollstreckungsakt vornehmen zu müssen.[580] Die Rangsicherung, die mit dem (europäischen) Arrestpfandrecht erwirkt wurde, gilt weiter für das (nationale) Vollstreckungspfandrecht, da es sich um ein einheitliches Pfandrecht handelt und zu der Sicherungsfunktion der Arrestpfändung noch die Verwertungsfunktion hinzukommt.[581]

Nach einer Meinung ist Grundlage des Vollstreckungspfandrechts im Fall der vorherigen Arrestpfändung ausschließlich der Pfändungsakt zur Vollziehung des Arrestbefehls und somit sind der Arrestbefehl selbst und das später ergehende Hauptturteil nur mittelbare Grundlage des Pfandrechts.[582] Diese Meinung sieht konsequenterweise den Rang der Arrestpfändung in allen Fällen erhalten, auch wenn vor oder nach Erlass des Urteils der Arrestbefehl aufgehoben wird. Darüber hinaus ist nach derselben Meinung keine Zustellung des ergehenden Urteils in der Hauptsache bzw. des eigentlichen Vollstreckungstitels für den Übergang des Arrestpfandrechts auf ein Vollstreckungspfandrecht erforderlich.

Nach der h.M. ist zwar kein neuer Pfändungsakt erforderlich, der Vollstreckungstitel muss allerdings zugestellt werden.[583] Darüber hinaus erfolgt nach

---

580 Vgl. für das Arrestpfandrecht: *Baur/Stürner/Bruns*, Zwangsvollstreckungsrecht (13. Aufl. 2006), Rn. 52.14; Kindl/Meller-Hannich/Wolf/*Haertlein*, Zwangsvollstreckung (3. Aufl. 2015), § 930 Rn. 7; Thomas/Putzo/*Seiler* ZPO (42. Aufl. 2021), § 930 Rn. 3; *Heiderhoff*, in: Berger, Einstweiliger Rechtsschutz (2006), Kap. 9, Rn. 52.

581 MüKoZPO/*Drescher* (5. Aufl. 2016), § 930 Rn. 10; *Brox/Walker*, Zwangsvollstreckungsrecht (11. Aufl. 2018), Rn. 1542; Stein/Jonas/*Bruns*, ZPO (23. Aufl. 2020), § 930 Rn. 11.

582 *Baur/Stürner/Bruns*, Zwangsvollstreckungsrecht (13. Aufl. 2006), Rn. 52.14.

583 *Brox/Walker*, Zwangsvollstreckungsrecht (11. Aufl. 2018), Rn. 1542.

dieser Meinung die Rangsicherung in Fällen der Aufhebung des Arrestbefehls oder der mangelhaften Arrestpfändung erst mit dem neuen Zeitpunkt des Übergangs ins Vollstreckungspfandrecht bzw. mit der Zustellung des Hauptsachentitels.[584] Jedenfalls dem BGH und allen Meinungen zufolge geht die rangwahrende Wirkung bei Aufhebung des Pfändungsbeschlusses verloren.[585]

3. Griechische äquivalente Regelung

Im Gegensatz zum deutschen gilt im griechischen Vollstreckungsrecht nicht das Prioritätsprinzip, sondern das Gruppenprinzip[586], welches die gleichmäßige Befriedigung aller im Vollstreckungsverfahren angemeldeter oder teilnehmender Gläubiger anhand der Höhe deren Forderung vorsieht. Die Gläubigerreihenfolge baut auf allgemeinen und besonderen Vorzugsrechten auf, die eine bevorzugte Befriedigung unabhängig von dem zeitlichen Vorrang versichern. Die allgemeinen Privilegien betreffen bestimmte Arten von Kosten wie die Unterhaltskosten des Schuldners und seiner Familie und unter anderem Ansprüche der Sozialversicherungsträger (Art. 975 gr. ZPGB). Wenn sie mit besonderen Vorzugsrechten zusammenfallen, wird ein Drittel des Erlöses für die allgemeinen Privilegien ausgesondert (Art. 977 Abs. 1 gr. ZPGB). Als besondere Vorzugsrechte gelten die Ansprüche für die Erhaltung der gepfändeten beweglichen Sachen und die Ansprüche, für welche ein vertragliches Faustpfandrecht begründet wurde (Art. 976 gr. ZPGB).[587]

Wenn die Geldvollstreckung mit dem Mittel der Forderungspfändung erfolgt, gibt es allerdings kein Verfahren, wie das Versteigerungsverfahren bei beweglichen und unbeweglichen Sachen, bei dem andere Gläubiger des Schuldners ihre Forderungen anmelden können. Daher verhindert eine erfolgte vorläufige

---

584 Ausführlich *Brox/Walker*, Zwangsvollstreckungsrecht (11. Aufl. 2018), Rn. 1543 f.; Kindl/Meller-Hannich/Wolf/*Haertlein*, Zwangsvollstreckung (3. Aufl. 2015), § 930 Rn. 8.

585 BGH WM 2013, 614.

586 „Prinzip der gleichmäßigen Befriedigung“ oder Ausgleichsprinzip. Dazu muss darauf hingewiesen werden, dass der Ausgleich, den das deutsche Insolvenzrecht mit dem Gruppenprinzip verschafft, in der griechischen Rechtsordnung in die Einzelzwangsvollstreckung eingegliedert ist, da das allgemeine Insolvenzverfahren nur für Kaufleute gilt. Dazu *Klamaris*, in: FS Nakamura (1996), S. 253 (266); *Yessiou-Faltsi*, ZZP 106 (1993), 215 ff.

587 Mit dem Gesetz Nr. 4512/2018 wurde Art. 977A hinzugefügt, der eine dritte Ebene der Privilegien vorsieht. Es handelt sich um das „Superprivileg“ für Lohnansprüche der letzten sechs Monate (Art. 977A Abs. 2 gr. ZPGB).

Forderungspfändung nicht die mehrfache vorläufige oder endgültige Pfändung der gleichen Forderung von anderen Gläubigern nach Art. 721 gr. ZPGB.[588] Die mehrfache Arrestpfändung ist allerdings nur bis zu dem Zeitpunkt möglich, an dem die bereits gepfändete Forderung an den Vollstreckungsgläubiger überwiesen wird, weil ab diesem Zeitpunkt die Forderung nicht mehr dem Schuldner gehört.[589]

Der Übergang von der Arrestpfändung in die Zwangsvollstreckung ist in Art. 722 Abs. 2 gr. ZPGB geregelt. Demgemäß wird der Arrestgläubiger mit der Rechtskraft der Entscheidung, die seinem Anspruch stattgibt, Inhaber der Forderung. Die Abtretung erfolgt somit *ex lege* ab Rechtskraft der Entscheidung und wirkt nicht rückwirkend zu dem Zeitpunkt der Arrestpfändung, welche nämlich keine Rangsicherung erwirkt.[590] Wenn allerdings während der Geltungsdauer der vorläufigen Pfändung die Zwangsvollstreckung von einem anderen Gläubiger eingeleitet wird, nimmt der vorläufige Pfändungsgläubiger an der betreibenden Zwangsvollstreckung nur „provisorisch" teil. Das heißt, dass seine Beteiligung an dem Verfahren unter der Bedingung steht, dass er bis zur Vollendung des Zwangsvollstreckungsverfahrens einen rechtskräftigen Titel über seinen Anspruch erlangt (Artt. 723, 978 gr. ZPGB).

In der Zwangspfändung als Akt der Zwangsvollstreckung aus einem Urteil erfolgt die Abtretung gem. Art. 988 Abs. 1 gr. ZPGB erst nach dem Ablauf einer Frist von acht (oder 30 bei ausländischem Wohnsitz) Tagen ab der

588 Vgl. auch *Klamaris*, in: FS Nakamura (1996), S. 253 (274); *Tekidou*, Der Vollstreckungszugriff auf Bankkonten, 2005, S. 65 ff. Bemerkenswert ist, dass in beweglichen und unbeweglichen Sachen die mehrfachen Pfändungen erst mit der großen Reform durch das Gesetz Nr. 4335/2015 erlaubt worden sind. Bis zu dieser Gesetzesänderung konnten andere Gläubiger ihre Forderungen nur an das Vollstreckungsverfahren, dessen Herr der betreibende Vollstreckungsgläubiger ist, anmelden, damit sie bei der Verteilung des Erlöses berücksichtigt werden. Dadurch waren sie jedoch auf das Verhalten des Pfändungsgläubigers angewiesen, der das Vollstreckungsverfahren auf eigene Initiative vorantreibt und stilllegen kann, wenn er z.B. mit dem Schuldner verhandelt. Dazu *Apalagaki*, in: FS Geimer (2017), S. 25 (27). Bei der Pfändung von Forderungen in den Händen eines Dritten gibt es aber keine Zwangsversteigerung, bei der sich konkurrierende Gläubiger anmelden dürfen. Daher war schon vor der Reform erlaubt, dass andere Gläubiger die gleiche Forderung ebenfalls pfänden dürfen, damit sie an der Befriedigung teilnehmen (vgl. Art. 988 gr. ZPGB). Dazu *Yessiou-Faltsi* Zwangsvollstreckungsrecht – BT (Athen, 2018), § 64 Rn. 165.

589 *Pipsou*, Die Verordnung (EU) Nr. 655/2014 (Athen, 2017), S. 360; *Yessiou-Faltsi*, Zwangsvollstreckungsrecht – BT (Athen, 2018), § 64 Rn. 165.

590 *Douvli*, EllDni 2019, 412 (418); *Kontogeorgakopoulos*, EPolD 2013, 545 (546).

Schuldnerzustellung, aber nur nach positiver Erklärung des Drittschuldners.[591] Innerhalb dieser Frist müssen konkurrierende Gläubiger die bereits gepfändete Forderung pfänden lassen. Nach Fristablauf ist die Pfändung nicht mehr möglich und eine Anmeldung etwaiger Forderungen findet ohnehin nicht statt. Diesbezüglich weist also der Zeitpunkt der Pfändung eine Auschlussfunktion auf, ohne jedoch die gleichmäßige Befriedigung der erfolgten Pfändungen zu beeinflussen. Wenn die gepfändete Forderung allerdings für die vollständige Befriedigung aller Pfändungsgläubiger nicht ausreicht, ist der Drittschuldner zur Hinterlegung verpflichtet. Allerdings darf die Bank speziell in der Kontopfändung den Betrag nach Art. 87 des speziellen Gesetzesdekrets von 1923 immer hinterlegen, auch wenn die gepfändete Forderung für die Befriedigung aller Gläubiger ausreicht.[592]

Infolgedessen gewährt Art. 738A gr. ZPGB der vorläufigen europäischen Pfändung keinen zeitlichen Vorrang, da die äquivalente griechische Arrestpfändung kein Pfandrecht entstehen lässt und keinen Rang[593] zusichert. Entsprechend der Regelung für die äquivalente Arrestpfändung sieht die Durchführungsvorschrift in Art. 738A Abs. 5 gr. ZPGB allerdings vor, dass der Gläubiger ab Rechtskraft eines seinen Anspruch zusprechenden Urteils in der Hauptsache oder eines Zahlungsbefehls (Mahnbescheids) ohne Weiteres Inhaber der Forderung wird.[594]

591 Dazu *Kolotouros*, EPolD 2016, 127 (143 f.); *Kontogeorgakopoulos*, EPolD 2013, 545 (546 ff.) m.w.N.; *Tekidou*, Der Vollstreckungszugriff auf Bankkonten, 2005, S. 103.

592 Gesetzesdekret vom 17.7/13.8.1923 über besondere Privilegien von Aktiengesellschaften, ABl. A-224; nach einer Ansicht in der Literatur und der früheren Areopag Rechtsprechung (Nr. 1389/1991) kann die Bank auf die Anwendung des Spezialgesetzes verzichten und stattdessen die allgemeinen ZPGB-Regeln anwenden, dazu *Nikas*, Zwangsvollstreckungsrecht, (Athen-Thessaloniki, 2018), § 62 Rn. 17 und Koutsoulelos/*Geōrgiadou*, Zwangsvollstreckung, (Athen 2016), S. 345; kein Wahlrecht nach der in der Rechtsprechung h.M., dazu unten Kapitel G.1.c.bb.

593 Im Gegensatz zu der Hypothekenvormerkung auf eine unbewegliche Sache nach Art. 1277 gr. ZGB, welche nach der Titulierung der Forderung zu einer Hypothek umgewandelt werden kann und den früheren Rang der Vormerkung behält.

594 *Pipsou*, Die Verordnung (EU) Nr. 655/2014 (Athen, 2017), S. 43.

E. Die Bank als Drittschuldnerin in der europäischen vorläufigen Kontopfändung

I. Die Rechtsstellung der Bank im Verfahren

Vor mehr als 100 Jahren hat *Stein* den Drittschuldner in der deutschen Forderungspfändung und unter Berücksichtigung der besonderen Problematik der Fälle mit Auslandsbezügen als „unglückliches Opfer der Justiz“ und als „die bedauernswerteste Person in unserem ganzen Rechtsleben“ bezeichnet.[595] Die EuKpfVO ist der Verstärkung der Interessen des Gläubigers an eine wirksame Sicherung und Zwangsvollstreckung gewidmet, während sich mit der Rechtsstellung der Bank nur wenige Vorschriften befassen. Die Bank im Rahmen der EuKpfVO schuldet zwar keine Zahlung an den Pfändungsgläubiger, sondern, wie bei der isolierten Pfändung, nur die Sperrung des Bankkontos des Schuldners. Sie wird allerdings dadurch in ihren Interessen beeinträchtigt, dass auch der einstweilige Rechtsschutz erhebliche Konsequenzen für sie hat. Es ist daher fraglich, ob die Bank als Drittschuldnerin in diesem Spannungsverhältnis zwischen den widerstreitenden Interessen eine sachgerechte, ausgeglichene Rechtsstellung hat.

Einerseits ist hervorzuheben, dass im internationalen Rechtsverkehr durch die europaweite Anerkennung des Beschlusses nach Art. 22 EuKpfVO die Gefahr der doppelten Inanspruchnahme für die Geltungsdauer der Pfändung (Art. 20 EuKpfVO) entfällt. Genauer gesagt, kann sich die Bank auf die vorläufige europäische Pfändung berufen, um sich gegen Auszahlungsansprüche aus ausländischen Verfahren zu verteidigen.[596] Andererseits bleibt diese Gefahr in vollem Umfang erhalten, soweit die vorläufige europäische Pfändung später in eine nationale Zwangspfändung mit Verwertungsrechten umgewandelt wird, da diese nationale Überweisung und Auszahlung nicht von dem europaweiten Anerkennungsgebot der EuKpfVO erfasst wird, sondern dem alten internationalen Anerkennungsrecht überlassen bleibt. Die spezielle Handhabung dieser internationalen zwangsvollstreckungsrechtlichen Problematik übersteigt die Grenzen dieser Arbeit, welche sich grundsätzlich mit der EuKpfVO befasst. In

---

595 *Stein*, in FS Wach, 1913, S. 449 (458).

596 S. auch *Ritz*, Vorläufige Kontenpfändung in Europa, 2019, S. 167 f.

diesem Rahmen wird hier untersucht, welche Pflichten, Risiken und Schutzmöglichkeiten durch die EuKpfVO auf die ausführende Bank zukommen.

Mögliche Gefahren, die eine Haftung der Bank hervorrufen können, ergeben sich bei der Ausführung ihrer von der Verordnung auferlegten Pflichten. Einerseits ist die Gewichtung der Verordnung zugunsten des Überraschungseffekts und des Rechtsschutzinteresses des Gläubigers zu berücksichtigen, die eine rasche Implementierungspflicht für die Bank mit sich bringt, welche wiederum eine personelle und administrative Belastung für sie auslöst.[597] Andererseits ist die Bank dem Vollstreckungsschuldner gegenüber zu einem dauerhaften und vertrauensvollen Kundenverhältnis verpflichtet, für das das Bankgeheimnis[598] gilt. Die Bank ist nämlich zwischen die Fronten geraten und muss darüber hinaus auch ihre eigenen Interessen verteidigen. In diesem Kapitel wird daher die Stellung des Drittschuldners bzw. der Bank im Rahmen der EuKpfVO genauer untersucht. Dies setzt die Erläuterung der Pflichten der Bank in dem Verfahren der vorläufigen europäischen Kontopfändung und das Beleuchten möglicher Risiken, die eine Haftung und einen diesbezüglichen Schadensersatzanspruch gegen sie auslösen können, sowie die Eruierung ihrer Schutzmöglichkeiten voraus.

Im deutschen und griechischen Recht herrscht Uneinigkeit darüber, ob der Drittschuldner nur Beteiligter am Zwangsvollstreckungsverfahren ist oder ein Sonderschuldverhältnis zwischen ihm und dem Pfändungsgläubiger entsteht.[599]

597 S. den Bericht für die Implementierung der EuKpfVO seitens der Banken in Deutschland in *von Hein/Imm*, in von Hein/Kruger (Hg.), Informed Choices in Cross-Border Enforcement, 2021, S. 239.

598 In Griechenland war ursprünglich das Bankgeheimnis aus vielen verfassungsrechtlichen Vorschriften zu entnehmen, bis das Gesetz Nr. 1059/1971 ausdrücklich vorsah, dass die Geldeinlagen geheim gehalten werden müssen. Danach wurde die Bankerklärung (Art. 985 gr. ZPGB) im Rahmen der bis zu diesem Zeitpunkt zulässigen Kontopfändung vom Areopag in seinem Urteil Nr. 1224/1975 als gegen das nunmehr gesetzlich vorgesehene Bankgeheimnis verstoßend angesehen. Das oberste Gericht erklärte daraufhin in ständiger Rechtsprechung die Bankkonten als unpfändbar, was zu heftiger Kritik in der Literatur und später zum Gesetz Nr. 2915/2001 führte, dessen Art. 24 vorsieht, dass das Bankgeheimnis dem Pfändungsgläubiger gegenüber und für die Höhe der Pfändungsforderung nicht gilt (nunmehr in Art. 983 Abs. 5 gr. ZPGB).

599 S. den Meinungsstand in *Keilbach*, Drittschuldnerschutz und Gläubigerrechte, 2017, S. 133 ff., die gegen ein gesondertes Schuldverhältnis zwischen Drittschuldner und Vollstreckungsgläubiger plädiert (135). A.A. *Lindgen*, Die Drittschuldner-Haftung, 1991, S. 69 ff.; Stein/Jonas/*Würdinger* ZPO (23. Aufl. 2017), § 840 ZPO Rn. 1 in Fn. 7; im griechischen Recht s. für die zweite Meinung *Kolotouros*, Rechtsfolgen (Athen, 2017), S. 167 (189) m.w.N und für die h.M., die nur ein „dreieckiges“

Einigkeit herrscht allerdings darüber, dass der Dritte nicht zum Subjekt des unterliegenden Vollstreckungsrechtsverhältnisses wird, sondern nur Beteiligter des Vollstreckungsverfahrens im öffentlich-rechtlichen Sinn ist.[600]

II. Definitionen

1. Betreffende Banken

Da die Verordnung nur die Bankkontopfändung regelt, kommt ausschließlich die Bank als Drittschuldnerin in Betracht und nicht allgemein jeder Drittschuldner. Die in den nationalen Rechten vorgesehene Pfändung einer Forderung bei dem Arbeitgeber und anderen Personen fällt eindeutig außerhalb des Anwendungsbereichs der EuKpfVO. Zunächst soll definiert werden, welche Banken mit der Anwendung der Verordnung konfrontiert werden können. Art. 4 Nr. 2 EuKpfVO verweist für die Definition der Bank auf Art. 4 Abs. 1 Nr. 1 der Verordnung Nr. 575/2013[601], wonach ein Kreditinstitut ein Unternehmen ist, dessen Tätigkeit darin besteht, Einlagen oder andere rückzahlbare Gelder des Publikums entgegenzunehmen und Kredite für eigene Rechnung zu gewähren.[602] Hierin inbegriffen sind auch die Zweigniederlassungen, die nach Art. 4 Abs. 1 Nr. 17 der Verordnung Nr. 575/2013 einen rechtlich unselbständigen Teil eines Kreditinstituts bilden und sämtliche Geschäfte oder einen Teil der Geschäfte, die mit der Tätigkeit eines Instituts verbunden sind, unmittelbar betreiben. Darunter lassen sich also auch die Bankfilialen einordnen.

In Zusammenhang mit der Definition der Bank steht die Bestimmung des Mitgliedstaats, in dem das Bankkonto nach Art. 4 Nr. 4 EuKpfVO geführt wird, weil erstens mit dem Beschluss nur Geldbankkonten blockiert werden können und zweitens das Bankkonto nach Art. 4 Nr. 12 EuKpfVO den Vollstreckungsmitgliedstaat bestimmt. Daher müssen Art. 4 Nrn. 2, 4 und 12 EuKpfVO gemeinsam ausgelegt werden. Die kontoführende Filiale ist von dem Anwendungsbereich

---

zivilprozessrechtliches Verhältnis annimmt, statt vieler *Yessiou-Faltsi*, Zwangsvollstreckungsrecht – BT (Athen, 2018), § 64 Rn. 31 ff.

600 *Kolotouros*, ebenda in Fn. 76; MüKoZPO/*Smid* (5. Aufl. 2016), § 840 ZPO Rn. 2 ff.

601 Verordnung (EU) Nr. 575/2013 des Europäischen Parlaments und des Rates vom 26. Juni 2013 über Aufsichtsanforderungen an Kreditinstitute und Wertpapierfirmen und zur Änderung der Verordnung (EU) Nr. 646/2012, ABL. EU 2013 Nr. L 176, S. 1 wie geändert.

602 Art. 4 Abs. 1 Nr. 1 Verordnung (EU) Nr. 575/2013; vgl. auch Erwägungsgrund 9 EuKpfVO.

der Verordnung erfasst, soweit sich der Hauptsitz der Bank, oder bei drittstaatlichem[603] Hauptsitz die Filiale, in der Union befindet (Art. 4 Nr. 2). Die Union ist nach Erwägungsgrund 48 derart eng auszulegen, dass ein Mitgliedstaat, in dem das Konto geführt wird, nur ein an der Verordnung teilnehmender Mitgliedstaat sein kann.[604] Nach Art. 4 Nr. 4 lit. a EuKpfVO ist der Mitgliedstaat der Kontoführung aus der internationalen Kontonummer (IBAN: International Bank Account Number) zu erkennen. Dies ergibt sich aus den ersten zwei Buchstaben der IBAN, die den Mitgliedstaat der Kontoführung bezeichnen. Wenn bei einem Bankkonto keine IBAN vorhanden ist, gilt nach Art. 4 Nr. 4 lit. b EuKpfVO der Mitgliedstaat des Hauptsitzes der Bank oder, wenn das Konto bei einer Zweigniederlassung geführt wird, dieser Mitgliedstaat als Vollstreckungsmitgliedstaat. Wenn man also Art. 4 Nr. 4 lit. b EuKpfVO isoliert betrachtet, wird ein Konto in einer drittstaatlichen Filiale einer europäischen Bank von dem Wortlaut erfasst (Art. 4 Nr. 4 lit. b Alt. 1).[605] Dies ist aber nach der hier vertretenen systematischen Auslegung des Art. 4 Nrn. 2, 4 und 12 EuKpfVO abzuweisen, weil der Beschluss nur in einem teilnehmenden Mitgliedstaat vollstreckt werden kann.[606] Somit muss sich die betroffene kontoführende Filiale in einem Mitgliedstaat befinden.

Letztlich sind Finanzinstitute, die nicht in dem üblichen Bankverkehr[607] mit den Kunden tätig sind, sondern nur Ausfuhr- und Investitionsprojekte oder Projekte in Entwicklungsländern finanzieren oder Institute, die Finanzmarktdienstleistungen erbringen, nicht von der Verordnung erfasst.[608] Dementsprechend sind auch Finanzinstrumente sowie Bankkonten, die von oder bei Zentralbanken in ihrer Eigenschaft als Währungsbehörden geführt werden, von dem

603 Darunter fallen genauer gesagt Drittstaaten und Dänemark, das an der Verordnung nicht teilnimmt, s. Erwägungsgründe 50-51.

604 Vgl. auch Schlosser/*Hess* EuZPR Kommentar (5. Aufl. 2021), Art. 4 EuKtPVO Rn. 4.

605 *Domej*, GPR 2017, 84 (87).

606 Vgl. aber auch im Ergebnis *Domej*, Internationale Zwangsvollstreckung und Haftungsverwirklichung, 2016, S. 313 in Fn. 198; Rauscher/*Rauscher/Wiedemann*, EuZPR/EuIPR (4. Aufl. 2015), Art. 4 EuKPfVO Rn. 9.

607 Inbegriffen sind die privaten (auch Direktbanken) und die öffentlich-rechtlichen Banken, wie die Sparkassen und die Genossenschaftsbanken. Entscheidend ist nur, dass die Kontoführung zu ihren Aufgaben i.S.d. § 1 Abs. 1 Nr. 1 KWG gehört. Bei den Direktbanken problematisch ist die Bestimmung des Ortes der Kontoführung, da sie keine Filialen besitzen. Für Verbraucherverträge ist er am Aufenthaltsort des Verbrauchers zu lokalisieren.

608 Erwägungsgrund 9 UAbs. 2, Art. 2 Abs. 4 EuKpfVO.

Anwendungsbereich ausgeschlossen.[609] Vom Anwendungsbereich der Verordnung nicht erfasst sind außerdem nach Art. 2 Abs. 3 Konten, die im Zusammenhang mit dem Betrieb eines Zahlungs-, Wertpapier- und Abrechnungssystems im Sinne der RL 98/26/EG[610] stehen.

2. Bankkonto

Die Verordnung kann nur auf Bankkonten, die aus Geldeinlagen bestehen und nach dem Recht des Mitgliedstaats der Kontoführung gepfändet werden dürfen, angewandt werden.[611] Das Geldguthaben kann in beliebiger Währung sein, solange das Konto in einem teilnehmenden Mitgliedstaat geführt wird.

3. Pfändbarkeit nach nationalem Recht

Ein Bankkonto wird in aller Regel als ein Girokonto geführt. Das Girokonto oder Basiskonto ist ein Handelsbuch i.S.d. § 238 HGB und seine Rechtsgrundlage liegt in dem Girovertrag, der den Zahlungsverkehr des Bankkunden regelt. Der Girovertrag stellt einen Unterfall des Geschäftsbesorgungsvertrages nach § 675 Abs. 1 BGB und insbesondere einen Zahlungsdienstrahmenvertrag nach § 675f Abs. 2 BGB dar.[612] Das Girokonto wird in einem Kontokorrent nach § 355 HGB geführt, in dem die aus der Bankverbindung gegenseitigen Ansprüche in eine laufende Rechnung gestellt werden und in regelmäßigen Zeitabständen durch Verrechnung ausgeglichen werden.[613] Die einzelnen Forderungen

---

609 Über den Ausschluss der Finanzinstrumente s. Art. 4 Nr. 1 bis 4 sowie Art. 53 Abs. 1 lit. a, nach dem die Kommission überprüfen muss, ob diese in den Anwendungsbereich zukünftig doch aufgenommen werden sollen, wie es auch ursprünglich in Art. 4 Nrn. 1 bis 6 des Vorschlags vorgesehen war.

610 Richtlinie 98/26/EG des Europäischen Parlaments und des Rates vom 19. Mai 1998 über die Wirksamkeit von Abrechnungen in Zahlungs- sowie Wertpapierliefer- und -abrechnungssystemen, ABl. EG 1998 Nr. L 166, S. 45 wie geändert.

611 Art. 2 Abs. 3 und Art. 4 Nr. 3 EuKpfVO. Das deutsche P-Konto gilt nicht als Konto, das „nicht gepfändet werden darf" i.S.d. Art. 2 Abs. 3 Alt. 1 EuKpfVO, weil es nach deutschem Recht pfändbar ist. Der im deutschen Recht durch das P-Konto gewährte Schutz gehört zu den Freibeiträgen nach Art. 31 EuKpfVO, die von der vorläufigen Pfändung ausgenommen werden.

612 Die Sichteinlagen im Allgemeinen sind in beiden Rechtsordnungen rechtlich unter die unregelmäßige Verwahrung (§ 700 BGB, Art. 830 gr. ZGB) einzuordnen. Dazu *Einsele*, Bank- und Kapitalmarktrecht (4. Aufl. 2018) § 3 Rn. 6 und *Yessiou-Faltsi*, Zwangsvollstreckungsrecht – BT (Athen, 2018), § 68 Rn. 38.

613 *Einsele*, Bank- und Kapitalmarktrecht, § 3 Rn. 8 ff.; *Gößmann* in: Schimansky/Bunte/Lwowski, Bankrechts-Handbuch (5. Aufl. 2017), § 29 Rn. 1; im griechischen Recht

(laufende Eingänge) in einem Kontokorrent unterliegen nicht der Pfändung, weil sie ihre Selbständigkeit verlieren.[614] Wenn kein aktiver Saldo im Zeitpunkt der Pfändung vorliegt, geht die Pfändung ins Leere. Die Pfändung umfasst nach § 833a ZPO und nach herrschender Meinung im griechischen Recht den Zustellungssaldo.[615]

Mit dem Beschluss können ferner auch Sparkonten tangiert werden, da in den hier untersuchten nationalen Rechten der Anspruch auf Auszahlung einer Spareinlage pfändbar ist.[616] Problematisch ist erst die Auszahlung von gepfändeten Sparkonten, da der Pfändungsgläubiger das Sparbuch vorzeigen muss, das jedoch im Besitz des Schuldners ist. Im griechischen Recht wird vertreten, dass dem entweder mit Pfändung des Sparbuches als Sache oder mit Hinterlegung beim Gericht entgegengewirkt werden kann.[617] Nach deutschem Recht kann es nach § 836 Abs. 3 ZPO herausgegeben oder im Wege der Hilfspfändung vom Gerichtsvollzieher in Besitz genommen werden.[618] Pfändbar sind zusammenfassend alle Arten von Geldeinlagen, nämlich Sichteinlagen, Termineinlagen und Festeinlagen.

III. Pflichten der Bank bei der Vollstreckung des europäischen Beschlusses

Der Schwerpunkt der der Bank auferlegten Pflichten besteht in der tatsächlichen Ausführung des Beschlusses nach Artikel 24 und der Abgabe einer diesbezüglichen Erklärung nach Artikel 25.

---

ist die Regelung des Kontokorrents in Art. 112 Einführungsgesetz zum ZGB ähnlich zu § 355 HGB geregelt, dazu *Yessiou-Faltsi,* Zwangsvollstreckungsrecht – BT (Athen, 2018) § 68 Rn. 55.

614 BGH NJW 1981, 1611;

615 Dazu unten III.1.f.

616 *Bitter,* in: Schimansky/Bunte/Lwowski, Bankrechts-Handbuch (5. Aufl. 2017), § 33 Rn. 94; *Yessiou-Faltsi,* Zwangsvollstreckungsrecht – BT (Athen, 2018), § 68 Rn. 36. *Orfanidis,* Pfändung (Athen, 2017), S. 65.

617 *Orfanidis,* s.o. S. 65 f.

618 *Bitter,* in: Schimansky/Bunte/Lwowski Bankrechts-Handbuch (5. Aufl. 2017), § 33 Rn. 94; *Neth-Unger,* in: Münchener Anwalts Handbuch, Bank- und Kapitalmarktrecht (2. Aufl. 2018) § 3 Rn. 371; differenzierend Stein/Jonas/*Bruns* ZPO (23. Aufl. 2020), § 930 Rn. 9.

1. Ausführungspflichten

Der europäische Beschluss ergeht nach Art. 19 Abs. 1 EuKpfVO unter Verwendung eines Formblatts, das im Anhang II der gem. Art. 52 Abs. 2 und Art. 51 EuKpfVO erlassenen Durchführungsverordnung Nr. 2016/1823[619] festgelegt wurde. Das Formblatt, mit dem der Beschluss ergeht, besteht laut Art. 19 EuKpfVO aus zwei Teilen. Teil A beinhaltet alle wichtigen Informationen über die Pfändung und wird der Bank, dem Gläubiger und dem Schuldner zugestellt. Art. 19 Abs. 2 lit. h EuKpfVO besagt, dass in dem operativen Teil A des Beschlusses sogleich die Anweisung an die Bank enthalten ist, den Beschluss gemäß Art. 24 auszuführen. Die Bank soll sicherstellen, dass der in dem Beschluss angegebene Betrag nicht überwiesen oder abgehoben wird. Soweit es im nationalen Recht vorgesehen ist, kann die Bank den Betrag auf ein für vorläufige Pfändungen bestimmtes Konto überweisen. Teil B enthält nach Art. 19 Abs. 3 EuKpfVO zusätzliche Informationen, wie die Frist für die Einleitung des Hauptverfahrens sowie die Rechtsbehelfsbelehrung und wird nur dem Gläubiger und dem Schuldner übermittelt.

Es wird ersichtlich, dass in Teil A des Beschlusses die Pfändungsanordnung bereits erfasst ist. Somit wird die Pfändung unmittelbar mit der Zustellung an die Bank[620] wirksam, welche den Beschluss implementieren muss, während der zuständigen Behörde des Vollstreckungsstaates nach Art. 23 i.V.m. Art. 4 Nr. 14 und Art. 24 Abs. 1 EuKpfVO nur die Koordinierung des Verfahrens bzw. die Durchführung der Zustellungen und Übermittlungen zugewiesen sind.[621] Eine weitere gerichtliche Anordnung zur Ausführung der Pfändung findet nicht statt, es sei denn, dies ist im nationalen Vollstreckungsrecht vorgesehen (Art. 24 Abs. 1 Alt. 2 EuKpfVO).

a. Erhalt des Beschlusses

Die Bank ist für die tatsächliche Ausführung des Beschlusses verantwortlich. Nach Art. 24 Abs. 1 EuKpfVO muss sie ihn unverzüglich nach Eingang implementieren. Es gibt keine ausdrückliche Regelung für die Zustellung des Beschlusses an die Bank. Die Verordnung spricht vielmehr an keiner Stelle von einer förmlichen Zustellung, sondern von Übermittlung. Im Gegensatz zu dieser

619 Durchführungsverordnung (EU) 2016/1823 der Kommission vom 10. Oktober 2016 zur Festlegung der Formblätter nach Maßgabe der Verordnung (EU) Nr. 655/2014, ABl. 2016 L 283/1.

620 *Mohr*, Die vorläufige Kontenpfändung, 2014, Rn. 292.

621 Vgl. auch Schlosser/*Hess*, EuZPR Kommentar (5. Aufl. 2021), Art. 23 EuKpfVO Rn. 3.

neutralen Form der Mitteilung muss der Beschluss nach Art. 28 EuKpfVO nach der Pfändung dem Schuldner zugestellt werden, damit er sich gegen die Pfändung nach Art. 33 und 34 EuKpfVO wehren kann. Da der Schuldner und nicht der Drittschuldner als Person, gegen die sich die Vollstreckung richtet, gilt, ist das Erfordernis einer förmlichen Zustellung an den Schuldner konsequent. Die Übermittlung wird in Art. 29 EuKpfVO derart definiert, dass jede Mitteilung mit geeigneten Mitteln erlaubt ist, sofern das empfangene und das übermittelte Dokument genau übereinstimmen und alle enthaltenen Angaben mühelos lesbar sind. Die EuZustVO bleibt insoweit unanwendbar.[622]

Die Verordnung dringt so wenig wie möglich in die nationalen Strukturen ein. Daher gilt für die inländische Übermittlung des Beschlusses an die Bank der Verweis in Art. 23 Abs. 1 EuKpfVO auf das Recht des Vollstreckungsmitgliedstaats, das die Vollstreckung gleichwertiger nationaler Beschlüsse regelt. Wenn der Erlass- und der Vollstreckungsmitgliedstaat identisch sind, wird der Beschluss nach dem nationalen Recht entweder vom Gericht oder im Parteibetrieb der Bank zugestellt.[623] Wenn aber der Beschluss in einem anderen Mitgliedstaat vollstreckt werden muss, wird er nach Art. 23 Abs. 3 EuKpfVO zuerst an die zuständige Behörde des Vollstreckungsmitgliedstaats übermittelt. Diese übernimmt anschließend die Verantwortung, unverzüglich und von Amts wegen tätig zu werden und durch das Ergreifen aller erforderlichen Maßnahmen, den Beschluss nach ihrem nationalen Recht vollstrecken zu lassen (Art. 23 Abs. 2 und 5 EuKPfVO). Demnach wird in diesem Fall der Beschluss der Bank nach dem Recht des Vollstreckungsmitgliedstaats zugestellt, während für die zwischenstaatliche Übermittlung die Verordnung eine Art Zustellungshilfe mit der Einschaltung der Vollstreckungsbehörde vorsieht.[624] Der Erhalt des Beschlusses von der Bank wird demzufolge Ergebnis entweder einer förmlichen Zustellung mit oder ohne gesonderter Anweisung zur Ausführung nach nationalem

622 Vgl. Art. 48 Abs. 1 lit. a EuKpfVO. Im Gegensatz dazu war in Art. 24 des Vorschlags die Rede von einer Zustellung des EuBvKpf an die Bank und in dessen Abs. 1 S. 3 die Anwendung der EuZustVO für den Fall vorgesehen, dass der Ursprungs- und der Vollstreckungsmitgliedstaat unterschiedlich waren, KOM(2011) 445. Dazu *Cranshaw*, DZWIR 2012, 399 (407); *Max Planck Working Group*, ECFR 2007, 252 (286).

623 Rauscher/*Rasucher/Wiedemann*, EuZPR/EuIPR (4. Aufl. 2015), Art. 23 EuKpfVO Rn. 10; vgl. die entsprechende Regelung in Art. 28 Abs. 2 für die Zustellung an den Schuldner.

624 Kritisch gegen diese Multiplizierung der Stationen *Hess*, in: FS Kaissis (2012), S. 399 (407 ff.); *Sikorski*, Vorläufige Kontopfändungen, 2018, S. 237: „zweistufiges Verfahren".

Recht[625] oder je nach nationalem Recht einer Weiterleitung von der zuständigen Behörde des Vollstreckungsmitgliedstaats sein. Anders als für die Zustellung an den Schuldner (Art. 28 Abs. 2 und 3 EuKpfVO) sieht die Verordnung keine genaue Frist für die Zustellung an die Bank vor, was die erforderliche Beschleunigung des Verfahrens gefährdet.[626]

Fraglich ist, an welche Filiale oder interne Stelle der Bank der Beschluss zugegangen sein muss, damit die Rede vom „Eingang" des Beschlusses gerechtfertigt ist. Darüber gibt es keine spezielle Regelung in der EuKpfVO. Dies ist dem Recht des Vollstreckungsmitgliedstaats überlassen.[627] Nach einer Meinung muss der Beschluss der für die Bearbeitung von Pfändungen zuständigen internen Stelle der Bank zugegangen sein.[628]

Dem kann auf autonomer europäischer Ebene nicht zugestimmt werden, da die Verordnung keine diesbezüglichen Hinweise enthält. Vielmehr ist der Beschluss mit dem Eingang an der Empfangsstelle der Bank bereits in ihren Machtbereich gelangt.[629] Die interne Weiterleitung an die für die Vornahme der Pfändung zuständige Stelle ist als Teil der Ausführung zu betrachten. Darüber hinaus ist von einem Kreditinstitut zu erwarten, dass die eingehenden Beschlüsse direkt (elektronisch, EDV-System, Fax) weitergeleitet werden können. Ferner hängt es von der Organisation der Bank ab, ob eine oder mehrere Stellen für die Pfändung zuständig sind, da die Bank außer der Sperrung des Kontos auch einen Ermittlungsauftrag hat, um das betreffende Konto zu finden und die pfändungsfreien Beiträge anzuwenden. Daher ist der Spielraum für eine harmonisierte autonome Regelung über die konkrete interne zuständige Stelle der Bank sehr gering.[630]

---

625 Eine Anweisung ist ohnehin im Teil A des Beschlusses, der der Bank zugestellt wird, enthalten. Vgl. Art. 19 Abs. 1 lit. h.

626 Vgl. *Wiedemann/Harbeck*, RIW 2018, 777 (784).

627 Vgl. die Regelung in Art. 983 Abs. 4 gr. ZPGB, wonach die Zustellung entweder am Hauptsitz oder in jeder (nicht zwangsläufig die kontoführende) Filiale erfolgen kann. Dazu oben unter A.IV.3.c.; auch in Österreich nach § 2 Z 4 ZustG, *Mohr*, Die vorläufige Kontenpfändung, 2014, Rn. 294. Umstritten ist in Deutschland aus Gründen der Bestimmtheit der Pfändung, ob die Zustellung an die Zentrale genügt, wenn die kontoführende Filiale nicht angegeben wird, *Bitter*, in: Schimansky/Bunte/Lwowski, Bankrechts-Handbuch (5. Aufl. 2017), § 33 Rn. 21.

628 *Cranshaw*, DZWIR 2012, 399 (408).

629 So auch *Mohr*, Die vorläufige Kontenpfändung, 2014, Rn. 296.

630 Vgl. auch *Ritz*, Vorläufige Kontenpfändung in Europa, 2019, S. 161 ff.

b. Zeitpunkt der Ausführung: unverzüglich

Die Ausführung des Beschlusses muss nach Art. 24 Abs. 1 „unverzüglich" nach Eingang des Beschlusses oder, soweit im Recht des Vollstreckungsmitgliedstaats vorgesehen, nach einer entsprechenden Anweisung[631] der Vollstreckungsbehörde erfolgen. Von der tatsächlichen Implementierung des Beschlusses soll sein Wirksamwerden differenziert werden. Die Wirkung tritt mit der Zustellung an die Bank ein und diese ist ab diesem Zeitpunkt zur schnellstmöglichen Implementierung verpflichtet.[632]

Der Begriff „unverzüglich" erscheint auch an anderen Stellen der Verordnung und gibt das Schnelligkeitsgebot, das grundlegend sowohl für die Effektivität der vorläufigen Kontenpfändung als auch für den Schuldnerschutz ist, wieder.[633] Allerdings fungiert der Begriff eher richtungsweisend, da er sich nicht eindeutig konkretisieren lässt und die Nichteinhaltung nicht sanktioniert wird.[634] Der Begriff wird in mehreren europäischen zivilprozessrechtlichen Verordnungen (z.B. Art. 48 EuGVO, Art. 34 Abs. 3 EuUnthVO) verwendet. Daher wird er autonom ausgelegt und bedeutet: so schnell wie möglich bzw. ohne schuldhaftes Zögern, sofort.[635] Der Begriff „unverzüglich" deutet einer Meinung nach gemäß Art. 45 EuKpfVO auf eine Fristbemessung.[636] Für die Berechnung der

---

631 Obwohl der Beschluss bereits nach Art. 19 Abs. 2 lit. h EuKpfVO eine solche Anweisung an die Bank zur Ausführung enthält, wird dem nationalen Recht des Vollstreckungsmitgliedstaats mit Art. 24 Abs. 1 der Spielraum gegeben, die eigenen Formalitäten beizubehalten. In der Anweisung des Art. 24 Abs. 1 kann somit im griechischen Recht der „Befehl" des Gläubigers an den Gerichtsvollzieher, den Beschluss der Bank zuzustellen, gesehen werden.

632 Dazu oben Kapitel A.IV.3.a. Vgl. *Max Planck Working Group*, ECFR 2007, 252 (287).

633 Vgl. Art. 17 Abs. 2, wonach das Gericht über den Antrag auf Kontenpfändung unverzüglich entscheidet; Art. 23 Abs. 2, nach dem alle Behörden zur Vollstreckung des Beschlusses unverzüglich tätig werden sollen; Art. 27 Abs. 2, nach dem die Vollstreckungsbehörde die Bank unverzüglich anweisen muss, überschüssige, vorläufig gepfändete Beiträge freizulassen.

634 Vielmehr wird die Überschreitung der Frist zum Erlass des Beschlusses im Rahmen der EuKpfVO ebenso nicht sanktioniert, was auf die Zurückhaltung des europäischen Verordnungsgebers den nationalen Rechtsordnungen gegenüber zurückzuführen ist. Dazu *Hess/Raffelsieper* IPRax 2015, 46 (49). Vgl. auch im Rahmen des Art. 48 Brüssel Ia-VO Schlosser/*Hess* EuZPR Kommentar (5. Aufl. 2021) Rn. 2.

635 Rauscher/*Mankowski*, EuZPR/EuIPR (4. Aufl. 2016) Art. 48 Brüssel Ia-VO Rn. 1 f.; *Kropholler/von Hein*, EuZPR (9. Aufl. 2011) Art. 41 EuGVO a.F. Rn. 1; MüKoZPO/*Hilbig-Lugani* (5. Aufl. 2017), Art. 17 EuKpfVO Rn. 2 m.w.N.

636 MüKoZPO/*Hilbig-Lugani* (5. Aufl. 2017), Art. 23 EuKpfVO Rn. 3.

Fristen gilt nach Erwägungsgrund 38 der EuKpfVO die Verordnung Nr. 1182/71[637], deren Art. 3 Abs. 1 UAbs. 2 erst den nächsten Tag nach dem Eintritt eines Ereignisses als den maßgeblichen Zeitpunkt für die Fristbemessung festlegt. Dies gilt allerdings für Fristen, die nach Tagen bemessen werden, was bei dem Gebot „unverzüglich" nicht der Fall ist. Aus dem gesamten Schnelligkeitsgebot der Verordnung für das Gericht, die Behörden und die Bank ist zu entnehmen, dass in Art. 24 „unverzüglich nach Eingang", sofort[638] nach dem Empfang des Beschlusses bzw. am gleichen Tag bedeutet. Nur wenn der Eingang des Beschlusses außerhalb der Geschäftszeiten erfolgt, ist der Beschluss am nächsten Arbeitstag auszuführen.[639] Wenn die Bank die Ausführung verzögert, kann sie sich je nach anwendbarem Recht gem. Art. 26 EuKpfVO haftbar machen.

c. Ermittlung des betreffenden Bankkontos

Die Bank muss den Beschluss unverzüglich ausführen und den darin angegebenen Geldbetrag blockieren. Dafür muss sie die persönlichen Daten des Schuldners und dessen Kontonummer kennen. Wenn der Gläubiger bereits in seinem Antrag die Kontonummer, die sich aus der IBAN ergibt, angegeben hat, wird sie auch in dem ergehenden Beschluss nach Art. 19 Abs. 2 lit. e EuKpfVO enthalten sein. Andernfalls muss die Bank nach Art. 24 Abs. 4 EuKpfVO anhand der übrigen in dem Beschluss ausgeführten Schuldnerangaben das Konto bzw. die Konten (Art. 19 (2) lit. e EuKpfVO) eigenständig ermitteln. Der Vorschlag der Kommission enthielt keine entsprechende Ermittlungspflicht der Bank im Rahmen der Ausführung des Beschlusses. An ihrer Stelle sah allerdings Art. 16 EuKpfVO-E ein erweitertes Auskunftsverfahren vor, das in allen Fällen, nämlich nach aber auch vor Titulierung der Hauptforderung, die Banken zur Auskunftserteilung zwang. Die Banken müssten folglich nach der vorgeschlagenen Regelung die Ermittlung in einem viel früheren Stadium durchführen und vom Bankgeheimnis geschützte Daten ihrer Kunden, auch gegenüber Antragstellern mit zweifelhafter Berechtigung, preisgeben. Diese Regelung schoss weit über das Ziel hinaus, stieß richtigerweise auf heftige Kritik und wurde in die Verordnung nicht übernommen.[640]

637 Verordnung (EWG, EURATOM) Nr. 1182/1971 des Rates vom 3. Juni 1971 zur Festlegung der Regeln für die Fristen, Daten und Termine, ABl. EG 1971 Nr. L 124 S. 1.

638 So auch in Art. 26 Abs. 1 des Vorschlags KOM(2011) 445; *Max Planck Working Group*, ECFR 2007, 252 (287) „without unreasonable delay".

639 So auch *Mohr*, Die vorläufige Kontenpfändung, 2014, Rn. 296; vgl. Art. 26 Abs. 2 des Vorschlags KOM(2011) 44.

640 KOM(2011), 445; dazu *Cranshaw*, DZWIR 2012, 399 (406 f.).

Die Kontoermittlung kann eine heikle Aufgabe für die Bank sein, wenn zum Beispiel der Name des Schuldners bei mehreren Konten und Kontenarten erscheint, mehrere Kunden mit ähnlichen Daten existieren oder die Schuldnerangaben in dem Beschluss nicht vollständig oder fehlerhaft[641] sind. Die Bank muss das betreffende Bankkonto der richtigen Person zuordnen. Wenn nur die im Beschluss angegebene Adresse des Schuldners mit den Daten der Bank übereinstimmt, muss die Bank im Einzelfall entscheiden, ob sie mit hoher Wahrscheinlichkeit davon ausgehen kann, dass es die richtige Person ist.[642] Es kommen Giro-, Spar-, Treuhand- und gemeinschaftliche (z.B. Eheleute) Konten in Betracht. Da die Bank eine einheitliche juristische Person ist, wird sich die Ermittlung der Bankkonten nicht auf eine Filiale beschränken, sondern alle inländischen Niederlassungen der Bank betreffen. Dies stellt angesichts der modernen EDV-Systeme der Banken keine übermäßige Belastung für sie dar.[643] Ausländische selbständige Niederlassungen bleiben allerdings außer Betracht, weil die Bankkontoermittlung zur Vollstreckung des Beschlusses in einem bestimmten Mitgliedstaat, nämlich dem Mitgliedstaat der Kontoführung, dient (Art. 23 und Art. 24 Abs. 4 lit. a EuKpfVO). Die Vollstreckung in diesem Mitgliedstaat rechtfertigt keine Ausweitung der Anknüpfung zu einem Vermögensgerichtsstand.

Wenn die Ermittlung erfolglos ist, aber im Beschluss angegeben ist, dass ein Auskunftsverfahren nach Art. 14 bereits vorgenommen wurde, erfragt die Bank die Kontonummer von der Auskunftsbehörde. Diese Regelung ist nur anwendbar, wenn das Auskunftsverfahren nach Art. 14 Abs. 2 lit. b oder c EuKpfVO entweder nach dem Zugriff der Auskunftsbehörde in Registern oder nach der Offenlegungspflicht des Schuldners durchgeführt wurde. Denn wenn das Auskunftsverfahren nach Art. 14 Abs. 2 lit. a EuKpfVO geführt wurde, hat die Bank der Auskunftsbehörde als erste die fraglichen Informationen gegeben. Das bedeutet, dass die Bank bereits ermittelt und das Konto identifiziert hat. Unanwendbar bleibt freilich die Vorschrift auch in dem Fall, in dem kein Auskunftsverfahren nach Art. 14 EuKpfVO durchgeführt wurde, da der Gläubiger keinen Titel in der Hauptsache besaß. Dies ergibt sich aus dem Wortlaut und

641 Falls die angegebene Kontonummer falsch ist, geht die Pfändung ins Leere nach *Mohr*, Die vorläufige Kontenpfändung, 2014, Rn. 298. Nach der hier vertretenen Ansicht hat die Bank auch in diesem Fall eine Ermittlungspflicht. Vgl. auch *Schumacher/Köllensperger/Trenker*, EuKpfVO (2017), Art. 24 Rn. 8.

642 *Schumacher/Köllensperger/Trenker*, EuKpfVO (2017), Art. 24 Rn. 8.

643 Vgl. schon *Welter*, Zwangsvollstreckung und Arrest, 1988, S. 9.

dem geschlossenen Verweisungssystem des Art. 24 Abs. 4 lit. a EuKpfVO, welcher die Angabe an den Beschluss, dass ein Auskunftsverfahren nach Art. 14 EuKpfVO stattgefunden hat, voraussetzt. Das Auskunftsverfahren ist ohnehin nur bei bereits titulierter Hauptforderung verfügbar.[644] Die Anfrage sollte nach Erwägungsgrund 21 auf informelle und einfache Weise erfolgen können. In allen anderen Fällen, in denen die Kontonummer nicht mit Sicherheit hervorgehen kann, ist die Bank aus Rechtssicherheitsgründen verpflichtet, den Beschluss nicht auszuführen (Art. 24 Abs. 4 lit. b EuKpfVO). Ferner sind von der vorläufigen Pfändung die Konten ausgenommen, die unter dem nationalen Recht des Vollstreckungsmitgliedstaats auch mit den äquivalenten nationalen Maßnahmen nicht tangiert werden können.[645]

Im Gegensatz zu der Verordnung, welche sich an der IBAN orientiert, reicht für die h.M. im griechischen Recht der bloße Hinweis auf das Bestehen bzw. den Rechtsgrund der Forderung aus der Bankverbindung, ohne die Kontoart oder die kontoführende Filiale bestimmen zu müssen.[646] Strikter geht das deutsche Recht vor, welches verlangt, dass die Kontoart gesondert aufgeführt werden muss, während die Kontonummer auf jeden Fall nicht angegeben werden muss.[647] Die Ausforschungspfändungen sind in beiden Mitgliedstaaten grundsätzlich unzulässig.[648] In Deutschland sind Pfändungen an bis zu drei Kreditinstituten nach der BGH-Rechtsprechung zulässig.[649]

aa. Mehrere Konten

Es ist möglich, dass der Schuldner mehrere Konten bei derselben Bank[650] unterhält und dass sich der Beschluss demgemäß auf mehrere Konten bezieht. In

644 Vgl. Art. 19 Abs. 2 lit. f i.V.m. Art. 14. Wohl übersehen von Schlosser/*Hess* EuZPR Kommentar (5. Aufl. 2021), Art. 24 EuKpfVO Rn. 3; MüKoZPO/*Hilbig-Lugani* (5. Aufl. 2017), Art. 24 Rn. 6.

645 *Mohr*, Die vorläufige Kontenpfändung, 2014, Rn. 46.

646 *Yessiou-Faltsi*, Zwangsvollstreckungsrecht – BT (Athen, 2018), § 68 Rn. 66; *Orfanidis*, Pfändung (Athen, 2017), S. 80 f.; *Kontogeōrgakopoulos*, Epitheōrisi Politikis Dikonomias 2013, 545 (550); Koutsoulelos/*Geōrgiadou*, Zwangsvollstreckung, (Athen 2016), S. 342 f.; a.A. *Psychomanis*, DEE 2002, 473 (475).

647 *Bitter*, in: Schimansky/Bunte/Lwowski, Bankrechts-Handbuch (5. Aufl. 2017), § 33 Rn. 17; *Ritz*, Vorläufige Kontenpfändung in Europa, S. 168.

648 *Yessiou-Faltsi*, Zwangsvollstreckungsrecht – BT (Athen, 2018), § 68 Rn. 66.

649 BGH, NJW 2004, 2097; kritisch dazu *Hess*, NJW 2004, 2350.

650 Wenn mehrere Banken betroffen sind, muss der Vollstreckungsbehörde im jeweiligen Vollstreckungsmitgliedstaat ein gesondertes Formblatt für jede Bank übermittelt werden, Art. 23 Abs. 6 i.V.m. Art. 19 Abs. 4.

diesem Fall hält Art. 24 Abs. 7 EuKpfVO spezielle Leitlinien[651] für die Bank bereit, denen sie bei der Ausführung des Beschlusses folgen muss.[652] Insbesondere muss die Bank den europäischen Beschluss allen voran bei den Sparkonten, deren alleiniger Inhaber der Schuldner ist, ausführen. Nur wenn das Guthaben nicht ausreicht oder solche Konten nicht vorhanden sind, darf die Bank die Girokonten auf den alleinigen Namen des Schuldners pfänden. In einem dritten Schritt darf die Bank die gemeinschaftlichen Sparkonten blockieren und erst im vierten Schritt die gemeinschaftlichen Girokonten sperren. Es wird deutlich, dass die Verordnung die Liquidität des Schuldners dadurch schützt, dass zuerst seine alleinigen Sparkonten gepfändet werden sollen. Auf diese Weise behält der Schuldner die Verfügungsmacht über seine Zahlungskonten. Erst wenn der Beschluss bei etwaigen Sparkonten nicht vollständig ausgeführt werden kann, dürfen die auf seinen alleinigen Namen geführten Girokonten gepfändet werden.

bb. Mehrere Pfändungen

Die Verordnung enthält keine ausdrückliche Antwort zu der Frage, ob bereits verpfändete Bankkonten mit dem europäischen Beschluss vorläufig gepfändet werden können. Art. 16 Abs. 1 EuKpfVO untersagt nur parallele Anträge des gleichen Gläubigers gegen den gleichen Schuldner für dieselbe Forderung, um Letzteren vor taktischen Überpfändungen zu schützen. Art. 24 Abs. 3 lit. c EuKpfVO liefert hingegen ein Indiz dafür, dass aus der Perspektive der Verordnung mehrere Pfändungen mit mehreren europäischen oder gleichwertigen nationalen Beschlüssen konkurrierender Gläubiger möglich sind.[653] Die Bank wird in diesem Fall nach Art. 32 und 46 Abs. 1 EuKpfVO das nationale Recht des Vollstreckungsmitgliedstaats anwenden müssen. Das deutsche (§ 853 ZPO) und das

---

651 Eine Art *gradus executionis*, Schlosser/*Hess* EuZPR Kommentar (5. Aufl. 2021), Art. 24 EuKpfVO Rn. 1.

652 Im Gegensatz dazu gab es im Vorschlag keine entsprechende Regelung für die Pfändungsreihenfolge, wenn mehrere Konten des Schuldners vorhanden sind, Art. 28 KOM(2011) 445. Kritisch dazu *Nunner-Krautgasser*, Der geplante Rechtsakt zur Europäischen Kontenpfändung, in: Hess (Hg.), Die Anerkennung im Internationalen Zivilprozessrecht (2014), S. 125 (145); *Cranshaw*, DZWIR 2012, 399 (407).

653 Vgl. Punkt 5.6 und 5.9 des Formblatts für die Erklärung der Bank, in dem die vorläufige Pfändung aufgrund anderer Sicherungsmaßnahmen als Grund für die Nichtausführung oder teilweise Ausführung des Beschlusses erwähnt wird, Anhang IV der Durchführungsverordnung 2016/1823 ABl. (EU) 19.10.2016 Nr. L 283 S. 1 (28 f.); *Trenker*, Vorläufige Kontenpfändung: Überblick und ausgewählte Fragen, in: König/Mayer (Hg.), Europäisches Zivilverfahrensrecht in Österreich (2015), S. 130 (152).

griechische Recht (Art. 721 gr. ZPGB) erlauben mehrere Forderungspfändungen bis zum Zeitpunkt der Abtretung der Forderung.[654]

cc. Gemeinschafts- und Treuhandkonten

Ob und inwieweit die Gemeinschaftskonten überhaupt pfändbar sind, entscheidet nach Art. 30 EuKpfVO das Recht des Vollstreckungsmitgliedstaats. Dazu gehören nach autonomem Verständnis nur die Und-Konten, über die die Inhaber nur gemeinsam verfügen dürfen.[655] Das Gemeinschaftskonto wird in Art. 30 Abs. 1 EuKpfVO als ein Konto, über das „den Unterlagen der kontoführenden Bank zufolge der Schuldner nicht allein verfügen kann", definiert. Dies schliesst folglich die Oder-Konten, über die jeder Inhaber allein verfügungsberechtigt ist, aus. Für die Pfändung eines Und-Kontos muss sich jedoch der Titel bzw. der Beschluss im deutschen Recht gegen alle Kontoinhaber richten.[656] Wenn dies nicht der Fall ist, kann die Pfändung in den Anteil oder in den Teilungsanspruch bewirkt werden.[657]

Abweichend von der autonomen Definiton der Gemeinschaftskonten ist die Pfändung eines Oder-Kontos im deutschen Recht hingegen mit einem Beschluss gegen einen der Kontoinhaber möglich.[658] Allerdings ist es umstritten, ob die Bank an den anderen Kontoinhaber auszahlen kann, ohne sich haftbar zu machen. Nach einer Ansicht verhindert der Rang des mit der Pfändung ergehenden Zahlungsverbots die Auszahlung an den anderen Kontoinhaber.[659] Nach dem BGH bleibt bei Gesamtgläubigern i.S.d. § 428 BGB die Verfügungsmacht des von der Pfändung nicht betroffenen Kontoinhabers bis zur Auszahlung an den Pfändungsgläubiger bestehen.[660]

Auch im griechischen Recht ist die Pfändung von Oder-Konten mit einem Beschluss gegen nur einen Kontoinhaber möglich. Die Mitkontoinhaber sind

---

654 *Triantafillidis*, DEE 2014, 312; *Stöber/Rellermeyer*, Forderungspfändung (17. Aufl. 2020), Rn. B.457 ff.

655 MüKoZPO/*Hilbig-Lugani*, Art. 30 EuKoPfVO Rn. 2; Schlosser/*Hess*, EuZPR Kommentar (5. Aufl. 2021) Art. 30 EuKtPVO Rn. 2 (a.A. in der Voraufl. aufgegeben).

656 *Engel/Thormann*, in Assies u.a. (Hg.), Handbuch des Fachanwalts Bank- und Kapitalmarktrecht (5. Aufl. 2019), Kapitel 2 Rn. 86; *Ritz*, Vorläufige Kontenpfändung in Europa, 2019, S. 108;

657 MüKoBGB/*Schmidt* (7. Aufl. 2017), § 741 Rn. 56.

658 *Neth-Unger*, in: Münchener Anwalts Handbuch, Bank- und Kapitalmarktrecht (2. Aufl. 2018) § 3, Rn. 338.

659 MüKoBGB/*Schmidt* (7. Aufl. 2017), § 741 Rn. 56.

660 BGH NJW 1979, 2038.

zwar Gesamtgläubiger (Art. 489 gr. ZGB[661], vgl. § 428 BGB) der Bank gegenüber. Es wird aber laut Gesetz unwiderleglich vermutet, dass dem Pfändungsgläubiger gegenüber den Inhabern gleiche Anteile zustehen. Somit stehen die beiden Mitkontoinhaber dem Pfändungsgläubiger gegenüber ähnlich einer Gemeinschaft nach Bruchteilen und der Beschluss kann auf die Hälfte des Guthabens vollstreckt werden.[662] Die Pfändung beeinflusst jedoch die Beziehung des anderen Kontoinhabers mit der Bank nicht. Die Bank kann also die Aufrechnung der gesamten Forderung bewirken, da die Aufrechnung zum Erlöschen der Forderung den Gesamtgläubigern gegenüber führt.[663] Ähnliche dogmatische Gestaltung wurde im deutschen Recht auch befürwortet,[664] aber die h.M. geht von einer Gesamtgläubigerschaft i.S.d § 428 BGB auch dem Pfandgläubiger gegenüber aus.[665] Das seltenere Und-Konto[666] wird genau wie im deutschen Recht grundsätzlich nur gepfändet, wenn sich die Pfändung gegen alle Inhaber richtet, die Gläubiger einer unteilbaren Leistung nach Art. 495 gr. ZGB (vgl. § 432 BGB) sind. Allerdings ist die Pfändung des Anteils möglich, wenn der Gläubiger es begründen kann.[667]

Die Verordnung verweist ebenfalls für die Pfändbarkeit der Treuhandkonten, die der Schuldner für einen Dritten führt oder diejenigen, die auf den Namen eines Dritten geführt werden und deren wirtschaftlicher Eigentümer der Schuldner ist, auf das gleiche Recht. Im deutschen und griechischen Recht kann mit einem Beschluss gegen den Treugeber, nämlich den wirtschaftlichen Berechtigten, nicht gepfändet werden.[668] Kontoinhaber eines Treuhandkontos

---

661 Griechisches Zivilgesetzbuch, Gesetzedekret Nr. 456/1984, FEK A/164 v. 24.10.1985, wie geändert.

662 Art. 4 Gesetz Nr. 5638/1932; Areopag Nr. 769/2004, Datenbank NOMOS; *Yessiou-Faltsi*, Zwangsvollstreckungsrecht – BT (Athen, 2018), § 68 Rn. 30; *Konstantinidis*, Armenopoulos 2015, 1804 (1819).

663 *Areopag* 1812/2007, Datenbank NOMOS; Koutsoulelos/*Geōrgiadou*, Zwangsvollstreckung, (Athen 2016), S. 346 f.

664 *Schmidt*, FS Hadding (2004), S. 1093 (1104).

665 *Hadding/Häuser* in: Schimansky/Bunte/Lwowski, Bankrechts-Handbuch (5. Aufl. 2017), § 35 Rn. 8.

666 Nach Art. 111 des Gesetzes Nr. 2961/2001.

667 *Psychomanis*, DEE 2002, 473 (476).

668 *Einsele*, Bank- und Kapitalmarktrecht (4. Aufl. 2018), § 3 Rn. 45. Pfändbar ist nur der Anspruch des Treugebers gegen den Treuhänder auf Rückübertragung der Forderung, BGH NJW 195, 190. Das kann aber nicht mit dem europäischen Beschluss erfolgen; s. Mitteilung Griechenlands gemäß Art. 50 Abs. 1 lit. g EuKpfVO, abrufbar unter: https://e-justice.europa.eu/content_european_account_preservation_order-379-el-de.do?init=true&member =1#a_93 (zuletzt aufgerufen am 20.2.2022).

und alleiniger Vertragspartner der Bank ist der Treuhänder, sodass das Konto nur mit einem Beschluss gegen ihn pfändbar ist. Der wirtschaftliche Berechtigte (Treugeber) kann sich dann mit der Drittwiderspruchsklage (§ 777 ZPO) wehren.[669] Allerdings pfändbar sind die Konten, die auf den Namen eines Dritten geführt werden, da dann der Letztere der Inhaber der Forderung der Bank gegenüber ist.[670]

Der Verweis auf das nationale Recht betreffend die Pfändbarkeit der Konten, die von mehreren Personen unterhalten werden, ist mit dem Schutz der dritten Personen vereinbar. Die Verordnung gewährt in Art. 39 EuKpfVO dritten Personen jedenfalls das Recht, die Vollstreckung des Beschlusses, sowie den Beschluss an sich, nach nationalem Recht anzufechten. Es liegt auf der Hand, dass es für die Bank von essenzieller Bedeutung ist, ob und inwieweit die jeweiligen Bankkontoarten in jedem Mitgliedstaat, in dem sie Zweigniederlassungen hat, pfändbar sind. Dies herauszufinden, ist gleichzeitig eine große Belastung für sie. Allerdings ist von großen Kreditinstituten, die international agieren, zu erwarten, dass sie mit den jeweiligen nationalen Pfändungsvorschriften vertraut sind, was die Kehrseite ihrer grenzüberschreitenden Geschäftstätigkeit darstellt. Die einfachere Handhabung von Pfändungsbeschlüssen seitens der Banken stellt kein ausschlaggebendes Argument für die Vereinheitlichung dieser Pfändbarkeitsregeln dar. Autonom wird demzufolge nur die Reihenfolge der zu pfändenden Konten bestimmt, während für die Pfändbarkeit der Gemeinschafts- und Treuhandkonten auf die bestehenden Strukturen des jeweiligen nationalen Rechts verwiesen wird.

dd. Überpfändung

In Art. 27 EuKpfVO wird ferner das Risiko der Überpfändung konsequenterweise dem Gläubiger übertragen. Sollte der Gläubiger nämlich mehrere Bankkonten in einem oder mehreren Mitgliedstaaten mit dem europäischen Beschluss pfänden lassen wollen, ist jede Bank verpflichtet, den Beschluss für den vollen Betrag auszuführen. Dadurch ergibt sich die Gefahrsituation, dass eine höhere Summe als die erforderliche eingefroren wird. Der Gläubiger ist verpflichtet, bis zum Ende des dritten Arbeitstags nach Erhalt derjenigen Erklärung, welche die Überpfändung ausweist, die Freigabe der überschüssigen vorläufig gepfändeten

669 *Bitter*, in: Schimansky/Bunte/Lwowski, Bankrechts-Handbuch (5. Aufl. 2017), § 33 Rn. 105.

670 Vgl. Art. 2 Abs. 1 des Gesetzesdekret vom 1923; *Konstantinidis*, Armenopoulos 2015, 1804 (1820).

Beträge, zu beantragen.[671] Die Freigabe erfolgt nach Art. 27 Abs. 2 S. 3 EuKpfVO in umgekehrter Reihenfolge als die Pfändung, nämlich zuerst die gemeinschaftlichen Giro- und Sparkonten, gefolgt von den Giro- und Sparkonten auf den alleinigen Namen des Schuldners. Wenn der Gläubiger diese Pflicht verletzt, haftet er nach Art. 13 Abs. 2 lit. b EuKpfVO dem Schuldner gegenüber. Die Unterlassung der Freigabe kann der Schuldner mit den Rechtsbehelfen der Artt. 33 und 34 EuKPfVO im Ursprungs- und im Vollstreckungsmitgliedstaat beanstanden. Ferner ermächtigt Art. 27 Abs. 3 EuKpfVO den Vollstreckungsmitgliedstaat, die Initiative für die Freigabe an die zuständige Vollstreckungsbehörde zu gewähren.[672] Dies begünstigt den Schuldner, dessen Konten übermäßig gepfändet wurden, da alle Behörden nach Art. 23 Abs. 2 EuKpfVO unverzüglich tätig werden müssen, während der Gläubiger die Freigabe missbräuchlich verzögern kann.

e. *Ausführungsmethoden*

Art. 24 Abs. 2 EuKpfVO überlässt der Bank die Möglichkeit, je nach den Regelungen in ihrem nationalen Recht, zwischen den Methoden der Sperrung und der Überweisung in ein spezielles Konto auszuwählen. Die Bank führt folglich den Beschluss aus, indem sie entweder das betreffende Konto sperrt, damit der in dem Beschluss angegebene Betrag nicht überwiesen oder abgehoben wird, oder indem sie diesen Betrag auf ein für vorläufige Pfändungen bestimmtes Konto überweist. Die Überweisung kann auf ein Konto bei der gleichen Bank, beim Gericht oder der zuständigen Vollstreckungsbehörde erfolgen.[673] In der griechischen und der deutschen Rechtsordnung sperrt die Bank bei ausreichendem Guthaben den Pfändungsbetrag.[674] Die Bank muss den bestimmten Geldbetrag dadurch sicherstellen, dass sie alle Abhebungen, Überweisungen und Daueraufträge sowie Zahlungen an Dritte bis zu dieser Höhe unabhängig von deren Durchführungsart, z.B. Abhebung am Geldautomaten oder elektronisch, untersagt.

---

671 Vgl. die 48-Stunden-Frist in Art. 28 Abs. 2 des Vorschlags KOM(2011) 445.

672 S. dazu den Vorschlag aus der deutschen Praxis, dass das Gericht die Freigabe beantragt, damit die Risiken für die Bank bei der Identifizierung des Gläubigers entfallen, *von Hein/Imm*, in von Hein/Kruger, Informed Choices in Cross-Border Enforcement, 2021, S. 240.

673 *Mohr*, Die vorläufige Kontenpfändung, 2014, Rn. 301.

674 *Engel/Thormann*, in: Assies u.a. (Hg.), Handbuch, Kapitel 2 Rn. 225; *Sikorski*, Vorläufige Kontopfändungen, 2018, S. 249; *Yessiou-Faltsi*, Zwangsvollstreckungsrecht – BT (Athen, 2018), § 68 Rn. 69.

Auf Wunsch des Schuldners darf die Bank unter den Voraussetzungen des Art. 24 Abs. 3 EuKpfVO den zu pfändenden Geldbetrag freistellen und zur Begleichung der zu sichernden Forderung an den Gläubiger überweisen. Dafür muss der Beschluss sie dazu ausdrücklich ermächtigen und das Konto des Gläubigers benennen, was einen diesbezüglichen Antrag des Gläubigers voraussetzt. Ferner muss das Recht des Vollstreckungsmitgliedstaats eine derartige Freilassung und Überweisung erlauben.[675] Die letzte Voraussetzung für die Überweisung zur Begleichung ist, dass keine konkurrierenden Beschlüsse vorliegen. Da die Verordnung den europäischen Beschluss mit den äquivalenten nationalen Maßnahmen zur vorläufigen Pfändung gleichsetzt, sollen den konkurrierenden Beschlüssen auch etwaige nationale gleichwertige Beschlüsse zugeordnet werden.[676]

f. Zu pfändender Geldbetrag

Die Bank ist nach Art. 24 Abs. 2 EuKpfVO verpflichtet, nur den in dem Beschluss angegebenen Betrag einzufrieren oder auf ein spezielles Konto zu überweisen. Etwaiges Guthaben, das diesen Betrag übersteigt, wird von der Pfändung unberührt bleiben und der Schuldner darf darüber verfügen. Umstritten ist im deutschen Recht, ob aus der Pfändung ein absolutes Verfügungsverbot für den Schuldner ergeht, das ihm eine weitere, auf debitorischer Basis, Verfügung über sein Konto verbietet.[677] Wenn das Bankkontoguthaben zum Zeitpunkt der Ausführung für die Deckung des zu pfändenden Betrags nicht ausreicht, begrenzt sich die Pfändung nach Art. 24 Abs. 6 EuKpfVO auf das vorhandene Guthaben. Bei nicht vorhandenem Guthaben geht die Pfändung ins Leere, da der Überziehungskredit nicht als vorhandene Gelder gelten kann.[678] Die Pfändung betrifft folglich nach der ausdrücklichen Regelung des Art. 24 Abs. 6 EuKpfVO den positiven Saldo zum Zeitpunkt der Ausführung.[679]

Zukünftige Transaktionen, die dem eingefrorenen Konto nach der Pfändung gutgeschrieben werden, werden im Rahmen der EuKpfVO von der Pfändung

675 In Österreich nicht erlaubt, dazu *Mohr*, Die vorläufige Kontenpfändung, 2014, Rn. 301.

676 Vgl. Art. 16. So auch MüKoZPO/*Hilbig-Lugani* (5. Aufl. 2017), Art. 24 EuKpfVO Rn. 4.

677 *Bitter*, in: Schimansky/Bunte/Lwowski, Bankrechts-Handbuch (5. Aufl. 2017), § 33 Rn. 61 f.

678 So auch *Sikorski*, Vorläufige Kontopfändungen, 2018, S. 285 f.

679 *Mohr*, Die vorläufige Kontenpfändung, 2014, Rn. 297; *Schumacher/Köllensperger/Trenker*, EuKpfVO (2017), Art. 24 Rn. 11; vgl. Schlosser/*Hess*, EuZPR Kommentar (5. Aufl. 2021), Art. 24 EuKpfVO Rn. 1 „Zustellungssaldo".

nicht erfasst.[680] Dafür lässt sich ausführen, dass Art. 24 Abs. 6 i.V.m. Art. 4 Nr. 3 EuKpfVO den Gegenstand der Pfändung exakt definiert und die zum Zeitpunkt der Pfändung gutgeschriebenen Gelder umfasst, während es für die zukünftigen Gutschriften keine autonome Ermächtigungsgrundlage gibt. Darüber hinaus spricht dafür auch die ohnehin vorläufige Geltungsdauer der europäischen Pfändung. Nach einer Ansicht sollte ein autonomes Instrument der vorläufigen Pfändung nicht nur die zukünftigen Salden, sondern vielmehr etwaige anderen Schuldnerkonten in derselben Bank, soweit dies im Recht des Vollstreckungsmitgliedstaats vorgesehen ist, umfassen.[681] Hingegen sieht die EuKpfVO die Pfändung nur von bestimmten Konten vor und erlaubt nur unter bestimmten Voraussetzungen die Mitberücksichtigung von bereits anhängigen Transaktionen. Der Gegenstand der Pfändung wird somit autonom definiert, während nur für die übrigen Wirkungen der Pfändung auf nationales Recht verwiesen wird.

Der Umfang der Pfändung im deutschen Recht ergibt sich aus § 833a ZPO und umfasst automatisch den Zustellungssaldo sowie die Tagesguthaben der auf die Pfändung folgenden Tage. Dies war auch vor der Einführung von § 833a ZPO möglich, aber der Pfändungsbeschluss musste es ausdrücklich erwähnen.[682] Diesem Weg folgt allerdings das griechische Recht immer noch. Die zukünftigen Forderungen sind im griechischen Recht ebenfalls pfändbar, soweit das Rechtsverhältnis, aus dem sie stammen, zur Zeit der Pfändung schon entstanden ist und deren Pfändung explizit beantragt wird.[683] Allerdings ist der Umfang der Pfändung im griechischen Recht umstritten. Die früher h.M. lehnte die Pfändung des Zustellungssaldos ab und beschränkte die Pfändung auf den Abschlusssaldo. Der nunmehr herrschenden Ansicht zufolge, welche von der jüngeren Rechtsprechung bestätigt wird,[684] soll die Pfändung den Zustellungssaldo jetzt erfassen.[685]

---

680 So auch *Giannopoulos*, EPolD 2015, 665 (685); *Douvlis*, DEE 2018, 561 (570).

681 *Hess*, Study JAI/A3/2002/02, S. 95.

682 BGH NJW 1982, 2191; *Heinze*, Der einstweilige Rechtsschutz, S. 70; *Neth-Unger* in: Münchener Anwalts Handbuch, Bank- und Kapitalmarktrecht (2. Aufl. 2018) § 3 Rn. 336 f.

683 Monomeles Prōtodikeio (eingliedriges LG) Athen 2247/2017, Datenbank NOMOS; Koutsoulelos/*Geōrgiadou*, Zwangsvollstreckung, (Athen 2016), S. 311; *Yessiou-Faltsi*, Zwangsvollstreckungsrecht – BT (Athen, 2018), § 68 Rn. 34; *Orfanidis*, Pfändung (Athen, 2017), S. 68 ff.

684 Monomeles Efeteio (eingliedriges Berufungsgericht) Athen 1073/2015 Datenbank NOMOS; Monomeles Prōtodikeio (eingliedriges LG) Rethymno 38/2012 NOMOS.

685 *Orfanidis*, s.o., S. 66 f.; *Yessiou-Faltsi*, Zwangsvollstreckungsrecht – BT (Athen, 2018), § 68 Rn. 56 m.w.N. für beide Ansichten.

aa. Anhängige Transaktionen

Es ist fraglich, ob etwaige Transaktionen, die zum Zeitpunkt der Implementierung des Beschlusses noch in Abwicklung sind, von der Pfändung erfasst werden. Die Verordnung regelt nur, unter welchen zeitlichen Voraussetzungen anhängige Transaktionen berücksichtigt werden dürfen, schafft aber keine Verpflichtung der Bank zur Berücksichtigung.[686] Anders gesagt legt die Verordnung die äußersten zeitlichen Grenzen für die Berücksichtigung von anhängigen Vorgängen fest und die Bank muss entscheiden, ob sie die Abwicklung der Transaktion „abwartet" oder ob sie sie mit Eingang des Beschlusses bzw. der Pfändungsanweisung unterbricht. Wenn sie sich für eine Berücksichtigung entscheidet, darf sie dies nur in dem autonom festgelegten Maße tun. Diese autonome Regelung enthält nur einen Mindeststandard des notwendigen Regelungsgehalts, was den Kompromiss zwischen den verschiedenen mitgliedstaatlichen Modellen darstellt. Die Transaktionen werden nur zeitlich bestimmt, aber es wird nicht exakt definiert, ob sie eingehende oder ausgehende Beträge erfassen, ob sie von dem Schuldner selbst vorgenommen wurden, ob es sich um einen Bankeinzug oder eine Kreditkartenzahlung handelt oder ob der Begünstigte gutgläubig ist.[687] Die Bank wird sich anhand des nationalen Rechts grundsätzlich entscheiden müssen, ob sie die anhängigen Transaktionen abbricht oder abwickeln lässt, da sich hier noch eine Haftungsfalle für sie erkennen lässt. Allerdings darf die Bank Art. 24 Abs. 2 UAbs. 2 EuKpfVO anwenden und die anhängigen Transaktionen berücksichtigen, auch wenn das nationale Recht des Vollstreckungsmitgliedstaats die Unterbrechung vorsieht.[688] Dies wäre für die Bank nach nationalem Recht freilich risikobeladen, aber nicht nach der Verordnung. Denn die in Art. 26 EuKpfVO vorgesehene Haftung der Bank die Verletzung ihrer nach dieser Verordnung obliegenden Pflichten betrifft, während die Berücksichtigung keine Pflicht darstellt.[689] Wenn das nationale Vollstreckungsrecht eine solche Berücksichtigung erlaubt, werden ihre Voraussetzungen dem Art. 24 Abs. 2 UAbs. 2 EuKpfVO zu entnehmen sein.

---

686 Rauscher/*Rauscher/Wiedemann*, EuZPR (4. Aufl. 2015), Art. 24 EuKpfVO Rn. 3.

687 Vgl. *Hess*, Study JAI/A3/2002/02, S. 66; *Max Planck Working Group*, ECFR 2007, 252 (285 ff), in dessen Vorschlag Nr. 16 ein weiterer Durchgriff der Pfändung gegen alle anhängigen Transaktionen vorgeschlagen wurde, auch wenn diese nach der Kontosperrung abgewickelt werden; vgl. Stellungnahme Irland v. 5.9.2012 13140/12 ADD 9, S. 8.

688 A.A. *Schumacher/Köllensperger/Trenker*, EuKpfVO (2017), Art. 24 Rn. 12.

689 Vgl. Rauscher/*Rauscher/Wiedemann*, EuZPR-EuIPR (4. Aufl. 2015), Art. 24 Rn. 3.

Insbesondere dürfen die Transaktionen, welche beim Eingang des Beschlusses schon anhängig und vor Ablauf der in Art. 25 EuKpfVO vorgesehenen Frist für die Ausstellung der Bankerklärung abgeschlossen sind, von der Pfändung berücksichtigt werden. Daher kann eingehendes Guthaben nur eingefroren werden, wenn die Transaktion vor dem Eingang des Beschlusses bereits anhängig war und vor dem Fristablauf für die Erklärungsabgabe tatsächlich abgeschlossen ist. Nach dem Fristablauf eingehendes Guthaben darf nach der Verordnung nicht von der Pfändung erfasst werden.[690] Dementsprechend darf die Bank ausgehende Aufträge, welche bereits beim Eingang des Beschlusses anhängig sind, ebenfalls nur insoweit berücksichtigen, als sie bis zum Ablauf der Frist zur Abgabe ihrer Erklärung abgewickelt sind. Die Frist für die Abgabe der Erklärung der Bank läuft bis zum Ende des dritten Arbeitstages nach Ausführung des Beschlusses. Wenn außergewöhnliche Umstände vorliegen, welche die Einhaltung der Frist ausschließen, muss die Bank die Erklärung so schnell wie möglich, spätestens allerdings bis zum Ablauf des achten Arbeitstages nach der Ausführung, ausstellen. Die Frist für die Ausstellung der Erklärung der Bank ist nicht in den Fristen des Art. 45 EuKpfVO enthalten, welcher die Möglichkeit gibt, wenn außergewöhnliche Umstände vorliegen, die erforderliche Maßnahme vom Gericht oder der Behörde so rasch wie möglich zu ergreifen. Daher kann die Überschreitung der achttägigen Frist die Haftung der Bank hervorrufen.

Die Fristbemessung für die Erklärung ab der Ausführung des Beschlusses ist allerdings nicht eindeutig definierbar, da die Ausführung an sich wiederum „unverzüglich" zu erfolgen hat.[691] Es ist außerdem unklar, welche Frist für die Erklärung in dem Fall gilt, in dem die Bank den Beschluss nicht oder verspätet ausführt. In diesem Fall muss die Bank trotzdem die Erklärung mit dem Inhalt abgeben, dass sie den Beschluss nicht ausführen konnte.[692] Daher sollte zum Schutz der Bank unter „Ausführung des Beschlusses" in Art. 25 Abs. 1 EuKpfVO dessen Eingang verstanden werden, was den einzigen nachweisbaren Zeitpunkt darstellt und die Pfändungswirkung herbeiführt.[693] Dies hat zur Folge, dass der

---

690 Vgl. Art. 53 Abs. 1 lit. b EuKpfVO, nach dem die Kommission die Frage prüfen muss, ob Beträge, die nach der Ausführung des Beschlusses auf dem Schuldnerkonto gutgeschrieben werden, von der Pfändung aufgrund des Beschlusses erfasst werden sollen. Vgl. § 833a ZPO; *Trenker*, Vorläufige Kontenpfändung: Überblick und ausgewählte Fragen, in: König/Mayer (Hg.), Europäisches Zivilverfahrensrecht in Österreich (2015), S. 130 (146 f.).

691 Vgl. oben unter E.III.1.b.

692 Punkt 5.6. des Erklärungsformblatts in Anhang IV der Durchführungsverordnung (EU) 2016/1823 ABl. (EU) 19.10.2016 Nr. L 283 S. 1 (28).

693 Vgl. auch *Schumacher/Köllensperger/Trenker* EuKpfVO (2017) Art. 25. Rn. 4.

tatsächlich zu pfändende Betrag möglicherweise erst drei oder spätestens acht Arbeitstage ab dem Eingang des Beschlusses feststeht.[694]

Im deutschen Recht ist es nach dem BGH für die Bank nicht erforderlich, eine bereits vor der Pfändung in die Wege geleitete Zahlung rückgängig zu machen. Das *Arrestatorium* verbietet der Bank, Erfüllungshandlungen vorzunehmen. Daher wird die Bank, wenn die Leistungshandlung schon vor Zustellung des Beschlusses vorgenommen wurde, nicht verpflichtet, den noch nicht eingetretenen Leistungserfolg durch aktives Handeln zu verhindern.[695]

bb. Pfändungsfreie Beträge

Von der Pfändung sind ferner nach Art. 31 EuKpfVO die im Recht des Vollstreckungsmitgliedstaats vorgesehenen freizustellenden Beträge auszunehmen. Der Vollstreckungsmitgliedstaat ist nach Art. 4 Nr. 12 EuKpfVO der Mitgliedstaat der Kontoführung, welcher nicht zwangsläufig auch der Mitgliedstaat des Schuldnerwohnsitzes ist. Angesichts der Tatsache, dass die pfändungsfreien Beträge das Existenzminimum des Schuldners und seiner Familie sichern, können zwischen den Lebenshaltungskosten im Mitgliedstaat des Schuldnerwohnsitzes und den Freibeträgen im Vollstreckungsmitgliedstaat große Diskrepanzen entstehen. Dagegen wurde ein System der autonomen und proportionalen Bemessung der pfändungsfreien Beiträge vorgeschlagen.[696]

In Deutschland war vor der Änderung des § 850k ZPO Pfändungsschutz in Bezug auf Arbeitseinkommen nur mit Antrag des Schuldners und nicht von Amts wegen möglich.[697] Nach der Einführung des

694 Da im Vorschlag keine Regelung betreffend die anhängigen Transaktionen vorgesehen war und die Bank den Beschluss sofort ausführen müsste, war davon auszugehen, dass alle anhängigen Kontovorgänge abgebrochen werden müssten. Dazu *Nunner-Krautgasser*, Der geplante Rechtsakt zur Europäischen Kontenpfändung, in: Hess (Hg.), Die Anerkennung im Internationalen Zivilprozessrecht (2014), S. 125 (144).

695 BGHZ 105, 358 (360) m. zustimmender Anm. *Brehm* JZ 1989, 299; *Brox/Walker*, Zwangsvollstreckungsrecht Rn. 620; a.A. *Stöber/Rellermeyer*, Forderungspfändung (17. Aufl. 2020), Rn. B.164, der die Bank für verpflichtet hält, die Sorgfalt zu zeigen, die sie in eigenen Angelegenheiten anzuwenden pflegt und daher den Vorgang rückgängig machen muss; so auch Stein/Jonas/*Würdinger* ZPO (23. Aufl. 2017), § 829 Rn. 102; *Jurgeleit*, Die Haftung des Drittschuldners (2. Aufl. 2004), S. 80 f.

696 *Wolber*, Schuldnerschutz im europäischen Zwangsvollstreckungsrecht, 2015; vgl. aber OLG Nürnberg 22.12.2010, WM 2011, 700 (Rn. 59 ff.), wo das Gericht entschied, dass den in der englischen *worldwide freezing order* schuldnerschützenden Einschränkungen bei der Vollstreckung in Deutschland unmittelbare Wirkung zukommt.

697 BVerfG NJW 2003, 279 ff.

Pfändungsschutzkontos[698] wird auf das Antragserfordernis verzichtet und die Freigrenzen werden „automatisch" für einen Kalendermonat gewährt. Diese Vorgehensweise entlastet die Bank und das Gericht von der Berechnungspflicht der Freigrenzen.[699]

Im griechischen Recht ist die Bank nach Art. 985 Abs. 1 S. 2 gr. ZPGB verpflichtet, in ihrer Erklärung anzugeben, ob unpfändbare Forderungen vorhanden sind.[700] Es gilt ebenfalls ein allgemeiner Grundfreibetrag i.H.v. 1.500 € für Einzel- und 2.000 € für Gemeinschaftskonten.[701] Darüber hinaus sieht Art. 982 Abs. 3 gr. ZPGB vor, dass Arbeitseinkommen, Rente oder Sozialleistungen nur für den Zeitraum ab der Pfändung bis zum nächsten Tag der Einzahlung dieser Leistungen unpfändbar sind. Nach diesem Zeitpunkt verliert die Leistung ihre Selbständigkeit und somit die Unpfändbarkeit. Diese Regelung wird in der Literatur heftig kritisiert, weil sie erstens die Selbständigen nicht schützt und zweitens den Kontoinhaber ohne triftigen Grund zur sofortigen Abhebung des Einkommens zwingt, um die Unpfändbarkeit zu behalten.[702]

Wenn die Freistellung im nationalen Recht auf Antrag des Schuldners erfolgt, kann er nur nachträglich mit dem Rechtsbehelf des Art. 34 Abs. 1 lit. a EuKpfVO bei dem Gericht oder der zuständigen Behörde im Vollstreckungsmitgliedstaat die entsprechende Einschränkung der Pfändung beantragen. Im Gegensatz dazu, wenn die Freistellung nach nationalem Recht ohne Antrag erfolgt, stellt die im Vollstreckungsmitgliedstaat dafür zuständige Stelle diese Beträge von Amts wegen im Vorhinein frei (Art. 31 Abs. 2 EuKpfVO). Daher ist je nach nationalem Recht entweder die Bank oder das Gericht bzw. die Vollstreckungsbehörde für die Freistellung zuständig. Der Schuldner kann mit dem Rechtsbehelf des Art. 34 EuKpfVO die Missachtung der pfändungsfreien Beträge vor dem Gericht des Vollstreckungsmitgliedstaats beanstanden. Wenn die Ermittlung des konkreten

---

698 Mit dem Gesetz zur Reform des Kontopfändungsschutzes (KtoPfRefG) vom 7.7.2009, BGBl. I S. 170.

699 MüKoZPO/*Smid* (5. Aufl. 2016), §850k Rn. 1 und Rn. 22 über den „Sockelfreibetrag" / Grundfreibetrag; *Domej*, Internationale Zwangsvollstreckung und Haftungsverwirklichung, 2016, S. 421; *Sikorski*, Vorläufige Kontopfändungen, 2018, S. 277 f.

700 *Pipsou*, Die Verordnung (EU) Nr. 655/2014 (Athen, 2017), S. 289 (357 f.).

701 Art. 20 des Gesetzes Nr. 4161/2013; vgl. bezüglich der pfändungsfreien Beträge die häufigen gesetzlichen Änderungen in der Zeit der finanziellen Krise in Griechenland, *Douvlis*, DEE 2018, 561 (570).

702 Vgl. *Yessiou-Faltsi*, Zwangsvollstreckungsrecht – *BT* (Athen, 2018), § 68 Rn. 47; *Orfanidis*, Pfändung (Athen, 2017), S. 95.

Betrags durch die Bank erfolgt,[703] ist es fraglich, ob dies eine übermäßige Belastung für sie darstellt, angesichts der Tatsache, dass sie als unbeteiligte Dritte in den Rechtsstreit zwischen Gläubiger und Schuldner hineingezogen wird. In Mitgliedstaaten, in denen die Freigabe der Beträge quasi automatisch erfolgt, soll dies nicht der Fall sein. Soweit die Bank kompliziertere Berechnungen ausführen muss, sollte sie zur Gebührenerhebung berechtigt sein.

cc. Währung

Da die EuKpfVO auch in Mitgliedstaaten[704] Anwendung findet, die nicht zur Eurozone gehören, ist es durchaus möglich, dass der Beschluss den zu pfändenden Betrag in Euro bezeichnet, aber das Bankkonto in einer anderen Währung geführt wird. Dafür schreibt Art. 24 Abs. 8 EuKpfVO vor, dass die Bank die Umrechnung nach dem Wechselkurs der Europäischen Zentralbank oder der Zentralbank des Vollstreckungsmitgliedstaats zum Zeitpunkt der Ausführung vollzieht. Die vorläufige Pfändung erfolgt demgemäß umgerechnet in der Währung des Bankkontos.

2. Informationspflichten bezüglich der Pfändung

Der Bank obliegen ferner in Bezug auf die Ausführung des Beschlusses Informationspflichten dem Gericht, dem Gläubiger und dem Schuldner gegenüber.

a. Unterrichtung des Gerichts und des Gläubigers

aa. Abgrenzung

Die nach Art. 25 EuKpfVO abzugebende Bankerklärung muss zuerst von dem Kontoinformationenverfahren nach Art. 14 EuKpfVO abgegrenzt werden. Die Erklärung betrifft die Vollstreckung des Beschlusses und dient der Unterrichtung des Gerichts und des Gläubigers über die Einzelheiten der Pfändung.[705] Sie setzt voraus, dass die Bank schon identifiziert wurde und der Beschluss ebenfalls erlassen und vollstreckt worden ist. Das Kontoinformationenverfahren nach Art. 14 ist dagegen ein vorbereitendes Verfahren, das nur in den Fällen, in denen

---

703 *Domej*, Internationale Zwangsvollstreckung und Haftungsverwirklichung, 2016, S. 396 ff. und S. 425 Fn. 432.

704 Diese sind: Bulgarien, Kroatien, Polen, Rumänien, Schweden, die Tschechische Republik und Ungarn, da Dänemark an der Anwendung der EuKpfVO ohnehin nicht teilnimmt, Erwägungsgründe 50-51.

705 S. auch Rauscher/*Rauscher/Wiedemann*, EuZPR/EuIPR (4. Aufl. 2015), Art. 25 Rn. 2.

der Gläubiger einen Titel schon besitzt, verfügbar ist, und soll den Erlass des Beschlusses durch die Identifizierung der Bank erst ermöglichen.[706]

bb. Frist

Die Bank hat für die Ausstellung der Erklärung drei oder aufgrund außergewöhnlicher Umstände acht Arbeitstage Zeit nach der Ausführung bzw. nach Erhalt des Beschlusses.[707] Wegen des begrenzten Inhalts der Erklärung, der sich nur auf die tatsächliche Ausführung des Beschlusses bezieht und keine weitergehenden Informationen über andere Pfändungen oder die Zahlungsbereitschaft der Bank enthält, ist die ansonsten kurze Frist von drei Tagen plausibel.

cc. Positive Erklärung

In der Erklärung muss die Bank Angaben über das erlassende Gericht, den Beschluss sowie den Gläubiger und den Schuldner machen, um dem Bestimmtheitsgebot gerecht zu werden. Der wesentliche Informationsgehalt der Erklärung liegt darin, ob und in welcher Höhe Gelder auf dem Konto oder den Konten des Schuldners zur Ausführung des Beschlusses vorläufig gepfändet wurden.[708] Die Bank muss außerdem erklären, an welchem Tag der Beschluss ausgeführt wurde. Des Weiteren muss der Erklärung zu entnehmen sein, in welcher Währung das Geld gepfändet wurde.

Aus dem datenschutzrechtlichen Grundsatz, dass der Eingriff in die persönlichen Daten verhältnismäßig zum Grund der Erhebung sein muss und deshalb nur die dafür erforderlichen Daten erfassen darf, ist trotz fehlender autonomer Regelung in der EuKpfVO zu schließen, dass die Erklärung keine Angaben über die Höhe der im Bankkonto vorhandenen Gelder, die den gepfändeten Betrag übersteigen, enthalten darf.[709] Dafür soll ausgeführt werden, dass das

---

706 *Hess/Raffelsieper* IPRax 2015,46 (49) sehen fälschlicherweise in der Offenlegungspflicht der Banken nach Art. 14 Abs. 5 lit. a EuKpfVO die Drittschuldnererklärung des § 840 ZPO; dagegen *Lüttringhaus* ZZP 2016, 187 (204 f).

707 Vgl. in Bezug auf die Frist oben E.III.1.b und E.III.1.f.aa.

708 Vgl. das Erklärungsformblatt in Anhang IV der Durchführungsverordnung 2016/1823, ABl. (EU) 19.10.2016 Nr. L 283 S. 1 (26).

709 In diesem Sinn vgl. Art. 5 Abs. 1 lit. c „Datenminimierung" der Verordnung (EU) Nr. 2016/679 des Europäischen Parlaments und des Rates vom 27. April 2016 zum Schutz natürlicher Personen bei der Verarbeitung personenbezogener Daten, zum freien Datenverkehr und zur Aufhebung der Richtlinie 95/46/EG (Datenschutz-Grundverordnung), ABl. EU 2016 L 119/1 (35); vgl. Art. 27 Abs. 2 EuKpfVO-E „Übersteigt der Saldo auf dem Konto des Antragsgegners den im EuBvKpf angegebenen Betrag, darf die Bank den Saldo nicht offenlegen." KOM(2011) 445, S. 29;

übersteigende Guthaben nach Art. 24 Abs. 5 EuKpfVO von der Pfändung unberührt bleibt und daher irrelevant ist. Einen weiteren Anhaltspunkt für diese Meinung liefert der Vergleich mit dem Kontoinformationenverfahren des Art. 14 EuKpfVO, in dessen Rahmen nur die Bank und die Kontonummer offengelegt werden dürfen. Ob Geld auf dem Bankkonto ist, darf im Rahmen des Art. 14 EuKpfVO nicht mitgeteilt werden, weil die Auskunftserteilung ausschließlich zur Ermittlung des Kontos erfolgt, wozu die Information über die Höhe des Guthabens keinen Beitrag leistet. Da es im Rahmen dieses Verfahrens, das unmittelbar zur Aufklärung über das Vorhandensein von Schuldnervermögen dient, nicht erlaubt ist, den konkreten Kontostand offenzulegen, erscheint es ungerechtfertigt, wenn in der Erklärung nach Art. 25 EuKpfVO, welche ohnehin nur die Unterrichtung über die Pfändung beabsichtigt, Informationen über übersteigende Summen enthalten sind.

dd. Negative Erklärung

Es ist fraglich, ob die Bank eine Erklärung abgeben muss und wenn ja, mit welchem Inhalt, wenn die Bank den Beschluss nicht oder nur teilweise ausgeführt hat. Die Nichtausführung kann darauf beruhen, dass das betreffende Konto nicht eindeutig ermittelt werden kann. In Betracht kommt auch der Fall, in dem keine Gelder auf dem Konto vorhanden sind oder das betreffende Konto nach nationalem Recht unpfändbar ist, weil es z.B. ein Treuhandkonto ist. Es ist ferner möglich, dass die Bank den Beschluss nur teilweise ausführen konnte. Die Pfändung einer nur geringeren Summe kann daran liegen, dass nicht ausreichende Gelder vorhanden sind oder bestimmte Beträge nach dem nationalen Vollstreckungsrecht von der Pfändung freigestellt sind. Die Verordnung enthält keine Regelung dafür, ob die Gründe der Nicht- oder Teilausführung in der Erklärung angegeben werden müssen. Dies ist aber für die berechtigten Interessen des Gläubigers nicht gerecht. Dem Erklärungsformblatt ist jedoch zu entnehmen, dass die Nicht- und die Teilausführung zu begründen sind.[710] Der Gläubiger ist nach Erhalt der Erklärung nicht daran gehindert, einen neuen Antrag zu stellen.[711] Da nach der hier vertretenen Ansicht der Schuldner über

wie hier Rauscher/*Rauscher/Wiedemann*, EuZPR/EuIPR (4. Aufl. 2015), Art. 25 EuKpfVO Rn. 2.

710 Anhang IV der Durchführungsverordnung 2016/1823, ABl. (EU) 19.10.2016 Nr. L 283 S. 1 (28) unter Punkt 5.6 und 5.9.

711 So auch *Schumacher/Köllensperger/Trenker* EuKpfVO (2017), Art. 24 Rn. 19.

eine fehlgeschlagene Pfändung von der Bank nach Art. 25 Abs. 4 und auch nach Art. 28 EuKpfVO nicht informiert werden darf, bleibt der Überraschungseffekt aufrechterhalten.[712]

dd. Übermittlung

Die ausstellende Stelle bzw. die Bank muss die Erklärung dem Gericht und dem Gläubiger oder der zuständigen Behörde des Vollstreckungsmitgliedstaats unverzüglich übermitteln. Wenn der Erlass- und der Vollstreckungsmitgliedstaat identisch sind, übermittelt die Bank nach Art. 25 Abs. 2 EuKpfVO dem erlassenden Gericht mit geeigneten Mitteln und dem Gläubiger per Einschreiben mit Rückschein oder mit gleichwertigen elektronischen Mitteln die Erklärung. Wenn der Vollstreckungsmitgliedstaat verschieden ist, wird die Bank dadurch entlastet, dass die zuständige Vollstreckungsbehörde eingeschaltet wird. Die Bank muss nämlich die Erklärung nur an die inländische zuständige Behörde mit geeigneten Mitteln übermitteln und Letztere ist für die Weiterleitung an das ausländische erlassende Gericht und den Gläubiger bis zum Ende des ersten Arbeitstags nach ihrem Erhalt verantwortlich. Die Einschaltung der zuständigen Behörde wurde allerdings als unnötig kompliziert kritisiert.[713] Dem ist entgegenzuhalten, dass dieser Übermittlungsweg stimmig mit der Weise ist, in der die Bank im Fall der grenzüberschreitenden Übermittlung den Beschluss auch bekommen hat.[714] Es wird nämlich dem Schema „ausländisches Gericht – Behörde – Bank" für die Übermittlung des Beschlusses nach Art. 23 Abs. 3 EuKpfVO und „Bank – Behörde – ausländisches Gericht" für die Übermittlung der Erklärung gefolgt, was Sicherheit und Entlastung der Beteiligten gewährt. Eine direkte Zustellung der Erklärung von der Bank an das ausländische zuständige Gericht[715] würde die Zubilligung der Kostenerstattung für die Bank voraussetzen, damit ihre Beteiligung am Verfahren nicht übermäßig belastend für sie ist.

---

712 S. unten 2.b.

713 Schlosser/*Hess* EuZPR Kommentar (5. Aufl. 2021), Art. 25 EuKpfVO Rn. 1; MüKoZPO/*Hilbig-Lugani* (5. Aufl. 2017), Art. 25 EuKPfVO Rn. 5. *Sikorski*, Vorläufige Kontopfändungen, 2018, S. 304.

714 So auch Rauscher/*Rauscher/Wiedemann*, EuZPR/EuIPR (4. Aufl. 2015), Art. 25 EuKpfVO Rn. 4.

715 *Sikorski*, Vorläufige Kontopfändungen, 2018, S. 304.

ee. Rechtsnatur

Nach Art. 25 EuKpfVO ist die Bank[716] dazu verpflichtet, eine Erklärung auszustellen, in der sie das erlassende Gericht und den Gläubiger über die tatsächliche Ausführung des Beschlusses informiert. Diese Pflicht der Bank zur Ausstellung der Erklärung ergibt sich autonom aus der Verordnung und hängt weder von einem Antrag des Gläubigers noch von einer Gerichtsanweisung ab.[717] Die Erklärung der Bank hat einen rein informativen Charakter betreffend die erfolgte Pfändung.[718] Es handelt sich also um eine Wissenserklärung bzw. eine bloße Auskunftserteilung ausschließlich über die Ausführung des Beschlusses. Adressaten der Erklärung sind das Gericht, der Gläubiger und später der Schuldner, welche dadurch Kenntnis über die Ausführung des Beschlusses erlangen. Die Erklärung dient ferner dem Schuldner- und Gläubigerschutz dadurch, dass der Gläubiger über die Sicherung seines Anspruchs informiert wird und somit von weiteren Sicherungsmöglichkeiten in das Schuldnervermögen absehen kann. Deshalb stellt die Erklärung ein zentrales Element für die Fortsetzung des Verfahrens. Sie enthält aber kein Anerkenntnis bezüglich der Forderung.[719] Ebenso wenig stellt sie einen vollstreckbaren Titel gegen die Bank dar. Des Weiteren enthält die positive Erklärung weder Informationen über etwaige andere vorhandene Pfändungen auf dem betreffenden Konto noch über die Bereitschaft der Bank, an den Gläubiger auszuzahlen. Die Verordnung gewährt dem Gläubiger keinen materiellen Anspruch gegen die Bank auf Erlass der Erklärung.

An dieser Stelle stellt sich die Frage, in welchem Verhältnis die Erklärung nach Art. 25 EuKpfVO zu der im nationalen Recht für die äquivalenten Maßnahmen vorgesehenen Bankerklärung steht, da die Antwort erhebliche Auswirkungen auf die Haftung der Bank hat. Eine Meinung scheint beide Erklärungen derart gleichzusetzen, dass die Haftung bei Verletzung der Erklärungspflicht

---

716 Wenn für die Vollstreckung des Beschlusses nach dem Recht des Vollstreckungsmitgliedstaats eine sonstige Stelle zuständig ist, muss diese auch die Erklärung nach Art. 25 Abs. 1 S. 1 ausstellen. In Deutschland und Griechenland ist die Bank für die Ausführung zuständig.

717 S. auch *Sikorski*, Vorläufige Kontopfändungen, 2018, S. 304.

718 Vgl. die allgemeinen Überlegungen gegen die Qualifizierung als Willenserklärung in *Domej*, Internationale Zwangsvollstreckung und Haftungsverwirklichung, 2016, S. 401.

719 Dagegen forderte die *Max Planck Working Group* in ihrem Vorschlag, dass das Recht des Gläubigers, informiert zu werden, ob die Bank die Forderung gegen den Schuldner anerkenne, miteinbezogen werden sollte. Dazu ECFR 2007, 252 (288) Proposal 17; Schlosser/*Hess*, EuZPR Kommentar (5. Aufl. 2021), Art. 25 EuKpfVO Rn. 2.

nach Art. 25 EuKpfVO gleich der Haftung bei Verletzung der nationalen Erklärung sei. Konsequenterweise wendet diese Meinung, aufgrund des Verweises in Art. 26 EuKpfVO, die Schadensersatzpflicht der Bank nach § 840 Abs. 2 S. 2 ZPO (und im griechischen Recht nach Art. 985 Abs. 3 S. 2 gr. ZPGB) als Rechtsfolge der Verletzung ihrer Erklärungspflicht an.[720] Nach anderer Ansicht sei die Erklärung der Bank über die vorläufige europäische Kontenpfändung ausschließlich in Art. 25 EuKpfVO geregelt und könne nicht mit der Erklärung nach nationalen Rechten funktional gleichgesetzt werden. Folglich greife nach dieser Ansicht die in § 840 Abs. 2 S. 2 ZPO vorgesehene Schadensersatzpflicht nicht.[721] Diese Ansicht argumentiert damit, dass sich die Erklärung nach Art. 25 EuKpfVO nicht auf den Bestand der Forderung bezieht und deshalb dem Gläubiger kein Vollstreckungsschaden zu ersetzen ist.[722] Um diese Frage zu beantworten, muss man zuerst die in den hier untersuchten Rechtsordnungen vorgesehenen Bankerklärungen in Gegenüberstellung mit der Erklärung nach Art. 25 EuKpfVO näher betrachten.

(i) Erklärung im deutschen Recht

Im deutschen Recht ist die Bank, wie jeder Drittschuldner, nach § 840 ZPO verpflichtet, auf Verlangen des Gläubigers zu erklären, ob sie die Forderung anerkennt und Zahlung zu leisten bereit ist, ob andere Personen Ansprüche auf die Forderung haben, ob die Forderung bereits gepfändet ist, sowie ob es sich um ein Pfändungsschutzkonto handelt.[723] Die Erklärung dient somit ausschließlich den Interessen des Gläubigers dadurch, dass er Auskunft über die Risiken der weiteren Vollstreckung erlangt. Die Auskunft des Drittschuldners soll den Gläubiger in die Lage versetzen in groben Zügen abzuschätzen, ob und welche Maßnahmen zur Forderungsrealisierung sinnvoll sind.[724] Wenn die drittschuldnerische Bank die Forderung nicht anerkennt, ist sie nicht gezwungen,

---

720 Rauscher/*Rauscher/Wiedemann*, EuZPR/EuIPR (4. Aufl. 2016), Art. 26 Rn. 2; *Domej*, ZEuP 2013, 496 (506); *Pipsou*, Die Verordnung (EU) Nr. 655/2014 (Athen, 2017), S. 381.

721 Schlosser/*Hess*, EuZPR Kommentar (5. Aufl. 2021), Art. 25 EuKpfVO Rn. 2; MüKoZPO/*Hilbig-Lugani* (5. Aufl. 2017), Art. 26 EuKPfVO Rn. 1.

722 Schlosser/*Hess* EuZPR Kommentar (5. Aufl. 2021), Art. 25 EuKpfVO Rn. 2.

723 Im Gegensatz zum griechischen Recht ist die Bankfiliale nicht verpflichtet, in ihrer Erklärung Auskünfte über Konten in anderen Filialen zu geben, MüKoZPO/*Smid* (5. Aufl. 2016), § 840 Rn. 12; *Bitter*, in Schimansky/Bunte/Lwowski, Bankrechts-Handbuch (5. Aufl. 2017), § 33 Rn. 8.

724 BGH, BeckRS 2013, 2153; BGHZ 91, 127 (129).

Gründe dafür anzugeben.[725] Auch mögliche Einreden, Einwendungen oder die Forderung erlöschende Gestaltungsrechte, wie die Aufrechnung, ist die Bank nicht verpflichtet, in ihrer Erklärung anzugeben.[726] Es ist in der Literatur vertreten worden, dass der Drittschuldner, der die Forderung anerkennt, auf eine bestehende Aufrechnungslage, welche die Zahlungsbereitschaft beeinflussen würde, hinweisen muss.[727] Dem kann aus der Sicht der BGH-Rechtsprechung und der h.M.[728] widersprochen werden, da erstens eine solche erweiterte Auskunftspflicht den Drittschuldner, der in ein fremdes Verfahren miteinbezogen wird und zugunsten der Gläubigerinteressen eine schadensersatzsanktionierte Erklärung abgeben muss, ungerechtfertigt überlasten würde. Zweitens hat die Aufrechnungslage an sich keine rechtlichen Folgen, bis die Aufrechnungserklärung dem Empfänger zugegangen ist. Eine weitergehende Auskunftsverpflichtung würde letztendlich den Pfändungsgläubiger ungerechtfertigt in eine bessere Lage versetzen, als den neuen Gläubiger nach einer vertraglichen Abtretung, der vom Schuldner und nicht vom alten Gläubiger Auskünfte bekommt.[729] Die h.M. ist mit dem Prinzip der Waffengleichheit vereinbar. Die Bankerklärung stellt ferner im deutschen Recht grundsätzlich kein Schuldanerkenntnis, sondern eine widerrufliche Wissenserklärung dar, die in einem späteren Verfahren nur als Beweis herangezogen werden kann.[730]

Wenn die Bank die Forderung anerkennt, darf und soll der Gläubiger von ihrer Beitreibbarkeit ausgehen.[731] Die enge Auslegung des Auskunftsumfangs soll den Drittschuldner vor einer ausufernden Haftung schützen. Darüber hinaus ist die Bank nur nach einer Aufforderung des Gläubigers zur Erklärungsabgabe verpflichtet. Wenn dann der Drittschuldner schweigt, haftet er zum Schadensersatz nach § 840 Abs. 2 S. 2 ZPO. Die Aufforderung des Gläubigers muss nach § 840 Abs. 2 ZPO in die Zustellungsurkunde aufgenommen werden. Die Bank

---

725 LG Leipzig, BeckRS 2018, 4202; Stein/Jonas/*Würdinger* ZPO (23. Aufl. 2017), § 840 Rn. 9.

726 BGH, BeckRS 2013, 2153.

727 *Stöber/Rellermeyer*, Forderungspfändung (17. Aufl. 2020) Rn. B.294; für die Meinung, die für eine weitergehende Auskunftspflicht plädiert, s. *Foerste*, NJW 1999, 904 ff.

728 Vgl. nur Stein/Jonas/*Würdinger* ZPO (23.Aufl. 2017), § 840 Rn. 9.

729 BGH, BeckRS 2013, 2153.

730 BGH NJW 1978, 44; MüKOZPO/*Smid* (5. Aufl. 2016), § 840 Rn. 19 f. und 36 plädierend für eine Beweislastumkehr im Fall einer positiven und später widerrufenen Erklärung zulasten des Drittschuldners; *Domej*, Internationale Zwangsvollstreckung und Haftungsverwirklichung, 2016, S. 402; a.A. RGZ 41, 419 „Willenserklärung".

731 BGHZ 79, 275 = NJW 1981, 990.

muss innerhalb von zwei Wochen ab der Zustellung des Pfändungsbeschlusses die Erklärung abgeben. Der Gläubiger kann nach der h.M. keine fortlaufende Auskunft über später eingetretene Umstände verlangen.[732]

Die Auskunftspflicht findet sowohl in der Zwangsvollstreckung als auch in der Arrestpfändung und für die Sicherungsvollstreckung nach § 720a ZPO Anwendung.[733] In der Zwangsvollstreckung herrscht die Meinung, dass die Auskunftspflicht des Drittschuldners nicht einklagbar ist, weil den Interessen des Gläubigers durch den Schadensersatzanspruch gegen den Drittschuldner aus § 840 Abs. 2 S. 2 ZPO und durch den einklagbaren Auskunftsanspruch gegen den Vollstreckungsschuldner aus § 836 Abs. 3 ZPO ausreichender Schutz gewährt wird.[734] Dazu kommen die Befugnisse des Gerichtsvollziehers nach § 802l ZPO zum Einholen von Drittauskünften in Betracht.[735] Jedenfalls sind sich alle Stimmen in der Literatur einig darüber, dass ein einklagbarer Anspruch im Arrestverfahren mangels einer durchsetzbaren Hauptforderung verneint werden muss.[736] Dies gilt auch im Rahmen des Verfahrens des europäischen Beschlusses, weil er nur eine vorläufige Sicherung ermöglicht, und zwar auch, wenn der Beschluss nach Erhalt eines – möglicherweise – vollstreckbaren Titels ergeht.

Obwohl nach h.M. keine materiell-rechtliche Auskunftspflicht des Drittschuldners begründet wird, ist die rechtliche Natur der Erklärung in der deutschen Literatur sehr umstritten. Nach der h.M. in der Rechtsprechung und in überwiegenden Teilen des Schrifttums handelt es sich um eine nicht einklagbare Obliegenheit bzw. Handlungslast des Drittschuldners.[737] Wenn aber die Bankerklärung nur auf einer Obliegenheit beruht, lässt sie sich schwer mit der in § 840 Abs. 2 S. 2 ZPO vorgesehenen Schadensersatzpflicht vereinbaren. Daher bejaht die Gegenmeinung eine selbständige, vollstreckungsrechtliche Auskunftspflicht

---

732 *Günther*, WM 2011, 2307 (2309).

733 BGH NJW-RR 2006, 1566; *Bitter*, in Schimansky/Bunte/Lwowski, Bankrechts-Handbuch (5. Aufl. 2017), § 33 Rn. 15.

734 BGHZ 91, 126; BGH NJW-RR 2006, 1566 Rn. 11; auch im Schrifttum h.M. statt aller MüKoZPO/*Smid* (5. Aufl. 2016), § 840 Rn. 23; a.A. *Baur/Stürner/Bruns*, Zwangsvollstreckungsrecht (13. Aufl. 2006), § 30 Rn. 30.20.

735 Zu dieser Vorschrift *Alsfasser*, Sachaufklärung der Einzelzwangsvollstreckung, S. 82 ff.

736 *Baur/Stürner/Bruns*, Zwangsvollstreckungsrecht (13. Aufl. 2006), § 30 Rn. 30.20; BGHZ 68, 289.

737 BGH NJW-RR 2006, 1566; BGHZ 91, 126; BGH NZW 2013, 539 Rn. 10; BGHZ 196, 62; *Bendtsen*, in Kindl/Meller-Hannich/Wolf, Zwangsvollstreckung (3. Aufl. 2015), § 840 Rn. 3; Thomas/Putzo/*Seiler* ZPO (42. Aufl. 2021) § 840 Rn. 1; *Welter*, Zwangsvollstreckung und Arrest, 1988, S. 22.

des Drittschuldners dem Pfändungsgläubiger gegenüber, verneint allerdings mit eher taktischen Argumenten die Klagbarkeit.[738] Dieser vollstreckungsrechtlichen Pflicht werden nur teilweise öffentlich-rechtliche Elemente zugesprochen.[739] Im Einklang mit einzelnen Urteilen des Bundesgerichtshofs[740] wird letztendlich vertreten, dass es sich um eine öffentlich-rechtliche Pflicht des Drittschuldners dem Staat gegenüber handelt, welche aus den allgemeinen staatsbürgerlichen Pflichten herzuleiten ist und eine strukturelle Vergleichbarkeit mit der allgemeinen Zeugenpflicht aufweist.[741]

Letztere Meinung scheint dem *Telos* der Auskunftspflicht der Bank in der Forderungspfändung gerechter als die anderen Ansichten zu werden. Der Gläubiger in der Bankkontopfändung steht vor massiven Unklarheiten, die bei der Mobiliar- oder Immobilienvollstreckung in dieser Intensität nicht vorkommen. Erstens wird eine nur vermeintliche Forderung gepfändet, da der Gläubiger aufgrund des Bankgeheimnisses über keine Möglichkeit verfügt, sich Klarheit zu verschaffen, ob auf dem Konto pfändbares Guthaben überhaupt existiert. Zweitens können andere, frühere Pfändungen seine Befriedigung zunichtemachen. Das Gesetz hat die widerstreitenden Interessen des Gläubigers und des Drittschuldners gegeneinander abgewogen und die Auskunftspflicht des Drittschuldners gesetzlich vorgeschrieben. Damit diese Verpflichtung effektiv ausgeführt wird, ist sie mit einer Schadensersatzpflicht zur Wiedergutmachung der beim Pfändungsgläubiger eintretenden Schäden verbunden. In Anbetracht des öffentlich-rechtlichen Charakters der Zwangsvollstreckung spricht vieles dafür, dass die Bankerklärung eine öffentlich-rechtliche vollstreckungsrechtliche Pflicht des Drittschuldners im Interesse der effektiven Zwangsvollstreckung darstellt. Der Gläubiger muss sie allerdings wegen des Dispositionsgrundsatzes[742] mit seiner Aufforderung durch den Gerichtsvollzieher ins Vollstreckungsverfahren veranlassen. Dem Pfändungsgläubiger sind ferner die konkret aus dem

---

738 Stein/Jonas/*Würdinger* ZPO (23. Aufl. 2017), § 840 Rn. 1 und 19 m.w.N.

739 Wieczorek/Schütze/*Lüke* ZPO (4. Aufl. 2014), § 840 Rn. 2.

740 BGHZ 141, 380 Rn. 21; BGH, WM 1999, 2545, beide wurden infolge AGB-Inhaltskontrolle von Preisabreden bezüglich der Kostenerstattung der Bank für die Erklärung erlassen.

741 MüKoZPO/*Smid* (5. Aufl. 2016), § 840 ZPO Rn. 2 f.; Musielak/Voit/*Flockenhaus* (18. Aufl. 2021), § 840 ZPO Rn. 1; für eine durch die Pfändung entstehende gesetzliche öffentlich-rechtliche Pflicht gegenüber dem Vollstreckungsorgan plädiert auch *Keilbach*, Drittschuldnerschutz und Gläubigerrechte, 2017, S. 278 ff.

742 Allgemein *Baur/Stürner/Bruns*, Zwangsvollstreckungsrecht (13. Aufl. 2006) § 6 Rn. 6.6. ff.

gesetzeswidrigen Verhalten der Bank entstandenen Schäden nach § 840 Abs. 2 ZPO zu ersetzen.

(ii) Erklärung im griechischen Recht

Die Bankerklärung stellt nach h.M. nicht nur eine Auskunft, sondern eine verfahrensrechtliche Handlung im Rahmen der Zwangsvollstreckung, und zwar eine Handlung der Bank dar, welche den Regeln des Vollstreckungsrechts unterliegt und die aktive Mitwirkung der Bank fordert. Sie ist nämlich eine außergerichtliche vollstreckungsrechtliche Pflicht, da sie außerhalb einer Gerichtsverhandlung erfolgt, und keine Obliegenheit der Bank.[743] Es wird, beruhend auf der deutschen Theorie, angenommen, dass die Bank ihre Erklärung zur Erfüllung einer öffentlich-rechtlichen Zeugenpflicht dem Staat gegenüber abgeben muss.[744] Ihrem Inhalt nach ist sie eine Wissenserklärung bzw. eine Mitteilung der fest im Gesetz vorgesehenen Informationen.[745] Da die Bankerklärung keine Willenserklärung ist, finden auf sie die Willensmängelvorschriften keine Anwendung. Sie kann aber widerrufen werden.[746] Die Bank muss ihre Erklärung ohne Aufforderung des Pfändungsgläubigers oder Anweisung des Richters innerhalb von acht Tagen ab der Pfändungszustellung an die Geschäftsstelle des Amtsgerichts (Friedensrichter) abgeben (Art. 985 Abs. 2 gr. ZPGB).[747] Das Gesetz (Art. 985 Abs. 3 gr. ZPGB) setzt die unterlassene Erklärung einer falschen Erklärung gleich und erlegt der Bank eine Schadensersatzpflicht auf. Gegen die negative Erklärung kann der Gläubiger darüber hinaus Widerspruch erheben. Die Erhebung des Widerspruchs ist nach h.M. keine Voraussetzung für die Geltendmachung des Schadensersatzanspruchs (Art. 985, 986).[748] Der Widerspruch dient

743 *Kontogeorgakopoulos*, Die Erklärung, (Athen 2010), S. 299 ff.; *Nikas*, Zwangsvollstreckungsrecht (Athen-Thessaloniki, 2018), § 60 Rn. 3; *Yessiou-Faltsi*, Zwangsvollstreckungsrecht – BT (Athen, 2018), § 64 Rn. 200; *Tekidou*, Der Vollstreckungszugriff auf Bankkonten, 2005, S. 80.

744 *Orfanidis*, Pfändung (Athen, 2017), S. 37 f.; *Nikas*, Zwangsvollstreckungsrecht (Athen-Thessaloniki, 2018), § 60 Rn. 2; Apalagaki/*Michailidis*, ZPGB-Kommentar (Athen, 2019), Art. 985 Rn. 1.

745 Areopag 1915/1999, Datenbank NOMOS.

746 *Orfanidis*, Pfändung (Athen, 2017), S. 38 f.; *Yessiou-Faltsi*, Zwangsvollstreckungsrecht – BT (Athen, 2018), § 64 Rn. 201; a.A. betreffend den Widerruf Areopag Nr. 161/2011; Apalagaki/*Michailidis*, ZPGB-Kommentar (Athen, 2019), Art. 985 Rn. 1.

747 S. auch *Tekidou*, Der Vollstreckungszugriff auf Bankkonten, 2005, S. 78 f.

748 S. auch *Bolos*, Die Pfändung von Bankkonten im griechischen Recht, 2004, S. 114 f.

der Feststellung des Wahrheitsgehalts der Erklärung und führt daher zur Durchsetzung der Erklärungs- und ggf. der Auszahlungspflicht der Bank.[749]

Inhaltlich muss die Bankerklärung nach Art. 985 Abs. 1 gr. ZPGB Auskunft darüber geben, ob die in ihren Händen gepfändete Forderung existiert, ob und wenn ja, welche anderen vorläufigen oder endgültigen Pfändungen[750] vorhanden sind, sowie für welchen Betrag und von welchem Gläubiger. Mit der letzten Revision des Zivilprozessrechts wurde hinzugefügt, dass insbesondere die Bank in ihrer Rolle als Drittschuldnerin außerdem in ihrer Erklärung Informationen darüber geben muss, ob sie in Besitz einer unpfändbaren Forderung ist, und zwar einer Unterhalts-, Gehalts- oder Rentenforderung.[751] Die Bank muss in ihrer Erklärung genaue Informationen betreffend Konten des Schuldners in allen ihren Filialen bis zum Zeitpunkt der Zustellung der Pfändungsurkunde angeben. Wenn sich die Erklärung nicht auf alle Filialen bezieht oder keine genauen zeitlichen Angaben enthält, ist ihre Erklärung fehlerhaft und die Bank haftet für schlechte Erfüllung ihrer Pflicht aus Art. 985 gr. ZPGB.[752] Wenn aufgrund der Komplexität ihrer Rechtsbeziehungen mit dem Kontoinhaber die Bank nicht in der Lage ist, genaue Informationen zu geben, muss sie die Gründe und Einzelheiten dazu angeben, damit ihre Erklärung nicht als negativ oder fehlerhaft qualifiziert wird.[753]

Die Bankerklärung stellt im griechischen Recht den Angelpunkt des Verfahrens der Forderungspfändung dar, da sie nicht nur zur Unterrichtung des Pfändungsgläubigers dient, sondern eine verfahrensrechtliche Handlung bzw. Verfahrenshandlung darstellt. Sich auf diesen Charakter der Erklärung berufend, wurde in der griechischen Rechtsprechung die grenzüberschreitende Kontopfändung – außerhalb des Anwendungsbereichs der EuKpfVO – als immanent nicht funktionsfähig angesehen, weil die zivilprozessrechtliche mitgliedstaatliche

---

749 Vgl. *Tekidou*, Der Vollstreckungszugriff auf Bankkonten, 2005, S. 80 ff.

750 Ebenso müssen nach herrschender Ansicht etwaige vertragliche Pfandrechte auf die Kontoverbindung zugunsten der Bank angegeben werden, *Nikas*, Zwangsvollstreckungsrecht (Athen-Thessaloniki, 2018), § 60 Rn.

751 Art. 985 Abs. 1 S. 2 gr. ZPGB in der Fassung nach dem Gesetz Nr. 4335/2015. Viel weitreichender ist die Erklärung der Bank in der Pfändung zugunsten der öffentlichen Hand nach Art. 30A KEDE, nach dem sie zur Ausgabe von Kontoauszügen verpflichtet wird.

752 *Tantis*, Nomiko Vima 2016, 1746 ff.; *Yessiou-Faltsi*, Zwangsvollstreckungsrecht – BT (Athen, 2018), § 68 Rn. 74; für die früher vertretene Gegenmeinung, s. *Tekidou*, Der Vollstreckungszugriff auf Bankkonten, 2005, S. 79.

753 *Nikas*, Zwangsvollstreckungsrecht (Athen-Thessaloniki, 2018), § 60 Rn. 5.

Autonomie und Souveränität der Anwendung fremden Rechts auf inländische Verfahrensakte entgegenstehen. Somit kann auf die Erklärung einer ausländischen Bank das griechische Recht nicht angewandt werden. Die griechischen Gerichte sind weder für den Widerspruch noch für die Schadensersatzklage des Gläubigers international zuständig.[754]

Die positive Erklärung stellt im griechischen Recht einen Vollstreckungstitel gegen die Bank dar (Art. 989 gr. ZPGB). Die negative oder fehlerhafte Erklärung kann vom Pfändungsgläubiger durch Widerspruch (Art. 986 gr. ZPGB) angefochten und beseitigt werden, damit die Bank als Schuldnerin der gepfändeten Forderung anerkannt wird.[755] Der Gegenstand des Widerspruchsverfahrens ist somit die Feststellung des Wahrheitsgehalts der Erklärung und demgemäß die Feststellung der Forderung des Schuldners gegen die Bank und nicht der Forderung des Pfändungsgläubigers.[756] Dadurch wird die funktionale Nähe des Widerspruchs zur *actio Pauliana* im griechischen Recht ersichtlich.[757] Der Pfändungsgläubiger kann nämlich, anstelle des Schuldners, die Feststellung der Forderung des Letzteren hervorrufen. Somit treibt er das Verfahren mit der Geltendmachung der Einwände im Verhältnis zwischen Pfändungsgläubiger und Bank voran und kann außerdem Schadensersatz von der Bank verlangen (Art. 985 Abs. 3 gr. ZPGB).[758] Wenn dem Widerspruch stattgegeben wird, erfolgt eine *ex lege*-Abtretung der Forderung.[759] Wenn der Pfändungsgläubiger keinen Widerspruch innerhalb von 30 Tagen nach der Erklärungsabgabe erhebt, erlischt die Pfändung mit dem Fristablauf *ex lege*.[760] Davon unberührt bleibt der Anspruch des Schuldners (Kontoinhabers) auf Auszahlung.[761]

---

754 Polymeles Prōtodikeio (LG) Athen 3483/2018, Datenbank NOMOS.

755 *Kolotouros*, Rechtsfolgen (Athen, 2017), S. 204 ff.

756 Statt aller Polymeles Prōtodikeio (LG) Athen 109/2016, Datenbank NOMOS.

757 Polymeles Prōtodikeio (LG) Thessaloniki 12935/2017, Polymeles Prōtodikeio (LG) Athen 3483/2018 Datenbank NOMOS; *Nikas*, Zwangsvollstreckungsrecht (Athen-Thessaloniki, 2018), § 61 Rn. 4.

758 *Orfanidis*, Pfändung (Athen, 2017), S. 38 ff.; *Yessiou-Faltsi*, Zwangsvollstreckungsrecht – BT (Athen, 2018), § 68 Rn. 73.

759 *Nikas*, Zwangsvollstreckungsrecht (Athen-Thessaloniki, 2018), § 61 Rn. 32; Apalagaki/*Michailidis*, ZPGB-Kommentar (Athen, 2019), Art. 985 Rn. 8.

760 *Nikas*, Zwangsvollstreckungsrecht (Athen-Thessaloniki, 2018), § 61 Rn. 38; *Kranis*, Elliniki Dikaiosini 2015, 975 (977); *Pipsou*, Die Verordnung (EU) Nr. 655/2014 (Athen, 2017), S. 381.

761 Areopag 505/2003, Datenbank NOMOS.

Die spätere Pfändungsverwertung im Fall der Bankkontopfändung folgt spezielleren Regeln als im Fall anderer Forderungen. Es wird nämlich das Gesetzesdekret von 1923 angewandt, welches die Hinterlegung anordnet.[762] Das allgemeine Verfahren für andere Drittschuldner sieht in Art. 988 Abs. 1 S. 2 gr. ZPGB die gerichtliche Hinterlegung einer gepfändeten Forderung nur dann vor, wenn die Forderung für die Befriedigung aller Pfändungsgläubiger nicht ausreicht. Wenn die gepfändete Forderung ausreicht, muss der Drittschuldner nach acht Tagen ab der Zustellung an den Schuldner der Pfändung – oder 30 Tage beim ausländischen Schuldnerwohnsitz – an alle Gläubiger auszahlen. Die Hinterlegung erfolgt allerdings auf den Namen des Kontoinhabers bzw. Vollstreckungsschuldners (Art. 89 Abs. 1 Gesetzesdekrets von 1923) und befreit die Bank von jeglicher Haftung, da sie keine Legitimationskontrolle des Pfändungsgläubigers ausführen muss.[763] Ein besonderes Privileg gilt für die Nationale Bank, welche die gepfändete Forderung auf einem speziellen Konto „auf erstes Anfordern" überweisen darf (Art. 87 Abs. 2 Gesetzesdekrets von 1923). Die Überweisung an den Pfändungsgläubiger erfolgt, wie im Fall der gerichtlichen Hinterlegung, nur nach gerichtlicher Entscheidung (Art. 88 Abs. 1 Gesetzesdekrets von 1923), welche eine Auszahlung erlaubt. Der Pfändungsgläubiger muss dafür bei dem eingliedrigen Gericht der ersten Instanz einen Antrag stellen. Der Antragsgegner ist die Hinterlegungsstelle – oder ggf. die Nationale Bank –, welche die Auszahlung widerlegen kann, da die Hinterlegung auf den Namen des Kontoinhabers nach Art. 89 Abs. 1 des Gesetzesdekrets von 1923 erfolgte. Die Hinterlegung auf den Namen des Kontoinhabers erlaubt eben nicht die direkte Auszahlung an den Vollstreckungsgläubiger, sondern nur nach einer gerichtlichen Kontrolle (Art. 88 Abs. 1 Gesetzesdekrets von 1923). Ob der Vollstreckungsschuldner in diesem gerichtlichen Verfahren ebenfalls als Antragsgegner eintritt, ist zweifelhaft und wird nach der h.M. verneint, da dieses Verfahren nur die Legitimationskontrolle des die Auszahlung fordernden Gläubigers betrifft.[764]

---

762 Ausführlich darüber *Bolos*, Die Pfändung von Bankkonten im griechischen Recht, 2004, S. 119 ff.; die Alternative des Pfändungsaufhebungsantrags am Gericht seitens der Bank gilt als weggefallen nach den gegensätzlichen Änderungen des ZPGB nach absolut h.M., s. *Yessiou-Faltsi*, Zwangsvollstreckungsrecht – BT (Athen, 2018), § 68 Rn. 80.

763 *Nikas*, Zwangsvollstreckungsrecht (Athen-Thessaloniki, 2018), § 62 Rn. 17.

764 Kritisch zu dem Erfordernis einer gerichtlichen Anordnung wegen der Verfahrensverzögerung – insbesondere wenn man berücksichtigt, dass die Entscheidung der Berufung unterliegt – statt aller *Yessiou-Faltsi*, Zwangsvollstreckungsrecht – BT (Athen 2018), § 68 Rn. 85 ff.

Der Vollstreckungsschuldner kann seine Einwände mit der Intervention geltend machen. Da der Widerruf der Hinterlegung nicht möglich ist, tritt die Bank nach einer Meinung auch als Partei auf.[765] Die h.M. sieht die Bank als nicht passiv legitimiert in diesem Verfahren an.[766]

Wenn die Bank die Hinterlegung verweigert, stellt ihre positive Erklärung einen Vollstreckungstitel gegen sie dar, dem der Amtsrichter die Vollstreckungsklausel gewährt (Art. 989 gr. ZPGB).[767] Der Pfändungsgläubiger kann somit Zwangsvollstreckung gegen die Bank einleiten, ohne ein separates, gegen sie gerichtetes, gerichtliches Urteil anzustreben.

(iii) Vergleich

Der Umfang der Erklärung nach Art. 25 EuKpfVO ist erheblich geringer als beide entsprechenden, nationalen Erklärungen und beruht ausschließlich auf der Auskunft, ob und wann der Beschluss ausgeführt wurde. Sie enthält weder Information über andere Pfändungen noch über die Zahlungsbereitschaft der Bank. Dies erklärt sich dadurch, dass aufgrund des europäischen Beschlusses keine Auszahlung an den Gläubiger erfolgt und deshalb keine diesbezügliche Auskunft erforderlich ist. Die bloße Tatsache der Sperrung der Gelder ist der einzig relevante Erklärungsinhalt.

Darüber hinaus ist für die Erklärung nach § 840 ZPO die Aufforderung des Gläubigers erforderlich, während im europäischen Kontopfändungsverfahren und im griechischen Recht die Bank aus sich heraus die Erklärung ausstellen muss. In der Ausführung des europäischen Beschlusses durch Blockieren des Geldbetrags auf dem Konto des Schuldners ist die faktische Anerkennung des Bestands der Kontoforderung enthalten. Darin ist allerdings kein Anerkenntnis oder keine Absichtserklärung der Bank bezüglich der Forderung des Gläubigers oder ihrer künftigen Zahlungsbereitschaft hineinzulesen. Im deutschen und griechischen Recht handelt es sich in ähnlicher Weise bloß um eine Wissenserklärung über den Bestand der zu pfändenden Forderung. Auf Rechtsfolgenebene greift das griechische Recht am weitreichendsten, da die positive Erklärung einen

765 Tentes/*Geōrgiadou*, Zwangsvollstreckungsrecht (Athen, 2017), S. 410 f.

766 *Yessiou-Faltsi*, Zwangsvollstreckungsrecht – BT (Athen, 2018), § 68 Rn. 85.

767 Koutsoulelos/*Geōrgiadou*, Zwangsvollstreckung, (Athen 2016), S. 346; für zukünftige oder bedingte gepfändete Forderungen stellt die Erklärung nur nach der Entstehung oder Erfüllung der Bedingung oder Ablauf der Frist einen vollstreckbaren Titel dar. *Kolotouros* EPoldD 2016, 127 (143); *Yessiou-Faltsi*, Zwangsvollstreckungsrecht – BT (Athen, 2018), § 64 Rn. 320; *Beys*, Dike 9 (1978), 562 (570).

Vollstreckungstitel gegen die Bank darstellt. Die negative Erklärung kann vom Pfändungsgläubiger mit dem Widerspruch angefochten und beseitigt werden. In dem mit dem Widerspruch eröffneten Verfahren wird der Wahrheitsgehalt der Erklärung eruiert. Es wird deutlich, dass die Erklärung den Katalysator für das Vorantreiben des Verfahrens darstellt. Das deutsche Recht und die Kontopfändungsverordnung dagegen scheinen, außer der Schadensersatzpflicht der Bank, keine weiteren Rechtsfolgen an die Erklärung anzuknüpfen.

(iv) Stellungnahme

Obwohl die rechtliche Natur der Erklärung in den untersuchten nationalen Rechten umstritten ist, scheint eine Einigung auf die Bejahung einer (öffentlich-rechtlichen) vollstreckungsrechtlichen Pflicht möglich zu sein. Dies muss auch in der EuKpfVO angenommen werden, da die Erklärung gegenüber dem Gericht abgegeben wird, ihr Inhalt vom Gesetz vorgegeben ist und ihr Erlass keine Aufforderung benötigt, sondern im Gesetz vorgesehen ist. Insgesamt wird die Erklärung in Art. 26 EuKpfVO mehr als Handlung der Vollstreckung behandelt, als als eine reine Wissenserklärung. In diesem Sinne könnte man eine Annäherung zum griechischen System feststellen, in dem die Erklärung aus Sicht der Rechtsfolgen nicht nur als haftungsbegründender Tatbestand für die Bank fungiert, sondern einen Dreh- und Angelpunkt im gesamten Verfahren der Zwangsvollstreckung darstellt.

Aus der Sicht des Auskunftsdefizits des Pfändungsgläubigers sieht die EuKpfVO einerseits in Art. 14 ein vorverlagertes, zentralisiertes und unter der Entscheidungsbefugnis des Gerichts stehendes Kontoinformationsverfahren, dessen Beitrag zur Sachaufklärung *m.E.* durch zusätzliche Informationen dazu, ob auf dem Konto ausreichendes Guthaben ist, erweitert werden sollte. Andererseits dient die Erklärung nach Art. 25 EuKpfVO dem Gericht und dem Gläubiger gegenüber hauptsächlich als Nachweis der Ausführung und nur sehr eingeschränkt als Auskunftsquelle für den Gläubiger. Dies erscheint *m.E.* auf den ersten Blick gerechtfertigt, da es sich bei dem europäischen Beschluss stets nur um eine Sicherungsmaßnahme handelt und das erweiterte Informationsinteresse des (noch vermeintlichen) Gläubigers nicht im Vordergrund steht. Wenn man allerdings die weitergehenden Konsequenzen dieser Sicherung auch für die Zwangsvollstreckung betrachtet, erscheint es ausgewogener, den Umfang der Auskunft zu erweitern und das Vorhandensein von früheren Pfändungen miteinzuschließen, da sie, insbesondere wenn das nationale Recht der Zwangsvollstreckung dem Prioritätsprinzip folgt, die Sicherung zunichtemachen. Wenn die Bank ferner den Beschluss nicht ausführen kann, muss sie dies z.B. mit dem

Bestehen von großen unpfändbaren Beträgen begründen. Wenn sie das Konto nicht identifizieren kann, soll sie allenfalls den Beschluss nicht ausführen. Durch ihre Einbeziehung in ein fremdes Verfahren kann die Bank allerdings nicht dazu gezwungen werden, ihre eigenen möglichen Einwände, wie z.B. die Aufrechnung, in die Erklärung einzugeben. Im Gegensatz dazu soll sie aus Gründen der Waffengleichheit über den Zeitpunkt des Vorbringens ihrer Verteidigungsmittel selbständig entscheiden können. Aus der Sicht der Effektivität der Zwangsvollstreckungssicherung wäre insbesondere in den Fällen, in denen der Beschluss nach Erhalt eines Titels ergeht, erwägenswert, dass der Bank geraten wird, auch solche Auskünfte in ihre Erklärung miteinzubeziehen, damit ein schnelles Erledigen oder Ausscheiden der Vollstreckung erfolgen kann. Wenn die Bank allerdings Gegenforderungen mit der Erklärung geltend macht, muss dies explizit und genau geschildert werden.

Zusammenfassend, kann man an dieser Stelle festhalten, dass trotz der Unterschiede die Bankerklärung nach Art. 25 EuKpfVO funktional den nationalen Erklärungen gleichgesetzt werden muss, sodass die Haftungsvorschriften analog zur Anwendung kommen.[768]

hh. Rechtsfolgen der Erklärung

Die Verpflichtung der Bank zur Ausstellung der Erklärung wird in Art. 25 EuKpfVO abschließend geregelt. Die Erklärung muss mit dem Beschluss dem Schuldner zugestellt werden.[769] Die Nichtzustellung der Erklärung innerhalb von 14 Tagen nach der Pfändung stellt nach Art. 33 Abs. 1 lit. b EuKpfVO einen eigenständigen Rechtsbehelfsgrund zum Widerruf des Beschlusses dar. Die Verordnung knüpft keine weiteren Rechtsfolgen an die Erklärung oder ihre Unterlassung an.

Ob die Nichtabgabe der Erklärung einen Haftungsgrund für die Bank darstellt, wird nach der Kollisionsnorm des Art. 26 EuKpfVO vom Recht des Vollstreckungsmitgliedstaats bestimmt. Die Verweisung auf nationales Recht wurde allerdings schon vor der Verabschiedung der Verordnung als die eher ungünstige Option betrachtet.[770] Die Erklärung der Bank im nationalen Recht ist deutlich umfang- und rechtsfolgenreicher als die Erklärung in Art. 25 EuKpfVO.

---

768 Dazu unten Kapitel G.I.2.

769 Art. 28 Abs. 1 EuKpfVO.

770 *Bitter*, Vollstreckbarerklärung, 2009, S. 236 „missliche Folgen"; *Hess*, Study JAI/A3/2002/02, S. 95.

gg. *Rechtsbehelf des Gläubigers gegen die (unterlassene oder unrichtige) Erklärung*

In der Kontopfändungsverordnung ist kein Rechtsbehelf des Gläubigers gegen die Erklärung der Bank vorgesehen. Hiermit verfügt der Gläubiger über keine autonome Verteidigungsmöglichkeit gegen eine unterlassene oder unrichtige Erklärung der Bank. Demzufolge kann er sich praktisch nicht gegen die unterlassene oder die fehlerhafte Ausführung des Beschlusses durch die Bank nach autonomem Recht wehren.[771] Wenn die Bank also keine Erklärung erlässt, haben Gläubiger und Gericht keine Information über die Ausführung oder Nichtausführung des Beschlusses. Dadurch wird das europäische Kontopfändungsverfahren an sich lahmgelegt und die Bank, je nach Recht des Vollstreckungsmitgliedstaats gem. Art. 26 EuKpfVO, zur Kompensation des aus ihrer Unterlassung ergehenden Schadens des Gläubigers verpflichtet.

Es wäre einerseits möglich, im nationalen Recht nach einem Rechtsbehelf des Gläubigers zu suchen. Dies würde andererseits zu noch größeren Divergenzen bei der Anwendung der Verordnung führen. Da die Kontopfändungsverordnung ein autonomes Verfahren führt, sollte auch der Rechtsbehelf des Gläubigers autonom vorgesehen werden.[772] Dies wird dadurch verstärkt, dass die Erklärung rechtstechnisch ähnlich dem griechischen Modell ausgestaltet ist, da sie in Art. 25 EuKpfVO eine vom Gesetz auferlegte Pflicht darstellt, ohne dass eine Aufforderung des Gläubigers an die Bank, wie in § 840 Abs. 1 ZPO vorgesehen, notwendig wäre. Im deutschen Recht hat der Gläubiger keinen Rechtsbehelf auf Ergänzung oder Wiederholung gegen eine unvollständige bzw. negative Erklärung, sondern ist nur auf den Schadensersatzanspruch beschränkt.[773] Diese Wahl ist konsequent, da der Gläubiger im deutschen Recht an erster Stelle die Erklärungsabgabe auffordert. Im griechischen Recht hingegen darf der Gläubiger Widerspruch gegen die positive und fehlerhafte oder gegen die negative bzw. unterlassene Erklärung der Bank nach Art. 986 gr. ZPGB erheben. Er kann mit dem Widerspruch die Beseitigung der fehlerhaften Erklärung, die Anerkennung der Forderung und die Verurteilung des Drittschuldners zur Leistung

---

771 Vgl. Art. 35 EuKpfVO.

772 *Pipsou*, Die Verordnung (EU) Nr. 655/2014 (Athen, 2017), S. 289 (370) und *Giannopoulos*, EPolD 2015, 665 (687), halten es für paradox, dass in der Verordnung kein Rechtsbehelf des Gläubigers gegen die Unrichtigkeit der Erklärung vorgesehen ist, insbesondere weil die nationalen Rechtsbehelfe unanwendbar bleiben.

773 BGHZ 86, 23; Thomas/Putzo/*Seiler* ZPO (42. Aufl. 2021), § 840 Rn. 10.

beantragen.[774] Die Schadensersatzpflicht bleibt als separates Begehren, das klageweise oder mit dem Widerspruch geltend gemacht werden kann.

Mit einem Rechtsbehelf könnte der Gläubiger die fehlerhafte Ausführung oder die Nichtausführung des Beschlusses beanstanden und die Verurteilung der Bank zur richtigen Ausführung bewirken. Der nach nationalem Recht möglicherweise vorgesehene Schadensersatz ist ein separates zusätzliches Begehren, das die Folgen einer Rechtsverletzung wiedergutmacht. Wenn dem Gläubiger nur der Schadensersatzanspruch zusteht, wäre sein Schutz verkürzt. Dies wäre unhaltbar und jedenfalls nicht an einen effektiven Rechtsschutz orientiert. Darüber hinaus ist es sachgerechter für alle Parteien, den Beschluss richtig auszuführen, bevor man zum sekundären Schadensersatz greift. Vielmehr ist die Zuerkennung eines Rechtsbehelfs gerecht auch für die Interessen der Bank, weil die Verurteilung zur Ausführung des Beschlusses ausgewogener als die Verurteilung zur Schadensersatzzahlung ist. Es ist nicht zu verkennen, dass die Ausführung des Beschlusses an sich nur zum Einfrieren des Geldes verpflichtet und keinesfalls zur Auszahlung zugunsten des Pfändungsgläubigers berechtigt. Die Verurteilung der Bank zum Schadensersatz würde unter Umständen also über das Ziel hinausschießen, da sie sie zur Leistung an den Pfändungsgläubiger zwingen würde. In diesem Verfahrensstadium hat der Schuldner immer noch keine Kenntnis von der Pfändung und somit ist eine Ausführung des Beschlusses vorzuziehen, da der Überraschungseffekt aufrechterhalten bleibt. Man kann erwägen, dass in einem solchen Fall die Zweckmäßigkeit der Einleitung eines neuen Verfahrens oder auch der Korrektur des laufenden Kontopfändungsverfahrens entfällt, wenn die Bank aus eigener Initiative den Schuldner nach Art. 25 Abs. 4 S. 2 EuKpfVO bereits informiert hat. Dies würde wiederum einen zusätzlichen Haftungsfall für die Bank darstellen, da nach der hier vertretenen Ansicht diese Informierungsmöglichkeit nur nach erfolgreicher Pfändung besteht.

ff. Recht des Gläubigers, eine Erklärung nach nationalem Recht zu verlangen

Es ist fraglich, ob der Gläubiger, zusätzlich zu der Erklärung nach Art. 25 EuKpfVO, auch eine Bankerklärung nach den nationalen Vorschriften verlangen kann. Auf diese Weise würde er Auskunft bekommen, die für die weitere Vollstreckung seiner Forderung entscheidend ist und im Rahmen der Erklärung nach Art. 25 EuKpfVO nicht mitgeteilt wird. Nach einer Meinung in der Literatur ergebe sich ein Recht auf Aufforderung einer zusätzlichen Bankerklärung

774 *Yessiou-Faltsi*, Zwangsvollstreckungsrecht – BT (Athen, 2018), § 64 Rn. 240 ff.

aus seiner materiellen Berechtigung als Pfandgläubiger nach § 840 ZPO i.V.m. § 804 ZPO.[775] Im griechischen Recht hingegen hat der Gläubiger ohnehin kein Recht, die Erklärungsabgabe zu fordern und erlangt auch kein materielles Pfandrecht an der Forderung, aus der ein Informationsanspruch ergehen könnte. Die Erklärung stellt im griechischen Recht eine gesetzliche Verpflichtung der Bank (Art. 985 Abs. 1 gr. ZPGB) dar und lässt keinen Raum für eine Aufforderung des Pfändungsgläubigers. Die Erklärung des Drittschuldners stellt den zentralen Verfahrensakt der Forderungspfändung und das Gesetz gewährt dem Gläubiger den Rechtsbehelf des Widerspruchs gegen eine fehlerhafte oder eine unterlassene Erklärung, damit er durch Beseitigung der falschen Erklärung, und ggf. durch Anerkennung der Bank als Schuldnerin, das Vollstreckungsverfahren vorantreiben kann. Der Widerspruch dient der Verteidigung des Pfändungsgläubigers gegen die Erklärung, welche den Verfahrensakt der Beteiligung der Bank im Verfahren darstellt, sowie der schnellen Erledigung der Forderungspfändung.[776]

Allerdings sollte die Frage nach der Zulässigkeit des Rechts des Gläubigers, eine zusätzliche Erklärung zu verlangen, nicht aus den divergierenden Strukturen der nationalen Rechte zu entnehmen, sondern einer autonomen Lösung unterworfen sein. Gegen die Zulassung eines solchen Rechts des Pfändungsgläubigers spricht die Eigenständigkeit der vorläufigen europäischen Kontopfändung als ein autonomes europäisches Verfahren, dessen Hauptelemente autonom und abschließend in der Verordnung geregelt sind. Für die Aspekte des Verfahrens, für die die Verordnung eine Öffnung an die nationalen Rechte für notwendig erachtet, enthält sie entsprechende Verweisungsnormen. Darüber hinaus besteht die Ausweichklausel des allgemeinen Verweises in Art. 46 EuKpfVO für die nicht in der Verordnung explizit geregelten zivilprozessrechtlichen Fragen auf das nationale Recht des Mitgliedstaats, in dem der betreffende Teil des Verfahrens stattfindet. Dieses wäre in Bezug auf die Erklärung das Recht des Vollstreckungsmitgliedstaats bzw. des Mitgliedstaats der Kontoführung. Allerdings stellt die Erklärung gerade keine „nicht ausdrücklich in der Verordnung geregelte Frage", da die Verordnung explizit in Art. 25 EuKpfVO die Erklärung der Bank abschließend regelt. Somit scheitert die Anwendung nationalen Rechts aufgrund von Art. 46 EuKpfVO. Es scheint, dass die Verordnung diesbezüglich keinen Raum für Verweise auf das nationale Recht freilässt, weil solche nicht notwendige Verweise erhebliche Rechtsunsicherheit wegen der Divergenzen

775 Schlosser/*Hess*, EuZPR Kommentar (5. Aufl. 2021), Art. 25 EuKpfVO Rn. 2.

776 *Yessiou-Faltsi*, Zwangsvollstreckungsrecht – BT (Athen, 2018), § 64 Rn. 229 f.; *Tekidou*, Der Vollstreckungszugriff auf Bankkonten, 2005, S. 80.

zwischen den Mitgliedstaaten hervorrufen würden. Die Möglichkeit des Gläubigers, je nach nationalem Recht eine zusätzliche zweite Erklärung zu verlangen, würde zur Verdoppelung und Verkomplizierung eines als schnell konzipierten Verfahrens des einstweiligen Rechtsschutzes führen.

Die Verordnung ermöglicht die Informierung des Pfändungsgläubigers über das Ausmaß der Vollstreckungsmöglichkeit nicht mit der Bankerklärung, sondern mit dem vorverlagerten Kontoinformationsverfahren nach Art. 14 EuKpfVO. Die Sachaufklärung erfolgt somit schon in der Phase vor der Sicherung und ist von Fehlern oder Einwendungen der Bank losgelöst. Diese Vermögensaufklärung reicht allerdings nicht, um dem Informationsinteresse des Gläubigers gerecht zu werden, weil erstens das Kontoinformationsverfahren nach Art. 14 EuKpfVO nur *post* Titel verfügbar ist und zweitens der Umfang der enthaltenen Informationen auf die Identifizierung des Kontos begrenzt ist. Der Gläubiger weist also einen Mangel an Informationen auf, über die die Gläubiger äquivalenter nationaler Maßnahmen verfügen. Das Diskriminierungsverbot und der Effektivitätsgrundsatz erlauben nicht den Verweis auf die divergierenden Rechte,[777] sondern besagen die Erweiterung der in Art. 25 EuKpfVO vorgesehenen Erklärung, insoweit dies für eine effektive Vollstreckungssicherung angemessen ist. Die Auskunftspflicht der Bank ergibt sich aus ihrer Heranziehung ins Vollstreckungsverfahren und soll sich *m.E.* inhaltlich nicht nur auf die Ausführung des Beschlusses beschränken, sondern auch Informationen darüber enthalten, ob andere frühere Pfändungen vorliegen, sowie Informationen über die unpfändbaren Beträge. Kein zwingender Inhalt der Erklärung der Bank, zumindest in einem bloß provisorischen Verfahren, sollen hingegen die Zahlungsbereitschaft und jedenfalls die möglichen Verteidigungseinwendungen der Bank sein. Im Interesse der Verfahrensökonomie wäre es allerdings auch für die Bank ratsam, ihre Position schnell genug zu sichern. Die vorgenannten Informationen sind von immenser Bedeutung für eine wirksame Sicherungspfändung, da sie Letztere gegenstandlos machen können.

ii. Bankgeheimnis

Des Weiteren verstößt die Bankerklärung mit diesem Inhalt nicht gegen das allgemein geltende Bankgeheimnis und den Schutz der Privatsphäre des Schuldners nach Art. 8 EMRK. Die Datenschutz-Grundverordnung sieht in Art. 6 Abs. 1 lit.

777 Vgl. *Schumacher/Köllensperger/Trenkner*, EuKpfVO-Kommentar (2017), Art. 26 Rn. 11, wo ausgeführt wird, dass bis vor Kurzem keine Erklärung im provisorischen Rechtsschutz in Österreich vorgesehen war.

c vor, dass die Verarbeitung von Daten, die zur Erfüllung einer rechtlichen Verpflichtung des Verantwortlichen (d.h. der Bank) erforderlich sind, grundsätzlich rechtmäßig ist. Die Ausführung des Pfändungsbeschlusses stellt eine gesetzliche Verpflichtung für die Bank dar. Darüber hinaus spricht dafür das *argumentum a maiori ad minus*, da die Angaben der in nationalen Pfändungsverfahren entsprechenden vorgesehenen Erklärungen viel umfangreicher sind, ohne das Bankgeheimnis zu verletzen.[778] Den Interessen des Pfändungsgläubigers an einer effektiven Zwangsvollstreckung muss der Vorrang dem Bankgeheimnis gegenüber gegeben werden, da sie einen verhältnismäßigen Bruch des Bankgeheimnisses rechtfertigen.

b. Unterrichtung des Schuldners

Die Erklärung für das erlassende Gericht und den Gläubiger muss die in Art. 25 EuKpfVO bestimmten Angaben im dafür vorgesehenen Formblatt[779] enthalten und ist ohne Anforderung zu erstellen. Das Formblatt der Erklärung wird anschließend zusammen mit dem Beschluss dem Schuldner zugestellt. Darüber hinaus ist die Bank nach Art. 25 Abs. 4 EuKpfVO einerseits verpflichtet,[780] dem Schuldner gegenüber auf sein Ersuchen hin die Einzelheiten des Beschlusses offenzulegen und andererseits ermächtigt, dies auch von sich aus zu tun. Diese Informierung des Schuldners ist inoffiziell und darf elektronisch oder per Fax erfolgen. Der Regelungsbestand dieser Vorschrift ist allerdings zweifelhaft, da der Schuldner ohnehin mit der Zustellung des Beschlusses und der Erklärung nach Art. 29 EuKpfVO detailliert informiert wird. Die Bank dürfte ferner aus dem vertraulichen Kundenverhältnis zur Informierung ihres Kunden über solche Vorgänge ohnehin verpflichtet sein.

Darüber hinaus ist problematisch, welcher der frühestmögliche Zeitpunkt für eine, auf Ersuchen oder auf eigene Initiative, Informierung des Schuldners ist, da dies autonom nicht bestimmt ist.[781] Die förmliche Zustellung des Beschlusses an den Schuldner muss innerhalb von drei Tagen nach Erhalt der Erklärung

---

778 Vgl. allerdings die früher h.M. in Griechenland: *Bolos*, Die Pfändung von Bankkonten im griechischen Recht, 2004, S. 44 ff.; *Klamaris*, ZZP (2008), 475 (486 ff.).

779 Anhang IV der Durchführungsverordnung (EU) Nr. 2016/1823 der Kommission vom 10.10.2016 zur Festlegung der Formblätter nach Maßgabe der Verordnung (EU) Nr. 655/2014, ABl. (EU) 19.10.2016 Nr. L 283 S. 1 (26).

780 Schlosser/*Hess* EuZPR Kommentar (5. Aufl. 2021), Art. 25 EuKpfVO Rn. 3; a.A. MükoZPO/*Hilbig-Lugani* (5. Aufl. 2017), Art. 25 EuKpfVO Rn. 7 nur Möglichkeit.

781 MüKoZPO/*Hilbig-Lugani* (5. Aufl. 2017), Art. 25 EuKpfVO Rn. 7.

(Art. 28 Abs. 3 EuKpfVO) und spätestens innerhalb von 14 Tagen nach der Ausführung erfolgen (Art. 33 Abs. 1 lit. b EuKpfVO). Wenn die Zustellung verspätet stattfindet, stellt dies einen Widerrufsgrund dar. Es ist daher fraglich, ob die Bank direkt nach der Ausführung und der Erklärungsabgabe und schon vor der förmlichen Zustellung ihren Kunden über die Pfändung seiner Konten informieren darf, ohne sich dabei haftbar zu machen. Da der Überraschungseffekt nur bis zur Ausführung des Beschlusses relevant ist, sollte die schnellst mögliche nachträgliche Informierung des Schuldners nicht entgegen dem Sinn der Verordnung sein.[782]

Ebenfalls sieht die Verordnung keine explizite Regelung dafür vor, ob die Bank den Schuldner auch bei fehlgeschlagener Pfändung trotzdem über den Versuch der Pfändung seines Kontos informieren darf. Aus der Gesamtsystematik der Verordnung ist zu schließen, dass nur die erfolgreiche Pfändung mitgeteilt werden darf. Dies ergibt sich aus Art. 24 Abs. 4 lit. b, Abs. 6 und Art. 28 Abs. 2 EuKpfVO „über vorläufig gepfändete Beträge" und dem allgemeinen *Telos* der Verordnung, den Überraschungseffekt aufrechtzuerhalten.[783] Dafür kann noch argumentiert werden, dass die Verordnung vielmehr keine Information des Gläubigers für eine nicht ausgeführte Pfändung vorsieht, was von der Durchführungsverordnung zumindest betreffend das Formblatt der Erklärung geregelt wurde. Eine Ausnahme dazu führt Art. 14 Abs. 8 EuKpfVO ein, wonach der Schuldner über die Offenlegung seiner Kontodaten informiert werden muss.[784]

3. Zwischenergebnis

Da die Verordnung viele Fragen bezüglich der Bank nicht geregelt hat, ist das Haftungsrisiko für sie bis zur Rechtsfortbildung durch den EuGH groß. Die Rechtsstellung der Bank wird bereits mit dem Gebot, den zu pfändenden Betrag sicherzustellen und dem diesbezüglichen Leistungsverbot angegriffen.[785] Die Nichtbefolgung des Beschlusses kann nach anwendbarem Recht ihre Haftung hervorrufen. Es ist fraglich, ob auch im Fall der Befolgung eines offensichtlich nicht gerechtfertigten Beschlusses eine Haftung dem Schuldner gegenüber zu bejahen wäre.[786] Dazu kommen die ihr auferlegten Pflichten zum Tätigwerden

---

782 Vgl. Erwägungsgrund 30. So auch *Mohr*, Die vorläufige Kontenpfändung, 2014, Rn. 327.

783 So auch *Schumacher/Köllensperger/Trenker*, EuKpfVO (2017), Art. 24 Rn. 16 f. und Art. 25 Rn. 11.

784 *Schumacher/Köllensperger/Trenker*, EuKpfVO (2017), Art. 25 Rn. 11.

785 Vgl. *Gaul*, in: FS Sparkassenakademie (1978), S. 77 (90).

786 Dazu unten Kapitel F.

durch Blockieren oder Überweisen des betreffenden Betrags, sowie durch die Erklärungsabgabe und die Überwachung des gepfändeten Kontos, z.B. für den Fall der Freigabe überschüssiger Beträge. Weitere Risikosituationen können sich ergeben, wenn die Bank den Beschluss fehlerhaft ausführt. Dies kann durch eine Überpfändung oder eine Unterpfändung geschehen. Ferner ist die Kontosperrung einer falschen Person in Betracht zu ziehen. Es wird ersichtlich, dass sie einer Haftung dem Pfändungsgläubiger, dem Schuldner und dem Vierten – wahren Kontoinhaber – gegenüber ausgesetzt ist. Letztendlich kann sich für die Bank eine Haftungsgefahr daraus ergeben, dass sie die Erklärungsabgabe unterlässt oder eine nicht fristgerechte oder fehlerhafte[787] Erklärung abgibt. Die Unterrichtung des Schuldners kann ebenfalls haftungsbegründend für die Bank sein.

IV. Einholung von Kontoinformationen

1. Autonome Regelung

Der Gläubiger muss nach Art. 8 Abs. 1 lit. d EuKpfVO in seinem Antrag auf Erlass eines europäischen Beschlusses die Bank identifizieren, bei der das zu pfändende Konto geführt wird. In grenzüberschreitenden Fällen hat jedoch der Gläubiger diese Information oft nicht. Die Verordnung kommt dieser praktischen Vollstreckungsschwierigkeit entgegen. Nach Art. 14 EuKpfVO kann der Gläubiger in seinem Antrag auf Erlass des Beschlusses beim Gericht beantragen, dass es die ausländische Auskunftsbehörde zur Einholung von Informationen aufsucht. Diese Möglichkeit ist wegen der Intensität des Eingriffs auf personenbezogene Daten nur dann gegeben, wenn der Gläubiger bereits einen vollstreckbaren Titel hat und somit sein Anspruch einen erhöhten Wahrheitsgehalt aufweist. Ein vollstreckbarer Titel kann eine gerichtliche Entscheidung, ein gerichtlicher Vergleich oder eine öffentliche Urkunde sein (Art. 14 Abs. 1 EuKpfVO).[788] Ausnahmsweise ist der Antrag auf Kontoinformationen auch bei Vorliegen eines noch nicht vollstreckbaren Titels unter zwei Voraussetzungen möglich, nämlich wenn der zu pfändende Betrag von erheblicher Höhe ist und wenn das Gericht

787 Fehlerhaft ist z.B. die Erklärung, wenn die Bank das dafür vorgesehene Formblatt nicht verwendet, nach MüKoZPO/*Hilbig-Lugani* (5. Aufl. 2017), Art. 25 EuKpfVO Rn. 1.

788 Vgl. Monomeles Prōtodikeio (eingliedriges LG) Athen 3796/2019, Datenbank NOMOS, wo ein Informationsantrag aufgrund eines Zahlungsbefehls (Mahnbescheids) stattgegeben wurde und entsprechendes Ersuchen nach Frankreich übermittelt wurde.

zu der berechtigten Annahme einer Vollstreckungsvereitelungsgefahr gelangt (Art. 14 Abs. 1, UAbs. 2 EuKpfVO). Für die Bewilligung des Informationantrags ist allerdings die Erfüllung aller Voraussetzungen für den Erlass des Beschlusses erforderlich (Art. 14 Abs. 3 EuKpfVO). Die Hauptvoraussetzung für den Erlass des Beschlusses ist nach Art. 7 Abs. 1 EuKpfVO die Vollstreckungsvereitelungsgefahr, die stets bzw. sowohl in *prä-* als auch in *post*-Titel-Anträgen auf Erlass des europäischen Beschlusses begründet werden muss.[789] Somit kann nur die erhebliche Höhe der zu sichernden Forderung das ausschlaggebende Merkmal sein, das ausnahmsweise auch bei nicht vollstreckbarem Titel die Zubilligung des Antrags auf Einholung von Informationen tragen kann, weil die Gefahr ohnehin auch bei vollstreckbarem Titel begründet werden muss (Art. 14 Abs. 3 i.V.m. Art. 7 Abs. 1 EuKpfVO).

Der Gläubiger muss ferner seine Annahme begründen, dass der Schuldner in dem bestimmten Mitgliedstaat, dessen Auskunftsbehörde zur Einholung von Informationen vom Gericht aufgesucht werden soll, über ein Bankkonto verfügt. Der Wohnsitz, eine Erwerbstätigkeit oder sonstiges Vermögen des Schuldners in dem betreffenden Mitgliedstaat können ausreichende Gründe dafür sein.[790] Das Gericht übermittelt das Ersuchen an die Auskunftsbehörde des Vollstreckungsmitgliedstaats nur wenn es der Überzeugung ist, dass der Antrag ausreichend begründet ist und alle anderen Voraussetzungen für den Erlass des Pfändungsbeschlusses gegeben sind (Art. 14 Abs. 3 EuKpfVO).

Damit das Informationsinteresse des vollstreckungsberechtigten Gläubigers und das kollidierende Bankgeheimnisinteresse des Schuldners im gerechten Ausgleich stehen, ist erstens der Informationenbeschaffungsantrag unbedingt nur zusammen mit dem Antrag auf Erlass des Kontopfändungsbeschlusses und nicht davon abgekoppelt möglich. Zweitens ist der Antrag auf Einholung von Kontoinformationen vor der Titulierung der Hauptforderung nicht erlaubt.[791] Dadurch wird die Ausforschungsgefahr, die bei einem Ersuchen ohne eine

789 Kritisch in den *post*-Titel-Fällen und gegen erhöhte Nachweiserfordernisse *Hess*; EuZPR (2021) § 10 Rn. 10.128 und 10.141.

790 Erwägungsgrund 20 a.E. Vgl. allerdings Monomeles Prōtodikeio (eingliedriges LG) Athen 3796/2019, Datenbank NOMOS, in dem überrascht, dass das Gericht den Antrag beruhend nur auf die Behauptung des Gläubigers hin, dass der Schuldner selbst zugegeben habe, Konten in Frankreich geführt zu haben, stattgegeben hat, ohne sich auf weitere Nachweise zu berufen.

791 Anders war laut Art. 17 des Vorschlags der Kommission [KOM(2011) 445] die Einholung von Kontoinformationen unabhängig vom Vorhandensein eines Titels vorgesehen, was heftige Kritik auslöste.

konkret bevorstehende Vollstreckung aus einem vorhandenen Titel vorliegen könnte, gebannt.[792] Drittens werden die Kontoinformationen nicht direkt dem Gläubiger, sondern dem ersuchenden Gericht übermittelt.

Das Gericht fügt in dem Beschluss die Angabe hinzu, dass die Kontonummer erlangt wurde. Die Bank bekommt diese Information von der Auskunftsbehörde des Vollstreckungsmitgliedstaats, wenn sie die Kontonummer anhand der Angaben im Beschluss nicht mit Sicherheit selbst ermitteln kann (Art. 19 Abs. 2 lit. f EuKpfVO). Zur Wahrung des Überraschungseffektes erfolgt die Benachrichtigung des Schuldners 30 Tage nach der Datenerhebung (Art. 14 Abs. 8 EuKpfVO). Die Mitgliedstaaten können die Methode für die Informationsbeschaffung nach nationalem Recht richten, soweit sie wirksam und effizient ist (Art. 14 Abs. 5 lit. d EuKpfVO). Beispiele für diese Methode sind nach Art. 14 Abs. 5 EuKpfVO eine Offenlegungspflicht aller Banken über vorhandene Schuldnerkonten auf Ersuchen der Auskunftsbehörde (lit. a), der Zugriff der Auskunftsbehörde auf Register (lit. b) oder die gerichtliche Offenlegungspflicht des Schuldners soweit sie mit einem *in personam*-Verfügungsverbot einhergeht (lit. c).

2. Deutsches Durchführungsrecht und äquivalente nationale Regelung

Nach § 948 ZPO ist das Bundesamt für Justiz als Auskunftsbehörde in Deutschland befugt, das Bundeszentralamt für Steuern zu ersuchen, die Daten nach § 93b Abs. 1 AO bei den Kreditinstituten abzurufen.[793] Das Abrufen von Daten im Rahmen der AO erfolgt zu öffentlich-rechtlichen Zwecken, welche die Betreibung von Zivilansprüchen bisher nicht erfasst haben. Nach § 93 Abs. 7 und 8 AO ist der automatisierte Abruf von Kontoinformationen grundsätzlich zur Bekämpfung der Geldwäsche sowie zur Überprüfung der Besteuerung oder der Sozialleistungenberechtigung verfügbar. Dem wird nunmehr mit § 948 ZPO die Auskunftspflicht im Rahmen des europäischen Kontopfändungsverfahrens hinzugefügt. Diese Daten sind die Kontonummer, der Name des Kontoinhabers, der Tag der Einrichtung und der Auflösung des Kontos sowie der abweichend wirtschaftlich Berechtigte nach § 24c Abs. 1 AO. Mithin hat sich der deutsche Gesetzgeber für eine Mischung der Methoden in Art. 14 Abs. 5 lit. a und b EuKpfVO entschieden, da einerseits die Banken nicht direkt gegenüber der

792 Gegen eine Erweiterung des Verfahrens für Kontoinformation in *prä*-Titel-Fällen ist auch die Mehrheit der Befragten in Deutschland *von Hein/Imm*, in: von Hein/Kruger, Informed Choices in Cross-Border Enforcement, 2021, S. 242.

793 S. auch *Schlauß* RIW 2017, 205 (208).

Auskunftsbehörde bzw. dem Bundesamt für Justiz (Art. 14 Abs. 5 lit. a EuKpfVO), sondern gegenüber dem Bundeszentralamt für Steuern als Zwischenbehörde offenlegen müssen. Andererseits greift die Auskunftsbehörde nicht auf Register oder anderweitig gespeicherte Daten bei einer Behörde nach lit. b) zurück, sondern die Zwischenbehörde beauftragt, die betreffenden Daten bei den Kreditinstituten abzurufen. Infolgedessen erfüllt dieser Mechanismus nicht die speziellen Methoden der lit. a) und b), sondern den Auffangtatbestand des Art. 14 Abs. 5 lit. d EuKpfVO, der jede andere wirksame und effiziente Methode erlaubt.[794] Die gewählte Informationsmethode ist dem deutschen Recht nicht fremd, sondern den Befugnissen des Gerichtsvollziehers in der Zwangsvollstreckung nach § 802l ZPO ähnlich.

3. Griechisches Durchführungsrecht und äquivalente nationale Regelung

Der griechische Gesetzgeber führte mit der Durchführungsvorschrift 738A in die Zivilprozessordnung keine entsprechende Regelung über die Methode der Einholung von Kontoinformationen ein. Er erweiterte stattdessen mit Art. 43 des Durchführungsgesetzes den Anwendungsbereich der spezialgesetzlichen Regelung über die verfügbare Datenbank, die zugunsten öffentlich-rechtlicher Anspruchsinhaber ohnehin vorhanden war.[795] Es wurde also der Zugriff der Auskunftsbehörde auf das System der Bank- und Zahlungskontenregister ermöglicht. Auskunftsbehörde ist das systembetreibende Generalsekretariat für IT-Systeme des Finanzministeriums, welches den Übermittlungsknoten zwischen dem ausländischen Gericht und den Banken darstellt. Die Auskunftsbehörde leitet die Gerichtsanträge elektronisch über ein Drittunternehmen (Tiresias) an die Kreditinstitute weiter, die wiederum ihre Antworten mit den Kontoinformationen auf demselben Weg übermitteln sollen. Von der Auskunftspflicht sind nach Art. 62 Abs. 1 des Gesetzes Nr. 4170/2013 auch ausländische

794 Vgl. auch MüKoZPO/*Hilbig-Lugani* (5. Aufl. 2017), § 948 Rn. 2.

795 Art. 62 Abs. 10 des Gesetzes Nr. 4170/2013 über die administrative Zusammenarbeit in Steuersachen modifiziert durch Art. 43 des Gesetzes Nr. 4509/2017 (Regierungsblatt 201/22.12.2017). Wie es sich auch der Überschrift des Gesetzes entnehmen lässt, erfasste der ursprüngliche Anwendungsbereich der Vorschrift nur Pfändungen der öffentlichen Hand, der Sozialversicherungsträger und der Staatsanwaltschaft für strafrechtlich relevante Fälle zur Bekämpfung der Geldwäsche. S. *Douvlis*, DEE 2018, 561 (569); vgl. im deutschen Recht § 93 Abs. 7 und 8 AO.

Banken mit Filialen in Griechenland für die im Inland geführten Bankkonten erfasst.

Eine ähnliche spezialgesetzliche Möglichkeit zur Informationenbeschaffung ist für den Gläubiger einer zivilrechtlichen Forderung nicht verfügbar, wenn er eine äquivalente nationale vorläufige Sicherungspfändung gegen den Schuldner ergreifen will. Dies führt zu einer Benachteiligung der Gläubiger, deren Pfändung nicht die grenzüberschreitenden Bezüge der EuKpfVO aufweist und sie daher die Anwendung der Verordnung nicht hätten auswählen können. Diese Gläubiger können nicht über ein strukturiertes System die Bank, bei der der Schuldner ein Konto führt, identifizieren, obwohl sie in ihrem Antrag zur Nennung der Bank verpflichtet sind.[796] Die sich daraus ergebenden Probleme verstärkten sich bis zur Einführung des Art. 983 Abs. 4 gr. ZPGB, der die Zustellung am zentralen Sitz der Bank oder an irgendeiner Filiale vorsieht, dadurch, dass ein Teil der Rechtsprechung die Zustellung an den zentralen Sitz der Bank als nicht ausreichend betrachtete, sondern die Identifizierung und Zustellung an die kontoführende Filiale verlangte.[797]

Der Gläubiger hat gegen den Schuldner nur nach erfolgter Pfändung einen Anspruch auf Vermögensoffenlegung. Demgemäß kann der Vollstreckungsschuldner nach Art. 952 gr. ZPGB auf Antrag des Pfändungsgläubigers verpflichtet werden, ein vollständiges Vermögensverzeichnis mit einer eidesstattlichen Erklärung über die Richtigkeit seiner Angaben abzugeben, nur wenn der Pfändungsgläubiger glaubhaft macht, dass sein Anspruch trotz der Pfändung nicht vollständig befriedigt werden kann. Diese Offenlegungspflicht ergeht ohne ein Verfügungsverbot und ist nur nach der Pfändung möglich. Somit kann sie nicht als ausreichend wirksam angesehen werden.[798] Wenn der Schuldner allerdings die eidesstattliche Erklärung verweigert, kann der persönliche Arrest gegen ihn verhängt werden (Art. 864 gr. ZPGB).

---

796 Vgl. auch *Pipsou*, Die Verordnung (EU) Nr. 655/2014 (Athen, 2017), S. 289 (341 in Fn. 170); kritisch auch aus der Sicht des deutschen Rechts *Kreutz*, Rpfleger, 2016, 509 (513).

797 Areopag Urteil Nr. 1004/2010, EllDni 2011, 756 ff.; Areopag Urteil Nr. 347/2013 NOMOS-Datenbank. Diese Rechtsprechung stieß zu Recht auf heftige Kritik in der Lehre, weil sie realitätsfern betreffend der IT-Systeme der Banken ist und dazu den Gläubiger übermäßig belastet. Andererseits wird der zweiten Variante der Zustellung an irgendeine (auch kleine und entfernte) Filiale der Bank eine übermäßige Herausforderung für die Bank vorgeworfen, die innerhalb von 8 Tagen ihre Erklärung abgeben muss. Dazu *Orfanidis*, Pfändung (Athen, 2017), S. 53.

798 *Orfanidis*, s.o., S. 95 plädiert zu Recht für eine Offenlegungspflicht vor der Pfändung.

Bezüglich der Vermögenstransparenz in der Vollstreckung ist einleuchtend, dass bis 2001 in der Rechtsprechung des Areopags das gesetzlich vorgesehene Bankgeheimnis[799] für höherwertig als der Vollstreckungsanspruch des Gläubigers betrachtet wurde. Aufgrund dessen wurde das Bankkonto insgesamt als unpfändbar betrachtet und die Kontenpfändung war überhaupt nicht möglich gewesen, da die Bank durch ihre Erklärungspflicht ihre Geheimhaltungspflichten verletzen würde.[800] Diese Rechtsprechung hat das Eingreifen des Gesetzgebers notwendig gemacht. Erst mit Art. 24 des Gesetztes 2915/2001 wurde also festgeschrieben, dass das Bankgeheimnis in Bezug auf Einlagen jeglicher Art sowie Aktien einem Gläubiger gegenüber, der ein Recht auf Pfändung hat, nicht gilt. Die Aufhebung des Bankgeheimnisses erfasst nur die Geldsumme, die zur Befriedigung des Gläubigers notwendig ist.[801]

---

799 Gesetzesdekret Nr. 1059 vom 20/23.12.1971 über das Bankgeheimnis (Regierungsblatt A΄270), das die Strafbarkeit eines Verstoßes (Art. 2) sowie die ausnahmsweise Aufhebung des Bankgeheimnisses im Rahmen von gerichtlichen Strafverfahren (Art. 3) vorsieht.

800 Ausführlich dazu *Giovannopoulos*, Die Harmonisierung des privatrechtlichen Bankgeheimnisses im europäischen Wirtschaftsverkehr, 2000, S. 70 ff.; *Bolos*, Die Pfändung von Bankkonten im griechischen Recht, 2004, S. 44 ff.; *Klamaris*, ZZP (2008), 475 (486 ff.).

801 Art. 24 des Gesetzes 2915/2001 über die Beschleunigung des Zivilprozesses (Regierungsblatt FEK A 109/29.05.2001). Die Regelung wurde mit der letzten großen Reform der griechischen ZPO und insbesondere mit Abs. 3 des achten Artikels des Art. 1 des Gesetzes Nr. 4335/2015 in Art. 983 gr. ZPGB als Abs. 5 eingefügt; Areopag 19/2001 Dike 2002, 133 ff. m. Anm. *Beys* 136 ff.

F. Schutz der Bank in der EuKpfVO

I. Einwendungen der Bank

In diesem Abschnitt wird der Frage nachgegangen, ob der Bank gegen Fehler der vorläufigen Pfändung ein Rechtsbehelf zusteht. Anschließend wird der für die Bank wichtigste materiell-rechtliche Einwand der Aufrechnung im System der Kontopfändungsverordnung näher betrachtet.

1. Rechtsbehelf der Bank gegen die Pfändung

In der europäischen Kontopfändungsverordnung sind weder ein spezieller Rechtsbehelf noch die möglichen Einwendungen der Bank gegen die vorläufige Pfändung ausdrücklich vorgesehen.[802] Die Bank könnte jedoch als „Dritter" i.S.d. Art. 39 EuKpfVO qualifiziert werden. Die Beantwortung der Frage, ob die Bank vom Personenkreis des Art. 39 EuKpfVO erfasst ist, setzt die Bestimmung des „Dritten" voraus, wozu die Verordnung keine autonome Definition (Art. 4) bereithält. Es scheint allerdings, dass Art. 39 EuKpfVO eher dazu eingeführt wurde, um die Personen zu schützen, die mit dem Schuldner ein Gemeinschaftskonto führen, das mit dem Beschluss gesperrt wird, obwohl diese Personen in keinem Verhältnis mit dem Gläubiger stehen, oder auch Personen, an die die gepfändete Forderung abgetreten ist.[803] Im Gegensatz dazu wird die Bank, wenn eine Regelung der Kontopfändungsverordnung sie betrifft, auch namentlich

---

802 Im Gegensatz zu z.B. § 294 Abs. 4 EO und § 397 EO, wonach der Drittschuldner Rekurs gegen die Forderungspfändung und Widerspruch gegen die einstweilige Verfügung erheben kann. Dies bedeutet nicht, dass er zum allgemeinen Wächter der Rechtmäßigkeit der Pfändung verpflichtet wird, da der Schuldner selbst auch legitimiert ist, gegen die Pfändung vorzugehen. In der Praxis wird der Drittschuldner nur dann die Pfändung anfechten, wenn er dadurch gesetzeswidrig belastet wird. Dazu *Kodek*, ÖBA 1/10, 30 f. m.w.N.

803 *Max Planck Working Group*, ECFR 2007, 252 (295 und 277 f.); Rauscher/*Rauscher/Wiedemann*, EuZPR (4. Aufl. 2015), Art. 39 EuKpfVo Rn. 5; vgl. sehr kritisch zu dem noch ungenaueren Art. 39 EuKpfVO-E *Domej*, ZEuP 2013, 496 (515 f.); vgl. über die Differenzierung der Drittverhältnisse in der Zwangsvollstreckung zwischen gestörten Dritten, in deren Rechtskreis mit der Zwangsvollstreckung eingegriffen wird, wie im Fall der Gemeinschaftskonten, und einbezogenen Dritten, zu denen der Drittschuldner gehört, *Baur/Stürner/Bruns*, Zwangsvollstreckungsrecht (13. Aufl. 2006), Rn. 5.23 ff.

erwähnt.[804] Wortlaut und Systematik der Verordnung sprechen also dafür, dass die Bank nach autonomer Auslegung nicht unter den Begriff „Dritte" in Art. 39 EuKpfVO fällt. Die Verordnung gewährt erstens der Bank keinen autonomen Rechtsbehelf. Zweitens sollen nach dieser engen Interpretation auch die nationalen Rechtsbehelfe des Drittschuldners unanwendbar bleiben, weil die Bank nicht von Art. 39 erfasst ist.[805] Man könnte für diese Ansicht ausführen, dass die EuKpfVO insoweit Rücksicht auf die Interessen der Bank nimmt, als sie besagt, dass wenn das zu pfändende Konto nicht identifizierbar ist, die Bank den Beschluss nicht ausführen soll (Art. 24 Abs. 4 lit. b). Somit wäre der oft vorgeworfene vollstreckungsrechtliche Mangel der Unbestimmbarkeit der Pfändung an erster Stelle nicht in Betracht gekommen. Dem kann nicht zugestimmt werden, weil so die übrigen Interessen der Bank völlig außer Acht gelassen wären.

Die Nichtanwendung der nationalen Rechtsbehelfe des Drittschuldners auf die Bank verstößt gegen die Rechtschutzgarantie des Art. 47 GR-Charta,[806] da ihre Rechte durch die Ausführung des Beschlusses beeinträchtigt werden. Es wäre abwegig, für die Haftung der Bank auf das nationale Recht zu verweisen und ihr gleichzeitig keinen Rechtsbehelf zu erlauben. Die Auferlegung von Pflichten und Haftungsrisiken setzt auch den Schutz des Haftenden voraus. Eine solche enge Interpretation würde die drittschuldnerische Bank eigentlich als eine Art Vollstreckungsorgan behandeln, was mit ihrer Eigenschaft als unbeteiligter miteinbezogener Dritter nicht vereinbar ist.[807] Der Verweis in Art. 39 EuKpfVO soll weit ausgelegt werden und auch die nach nationalem Recht möglichen Einwendungen und Rechtsbehelfe der Bank beinhalten.[808] Ein Rückgriff auf den allgemeinen Verweis des Art. 46 EuKpfVO erscheint nach diesem Standpunkt nicht notwendig.

---

804 Vgl. Art. 13 Abs. 5 „gegenüber einer Bank oder einem Dritten", Art. 30 und Artt. 24, 25, 33.

805 *Schumacher/Köllensperger/Trenker*, EuKpfVO (2017) Art. 39 Rn. 6, über § 397 EO; *Pipsou*, Die Verordnung (EU) Nr. 655/2014 (Athen, 2017), S. 289 (370).

806 Ein Verstoß gegen das Äquivalenzprinzip kann nicht entgegenstehen, da der Rechtsschutz der Bank die Anwendung der Verordnung nicht ungünstiger als die im nationalen Recht vorgesehenen Maßnahmen machen würde.

807 Vgl. *Domej*, Internationale Zwangsvollstreckung, in: Hess (Hg.), Die Anerkennung (2014), S. 118 f.

808 Vgl. auch *Schimrick*, S. 320; *Max Planck Working Group*, ECFR 2007, 292 ff.

a. *Internationale Zuständigkeit*

Die Bank kann, wie gezeigt, gegen die Vollstreckung des Beschlusses nach dem Recht des Vollstreckungsmitgliedstaats gem. Art. 39 Abs. 2 EuKpfVO vorgehen. Die internationale Zuständigkeit für einen Rechtsbehelf des nationalen Rechts bestimmt sich nach den allgemein geltenden Zuständigkeitsnormen. Nur fakultativ sieht Art. 39 Abs. 3 EuKpfVO vor, dass für die Anfechtung des Beschlusses die Gerichte im Ursprungsmitgliedstaat und für die Anfechtung der Vollstreckung diejenigen im Vollstreckungsmitgliedstaat international zuständig sind. Somit wurde die vage Regelung des Art. 39 des Kommissionsvorschlags, welche ein Wahlrecht zwischen den zwei Gerichtsständen vorsah, nach dem Vorbild des Schuldnerschutzes modifiziert. Dies erscheint sachgerecht für die zuständigkeitsrechtlichen Interessen des Drittschuldners,[809] weil er in den Rechtsstreit des Vollstreckungsgläubigers und des Vollstreckungsschuldners erst im Stadium der Vollstreckung des Beschlusses hineingezogen wird. Daher wird er seine Rechte gegen die Vollstreckung verteidigen müssen und nicht gegen die Anordnung der Pfändung an sich. Die EuKpfVO schafft dadurch den Gleichlauf zwischen der *lex fori* und dem anwendbaren Recht.

Die internationale Zuständigkeit für einen Rechtsbehelf der Bank gegen die Vollstreckung des Beschlusses bzw. gegen die vorläufige Pfändung ergibt sich an erster Stelle aus Art. 24 Nr. 5 EuGVO, welcher eine ausschließliche Zuständigkeit für die Gerichte des Vollstreckungsstaates vorsieht. Von der Vorschrift sind alle Verfahren, die unmittelbar mit dem Zwangsvollstreckungsverfahren zu tun haben, wie z.B. das Erinnerungsverfahren, erfasst.[810] Hierin harmoniert die allgemeine Zuständigkeitsregel der EuGVO mit der Regel der EuKpfVO.[811]

---

809 S. auch im Ergebnis *Schimrick*, Die unmittelbar grenzüberschreitende Forderungsvollstreckung, S. 320 ff.

810 Zöller/*Geimer* ZPO (33. Aufl. 2020) Art. 24 EuGVO Rn. 32a.

811 Art. 24 Abs. 5 EuGVO kommt für Rechtsbehelfe gegen den Beschluss nicht zur Anwendung, weil diese nicht unmittelbar das Vollstreckungsverfahren betreffen. Denn der Beschluss beinhaltet einen Erkenntnisteil über den Sicherungsgrund und den Sicherungsanspruch. Für Rechtsbehelfe möglicher Dritter gegen den Beschluss würde der Gerichtsstand der Hauptsache nach allgemeinen Regeln oder der Widerklage (Art. 8 Nr. 3 EuGVO) eröffnet sein, welcher meistens mit dem Ursprungsmitgliedstaat identisch sein wird. Somit kollidiert die ausschließliche Zuständigkeit des Art. 24 Abs. 5 EuGVO nicht mit der fakultativen Zuständigkeitsregelung des Art. 39 Abs. 3 lit. a EuKpfVO. Vgl. über die im Ursprungsmitgliedstaat zu erhebenden Rechtsbehelfe eines nicht angehörten Dritten gegen die Anordnung einer Maßnahme EuGH, Urteil v. 25.05.2016, *Meroni* – Rs. C-559/14, ECLI:EU:C:2016:349 Rn. 48-50; a.A. *Schuhmacher/Köllensperger/Trenker*, EuKpfVO-Kommentar (2017) Art. 39 Rn. 9.

b. Anwendbares Recht

Art. 39 EuKpfVO unterscheidet für das anwendbare Recht, folgend dem in Art. 33 und 34 EuKpfVO skizzierten Modell des Schuldnerschutzes, je nachdem, ob sich das Anfechtungsrecht des Dritten gegen den Beschluss oder gegen seine Vollstreckung richtet. Im ersten Fall wird auf das Recht des Ursprungsmitgliedstaats, während im zweiten auf dasjenige des Vollstreckungsmitgliedstaats verwiesen. Die Verweise sind umfassend und beinhalten den Personenkreis der berechtigten Dritten sowie die Gründe und die Formalitäten des Rechtsbehelfs.

Es ist fraglich, welche Einwände die Bank vorbringen kann und ob diese sich gegen den Beschluss oder gegen die Vollstreckung des Beschlusses richten. Da die Abgrenzung zwischen den Anfechtungsgründen in den divergierenden nationalen Rechten zum Rechtsschutzvakuum führen kann, wird zu Recht eine autonome Auslegung in Anlehnung an die Unterscheidung in Art. 33 und 34 EuKpfVO vorgeschlagen.[812] Dies erscheint geboten, weil diese Abgrenzung ohnehin den minimalen autonomen Regelungsgehalt des Art. 39 Abs. 1 und 2 EuKpfVO darstellt.

Die Interessen der Bank werden erst mit der Vollstreckung des Beschlusses beeinträchtigt.[813] Die Beeinträchtigung liegt darin, dass sie erstens den Beschluss ausführen und eine diesbezügliche Erklärung abgeben muss. Zweitens ist sie der Gefahr der Schadensersatzpflicht bei Verletzung dieser Pflichten ausgesetzt. Dazu kommen ihre eigenen wirtschaftlichen und rechtlichen Interessen, die hauptsächlich in einer eventuell vorhandenen Aufrechnungslage oder in einem vertraglichen Pfandrecht auf das Kontoguthaben des Schuldners bestehen können. Diese Argumente muss ferner die Bank in ihrer Erklärung nach Art. 25 EuKpfVO beinhalten. Der Drittschuldner hat aber keine Einwände gegen den zu sichernden (vermeintlichen) Anspruch des Gläubigers an sich.[814]

Von Interesse für die Bank wären ebenfalls Einwände gegen den Bestimmtheitsgrundsatz, dass das Konto innerhalb der vorgegebenen Fristen nicht bestimmbar sei oder dass eine Überpfändung oder auch eine Nichtbeachtung der Pfändungsfreigrenzen vorliege. Allerdings hat im System der Kontopfändungsverordnung die Bank das Recht und die Pflicht, den Beschluss nicht

---

812 Rauscher/*Rauscher/Wiedemann*, EuZPR/EuIPR (4. Aufl. 2015), Art. 39 Rn. Geimer/Schütze/*Klöpfer* Art. 39 Rn. 1.

813 Vgl. *Heinze*, Der einstweilige Rechtsschutz, 1984, S. 65.

814 S. auch Schlosser/*Hess* EuZPR Kommentar (5. Aufl. 2021), Art. 39 EuKpfVO Rn. 2, wobei verwirrend von „Zahlungsbefehl" die Rede ist; für das deutsche Recht, *Stöber/Rellermeyer*, Forderungspfändung (17. Aufl. 2020), Rn. B.176.

auszuführen, wenn das Konto bei ausnahmsweise fehlender IBAN nicht identifizierbar ist (Art. 24 Abs. 4 lit. b EuKpfVO). Das Gleiche gilt, wenn die gepfändete Kontoforderung nicht existiert. Darüber hinaus auferlegt die Verordnung die Gefahr der Überpfändung und die Pflicht, die Freigabe zu beantragen, dem Gläubiger und nicht der Bank.

Wenn das zu pfändende Konto ein Gemeinschaftskonto ist, muss die Bank jedoch auf die Anforderungen ihres nationalen Rechts achten. Ebenfalls risikobeladen ist der Umfang der Pfändung in Bezug auf die anhängigen und zukünftigen Transaktionen. Die Nichtbeachtung der Pfändungsfreigrenzen, wenn sie vom Gericht oder der Vollstreckungsbehörde zu bestimmen sind, kann auch die Bank nach dem Recht des Vollstreckungsmitgliedstaats geltend machen. Dies ist im Einklang mit der vorgenommenen Unterscheidung der Anfechtungsgründe des Schuldners in Art. 33 und 34 EuKpfVO, wonach die unpfändbaren Beträge vom Schuldner nur im Vollstreckungsmitgliedstaat vorgetragen werden können.[815] Das gleiche Recht regelt außerdem den Einwand, dass das gepfändete Konto nicht unter diese Verordnung fällt oder dass Zustellungsmängel (fehlende Übersetzung, Art. 23 Abs. 4 EuKpfVO) vorliegen, welche ebenfalls die Interessen der Bank verletzen.

Die Bank hat keine Interessen dem vermeintlichen Anspruch des Gläubigers gegenüber, sondern kann nur gegen die Vollstreckung des Beschlusses nach dem Recht des Vollstreckungsmitgliedstaats bzw. der Kontoführung vorgehen.[816] Mögliche Einwände gegen das Kontoinformationsersuchen nach Art. 14 EuKpfVO sind vor dem erlassenden Gericht vorzutragen, weil in dieser Phase noch keine Vollstreckung oder gar ein Beschluss existiert. Da also noch kein Beschluss erlassen ist, werden die Einwände der Bank, soweit sie nach nationalem Recht in der Auskunftsmethode aktiv beteiligt und zum Einspruch berechtigt ist, mittels einer Intervention in das Verfahren zum Erlass des Beschlusses erfolgen müssen.[817]

Die Bank kann im nationalen einstweiligen Rechtsschutz keine Einwände aus dem Schuldverhältnis zwischen Pfändungsgläubiger und -schuldner geltend

815 Für den Schuldner allerdings problematisch, wenn sein Wohnsitz nicht im Vollstreckungsstaat ist und sich die Lebenskosten zwischen Wohnsitz- und Vollstreckungsmitgliedstaat erheblich unterscheiden.

816 Vgl. *Bitter*, Vollstreckbarerklärung, 2009, S. 233, nach der die Verteidigung des Drittschuldners vom Recht des Vollstreckungsstaates geregelt werden sollte.

817 Ähnlich Schlosser/*Hess*, EuZPR Kommentar (5. Aufl. 2021), Art. 39 EuKpfVO Rn. 1, obwohl die Verpflichtung zur Auskunft nicht mit dem Beschluss, sondern davor erfolgt.

machen, sondern nur diejenigen, die ihr gegen den Schuldner zum Zeitpunkt der Pfändung zustanden.[818] Die Einwände gegen den unterliegenden Titel[819] und aus dem Verhältnis zwischen Pfändungsgläubiger und -schuldner sind nur vom Schuldner geltend zu machen. Dafür kommen im deutschen einstweiligen Rechtsschutz der Widerspruch (§ 924 ZPO) und die Aufhebung wegen veränderter Umstände nach § 927 ZPO und im griechischen Recht der Änderungsantrag des Art. 696 gr. ZPGB in Betracht. Nicht anwendbar im einstweiligen Rechtsschutz ist folglich nach herrschender Ansicht die Vollstreckungsgegenklage nach § 767 ZPO.[820]

c. *Deutsches Recht*

Im deutschen Vollstreckungsrecht ist eine Vielzahl von Rechtsbehelfen vorgesehen.[821] Sie werden entsprechend in der Arrestvollziehung angewandt, soweit sie mit der Sicherungsfunktion kompatibel sind und keine speziellen Vorschriften für den Arrest vorliegen.[822] Es wird grundsätzlich zwischen verfahrens- und materiellrechtlichen Einwänden unterschieden. Gegen die verfahrensrechtlichen Mängel und die Verletzung von Verfahrensvorschriften bezüglich der Pfändung richtet sich die Vollstreckungserinnerung (§ 766 ZPO). Die Erinnerungsbefugnis einer Person setzt den Verstoß gegen sie schützende Vorschriften voraus.[823] Dies trifft auf die Person des Schuldners zu, da sich die Vollstreckung gegen ihn richtet. Da die Bank jedoch mit der Verletzung ihrer Pflichten schadensersatzpflichtig wird und einer Reihe von Rechtsbehelfen (des Pfändungsgläubigers, -schuldners, des wahren Kontoinhabers bei falscher Pfändung, anderer Pfändungsgläubiger) ausgesetzt ist, muss die Vollstreckung, zu deren Verwirklichung sie mitwirken muss, rechtmäßig sein. Daher dienen nach allgemeiner Meinung alle Vorschriften über die Art und Weise der Vollstreckung auch den Interessen des Drittschuldners. Somit schützen die vollstreckungsrechtlichen Vorschriften

---

818 *Stöber/Rellermeyer*, Forderungspfändung (17. Aufl. 2020), Rn. B.170, 664; *Gaul*, in: FS Sparkassenakademie (1978), S. 96 f.

819 Anwendbar nur, wenn der Beschluss nach Erhalt eines Titels ergeht nach Art. 5 lit. b EuKpfVO.

820 *Baur/Stürner/Bruns*, Zwangsvollstreckungsrecht (13. Aufl. 2006), Rn. 45.5 und 52.1; *Heinze*, Der einstweilige Rechtsschutz, 1984, S. 36.

821 Auf die Gefahr der Vollstreckungsverschleppung hinweisend *Baur/Stürner/Bruns*, Zwangsvollstreckungsrecht (13. Aufl. 2006), Rn. 42.5.

822 *Baur/Stürner/Bruns*, Zwangsvollstreckungsrecht (13. Aufl. 2006), Rn. 52.1.

823 *Jurgeleit*, Die Haftung des Drittschuldners (2. Aufl. 2004), S. 90.

auch die Bank und daraus ergibt sich ihre Erinnerungsbefugnis.[824] Die Bank, die in ihren Rechten von der vorläufigen europäischen Pfändung betroffen wird, ist daher erinnerungsbefugt, wenn die Vollstreckung des Beschlusses in Deutschland stattfindet. Da weder der Drittschuldner noch der Schuldner angehört werden, liegt i.S.d. §§ 766 und 793 ZPO keine Entscheidung, sondern eine Maßnahme vor.[825] Deshalb kommt nur die unbefristete Erinnerung nach § 766 ZPO und nicht die befristete sofortige Beschwerde nach (§ 11 RpflG i.V.m. § 793 ZPO) in Betracht.[826] Die Bank macht somit ihre Einwände gegen die Ordnungsmäßigkeit der vorläufigen Pfändung mit der Erinnerung (§ 766 ZPO) vor dem Vollstreckungsgericht geltend.[827]

Alle materiellrechtlichen rechtshindernden oder rechtsvernichtenden Einwendungen aus dem Verhältnis mit dem Schuldner, die der Bank am Zeitpunkt der Pfändung zustanden, wie z.B. die Aufrechnung, kann sie auch im einstweiligen Rechtsschutz geltend machen.[828] Einwendungen gegen die unterliegende Forderung des Pfändungsgläubigers kann der Drittschuldner nach allgemeiner Meinung nicht geltend machen, sondern nur der Schuldner im einstweiligen Rechtsschutz mit § 927 ZPO und in der Zwangsvollstreckung mit § 767 ZPO.[829]

---

824 *Brox/Walker*, Zwangsvollstreckungsrecht (11. Aufl. 2018), Rn. 1200; *Jurgeleit*, Die Haftung des Drittschuldners (2. Aufl. 2004), Rn. 80.

825 Zur Abgrenzung zwischen Entscheidung und Vollstreckungsmaßnahme *Brox/Walker*, Zwangsvollstreckungsrecht (11. Aufl. 2018), Rn. 1177 ff.

826 So auch Rauscher/*Rauscher/Wiedemann*, EuZPR/EuIPR (4. Aufl. 2015), Art. 39 Rn. 5; vgl. *Jurgeleit*, Die Haftung des Drittschuldners (2. Aufl. 2004), Rn. 76; a.A. Schlosser/*Hess* EuZPR Kommentar (5. Aufl. 2021), Art. 39 EuKpfVO Rn. 3.

827 Wenn später ein Einziehungsprozess stattfindet, kann die Bank nur die Nichtigkeit der Pfändung vortragen nach *Stöber/Rellermeyer*, Forderungspfändung (17. Aufl. 2020), Rn. B.321; *Gaul*, in: FS Sparakassenakademie (1978), S. 97 ff., der für diese Einschränkung nicht nur auf dem Grundsatz der Verfahrensökonomie, sondern auch auf der Spezialität der Erinnerung und der Funktionsteilung zwischen Vollstreckungs- und Prozessgericht beruht. Zur Parallelität der Verfahren *Gaul*, S. 99 und MüKoZPO/*Smid* (5. Aufl. 2016), § 829 Rn. 68.

828 *Heinze*, Der einstweilige Rechtsschutz, 1984, S. 69; *Stöber/Rellermeyer*, Forderungspfändung (17. Aufl. 2020), Rn. B.170; sonst im Einziehungsprozess gegen den Gläubiger als Verteidigungsmittel (§ 145 Abs. 3 ZPO): *Groß*, Einwendungen des Drittschuldners, 1997, S. 49; *Jurgeleit*, Die Haftung des Drittschuldners (2. Aufl. 2004), S.135 f.; *Gaul*, in: FS Sparkassenakademie (1978), S. 97; Näheres zur Aufrechnung, s. unten 2.b

829 *Baur/Stürner/Bruns*, Zwangsvollstreckungsrecht (13. Aufl. 2006), Rn. 30.35 und 52.1; *Gaul*, in: FS Sparkassenakademie (1978), S. 96.

Die Drittwiderspruchsklage nach § 771 ZPO kommt dagegen auch bei Maßnahmen, die nur der Anspruchssicherung dienen und nicht zur Verwertung führen, zur Anwendung und bezweckt den Schutz des wahren Kontoinhabers.[830] Die Drittwiderspruchsklage könnte der Bank nur insoweit zustehen, als sie als Dritter auftritt und ein die Veräußerung hinderndes Recht beweisen kann, wie es beim vertraglichen Pfandrecht auf das Pfandkonto nach weiter Auslegung der Fall sein kann.[831] Ferner fehlt der Bank das Rechtsschutzinteresse an einer negativen Feststellungsklage (§ 256 ZPO), weil sie die speziellere und schnellere Erinnerung nutzen kann.[832] Dazu gibt die bloße Zustellung eines Pfändungsbeschlusses ihr kein rechtliches Interesse an „alsbaldiger" Feststellung.[833]

d. Griechisches Recht

Das griechische Zivilprozessrecht enthält eine spezielle Vorschrift für die Rechte des Drittschuldners, welche sein Recht auf Anfechtung der Pfändung erheblich einschränkt. Art. 987 gr. ZPGB[834] sieht nämlich vor, dass der Drittschuldner die Gültigkeit der Pfändung nicht anfechten darf, es sei denn, die Pfändungsurkunde[835] enthält die zu ihrer Bestimmtheit nach Art. 983 gr. ZPGB[836] erforderlichen Angaben nicht oder sie wurde dem Vollstreckungsschuldner nicht

---

830 BGH, NJW 2004, 217; Thomas/Putzo/*Seiler*, ZPO (42. Aufl. 2021), § 771 Rn. 10; Prütting/Gehrlein/*Scheuch*, ZPO § 771 Rn. 2; Stein/Jonas/*Münzberg* ZPO (23. Aufl. 2017), § 771 Rn. 12. § 771 ist aber auf den nicht von der Pfändung betroffenen Mitkontoinhaber eines Oder-Kontos nicht anwendbar, nach OLG Nürnberg, WM 2003, 243.

831 Vgl. *Brox/Walker*, Zwangsvollstreckungsrecht (11. Aufl. 2018) Rn. 1416 ff.

832 BGH NJW 1977, 1881 ff. m. krit. Anm. *Reinel* NJW 1978, 272.

833 *Gaul*, in: FS Sparkassenakademie (1978), S. 100 f.

834 In Verbindung mit Art. 712 Abs. 2 gr. ZPGB, welcher die analoge Anwendung der vollstreckungsrechtlichen Vorschriften über die Rechte der Beteiligten auf die vorläufige Pfändung anordnet. *Douvli*, EllDni 2019, 412 (416).

835 Im griechischen Zwangsvollstreckungsrecht erfolgt die Pfändung mit der privaten Pfändungsurkunde beruhend auf einem Vollstreckungstitel. Nur für die vorläufige Pfändung als Sicherungsmaßnahme des einstweiligen Rechtsschutzes ergeht ein anordnender gerichtlicher Beschluss.

836 Diese sind: genaue Beschreibung des Vollstreckungstitels und der zu sichernden Forderung; die Pfändungssumme; ein an den Drittschuldner gerichtetes Auszahlungsverbot (Arrestatorium); beim Wohnsitz des Pfändungsgläubigers außerhalb des Bezirks des Amtsgerichts, in dem der Drittschuldner seinen Sitz hat, die Bestellung eines Prozessbevollmächtigten; sowie die Angaben des Art. 118 gr. ZPGB, nämlich: Nennung des Prozessgerichts, Art des Schriftstückes, Namen und persönliche Angaben (darunter auch die Steuernummer) aller Parteien, Gegenstand und Unterschrift.

zugestellt. Im ersten Fall muss der Drittschuldner bzw. die Bank dazu einen durch den Mangel verursachten prozessualen Nachteil (Art. 159 Nr. 3 gr. ZPGB) nachweisen, da für den Verstoß gegen die erforderlichen Angaben nach Art. 983 gr. ZPGB die Nichtigkeit keine im Gesetz vorgesehene Rechtsfolge ist.[837] Die Rechtsprechung zeigt nur einen geringen Erfolg solcher Einwendungen der Bank, weil sie in der Regel in der Lage ist, elektronisch die fehlenden Informationen aus ihrem System zu erlangen.[838] Im Gegensatz dazu sieht Art. 983 Abs. 2 gr. ZPGB vor, dass das Versäumen der Zustellung an den Schuldner die Nichtigkeit der Pfändung hervorruft und daher in diesem Fall der Nachweis eines Schadens nicht erforderlich ist. Aus dem Wortlaut der Vorschrift folgt, dass der Drittschuldner keinen anderen Fehler gegen die Gültigkeit der Pfändung geltend machen kann. Dies wird durch korrigierende Auslegung, wie im deutschen Recht, auf alle Verstöße gegen ihn oder *auch* gegen ihn oder das allgemeine Interesse schützende Gesetze erweitert.[839] Für die Geltendmachung dieser Rechte gewährt das Gesetz anders als § 766 ZPO keinen speziellen Rechtsbehelf. Der Drittschuldner kann seine Rechte in seiner Erklärung oder mit dem allgemeinen und unbefristeten Widerspruch des Dritten (Art. 583 gr. ZPGB) geltend machen.[840] Nach der h.M. werden die Einwände, die in der Erklärung nicht angegeben wurden, obwohl sie zu diesem Zeitpunkt existierten, nicht präkludiert.[841] Daher bringt der Drittschuldner viel häufiger in der Praxis seine Einwände, wie z.B. Tilgung oder Aufrechnung, im Widerspruchsverfahren des Pfändungsgläubigers gegen seine negative oder unterlassene Drittschuldnererklärung (Art. 986 gr. ZPGB)[842] oder im Schadensersatzverfahren des Pfändungsgläubigers wegen

---

837 *Tekidou*, Der Vollstreckungszugriff auf Bankkonten, 2005, S. 90; *Kolotouros*, EPolD 2016, 127 (159).

838 *Yessiou-Faltsi*, Zwangsvollstreckungsrecht – BT (Athen 2018), § 68 Rn. 67. Nach Art. 30A KEDE (hinzugefügt mit Art. 67 Abs. 2 G. 3842/2010) ist für mehrere Schuldner des öffentlichen Bereichs eine Art „kollektiver Pfändungsurkunde" mit beigefügter Tabelle mit den Angaben jedes Schuldners möglich.

839 Areopag 117/2011, Elliniki Dikaiosini 52 (2011), 759; *Yessiou-Faltsi*, Zwangsvollstreckungsrecht – BT (Athen 2018), § 64 VIII. Rn. 271; *Tekidou*; Der Vollstreckungszugriff auf Bankkonten, 2005, S. 97 ff.

840 *Yessiou-Faltsi*, Zwangsvollstreckungsrecht – BT (Athen 2018), § 64 XIV Rn. 376; Koutsoulelos/*Geōrgiadou*, Zwangsvollstreckung, (Athen 2016), S. 319.

841 *Orfanidis*, Pfändung, (Athen, 2017), S. 39; *Nikas*, Zwangsvollstreckungsrecht (Athen-Thessaloniki, 2018), § 59 Rn. 110; speziell für die Aufrechnung vom *Areopag* bestätigt in der Entscheidung Nr. 354/2010, Datenbank NOMOS.

842 Der Gläubiger hat ein „einklagbares" Recht auf die Drittschuldnererklärung nach der Pfändung in Griechenland, weil die Erklärung immanent und unerlässlich für

unterlassener oder unrichtiger Erklärung (Art. 985 Abs. 3 gr. ZPGB) als Verteidigungsmittel vor.[843] Gegen den Vollstreckungstitel kann der Drittschuldner auch im griechischen Recht nicht vorgehen.[844] Genauso wenig kann er materiellrechtliche Einwendungen aus dem Verhältnis zwischen Pfändungsgläubiger und -schuldner gegen die Forderung vorbringen, weil nach Art. 933 Abs. 1 gr. ZPGB (entspr. § 767 ZPO) nur der Schuldner und seine Gläubiger diesbezüglich widerspruchsbefugt sind.[845] Die Bank kann letztlich mit der Drittwiderspruchsklage (Art. 936 gr. ZPGB) oder häufiger durch Einrede im Widerspruchverfahren des Pfändungsgläubigers gegen ihre unterlassene oder unrichtige Erklärung (Art. 986 gr. ZPGB), ihre Rechte auf das Bankkonto, die ihr aus dem Verhältnis mit dem Vollstreckungsschuldner zustehen, geltend machen.[846]

e. Kein Bedürfnis für eine autonome Regelung in der EuKpfVO

Im Rahmen eines Sicherungsverfahrens liegt kein einschlägiger Grund vor, auf europäischer Ebene einen harmonisierten Rechtsbehelf für die den Beschluss ausführende Bank zu gestalten. Die Bank wird erst nach dem nationalen titelschaffenden Hauptverfahren zur Auszahlung an den Gläubiger aufgefordert. In diesem Verfahren liegt die rechtsprechende Funktion, welche die Grundlage für den späteren Einziehungsprozess oder für eine andere Art der Verwertung nach nationalem Recht bildet. In den Fällen, in denen der Beschluss nach Erhalt eines Titels ergeht, handelt es sich immer noch im Rahmen der Kontopfändungsverordnung „nur" um einen Pfändungs- und keinen Überweisungsbeschluss, gegen den die Bank entweder direkt aus dem System der EuKpfVO mit der Nichtausführung und ihrer Erklärung oder mit den nationalen Rechtsbehelfen ausreichend geschützt ist. Gegen einen möglichen Rechtsbehelf des Gläubigers kann

---

den weiteren Verlauf des Vollstreckungsverfahrens ist, da sie den Vollstreckungstitel gegen die Bank darstellt. Daraus ist jedoch kein allgemeiner Informationsanspruch des Gläubigers zu schließen. Dazu *Giannopoulos*, EPolD 2015, 665 (672); *Tekidou*, Der Vollstreckungszugriff auf Bankkonten, 2005, S. 103; *Yessiou-Faltsi*, Zwangsvollstreckungsrecht – BT (Athen 2018), § 68 Rn. 78.

843 Statt aller *Kolotouros*, EPD 2016, 127 (159); speziell für die Bank als Drittschuldnerin *Yessiou-Faltsi*, Zwangsvollstreckungsrecht – BT (Athen 2018), § 68 XI. Rn. 78.

844 *Kolotouros*, EPD 2016, 127 (148).

845 *Yessiou-Faltsi*, Zwangsvollstreckungsrecht – BT (Athen 2018), § 64 VIII. Rn. 266 f.; Monomeles Prōtodikeio (eingliedriges LG) Amaliada 163/2017, Datenbank NOMOS.

846 Vgl. *Nikas*, Zwangsvollstreckungsrecht (Athen-Thessaloniki, 2018), § 61 Rn. 21 ff.

sie dann die im Recht des Vollstreckungsstaats bzw. ihrer Niederlassung zugelassene Einrede geltend machen.

Mit einem autonomen Rechtsbehelf würde die EuKpfVO weit über das Ziel hinausschießen, da die Bank übermäßig viel auf die Seite des Schuldners gezwungen wäre, da sie als erste Kenntnis von der Pfändung erlangt. Ihre Rolle besteht nicht darin, eine Art Prozessbeistand des Schuldners zu sein, sondern eine wirksame und unter Wahrung ihrer Rechtsposition rechtmäßige Zwangsvollstreckung zu ermöglichen. Wenn ihre Interessen stark genug durch die Pfändung beeinträchtigt werden, wird sie die nationalen Rechtsbehelfe nutzen können. Das Hinzufügen noch eines Rechtsbehelfs in die Vielzahl der vorhandenen nationalen Möglichkeiten würde zur unnötigen Vermehrung der Verteidigungsmittel und der möglichen Einwendungen führen, welche die Anwendung der Verordnung unübersichtlich machen würde. Dass für den Schuldner, den eigentlichen Adressaten der Vollstreckung, die möglichen Einwendungen und der Rechtsbehelf autonom vorgesehen sind, bedeutet nicht, dass der Drittschuldner in dieser Phase eine entsprechende Regelung benötigt. Selbstverständlich ist die Regelung der Einwendungen und Rechtsbehelfe der Bank in einem (noch weit) zukünftigen autonomen Zwangsvollstreckungsrecht unerlässlich.

2. Aufrechnung

a. Qualifikation

Aus autonomer Sicht ist die einseitige[847] Aufrechnung materiellrechtlich zu qualifizieren, da der europäische Gesetzgeber für das auf sie anwendbare Recht eine Kollisionsnorm in Art. 17 Rom I-Verordnung für das Statut der Hauptforderung vorsieht und sie nicht der *lex fori* überlassen hat.[848] Die Aufrechnung unterliegt nach Art. 17 Rom I-Verordnung dem Statut der (Passiv-) Hauptforderung. Die mitgliedstaatliche materiell- oder prozessrechtliche Qualifikation ist somit

847 Im Gegensatz zu der vertraglichen Aufrechnung, welche dem Vertragsstatut nach den allgemeinen Regeln der Art. 3 ff. Rom I-VO unterliegt, dazu Rauscher/*von Hein*, EuZPR-EuIPR, Bd. 3, (4. Aufl.) Art. 17 Rom I-VO, Rn. 12 ff.; allerdings umfasst das Recht auf Aufrechnung in Art. 17 Rom I-VO auch die in romanischen Rechten vorgesehene gesetzliche Aufrechnung. *Koutsoukou*, Die Aufrechnung im europäischen Kollisions- und Verfahrensrecht, 2018, S. 174 ff. Zur Entstehungsgeschichte: *Magnus*, Aufrechnung, in Ferrari/Leible (Hg.), Ein neues Internationales Vertragsrecht für Europa, 2007, S. 201 (210 f.).

848 Rauscher/*von Hein*, EuZPR-EuIPR, Bd. 3, (4. Aufl.) Art. 17 Rom I-VO Rn. 9.

unerheblich.[849] In der Kontopfändungsverordnung ist keine Regelung bezüglich des Rechts auf Aufrechnung getroffen worden. Möglicherweise ist dies darauf zurückzuführen, dass der vorläufige europäische Kontopfändungsbeschluss keinen Überweisungsbeschluss enthält und somit keine Auszahlung an den Gläubiger erfolgt, gegen welche die Bank ihr *set-off* als rechtsvernichtende Einwendung nach den Voraussetzungen des nationalen Rechts normalerweise hätte geltend machen können.

b. Anwendbares Recht

Es ist allerdings nicht auszuschließen, dass die Bank eine Aufrechnungsbefugnis nach nationalem Recht hat, da die Kontopfändungsverordnung keine Aussage darüber trifft. Diese Frage soll nach Art. 17 Rom I-VO vom Recht der Hauptforderung beantwortet werden.[850] Die Hauptforderung ist die vorläufig gepfändete Kontoforderung und der Aufrechnende ist die Bank.[851] Somit muss das auf die Forderung des Bankkunden gegen die Bank anwendbare Recht ermittelt werden. Die Banken sehen in ihren Verträgen, insbesondere in den „einfacheren" Fällen der Kontoführung im Gegensatz zu anderen komplizierteren Bankgeschäften, problemlos eine Rechtswahlklausel für das Recht der jeweiligen Niederlassung vor.[852]

Beim Fehlen einer Rechtswahl ist das Einlagengeschäft, das zur Kontoführung ermächtigt, als eine Dienstleistung zu qualifizieren.[853] Somit kommt nach Art. 4 Abs. 1 lit. b Rom I-VO wiederum das Recht der Bankniederlassung zur Anwendung. Wenn das Bankgeschäft nicht als Dienstleistung qualifiziert werden kann, zeigt die objektive Anknüpfung nach Art. 4 Abs. 2 Rom I-VO an die vertragscharakteristische Leistung, welche die Leistung der Bank ist, auch auf das Recht ihrer Niederlassung. Wenn die Kontoführung nicht der beruflichen oder gewerblichen Tätigkeit des Bankkunden zugeordnet werden kann, ist er Verbraucher und es wird das Recht seines gewöhnlichen Aufenthalts anwendbar

---

849 Vgl. für eine rechtsvergleichende Betrachtung *Koutsoukou*, Die Aufrechnung, 2018, S. 67 ff.

850 Allgemein kritisch zu dieser Anknüpfung *Koutsoukou*, Die Aufrechnung, 2018, S. 194 ff. und S. 473 mit Vorschlag zu Neufassung.

851 Vgl. Staudinger/*Lugani* Eckpfeiler des Zivilrechts (2018), G. Das Erlöschen der Schuldverhältnisse, Rn. 73.

852 AGB-Banken Nr. 6, dazu *Bunte*/Zahrte, AGB-Banken, AGB-Sparkassen, Sonderbedingungen (5. Aufl. 2019), Rn. 111.

853 *Einsele*, Bank- und Kapitalmarktrecht (4. Aufl.) § 3 Rn. 55 ff.

sein, wenn nach Art. 6 Abs. 1 Rom I-VO der Unternehmer (hier: die Bank) in diesem Mitgliedstaat seine Tätigkeit ausübt oder ausrichtet und aufgrund dieser Tätigkeit der Bankvertrag abgeschlossen wird. Auch über diesen Weg kann das Recht des gewöhnlichen Aufenthalts mit demjenigen der Bankniederlassung zusammenfallen, da die großen Kreditinstitute, welche grenzüberschreitende Tätigkeiten ausüben, in aller Regel eine Niederlassung in dem jeweiligen Staat haben, in dem sie Kontoführungsverträge abschließen. Die in der Praxis meistens getroffene Rechtswahl ist wirksam, aber darf dem Verbraucher nicht den Schutz entziehen, der ihm nach dem zwingenden Recht seines gewöhnlichen Aufenthalts gewährt werden würde (Art. 6 Abs. 2 Rom I-VO).

Das anwendbare Recht auf die Aufrechnung als ein Gestaltungsrecht der Bank, welches sich gegen die Vollstreckung des Beschlusses richtet, könnte vom Art. 39 EuKpfVO erfasst werden. Art. 39 EuKpfVO kann einerseits systematisch als *lex specialis* in Vergleich zu der allgemeinen Rom I-VO gesehen werden, da die EuKpfVO ein spezielles Verfahren einführt. Andererseits ist Art. 39 EuKpfVO an sich breit formuliert und übernimmt nicht die autonome Qualifikation der in Betracht kommenden Einwände, während Art. 17 Rom I-VO speziell das auf die Aufrechnung anwendbare Recht zeigt. Da beide Regelungen auf das gleiche Recht zeigen, ist der Streit nur theoretischer Natur. Nach Art. 39 Abs. 2 EuKpfVO ist das Recht eines Dritten, die Vollstreckung des Beschlusses anzufechten, vom Recht des Vollstreckungsmitgliedstaats zu regeln. Diese Regelung steht in Einklang mit Art. 17 Rom I-VO, da der Vollstreckungsmitgliedstaat in der Kontopfändungsverordnung von der Kontoführungsniederlassung bzw. von der Hauptforderung bestimmt wird.

Darüber hinaus wird vertreten, dass die Aufrechnungsbefugnis der Bank in die Kollisionsnormen des Art. 26 EuKpfVO[854] über die Haftung der Bank oder des Art. 32 EuKpfVO[855] über den Rang des Beschlusses subsumiert werden könne. Beide Kollisionsnormen in der Kontopfändungsverordnung zeigen auf das Recht des Vollstreckungsmitgliedstaats, welches das Recht der Kontoführung und somit das Recht der Bankniederlassung ist. Jedenfalls kommt der allgemeine Verweis für nicht geregelte verfahrensrechtliche Fragen des Art. 46 EuKpfVO auf das Recht des Mitgliedstaats, in dem das Verfahren stattfindet, nicht in Betracht, da, wie gezeigt, die Aufrechnung aus autonomer Sicht materiellrechtlich zu qualifizieren ist. Zusammenfassend ist festzuhalten, dass außer

---

854 *Orfanidis*, Die Verordnung (EU) Nr. 655/2014, in: Hopt/Tzouganatos (Hg.), Das Europäische Wirtschaftsrecht (2014), S. 263 (291 f.).

855 *Mohr*, Die vorläufige Kontenpfändung, 2014, Rn. 312.

dem Verbraucherschutz nach allen in Betracht kommenden Kollisionsnormen das Recht der Bankniederlassung zur Anwendung gelangt.

c. *Internationale Zuständigkeit*

Die internationale Zuständigkeit für den Aufrechnungseinwand ist sehr umstritten. Anders als bei den vollstreckungsrechtlichen, sind die materiellrechtlichen Einwände wie die Aufrechnung nach dem EuGH vor den Gerichten des Vollstreckungsmitgliedstaats nach Art. 24 Nr. 5 EuGVO nur dann geltend zu machen, wenn diese Gerichte auch für ihre selbständige Geltendmachung zuständig wären.[856] Nach dem EuGH kann ferner der Aufrechnungseinwand nicht auf den Gerichtsstand der Widerklage nach Art. 8 Nr. 3 EuGVO gestützt werden, da er ein bloßes Verteidigungsmittel darstellt.[857] Wegen in aller Regel vorhandener und wirksamer Gerichtsstandsvereinbarung für die Gegenforderung, welche wie die Hauptforderung aus einem Bankvertrag ergeht, wären in diesem Fall auch für die eigenständige Geltendmachung der Gegenforderung die Gerichte des Vollstreckungsmitgliedstaats bzw. der Bankniederlassung international zuständig, wenn man weiterhin an der EuGH-Rechtsprechung festhalten möchte. Sehr umstritten ist im Allgemeinen, ob die *Prism* Rechtsprechung des EuGH,[858] welche den Aufrechnungseinwand und generell alle nationalen materiellrechtlichen Einwände für im Exequaturverfahren ausgeschlossen betrachtete, auch auf den Vollstreckungsversagungsrechtsbehelf des Art. 46 EuGVO, nach der Exequaturabschaffung, übertragbar ist.[859] Angesichts des Erwägungsgrunds 30 zur EuGVO und der Prozessökonomie ist der Meinung den Vorrang zu geben, die außer den Versagungsgründen des Art. 45 EuGVO auch alle materiellrechtlichen Einwendungen erlaubt, wenn der Vollstreckungsversagungsantrag mit einem nationalen Rechtsbehelf erfolgt.[860]

---

856 EuGH, Urteil v. 4.7.1985 – *AS-Autoteile Service / Malhé*, Rs. C-220/84, Slg. 1985 02267; a.A. Rauscher/*Mankowski* EuZPR/EuIPR (5. Aufl. 2021) Art. 24 EuGVO Rn. 212; *Koutsoukou*, Die Aufrechnung, 2018, S. 439 ff.

857 EuGH, Urteil v. 13.7.1995 – *Danværn Production A/S gegen Schuhfabriken Otterbeck*, Rs. C-341/93, Slg. 1995 I-02053, ECLI:EU:C:: 1995:239; a.A. *Koutsoukou*, Die Aufrechnung, 2018, S. 360 ff.

858 EuGH Urteil v. 13.10.2011 – *Prism Investments*, Rs. C-139/10, ECLI:EU:C:2011:653.

859 S. die Nachweise in *Koutsoukou*, Die Aufrechnung, S. 436 in Fn. 1670.

860 *Koutsoukou*, Die Aufrechnung, S. 515. Vgl. auch für die EuUnthVO, EuGH, Urteil v. 4.6.2020 Rs. C-41/19 – *FX*, ECLI:EU:C:2020:425.

d. *Aufrechnung nach nationalem Recht: allgemein*

Nach beiden hier untersuchten Rechtsordnungen führt die einseitige Aufrechnung zum gegenseitigen Erlöschen der gegenüberstehenden Forderungen, soweit sie sich decken, um ein unwirtschaftliches Hin und Her der geschuldeten Leistungen zu vermeiden.[861] Dieses Erlöschen unterscheidet sich von der Erfüllung, weil nicht die geschuldete Leistung, sondern die Aufrechnung der Forderungen als Erfüllungssurrogat erbracht wird und, wie die Hinterlegung, zur Tilgung führt.[862] Außer der Tilgungsfunktion hat die Aufrechnung auch eine Vollstreckungsfunktion, welche dem Aufrechnenden die Durchsetzung seiner Forderung (Aktiv-, Gegenforderung) erleichtert.[863] Die Aufrechnung stellt in beiden Rechten einen materiellrechtlichen Einwand, der dem Aufrechnungsgegner erklärt werden muss.[864] Damit die Aufrechnungserklärung statthaft ist, müssen sich zwei gleichartige Forderungen gegenüberstehen, was bei Geldforderungen stets zu bejahen ist. Die Aufrechnungslage beansprucht ferner, dass der Aufrechnende der Schuldner einer erfüllbaren Forderung (Hauptforderung) ist und zur gleichen Zeit Gläubiger einer eigenen durchsetzbaren Forderung (Gegenforderung).[865]

e. *Aufrechnungsverbot nach der Pfändung*

In beiden Rechtsordnungen ist die Aufrechnung gegen eine gepfändete Forderung grundsätzlich ausgeschlossen, da die Pfändung zum Verfügungs- und Erfüllungsverbot führt, welches die Erfüllungssurrogate miteinschließt.[866] Im deutschen Recht folgt das Aufrechnungsverbot unmittelbar aus dem *Arrestatorium*.[867] Die Ausnahme dazu ist folgerichtig in § 392 BGB eingeordnet,

861 Palandt/*Grüneberg* § 387 Rn. 1; *Keilbach*, Drittschuldnerschutz und Gläubigerrechte, 2017, S. 212.

862 Palandt/*Grüneberg* (77. Aufl. 2018), § 387 Rn. 1; Staudinger/*Lugani* Eckpfeiler des Zivilrechts (2018), G. Das Erlöschen der Schuldverhältnisse, Rn. 61.

863 Staudinger/*Gursky* (2016) Vorbem. zu §§ 387 ff. BGB Rn. 6; *Filios*, Schuldrecht-AT (Athen-Thessaloniki 2011), § 75 S. 141.

864 Ferrari/*Althammer/Makris* Rome I Regulation (2015), Art. 17 Rn. 3.

865 *Weiler*, Schuldrecht Allgemeiner Teil (4. Aufl. 2017), § 14 Rn. 5 ff.; *Filios*, Schuldrecht-AT (Athen-Thessaloniki 2011), § 76 S. 144 f.

866 BeckOK-BGB/*Dennhardt* (59. Edition 2021), § 392 Rn. 1; Palandt/*Grüneberg* (78. Auflage 2019) § 392 BGB Rn. 1.

867 Jauernig/*Stürner*, BGB (17. Aufl. 2018), § 392 Rn. 1; Staudinger/*Gursky* (2016) § 392 BGB Rn. 2.

da die Aufrechnung ein materiellrechtliches Institut darstellt. Das griechische Recht sieht außer in der materiellrechtlichen Norm des Art. 449 gr. ZGB auch in Art. 984 Abs. 2 gr. ZPGB über die Wirkungen der Pfändung ein ähnliches Aufrechnungsverbot des Drittschuldners für nachträgliche Gegenforderungen explizit vor. Da das Bestehen einer Aufrechnungslage jedoch als schützenswert angesehen wird und der Drittschuldner durch seine Einmischung in die Pfändung nicht schlechter gestellt werden darf,[868] führen § 392 BGB – und die griechischen Vorschriften – eine Ausnahme zum Aufrechnungsverbot. Nach § 392 BGB darf der Schuldner bzw. Drittschuldner i.S.d. §§ 829, 930 ZPO die Aufrechnung gegen die gepfändete Hauptforderung erklären, wenn seine Gegenforderung vor oder spätestens zeitgleich mit der Bewirkung der Pfändung erworben[869] und fällig wurde. Dabei ist der Zeitpunkt des Wirksamwerdens der Pfändung durch die Zustellung an die Bank und nicht die tatsächliche Kenntnisnahme des Drittschuldners maßgeblich.[870] Die Bank ist allerdings nicht verpflichtet, in ihrer Erklärung auf eine aufrechenbare Gegenforderung hinzuweisen.[871]

Der europäische Beschluss zur vorläufigen Kontenpfändung ergeht ohne Überweisungsbeschluss, vielmehr auch vor Einleiten eines Verfahrens bzw. vor dem Erhalt eines Titels. Da aber der Tatbestand von § 392 BGB mit der Pfändung der Forderung und somit auch mit der bloßen Arrestpfändung[872] eintritt, muss der Aufrechnungseinwand nicht nur im Einziehungsprozess geltend gemacht werden. So ist es durchaus möglich, dass der Drittschuldner sein Gestaltungsrecht auf Aufrechnung beim Vorliegen der Voraussetzungen des § 392 BGB – im griechischen Recht Art. 449 gr. ZGB und Art. 984 Abs. 2 gr. ZPGB – mit einer empfangsbedürftigen Willenserklärung auch nach einer vorläufigen europäischen Kontopfändung ausübt. Dadurch kann er seine Forderung durchsetzen, ohne auf die spätere (mögliche und auf jeden Fall vom

---

868 Staudinger/*Gursky* (2016) § 392 BGB Rn. 3.

869 Nach entsprechender analoger weiter Auslegung von § 406 BGB reicht das Bestehen des Rechtsgrundes aus, dazu MüKoBGB/*Schlüter* (8. Aufl. 2016), § 392 BGB Rn. 2; ähnlich die h.M. im griechischen Recht, vgl. *Yessiou-Faltsi*, Zwangsvollstreckungsrecht – BT (Athen 2018), § 64 Rn. 182 ff.; a.A. *Kontis*, Aktuelle Fragen (Athen, 2018), S. 57.

870 Staudinger/*Gursky* (2016) § 392 BGB Rn. 3 und 16; BeckOK-BGB/*Dennhardt* (59. Edition 2021) § 392 Rn. 3 f.; MüKoBGB/*Schlüter* (8. Aufl. 2019), § 392 BGB Rn. 1; *Kolotouros*, EPolD 2016, 127 (139); *Nikas*, Zwangsvollstreckungsrecht (Athen-Thessaloniki, 2018), § 59 Rn. 107.

871 BGH, ZIP 2013, 594 (595).

872 Staudinger/*Gursky* (2016) § 392 BGB Rn. 6.

nationalen Recht geregelte) Auszahlungsaufforderung des Pfändungsgläubigers warten zu müssen. Dies bedeutet zwangsläufig, dass die gepfändete Hauptforderung deckungsgleich ebenfalls erlischt. Dadurch wird die mit der vorläufigen Pfändung beabsichtigte Sicherung des Pfändungsgläubigers zunichte gemacht. Dies ist aber in der jetzigen Entwicklungsphase des europäischen Privatrechts in Kauf zu nehmen, da die hier untersuchten nationalen Rechte eine anderweitige Gewichtung der Interessenlage vorgenommen haben.[873] Da die vorläufige europäische Kontenpfändung vor und nach Erhalt eines Titels möglich ist, wird auch aus dieser Perspektive ersichtlich, dass das erlassende Gericht die Glaubhaftmachung der Forderung versichern muss. Andernfalls ergibt sich ein großes Manipulationsrisiko dadurch, dass die Bank, ihre Rechte schützend, gegen den Schuldner aufrechnet, ohne dass die Pfändung an erster Stelle überhaupt berechtigt war. Somit kann ein Gläubiger, der beispielsweise der Liquidation eines Konkurrenten schaden will, dies ohne titulierte Forderung mit einer, nicht schwer zu begründenden, vorläufigen Pfändung auch schaffen. An dieser Stelle muss ferner differenziert werden, ob die Gegenforderung gegen den Schuldner (Kontoinhaber) oder gegen den Pfändungsgläubiger vorliegt.

aa. Aufrechnung mit Gegenforderung gegen den Pfändungsgläubiger

Eine Aufrechnung der Bank mit einer Gegenforderung gegen den Pfändungsgläubiger ist nach einer vorläufigen Pfändung mit dem europäischen Beschluss nicht möglich. Die Gegenforderung dürfte zwar aus einem eigenen Bankvertrag mit dem Pfändungsgläubiger vor der Pfändung erworben und nach dem anwendbaren Recht auch fällig geworden sein. Allerdings fehlt es in dieser Phase des bloßen Einfrierens des Bankkontos, bzw. ohne Abtretung der Hauptforderung, an der Grundvoraussetzung der Aufrechnungslage nach §§ 387 ff. BGB, nämlich an der Gegenseitigkeit der Forderungen. Solange kein Überweisungsbeschluss ergeht, bleibt Hauptforderungsinhaber der Kontoinhaber (Schuldner im EuKpfVO-Verfahren) und es erfolgt keine Überweisung der Forderung an den Pfändungsgläubiger. Die Gegenforderung besteht allerdings gegen den Pfändungsgläubiger und somit ist das Erfordernis der Gegenseitigkeit nicht erfüllt. Dies gilt dann, wenn sich die Aufrechnungserklärung der Bank an den Pfändungsgläubiger richtet.[874]

873 Vgl. *Keilbach*, Drittschuldnerschutz und Gläubigerrechte, 2017, S. 221.

874 Vgl. die h.M., die eine Aufrechnungsmöglichkeit des Drittschuldners gegen den Pfändungspfandgläubiger erst nach Überweisung zur Einziehung gem. § 835 ZPO bejaht: Stein/Jonas/*Brehm* ZPO (23. Aufl. 2017), § 835 Rn. 34; Staudinger/*Gursky* (2016) § 387 BGB Rn. 44; *Jugeleit*, Die Haftung des Drittschuldners, S. 139; *Keilbach*,

Genauso ausgeschlossen ist die Aufrechnungserklärung der Bank mit einer Forderung gegen den Pfändungsgläubiger, wenn sie dem Schuldner (Kontoinhaber) gegenüber abgegeben wird. In diesem Fall ist nämlich wiederum die aufrechnende Bank Schuldnerin der Hauptforderung, aber als Gläubiger der Gegenforderung fungiert nicht der Aufrechnungsgegner (Kontoinhaber), sondern der Pfändungsgläubiger. Die Aufrechnung mit einer Forderung gegen einen Dritten ist grundsätzlich ausgeschlossen. Dabei führt § 406 BGB eine Ausnahme vom Gegenseitigkeitserfordernis bei erfolgter Abtretung ein, was beim europäischen Pfändungsbeschluss nicht der Fall ist. Stattdessen stellt § 392 BGB eine Ausnahme von der Erfüllbarkeitsbedingung der Hauptforderung dar und erlaubt die Aufrechnung trotz bestehenden Erfüllungsverbots.[875] Die Gegenseitigkeit muss allerdings auch im Rahmen von § 392 BGB erhalten bleiben. Sinn und Zweck des § 392 BGB ist, eine früher bestehende Aufrechnungslage wegen Schutzbedürftigkeit aufrechtzuerhalten und nicht dem Drittschuldner mehr Rechte als vor der Pfändung zu gewähren. Auch vor der Pfändung wäre es dem Drittschuldner nicht möglich gewesen, gegen die (später gepfändete) Hauptforderung des Bankkunden mit einer Gegenforderung gegen einen Dritten (den späteren Pfändungsgläubiger) aufzurechnen.

bb. Aufrechnung mit Gegenforderung gegen den Schuldner

Die Bank könnte allerdings eine Forderung gegen den Schuldner (Kontoinhaber), beispielsweise aus einem debitorisch geführten Konto oder einer fälligen Kreditkartenabrechnung, zur Aufrechnung nach § 392 BGB geltend machen. Dafür muss diese Forderung nach § 392 BGB (und Art. 984 Abs. 2 gr. ZPGB) vor der Pfändung erworben und fällig geworden sein. Es ist erheblich zu bestimmen, zu welchem Zeitpunkt die übrige Aufrechnungslage vorliegen muss. Dies ist auch im Rahmen von § 392 BGB an den Zeitpunkt der Aufrechnungserklärung gebunden,[876] da § 392 BGB nur die zu diesem Zeitpunkt aufgrund des Erfüllungsverbots nicht mehr vorhandene Erfüllbarkeit der gepfändeten Hauptforderung bewusst außer Acht lässt. Nach dem *Telos* von § 392 BGB soll einerseits ein kollusives Verhalten des Kontoinhabers mit der Bank zulasten des

Drittschuldnerschutz und Gläubigerrechte, 2017, S. 215 m.w.N.; *Groß* Einwendungen des Drittschuldners, 1997, S. 179; a.A. Erman/*Wagner* (15. Aufl. 2017) § 392 BGB Rn. 1.

875 Vgl. Palandt/*Grüneberg*, (78. Aufl. 2019), § 387 BGB Rn. 7.

876 BeckOK-BGB/*Dennhardt* (59. Aufl. 2021) § 392 Rn. 5; Staudinger/*Gursky* (2016) § 392 BGB Rn. 12.

Pfändungsgläubigers dadurch verboten werden, dass die Gegenforderung vor der Pfändung erworben sein muss. Andererseits soll auf die einmal bestehende Aufrechnungslage nach dem Prioritätsgrundsatz Rücksicht genommen werden.

Der Drittschuldner darf nach h.M. nur gegen den Schuldner (Kontoinhaber) die Aufrechnung nach § 392 BGB erklären.[877] Dies stellt den Regelfall dar, da § 392 BGB eine einmal bestehende Aufrechnungslage trotz des aufgrund der Pfändung bestehenden Erfüllungsverbots aufrechterhält. Empfangszuständig für das Erfüllungssurrogat bleibt der Schuldner (Kontoinhaber).[878] Nach dem BGH verliert der Drittschuldner seinen Aufrechnungseinwand mit einer Forderung gegen den Vollstreckungsschuldner dem Vollstreckungsgläubiger gegenüber nicht, wenn er verbotswidrig an den Schuldner (hier: Kontoinhaber) ausgezahlt hat.[879] Da die Zahlung an den Schuldner dem Vollstreckungsgläubiger gegenüber (§§ 135, 136 BGB) unwirksam ist, besteht für ihn die Forderung weiterhin. Somit kann der Drittschuldner die schon vor der Pfändung bestehende Aufrechnungslage dem Vollstreckungsgläubiger gegenüber als Erfüllungssurrogat entgegenhalten. Die geleistete Zahlung an den Schuldner kann er mit der Leistungskondiktion zurückverlangen.[880] Dem Drittschuldner stehen gegenüber dem Pfändungsgläubiger alle Einwendungen offen, die er dem Kontoinhaber entgegenhalten kann. Denn der Pfändungsgläubiger tritt an die Stelle des Schuldners (Kontoinhaber) und erwirbt durch die Pfändung und Überweisung

---

877 Staudinger/*Gursky* (2016) § 392 BGB Rn. 27, nur mit einer Gegenforderung gegen den Pfändungspfandgläubiger und erst nach erfolgter Überweisung ist eine Aufrechnungserklärung gegen ihn möglich, Staudinger/*Gursky*, (2016) § 387 BGB Rn. 44; a.A. fakultativ an Schuldner und Pfändungspfandgläubiger: Erman/*Wagner* BGB (15. Aufl. 2017) § 392 Rn. 2; *Baur/Stüner/Bruns*, Zwangsvollstreckungsrecht (13. Aufl. 2006), § 30 Rn. 30.19; nur der Vollstreckungsgläubiger: MüKoBGB/*Schlüter* (8. Aufl. 2019), § 392 Rn. 1; RGZ 136, 321 (326); *Keilbach*, Drittschuldnerschutz und Gläubigerrechte, 2017, S. 216.

878 Staudinger/*Gursky* (2016) § 392 BGB Rn. 27.

879 BGH, NJW 1972, 428; Palandt/*Grüneberg* § 392 BGB Rn. 1; *Keilbach*, Drittschuldnerschutz und Gläubigerrechte, 2017, S. 220 ff.; *Jurgeleit*, Die Haftung des Drittschulnders (2. Aufl. 2004), S: 135 ff.; nach Staudinger/*Gursky* (2016) § 329 BGB Rn. 22 m.w.N (auch zur Gegenmeinung), nach dem aber die Erklärung trotzdem an den Schuldner adressiert werden muss; a.A. *Reinicke* NJW 1972, 793; *Baur/Stürner/Bruns*, Zwangsvollstreckungsrecht (13. Aufl. 2006), Rn. 30.35; Thomas/Putzo/*Seiler*, ZPO (42. Aufl 2021), § 829 Rn. 39, nach denen die Aufrechnung nicht mehr möglich ist, da die Forderung mit der Zahlung des Drittschuldners erloschen ist, aber wegen §§ 135, 136 BGB der Drittschuldner dem Vollstreckungsgläubiger gegenüber nicht befreit ist.

880 Staudniger/*Gursky* (2016), § 392 BGB Rn. 22.

keine weitergehenden Rechte, als sie dem Schuldner zustehen.[881] Daraus folgt, dass der Drittschuldner auch ohne verbotswidrige Zahlung an den Schuldner eine Gegenforderung gegen ihn und gegen den Pfändungsgläubiger geltend machen kann. Nach der Pfändung im deutschen – und griechischen – Recht darf der Drittschuldner schuldbefreiend nur an beide gemeinsam zahlen. Demgemäß sollte er gegenüber beiden auch aufrechnen können.

f. Aufrechnungseinwand in der EuKpfVO

Die Aufrechnungsbefugnis der Bank stellt einen materiellrechtlichen Einwand (autonom und in den hier untersuchten Rechtsordnungen) aus dem Verhältnis zwischen Bank und Schuldner (Kontoinhaber) dar. Die Rechte Dritter in der Kontopfändungsverordnung werden nur allgemein in Art. 39 EuKpfVO behandelt. In den hier untersuchten Rechtsordnungen kann die Bank ihren Aufrechnungseinwand außergerichtlich mit einer formlosen empfangsbedürftigen Willenserklärung an den Aufrechnungsgegner richten.[882] Die Bank kann auf die erfolgte Aufrechnung in ihrer Erklärung, welche dem Gläubiger per Einschreiben mit Rückschein oder gleichwertigen elektronischen Mitteln zugestellt wird (Art. 25 Abs. 2 und Abs. 3 UAbs. 2 EuKpfVO), berufen. In dem vorgesehenen Formblatt für die Bankerklärung in Anhang IV der Durchführungsverordnung Nr. 2016/1823[883] ist kein Feld für einen etwaigen Aufrechnungseinwand der Bank vorgesehen. Die Bank kann sich allerdings bei Vorliegen der Voraussetzungen nach nationalem Recht auf ihre Aufrechnungsbefugnis auf Ziffer 5.6 oder 5.9. der Erklärung berufen, insoweit dadurch der zu pfändende Geldbetrag gemindert wird.[884] Wenn das Kontoguthaben für die Pfändung und die Gegenforderung der Bank ausreicht, kann die Aufrechnung dem Schuldner (Kontoinhaber) gegenüber nach allgemeinen Regeln erklärt werden, da die Pfändung nur bis zu einem gewissen Betrag gilt und insofern den darüber hinaus liegenden Betrag nicht beeinflusst. Zweitens kann die Aufrechnung als Verteidigungsmittel

881 BGH NJW 1972, 428.

882 Staudinger/*Gursky*, § 388 Rn. 21; anders z.B. in England, wo die Aufrechnung (*statutory set-off*) prozessrechtlich qualifiziert wird und nur gerichtlich gemacht werden kann nach *Koutsoukou*, Die Aufrechnung, 2018, S. 75.

883 Durchführungsverordnung (EU) 2016/1823 der Kommission vom 10. Oktober 2016 zur Festlegung der Formblätter nach Maßgabe der Verordnung (EU) Nr. 655/2014, ABl. EU Nr. L 283 S. 1 (26), erlassen gem. Art. 51 und 51 EuKpfVO.

884 Vgl. *Cranshaw*, DZWiR 2012, 399 (408) über den Vorschlag KOM(2011), 445; *Koutsoukou*, Die Aufrechnung, 2018, S. 464.

(§ 145 Abs. 3 ZPO) im Prozess erklärt werden (Prozessaufrechnung) oder als Einwand, beruhend auf der außergerichtlich bereits erfolgten Aufrechnung, vorgebracht werden.[885] Somit kann die Bank den Aufrechnungseinwand als Verteidigungsmittel gegen eine etwaige Schadensersatzklage des Gläubigers oder im späteren Einziehungsprozess geltend machen.

II. Kosten der Bank

1. Autonome Regelung

Die Bankkontoermittlung, die Ausführung des europäischen Beschlusses, die Erklärung und ihre Übermittlung und weitere von der Kontopfändungsverordnung der Bank auferlegten Pflichten bringen für die Bank eine große administrative Belastung mit sich. Durch diese Belastung entstehen für die Bank Kosten, die grundsätzlich aus Personaleinsatz bestehen. Für die Deckung dieser Kosten trifft die Verordnung keine autonome Regelung. Anders verhält es sich in Bezug auf die tatsächlich der Bank entstandenen Kosten im Rahmen des in Art. 14 EuKpfVO vorgesehenen Kontoinformationsverfahrens. Diesbezüglich sieht Art. 43 Abs. 3 EuKpfVO autonom vor, dass diese erstattungsfähig sind, unabhängig davon, ob entsprechende Gebühren im nationalen Recht vorgesehen sind. Dies stellt eine Innovation im Vergleich zu den meisten nationalen Rechten dar, weil, auch bei Vorliegen eines Auskunftsverfahrens, die Kostenfrage in der Regel nicht ausdrücklich geregelt ist. Wenn das nationale Recht allerdings Gebühren für die Kontoinformationen vorsieht, stellen diese zur Wahrung des Äquivalenzprinzips die höchste Wertgrenze auch für die Gebühren nach Art. 43 Abs. 3 EuKpfVO dar.[886] Es stellt sich nun die Frage, ob die Bank Gebühren auch bezüglich ihrer Pflichten zur Vollstreckung des Beschlusses verlangen darf und wenn ja, wer der Zahlungspflichtige ist.

---

885 *Koutsoukou*, Die Aufrechnung, 2018, S. 136; *EuGH*, Urteil v. 13.7.1995 - *Danværn Production / Schuhfabriken Otterbeck*, Rs. C-341/93, Slg. 1995 I-02053; über die umstrittene Rechtsnatur der Prozessaufrechnung s. Staudinger/*Gursky* (2016) Vorbem. zu §§ 387 ff. Rn. 26 ff.

886 Aus den Mitteilungen der Mitgliedstaaten nach Art. 50 Abs. 1 lit. i EuKpfVO ergibt sich eine große Bandbreite an Lösungen: Die französischen Banken verlangen z.B. Gebühren für die Kontoinformationen i.H.v. 78 Euro bis 111 Euro, während die Banken in Italien ohne Erstattung verpflichtet sind, die entsprechenden Register fortlaufend zu aktualisieren, dazu: https://e-justice.europa.eu/content_european_account_preservation_order-379-de.do (zuletzt aufgerufen am 20.2.2022).

Artikel 43 EuKpfVO sieht vor:

Den Banken entstehende Kosten

(1) Eine Bank darf sich die Kosten, die ihr bei der Ausführung eines Beschlusses zur vorläufigen Pfändung entstehen, vom Gläubiger oder vom Schuldner nur dann erstatten oder vergüten lassen, wenn sie nach dem Recht des Vollstreckungsmitgliedstaats im Zusammenhang mit gleichwertigen nationalen Beschlüssen Anspruch auf eine solche Vergütung oder Erstattung hat.

(2) Die Gebühren, die von einer Bank zur Deckung der Kosten nach Absatz 1 erhoben werden, sind unter Berücksichtigung der Komplexität der Ausführung des Beschlusses zur vorläufigen Pfändung festzulegen und dürfen nicht höher sein als die Gebühren, die für die Ausführung gleichwertiger nationaler Beschlüsse erhoben werden.

(3) Die Gebühren, die von einer Bank zur Deckung der Kosten für die Erteilung von Kontoinformationen nach Artikel 14 erhoben werden, dürfen die tatsächlich entstandenen Kosten und gegebenenfalls die Gebühren, die für die Erteilung von Kontoinformationen im Rahmen gleichwertiger nationaler Beschlüsse erhoben werden, nicht übersteigen.

Der Kompromiss, auf die nationalen Rechte zu verweisen, statt eine autonome Regelung zu treffen, ist darauf zurückzuführen, dass die Mitgliedstaaten unterschiedliche Lösungen bezüglich der Kosten der Bank haben.[887] Entscheidend gegen eine autonome Kostenregelung war der Gedanken, dass die Einführung einer Kostenerstattung die Gläubiger von der Inanspruchnahme des europäischen Beschlusses abschrecken würde, da die meisten nationalen Rechte für die gleichwertigen Maßnahmen keine Erstattung vorsehen.[888]

Aus den Materialien zur EuKpfVO lässt sich erkennen, dass im Prozess der Verordnungsverabschiedung die Frage der Kostenerstattung sehr umstritten war.[889] Nach einer Meinung sollte die Kontopfändungsverordnung autonom einen Pauschalbetrag zur Deckung der Kosten der Bank festsetzen, welchen das Gericht mühelos in die zu pfändende Summe miteinkalkulieren könnte.[890]

---

887 S. die Informationen der Mitgliedstaaten nach Art. 50 Abs. 1 lit. i EuKpfVO, verfügbar unter: https://e-justice.europa.eu/content_european_account_preservation_order-379-de.do (zuletzt aufgerufen am 20.2.2022).

888 *Rat der Europäischen Union*, Dokument Nr. 5924/14 v. 30.1.2014, S. 3 unter Punkt C.7.

889 Vgl. *von Hein*; ECFR 2007, 301 (305) m.w.N. und die verschiedenen Stellungnahmen deutscher Akteure zum Grünbuch in *Ritz*, Vorläufige Kontenpfändung in Europa, 2019, S. 173 ff.

890 *Europäisches Parlament*, *(Baldassarre)* Bericht A7-0227/2013 v. 19.6.2013, S. 68; *Max Planck Working Group*, ECFR 2007, 252 (274 f.); *Domej*, ZEuP 2013, 496, (507);

Andererseits wurde vorgeschlagen, dass die Deckung der Kosten der Bank dem nationalen Recht überlassen bleiben soll.[891] Teilweise wurde vertreten, dass der Unionsgesetzgeber bloß den Gebührenpflichtigen und die Beziehung zwischen ihm und der Bank bestimmen soll und aus Kompetenzgründen auch nur darf.[892]

Der Kommissionsvorschlag sah ähnlich der Verordnung vor, dass die Zulässigkeit der Kostenerstattung vom nationalen Recht der Kontobelegenheit abhängig sein solle (Art. 30 Abs. 1 EuKpfVO-E). Dieses Recht müsse im Voraus eine einmalige Festgebühr unter Berücksichtigung des Verhältnismäßigkeitsprinzips bestimmen (Art. 30 Abs. 2 EuKpfVO-E). Die evidente Widersprüchlichkeit zwischen den Begriffen *Festgebühr* und *Verhältnismäßigkeit* wurde in der Endfassung dadurch aufgehoben, dass erstens die Verhältnismäßigkeit jetzt an die Komplexität der Ausführung (vgl. Art. 43 Abs. 2 EuKpfVO) und nicht an die Höhe des zu pfändenden Betrags angeknüpft wird, da die Höhe des zu pfändenden Betrags für die Bemessung der Bankkosten ohnehin irrelevant ist. Die Komplexität des Verfahrens kann sich aus Schwierigkeiten bei der Kontoermittlung, aus konkurrierenden Pfändungen oder eigenen Ansprüchen der Bank ergeben. Zweitens wurde die Formulierung, dass die „(…) einmalige(n) *Festgebühren* (…), die der *Mitgliedstaat*, in dem das Konto belegen ist, nach dem Grundsatz der Verhältnismäßigkeit und der Nichtdiskriminierung *im Voraus* festgelegt hat“[893], in der Endfassung des Art. 43 Abs. 2 EuKpfVO insoweit abgeändert, dass die Gebühren von der Bank festgelegt und erhoben werden. Daraus wird ersichtlich, dass die Gebühren nicht vom nationalen Gesetzgeber, sondern von der Bank zu bestimmen sind, soweit im nationalen Recht eine gesetzliche Ermächtigung dazu vorliegt. Sie können daher im nationalen Recht möglicherweise als Vergütung

---

Harbeck, ZInsO 2012, 806, (810); *Hess*, Study JAI/A3/2002/02, S. 95 in Fn. 521, nach dem die österreichische Regelung als Vorbild fungieren könnte, welche feste Beiträge für die Kostenerstattung der Drittschuldnererklärung bei einer Forderungsexekution vorsieht, vgl. § 302 EO. Dazu auch *Mohr*, Die vorläufige Kontenpfändung, 2014, Rn. 322. Dieser Meinung folgend *Ritz*, Vorläufige Kontenpfändung in Europa, 2019, S. 176.

891 Stellungnahme Österreich an die Arbeitsgruppe betreffend den Vorschlag der Kommission, v. 27.8.2012, 13140/12 ADD2, S. 13; Stellungnahme Spanien v. 27.8.2012, 13140/12 ADD 4, S. 30.

892 Stellungnahme Deutschland v. 28.8.2012, 13140/12 ADD 6, S. 22; Stellungnahme Frankreich v. 13.9.2012, 13140/12 ADD 13, S. 26; Stellungnahme Ungarn v. 6.9.2012, 13140/12 ADD 10, S. 17.

893 Art. 30 Abs. 2 EuKpfVO-E. Hervorhebung hinzugefügt.

angesehen werden,[894] sind aber nach autonomer Auslegung von einer Vergütung im Sinne von Gewinnerzielung zu unterscheiden, da es sich aus Wortlaut, Sinn und Zweck der Vorschrift ergibt, dass die Gebühren nur zur Kostendeckung erhoben werden dürfen. Die Kostendeckung der Bank ist jedenfalls gerechtfertigt, da sie in ein fremdes Verfahren miteinbezogen wird. Darüber hinaus ist es aber nicht gerechtfertigt, dass sie aus der Erfüllung gesetzlicher Pflichten – aus nationalem oder EU-Recht – einen Gewinn erzielt.[895] Die Ausführung des Beschlusses kann somit nicht als Dienstleistung im Rahmen der vertraglichen Beziehung mit dem Bankkunden angeboten werden. Insofern handelt es sich um eine autonom aus der europäischen Kontopfändungsverordnung ergehende zivilprozessrechtliche Pflicht.

Die Gebühren sind ferner von den Gebühren im Sinne einer Gebührenordnung zu unterscheiden. Sie werden von der Bank im Einzelfall bemessen und nicht vom Gesetzgeber im Vornherein festgesetzt. Notwendige Voraussetzung dafür ist, dass das nationale Recht eine Ermächtigung zur Kostendeckung vorsieht. Als oberste Grenze, welche von Willkür schützen soll, dürfen die Gebühren nicht höher als die entsprechenden Gebühren sein, welche für die Ausführung der gleichwertigen nationalen Beschlüsse erhoben werden. Dies ist noch eine Ausprägung des für die Verordnung zentralen Äquivalenzprinzips.[896] Die Bestimmung der Gebühren *in concreto* und die Abweisung der vorgeschlagenen Festgebühren sind also auf den Willen mehrerer Mitgliedstaaten in dem Konsultationsverfahren zurückzuführen.[897]

a. Wertung

Die Kontopfändungsverordnung ist in diesem Punkt sehr zurückhaltend in Bezug auf den Drittschuldnerschutz im Vollstreckungsverfahren des Beschlusses, da sie

---

894 So zum Beispiel in Portugal und Slowenien laut den der Kommission mitgeteilten Informationen nach Art. 50 Abs. 1 lit. i EuKpfVO, abrufbar unter: https://e-justice.europa.eu/content_european_account_preservation_order-379-de.do (zuletzt aufgerufen am 20.2.2022). Ähnlich ist die Lage in der griechischen Praxis, wo die Banken eine Gebühr bzw. eine Provision für die Ausführung von Pfändungsmaßnahmen in ihren Preislisten für Bankgeschäfte vorsehen, dazu gleich unten 2.b.

895 S. auch MüKoZPO/*Hilbig-Lugani* (5. Aufl. 2017) Art. 43 EuKpfVO Rn. 4 und in Fn. 1.

896 *Hess/Raffelsieper*, IPRax 2015, 46 (49) in Fn. 39; MüKoZPO/*Hilbig-Lugani* (5. Aufl. 2017), Art. 43 EuKpfVO Rn. 2 f.; *Hess*, EuZPR (2021) § 10 Rn. 10.143.

897 Stellungnahmen: Tschechien v. 23.8.2012, 13140/12 ADD 1, S. 8; Irland v. 5.9.2012, 13140/12 ADD 9, S. 7; Lettland v. 10.9.2012, 13140/12 ADD 12, S. 17; England v. 13.8.2012, 13140/12, S. 19.

keinen autonomen Ausgleich für die der Bank explizit auferlegten Pflichten einführt. Stattdessen hält sie nur einen Verweis auf die divergierenden nationalen Systeme bereit. Die Verordnung soll nach erklärtem Willen in Erwägungsgrund 23 auf die bestehenden Strukturen und Methoden der Vollstreckung gleichwertiger nationaler Beschlüsse aufbauen, damit eine Überschneidung vermieden wird. Daher soll sie nach ihrem Erwägungsgrund 27 der Möglichkeit, die Zahlung von Gebühren für die Ausführung des Beschlusses nach nationalem Recht zu verlangen, nicht entgegenstehen. Die Erwägungsgründe stellen zwar keinen verbindlichen Gesetzestext dar, bieten aber Auslegungshilfe bei der Anwendung der Verordnungen. Der Verweis auf nationales Recht führt allerdings zu ungleicher Behandlung der Banken und der Gläubiger bei der Anwendung vom EU-Recht zwischen den Mitgliedstaaten, die eine Gebühr vorsehen, und denjenigen, die keine Gebühr für die gleichwertigen nationalen Maßnahmen erlauben.[898] Darüber hinaus fügt die konkrete Festlegung der Gebühren nach Berücksichtigung der Komplexität des Verfahrens zusätzliche administrative Belastung und Kosten für die Bank hinzu. Die Kontopfändungsverordnung hat ferner die Gelegenheit nicht genutzt, ihre Vorbildfunktion auf die nationalen Rechte auszuüben und zur Klärung der umstrittenen Fragen der Kostenerstattung, des Gebührenpflichtigen und der daraus entstehenden Beziehung zur Bank beizutragen. Dies wäre wünschenswert, da es sich bei dem europäischen Beschluss um ein autonomes Verfahren handelt, das sogar in mehreren Phasen des Prozesses verfügbar ist, was auch auf den Gebührenpflichtigen Einfluss haben kann.

b. Zwischenergebnis

Zusammenfassend ist festzuhalten, dass die Erhebung von Bankgebühren im Rahmen der EuKpfVO davon abhängt, ob das Recht des Vollstreckungsmitgliedstaats eine Gebühr für gleichwertige nationale Maßnahmen kennt. Wenn dies der Fall ist, muss die Bank in Anbetracht der Komplexität des Verfahrens die Höhe der Bankgebühr für die Ausführung des europäischen Beschlusses festlegen. Sie darf allerdings nicht höher sein als die Gebühr für die gleichwertigen nationalen Beschlüssen. Anders ist die Lage für das neu eingeführte Auskunftsverfahren

---

898 Vgl. die Mitteilungen der Mitgliedstaaten nach Art. 50 Abs. 1 lit. i EuKpfVO abrufbar unter: https://e-justice.europa.eu/content_european_account_preservation_order-379-de.do (zuletzt aufgerufen am 20.2.2022). Von den 16 in Deutsch, Englisch, Griechisch oder Französisch verfügbaren Mittelungen dürfen die Banken in 9 Mitgliedstaaten Gebühren für die Pfändung erheben (gesetzlich oder in AGB-Klausel vorgesehen) und in 7 Mitgliedstaaten dürfen sie keine Gebühren erheben.

des Art. 14 EuKpfVO, bei dem die tatsächlich anfallenden Kosten der Bank nach autonomer Regelung zu erstatten sind (Art. 43 Abs. 3 EuKpfVO).[899] Wenn darüber hinaus im nationalen Recht für gleichwertige Verfahren Gebühren vorgesehen sind, darf die Bank bis zu deren Höhe auch für die Erteilung der Informationen nach Art. 14 Gebühren verlangen (Art. 43 Abs. 3 EuKpfVO).

2. Nationale Regelungen

Da die Verordnung auf das Recht des Vollstreckungsmitgliedstaats verweist, werden hier die Regelungen des deutschen und des griechischen Rechts untersucht.

a. Deutsches Recht

Im deutschen Recht existiert keine gesetzliche Anspruchsgrundlage für einen Anspruch der Bank auf Kosterstattung gegen die Parteien der Zwangsvollstreckung, weder für die Ausführung der Pfändung noch für die Drittschuldnererklärung. Somit muss der Drittschuldner nach herrschender Meinung die Kosten selbst tragen.[900] Auch eine vertragliche Abwälzung der Kosten auf den Vollstreckungsschuldner (Kontoinhaber) ist nach ständiger BGH-Rechtsprechung unzulässig.[901] Der BGH hat ausgesprochen, dass die in AGB-Banken enthaltenen Klauseln, welche eine Kostenerstattung für die Bearbeitung und Überwachung von Pfändungen sowie für die Drittschuldnererklärung vorsahen, unwirksam sind. Gleichgestellt mit einer unwirksamen AGB-Klausel ist die entsprechende tatsächliche stereotype Berechnung der Pauschale aufgrund interner Anweisung zu werten, weil dies unter das Umgehungsverbot nach § 306a BGB fällt und die Bank zurückzahlungsschuldig macht.[902] Nach dem BGH erfüllt die Bank dabei

899 vgl. *Hess/Raffelsieper*, IPRax 2014, 46 (49).

900 Stein/Jonas/*Würdinger* ZPO (23. Aufl. 2017), § 840 Rn. 35; MüKoZPO/*Hilbig-Lugani* (5. Aufl. 2017), § 946 Rn. 7; *Jordans*, DZWIR 2015, 201 (203); *Leible/Müller/Sala*, in: Kengyel/Harsági (Hg.), Grenzüberschreitende Vollstreckung in der Europäischen Union, 2011, S. 21 f.; *Cranshaw*, DZWIR 2012, 399 (409); *Ritz*, Vorläufige Kontenpfändung in Europa, 2019, S. 172 m.w.N.; Mitteilung Deutschlands nach Art. 50 Abs. 1 lit. i EuKpfVO, abrufbar unter: https://e-justice.europa.eu/content_european_account_preservation_order-379-de-de.do?member =1#a_95 (zuletzt aufgerufen am 20.2.2022)

901 BGH NJW 1999, 2276 (2277); BGH NJW 2000, 651; vgl. früher *Bach-Heuker*, Pfändung in die Ansprüche aus Bankverbindung, 1993, S. 137 f.; *Lindgen*, Die Drittschuldner-Haftung, 1991, S. 204 f.

902 LG Leipzip, VuR 2016, 109.

ihre gesetzlichen Pflichten, deren finanzielle Lasten jeder Rechtsunterworfene nach allgemeinen Grundsätzen selbst zu tragen hat und nicht zu entgeltpflichtigen Dienstleistungen erklären darf. Somit besteht ein Anspruch auf Ersatz anfallender Kosten nur dann, wenn dies im Gesetz vorgesehen ist.[903]

Da das Gesetz keinen speziellen Anspruch gewährt, wird im Schrifttum teilweise versucht, eine geeignete Anspruchsgrundlage zu finden, damit der in ein fremdes Verfahren einbezogene Drittschuldner seine Kosten erstattet bekommt. Dafür kommen Ansprüche gegen den (Vollstreckungs-)Schuldner und gegen den (Vollstreckungs-)Gläubiger in Betracht.[904] Einerseits wird im Gegensatz zu der ständigen BGH-Rechtsprechung vertreten, dass der Schuldner nach dem Verursacherprinzip[905] und in Anlehnung an § 675o Abs. 1 S. 4 BGB rechtsgeschäftlich zur Kostenerstattung verpflichtet werden soll.[906] Allerdings ist eine rechtsgeschäftliche Verpflichtung des Schuldners (bzw. Kontoinhabers) nach ständiger BGH-Rechtsprechung nicht der richtige Weg, um die *m.E.* gerechtfertigte Kostenerstattung der Bank für ein fremdes Zivilverfahren zu erreichen.

Andererseits hat der BGH die Geltendmachung der Kosten gegen den Vollstreckungsgläubiger offengelassen und nur eine Tätigkeitsvergütung ausgeschlossen.[907] Ob die Bank zur Kostenerstattung gegenüber dem Gläubiger berechtigt ist, ist im Schrifttum umstritten. Eine Ansicht plädiert für die analoge Anwendung von § 670 BGB, um einen Aufwendungsersatzanspruch gegen den Gläubiger zu stützen.[908] Aber auch wenn ein auftragsähnliches Verhältnis

---

903 BGH NJW 1999, 2276 (2277); BGH NJW 2000, 651; vgl. BGH NJW 2009, 2051 (2052) betreffend eine unwirksame Sparkassen-AGB-Klausel über Entgelt für die Erfüllung von gesetzlichen Pflichten; vgl. BAG NJW 2007, 1302 betreffend die Unwirksamkeit einer solchen Betriebsvereinbarung für die Lohnpfändung beim Arbeitgeber; vgl. BGH NJW 2013, 3163 ff. betreffend die Unwirksamkeit eines unangemessen hohen Kontoführungsentgelts für ein P-Konto, dessen Führung wiederum nach § 850k Abs. 7 S. 2 eine gesetzliche Pflicht für die Bank darstellt.

904 S. die ausführliche Darstellung in *Walker*, in: FS Leipold (2009), S. 460 und 462 ff.

905 *Hess*, NJW 2004, 2350 (2352) argumentiert, dass die Kostenvorstreckung vom Gläubiger die Anzahl der Parallelpfändungen *de facto* auf die erfolgversprechenden reduzieren würde, weil er nur die notwendigen Kosten der Zwangsvollstreckung vom Schuldner nach § 788 ZPO geltend machen kann.

906 *Bunte*/Zahrte, AGB-Banken, AGB-Sparkassen, Sonderbedingungen (5. Aufl. 2019), Rn. 248; Schimansky/Bunte/Lwowski/*Bitter*, Bankrechts-Handbuch (5. Aufl. 2017), § 33 Rn. 9.

907 BGH NJW 1999, 2276 (2278).

908 MüKoZPO/*Smid* (5. Aufl. 2016), § 840 Rn. 9; a.A. Stein/Jonas/*Würdinger* ZPO (23. Aufl. 2017), § 840 Rn. 35; *Lindgen*, Die Drittschuldner Haftung, 1991, S. 202 f.

angenommen werden könnte, wären von dieser Vorschrift nur die Aufwendungen z.B. für Kopien und Telefon, aber keine Gebühren für den Personaleinsatz und die allgemeinen Betriebskosten erfasst.[909] Ebenso wird gegen den Gläubiger die analoge Heranziehung von §§ 261 Abs. 2 und 811 Abs. 2 BGB vertreten.[910] Obwohl gute Gründe für diese Ansicht sprechen, konnte sie sich nicht durchsetzen, weil §§ 261 Abs. 2, 811 Abs. 2 BGB nach der herrschenden Meinung analogiefeindliche Spezialregelungen sind und keinen allgemeinen Rechtsgedanken zum Ausdruck bringen.[911] Die Qualifizierung der Drittschuldnerkosten als Kosten der Zwangsvollstreckung nach § 788 ZPO ist ferner nicht möglich, weil § 788 ZPO nur im Verhältnis zwischen Gläubiger und Schuldner gilt.[912]

b. Griechisches Recht

Im griechischen Recht sind ebenfalls keine Gebühren für die Ausführung gleichwertiger Maßnahmen gesetzlich vorgesehen. Die Banken sind trotzdem nicht daran gehindert, in deren AGB-Klauseln Gebühren vorzusehen.[913] In den öffentlichen Preislisten für Bankgeschäfte der drei größten griechischen Banken sind unterschiedliche Klauseln zu finden. Die zwei Banken, die eine Gebühr für die Pfändung erheben, knüpfen deren Höhe an den Pfändungsbetrag an und sehen den Pfändungsgläubiger zum Zeitpunkt der Auszahlung als zahlungspflichtig an.[914] Der Gläubiger kann nach der allgemeinen Regel des Art. 932 gr. ZPGB die

909 MüKoZPO/*Smid* (5. Aufl. 2016), § 840 Rn. 9.

910 Baumbach/Lauterbach/Hartmann/*Nober*, ZPO (79. Aufl. 2021) § 840 Rn. 15; *Baur/Stürner/Bruns*, Zwangsvollstreckungsrecht (13. Aufl. 2006), Rn.30.20; *Brox/Walker*, Zwangsvollstreckungsrecht (11. Aufl. 2018) Rn. 623; zustimmend *Walker*, in: FS Leipold (2009), S. 464.

911 *Bach-Heuker*, Pfändung in die Ansprüche aus Bankverbindung, 1993, S. 140 f. m.w.N.

912 BGH NJW 1999, 2276.

913 Vgl. auch die Informationen, die Griechenland nach Art. 50 Abs. 1 lit. i EuKpfVO abgegeben hat, abrufbar unter: https://e-justice.europa.eu/content_european_account_preservation_order-379-el-de.do?member=1#a_95, (zuletzt aufgerufen am 20.2.2022).

914 Anders als in Deutschland, gibt es in Griechenland kein einheitliches „AGB-Banken" Modell, sondern jede Bank entwickelt ihre eigenen AGB. *Eurobank* verlangt 20 Euro für einen Pfändungsbetrag kleiner als 500 Euro und 100 Euro für einen Pfändungsbetrag von mehr als 500 Euro, AGB-Preisliste Stand vom 18.2.2022 (https://www.eurobank.gr/-/media/eurobank/rates/timologio-trapezikon-ergasion.pdf) zuletzt aufegerufen am 20.2.2022; *Piraeus Bank* sieht keine Gebühr für einen Pfändungsbetrag kleiner als 30,99 Euro vor, während für höhere Beträge eine Gebühr von 30 Euro fällig wird, (https://www.piraeusbank.gr/el/idiwtes/epikoinonia-eksypiretisi-pelaton/

Bankgebühren als Kosten der Zwangsvollstreckung vom Schuldner eintreiben. Da die Fälligkeit der Gebühren die Auszahlung des Pfändungsbetrags an den Gläubiger voraussetzt, sind im einstweiligen Rechtsschutz keine Bankgebühren für eine vorläufige Pfändung zu erstatten. Ferner variieren die Gebühren für die Erteilung von Kontoinformationen erheblich. Es wird eine Spanne von 15 bis 180 Euro, je nach Prüfungsausmaß, ersichtlich.[915] Die griechische Rechtsprechung hat sich noch nicht mit der Wirksamkeit solcher Klauseln beschäftigt.

Griechenland hatte im Konsultationsverfahren die Einführung eines autonomen, pauschalisierten obersten Betrags, den der Gläubiger hätte vorauszahlen müssen, vorgeschlagen. Nach dem Vorschlag bestimme das jeweilige nationale Recht innerhalb dieses Rahmens den Erstattungsbetrag für sein Territorium nach den regionalen Betriebskosten der Banken. Wenn der Gläubiger erfolgreich die Zwangsvollstreckung gegen den Schuldner eintreibe, könne er die Kosten von Letzterem nach vollstreckungsrechtlicher Regel (Art. 932 gr. ZPGB) erstattet bekommen.[916]

3. Stellungnahme

Eine formularmäßige Vereinbarung mit dem Schuldner ist nach richtiger BGH-Rechtsprechung abzuweisen und würde ohnehin keine Absicherung gegen überhöhte Gebühren bieten, wie auch die Praxis zeigt. Genauso wenig sachgerecht ist allerdings die Abwälzung der Kosten einer vollstreckungsrechtlichen Handlung auf die Allgemeinheit durch erhöhte Preise der übrigen Leistungen der Bank.[917] Dem Argument, dass die Bank auch im eigenen Interesse handelt, um die Gefahr der doppelten Inanspruchnahme oder der Schadensersatzpflicht zu vermeiden,[918] kann freilich entgegengehalten werden, dass diese Gefahren, zu

---

oroi-sunallagon-pliromon). Die *National Bank of Greece* sieht keine Gebühr für Pfändungen vor, (https://www.nbg.gr/greek/pricing-of-products-and-services), zuletzt aufgerufen am 17.12.2021.

915 *Eurobank* verlangt 15 Euro für Informationen aus dem elektronischen Register und 40 Euro für das allgemeine Register, AGB-Preisliste Stand vom 18.2.2022 (https://www.eurobank.gr/-/media/eurobank/rates/timologio-trapezikon-ergasion.pdf); *National Bank of Greece* verlangt 15 Euro für Auskunft aus einer Filiale und 45 bis 180 Euro für allgemeine Recherchen. AGB-Preisliste Stand vom 23.2.2022, (https://www.nbg.gr/greek/pricing-of-products-and-services), beide zuletzt aufgerufen am 27.2.2022.

916 *Pipsou*, Die Verordnung (EU) Nr. 655/2014 (Athen, 2017), S. 289 (379 in Fn. 285).

917 Vgl. aber BGH NJW 2000, 651 (652).

918 BGH NJW 2000, 651 (652); *Stöber/Rellermeyer*, Forderungspfändung (17. Aufl. 2020), Rn. B.302.

deren Abwendung die Bank nun verpflichtet ist, ohne die Pfändung zugunsten des Gläubigers an erster Stelle nicht entstanden wären. Somit dient die Mitwirkung des Drittschuldners allem voran den Gläubigerinteressen.[919]

Der BGH hält die Auskunftspflicht des Drittschuldners für eine aus der allgemeinen Zeugnispflicht abgeleitete staatsbürgerliche Pflicht, die der Gewährleistung einer im Interesse der Allgemeinheit liegenden funktionsfähigen Forderungsvollstreckung dient.[920] Daraus ist aber keineswegs zwingend die Unentgeltlichkeit dieser Zeugnispflicht herzuleiten, wie z.B. §§ 19 ff. JVEG zeigen.[921] Dem kann nur zugestimmt werden. Die übrigen Handlungen des Drittschuldners in der Forderungspfändung können ferner mit derjenigen des Gerichtsvollziehers funktional verglichen werden, für welche ebenfalls Gebühren vorgesehen sind,[922] auch wenn dies keine Gleichsetzung der zwei ansonsten unterschiedlichen Personen bedeutet.

Es erscheint gerechtfertigt, eine gesetzliche Anspruchsgrundlage zu schaffen, die einen Erstattungsanspruch der Bank gegen den Gläubiger nach dem Interessenprinzip gewährt. Dies ist insbesondere im Rahmen des einstweiligen Rechtsschutzes geboten, da dieser ausschließlich im Interesse des Gläubigers stattfindet, ohne dass er unbedingt einen Titel besitzt oder überhaupt einen Prozess eingeleitet hat. Wenn die vorläufige Pfändung nachträglich als ungerechtfertigt aufgehoben wird, soll der Gläubiger auch endgültiger Erstattungspflichtiger bleiben.[923] Dies würde mit der Regelung über die Haftung des Gläubigers im Einklang stehen (Art. 13 EuKpfVO). Der Zwangsvollstreckung ist das Interesse der Allgemeinheit zur Rechtsdurchsetzung immanent. Es herrscht allerdings bezogen auf die wirtschaftliche Last des Verfahrens das Interesse des Gläubigers zur Durchsetzung seines Anspruchs vor. Im Gegensatz zum Gläubiger hat der Drittschuldner keine Gewinne aus der fremden Zwangsvollstreckung zu erwarten, sondern nur Verluste. Wenn also die vorläufige Pfändung tatsächlich zur rangwahrenden endgültigen Zwangsvollstreckung führt bzw. von einer Zwangsvollstreckungsmaßnahme ersetzt wird (vgl. Art. 20 EuKpfVO), wäre der Gläubiger berechtigt, die im Voraus bezahlten Gebühren der Bank als Kosten der

---

919 *Walker*, in: FS Leipold (2009), S. 465 „(…) seiner fremdnützigen Tätigkeit (...)“.

920 BGH NJW 1999, 2276 (2278).

921 *Baumbach/Lauterbach/Hartmann* ZPO (79. Aufl. 2021) § 840 Rn. 15.

922 Anlage zu § 9 GvKostG Abschnitt 2, v. 19.4.2001, BGBl. I S. 623 zuletzt geändert durch BGBl. I S. 2591.

923 Vgl. für den Arrest *Schuschke*/Walker, Vollstreckung und vorläufiger Rechtsschutz, Kommentar, (6. Aufl.) § 928 Rn. 23.

Zwangsvollstreckung (vgl. § 788 d. ZPO, Art. 932 gr. ZPGB) vom Schuldner zu verlangen.

Diese Regelungslücke kann am besten nur mit einer autonomen Regelung[924] in der EuKpfVO, sowie in zukünftigen vollstreckungsrechtlichen Verordnungen, aufgehoben werden. Manche nationale Rechte sehen zwar eine Kostenerstattung vor, es wird aber keine allgemeine Linie für die Höhe der Erstattung ersichtlich, was zu Divergenzen bei der Anwendung eines EU-Rechtsakts führen kann.[925] Daher wäre ein Tätigwerden des europäischen Verordnungsgebers nach dem Subsidiaritätsprinzip angemessen. Wie auch aus den vielen Stimmen, die im deutschen Recht eine Anspruchsgrundlage ausfindig zu machen suchen, ersichtlich wird, ist es nicht sachgerecht, dass der außenstehende Drittschuldner in einem fremden privatrechtlichen Rechtstreit zu vielfältigen Handlungen verpflichtet wird und dazu noch die Kosten zur Erfüllung dieser Pflichten selbst tragen muss. Diese Ungerechtigkeit zulasten des Drittschuldners wird in Fällen mit Auslandsbezug verstärkt, da im internationalen Rechtsverkehr die Gefahr einer doppelten Inanspruchnahme wegen Nichtanerkennung der ausländischen Pfändung droht.[926] Gegen eine autonome Festlegung der Gebühren spricht, dass dies zu einer Benachteiligung des europäischen Beschlusses gegenüber den nationalen Maßnahmen führen würde, für die der Gläubiger in manchen Mitgliedstaaten (noch) keine Gebühr zahlen muss. Dies würde zu großen Einbußen hinsichtlich der Effektivität der Maßnahme führen.[927] Allerdings wäre es zu erwarten, dass eine derartige autonome Regelung, die ohnehin nach der weiten Definition der „grenzüberschreitenden Rechtssache“ in Art. 3 EuKpfVO auch auf materiellrechtlich inländische Sachverhalte mit ausländischer Vollstreckung Anwendung findet, umso mehr eine Reflexwirkung auf die nationalen Rechte ausüben würde. Somit könnte sowohl diese Regelungslücke in den nationalen Rechten geschlossen werden als auch die graduelle Harmonisierung vorangetrieben werden. Außer dem Erstattungspflichtigen soll autonom auch die Höhe der Kostenerstattung bestimmt werden.[928]

---

924 So auch *Ritz*, Vorläufige Kontenpfändung in Europa, 2019, S. 176; eine Möglichkeit für die nationalen Gesetzgeber sehen Schlosser/*Hess* EuZPR Kommentar (5. Aufl. 2021) Art. 43 EuKtPVO Rn. 2.

925 MüKoZPO/*Hilbig-Lugani* (5. Aufl. 2017), § 946 Rn. 7.

926 Dies kann außer in den endgültigen Pfändungen nach nationalem Recht auch in Bezug auf die EuKpfVO und Drittstaaten noch vorkommen. *Domej*, GPR 2017, 84 (87).

927 Vgl. *Rat der Europäischen Union*, Dokument v. 30.1.2014, Nr. 5924/14, S. 3 unter Punkt C.7.

928 Die pauschalisierten Beträge beruhen auf den Angaben der Mitgliedstaaten, die Erstattungsbeträge i.H.v. ca. 20 Euro (Portugal; Griechenland; Österreich § 385 Abs. 4

Art. 43 EuKpfVO könnte folgendermaßen ersetzt werden:

> Änderungsvorschlag – Artikel 43
> **Aufwandsentschädigung der Bank**
>
> (1) Die Bank hat Anspruch auf pauschalisierte Aufwandsentschädigung für die Kosten, die ihr bei der Ausführung eines Beschlusses zur vorläufigen Pfändung nach dieser Verordnung entstehen.
> (2) Der Ersatz beträgt 25 Euro. Das Gericht fordert nach Erhalt der Bankerklärung den Gläubiger zur Zahlung an die Bank auf.
> (3) Wenn die vorläufige Pfändung zur endgültigen Zwangsvollstreckung führt, gelten die Bankkosten nach diesem Artikel von Amts wegen als Kosten der Zwangsvollstreckung nach nationalem Recht. In jedem anderen Fall ist der antragstellende Gläubiger der endgültige Erstattungspflichtige.
> (4) Weggefallen

Von den Beschlussausführungskosten sind die Kosten für das Kontoinformationenverfahren nach Art. 14 EuKpfVO zu unterscheiden. Da die Ausführung des Beschlusses in dem geschlossenen System der Kontopfändungsverordnung ausdrücklich (grundsätzlich in Art. 24 und 25 EuKpfVO) geregelt ist, sollte auch die Kostenerstattung zwangsläufig autonom geregelt werden. Die Mitgliedstaaten sind ermächtigt, für das Kontoinformationenverfahren nach Art. 14 Abs. 5 EuKpfVO unter verschiedenen Methoden auszuwählen, welche in ihrem nationalen Recht gegebenenfalls bereits vorgesehen sind oder eingeführt werden müssen. Die Verordnung sieht nur verschiedene Möglichkeiten vor, die eine effektive Informationserteilung sichern sollen, enthält aber – richtlinienähnlich – eine Öffnung zum nationalen Recht für die konkrete Ausgestaltung. Wenn somit die im nationalen Recht vorgesehene Methode eine aktive Mitwirkung der Banken voraussetzt, sollten die Mitgliedstaaten auch die Aufwandsentschädigung der Banken sicherstellen. Die Höhe dieser Entschädigung können die nationalen Rechte nach Berücksichtigung der Betriebskosten der Banken in ihrem Territorium bestimmen. Als oberste Grenze sollte ein autonom eingeführter Betrag gelten, der die Gesamtkosten des Verfahrens (vgl. Art. 14 Abs. 5 lit. d EuKpfVO) berücksichtigen soll. Der Gläubiger sollte diesen Betrag beim Gericht

---

EO, dazu *Schumacher/Köllensperger/Trenker* EuKpfVO (2017) Art. 43 Rn. 2; vgl. Anlage zu § 9 GvKostG Nr. 205) vorsehen, abrufbar unter: https://e-justice.europa.eu/content_european_account_preservation_order-379-de.do, (zuletzt aufgerufen am 20.2.2022).

mit seinem Informationsantrag hinterlegen. Dieses zahlt der Bank den Betrag nach Erhalt der Informationen aus. Diese Lösung sichert die Vorhersehbarkeit der Kosten, trägt zur Beschleunigung des Verfahrens bei und ist sachgerecht der Bank gegenüber.

Änderungsvorschlag – Artikel 14
Antrag auf Einholung von Kontoinformationen

(9) Wenn, je nach der nationalen Methode der Informationseinholung nach Abs. 5, der Bank Kosten für die Erteilung von Kontoinformationen entstehen, hinterlegt der Gläubiger mit seinem Antrag nach Art. 14 Abs. 1 beim ersuchenden Gericht einen vom nationalen Recht einzuführenden und nach Art. 50 zu veröffentlichenden Pauschalbetrag, der die tatsächlich entstandenen Kosten und eine Gebühr für sonstige Aufwendungen der Bank deckt, welcher die Höhe von 100 Euro nicht überschreiten darf. Sobald die Auskunftsbehörde die Informationen dem ersuchenden Gericht übermittelt hat, zahlt das Gericht den Betrag der Bank, bei der ein oder mehrere zu pfändende Konten des Schuldners ausfindig gemacht wurden, aus. Bei endgültiger Pfändung eines nach diesem Artikel mitgeteilten Bankkontos gehört der nach diesem Absatz vom Gläubiger vorgestreckte Pauschalbetrag zu den Kosten der Zwangsvollstreckung. Ist die Auskunftsbehörde nicht zur Informationserteilung in der Lage, überweist das Gericht den geleisteten Betrag dem Gläubiger zurück.

G. Die Haftung der Bank

Für die Haftung der Bank wegen der Verletzung ihrer von der Verordnung auferlegten Pflichten lassen sich anhand des haftungsbegründenden Verhaltens der Bank zwei Fallgruppen bilden: eine wegen Verletzung der Ausführungspflichten[929] und eine zweite wegen Verletzung der Erklärungspflicht[930]. Das haftungsbegründende Verhalten besteht nämlich stets in der Verletzung einer der Bank mit der Kontopfändungsverordnung auferlegten Pflichten. Art. 26 EuKpfVO enthält aber für die Rechtsfolgen der Haftung nur eine Verweisnorm auf das Recht des Vollstreckungsmitgliedstaats. Die übrigen Haftungsmerkmale (sowie die Haftung dem Schuldner gegenüber) unterliegen dem nationalen Recht. Diese Aufspaltung der Haftung kann zu problematischen Konstellationen führen und Rechtsunsicherheit in Bezug auf die Rechtsstellung der Bank auslösen. Daher wird hier die Rechtslage für die Haftung der Bank in den äquivalenten Maßnahmen in Deutschland und Griechenland untersucht.

I. Haftung der Bank dem Pfändungsgläubiger gegenüber

1. Verletzung der Ausführungspflichten

a. *Verstoß gegen das Arrestatorium*

Die Bank ist zur Sicherstellung des zu pfändenden Betrags verpflichtet. Die europäische vorläufige Pfändung dient also nur dem ersten Teilakt der Zwangsvollstreckung. Deshalb fungiert die Bank im Rahmen der Kontopfändungsverordnung nicht wie der typische Drittschuldner im Rahmen der nationalen endgültigen Zwangsvollstreckung, der außer der Pfändung auch zur Überweisung verpflichtet wird. Die Bank wird aber aufgrund des Beschlusses an der Erfüllung der geschuldeten Leistung an den Schuldner (den Kontoinhaber) gehindert. Wenn die Bank das Konto des Schuldners nicht sperrt, sondern Verfügungen, wie z.B. Überweisungen, erlaubt, leistet sie verbotswidrig. Eine verbotswidrige Leistung der Bank wirft die Frage nach ihrer Haftung auf, da dadurch gegen den Beschluss verstoßen wird, welcher einen in einer europäischen Verordnung vorgesehenen hoheitlichen Akt darstellt, der für die Rechtsunterworfenen verbindlich ist.

---

929 S. oben E.III.1.

930 S. oben E.III.2.

aa. Deutsches Recht

(i) Relative Unwirksamkeit der Leistung

Im deutschen Zwangsvollstreckungsrecht kann der Pfändungs- und der Überweisungsbeschluss in einem Akt ergehen. Wenn der Drittschuldner verbotswidrig leistet, ist diese Leistung für den Vollstreckungsgläubiger unwirksam und er kann direkt nochmalige Auszahlung verlangen. Bei einem isolierten Pfändungsbeschluss kann er erst nach dem Erlass des Überweisungsbeschlusses nochmalige Zahlung verlangen. Wenn die Bank also in der Arrestpfändung nach Zustellung des Pfändungsbeschlusses gegen das *Arrestatorium* verstößt, nämlich das Konto nicht sperrt und an den Schuldner auszahlt, obwohl sie Kenntnis von der Pfändung hat, ist diese Leistung dem Arrestgläubiger gegenüber nach §§ 930, 829 ZPO i.V.m. §§ 135, 136 BGB relativ unwirksam.[931] Da die Arrestpfändung – wie der europäische Beschluss – nur die Sicherung bewirkt, ohne dass ein Überweisungsbeschluss gleichzeitig erlassen wird, darf allerdings der Arrestgläubiger in dieser Phase noch keine Zahlung an sich verlangen. Erst wenn er in der Hauptsache obsiegt und zur Sicherungsfunktion seines Arrestpfandrechts auch die Verwertungsfunktion des endgültigen Vollstreckungspfandrechts hinzukommt, darf er nochmalige Zahlung verlangen, da die frühere Leistung der Bank relativ unwirksam ist.[932] Dies setzt dazu das Vorliegen der allgemeinen Zwangsvollstreckungsvoraussetzungen und den Erhalt eines Überweisungsbeschlusses (§ 835 ZPO) voraus. Der Bank steht der bereicherungsrechtliche Anspruch gegen den Schuldner zu, um das Geleistete zurückzuverlangen. Davon ist der Fall zu unterscheiden, in dem die Bank eine Leistungshandlung dem Schuldner gegenüber schon vor der Zustellung der Pfändung unternommen hat. Nach dem BGH muss die Bank nach Zustellung der Pfändung nicht aktiv tätig werden und durch Widerruf einer Überweisung den Eintritt des Leistungserfolges verhindern.[933]

Wenn die Bank beweisen kann, dass sie in Unkenntnis der Pfändung leistete, darf sie nicht schlechter als der Schuldner bei der Abtretung oder Verpfändung (§§ 407, 1275 BGB) behandelt werden. Die analoge Anwendung von § 407 BGB

---

931 BGH NJW 1982, 2192; *Baur/Stürner/Bruns*, Zwangsvollstreckungsrecht (1. Aufl. 2006), Rn. 30.19; *Stöber/Rellermeyer*, Forderungspfändung (17. Aufl. 2020), Rn. B.163; *Jurgeleit*, Die Haftung des Drittschuldners (2. Aufl. 2004), S. 73 ff.; *Müller*, RIW 2012, 151 (155).

932 S. *Stöber/Rellermeyer*, Forderungspfändung (17. Aufl. 2020), Rn. B.192 ff.; *Baur/Stürner/Bruns*, Zwangsvollstreckungsrecht (13. Aufl. 2006), Rn. 52.10 ff.

933 Dazu oben Kapitel E III.1.f.aa.

führt in diesem Fall zur Befreiung von der Leistungspflicht.[934] Nach dem BGH ist der Bank als juristische Person auch die Kenntnis eines Organs, das nicht mit dem operativen Geschäft unmittelbar etwas zu tun hat, zuzurechnen.[935] Es ist somit der Bank zumutbar, die erforderlichen Organisationschritte vorzunehmen, um einen internen Informationsfluss zu gewährleisten.

(ii) Keine Schadensersatzpflicht

Die Bank handelt dabei gesetzeswidrig, wenn sie den Pfändungsbetrag nicht unverzüglich blockiert. Im deutschen Recht liegt jedoch keine spezielle Schadensersatzregelung in der äquivalenten Arrestpfändung vor.[936] In Betracht könnte eine nach §§ 823 ff. BGB deliktsrechtliche Schadensersatzpflicht kommen. Diese würde aber am fehlenden Schaden des Gläubigers scheitern. Denn die verbotswidrige Leistung ist nach deutschem Recht relativ unwirksam für den Gläubiger und somit entsteht ihm auch kein Schaden. Die Kosten für das Hauptverfahren und den Erhalt eines Überweisungsbeschlusses sind ferner nach allgemeiner Meinung mittels eines Schadensersatzanspruchs gegen die Bank in jedem Fall nicht erstattbar.[937]

bb. Griechisches Recht

Im griechischen Recht ist ähnlich zum deutschen eine nach Zustellung der Arrestpfändung verbotswidrige Leistung der Bank dem Pfändungsgläubiger gegenüber nach Art. 715 Abs. 4 i.V.m. 984 Abs. 2 gr. ZPGB materiell-rechtlich *ex lege* relativ unwirksam.[938] Die Pfändung stellt einen Ausschlussgrund für die

---

934 Stein/Jonas/*Würdinger* ZPO (23. Aufl. 2017), § 829 Rn. 102 ff.; *Leible/Müller/Sala*, Länderbericht Deutschland, in: Kengyel/Harsági, Grenzüberschreitende Vollstreckung (2011), S. 19.

935 BGH v. 15.12.2005, ZIP 2006, 138 Rn. 13.

936 Rauscher/*Rauscher/Wiedemann*, EuZPR-EuIPR (4. Aufl. 2015), Art. 26 Rn. 2; MüKoZPO/*Hilbig-Lugani* (5. Aufl. 2017), Art. 26 EuKpfVO Rn. 1; Schlosser/*Hess* EuZPR Kommentar (5. Aufl. 2021), Art. 26 EuKpfVO Rn. 2. Anders ist in Österreich eine spezielle Schadensersatzgrundlage, i.e. § 385 Abs. 2 EO für die schuldhafte Verletzung der Pflichten der Bank bei der Forderungspfändung vorgesehen, dazu *Mohr*, Die vorläufige Kontenpfändung, 2014, Rn. 330 und *Schumacher/Köllensperger/Trenker*, EuKopfVO Kommentar (2017), Art. 26 Rn. 9.

937 *Baur/Stürner/Bruns*, Zwangsvollstreckungsrecht (13. Aufl. 2006), Rn. 30.20; BGHZ 68, 289. Dazu mehr unten, unter 2.c.aa.

938 *Douvli*, EllDni 2019, 412 (416); *Kolotouros*, Rechtsfolgen (Athen, 2017), S. 167 (189 ff.); *Pipsou*, Die Verordnung (EU) Nr. 655/2014 (Athen, 2017), S. 289 (381 f.).

Leistung dar, da sie die rechtliche objektive Unmöglichkeit der Leistung begründet.[939] Die Bank wird nicht befreit. Wenn der Gläubiger einen rechtskräftigen und vollstreckbaren Titel in der Hauptsache erlangt, tritt die gesetzliche Abtretung der Forderung nach Art. 738A Abs. 5 gr. ZPGB ein. Der Gläubiger ist dann berechtigt, Auszahlung zu verlangen. Das Geleistete kann die Bank ebenso wie im deutschen Recht mittels des ungerechtfertigten Bereicherungsanspruchs nach Art. 904 gr. ZPGB zurückverlangen, was allerdings die Bank vor einer Insolvenz des Schuldners nicht schützt.

b. Schlechte Ausführung des Beschlusses

Durch ein Fehlverhalten der Bank könnte in beiden Rechten eine deliktsrechtliche Haftung nach § 823 Abs. 2 BGB i.V.m. Art. 24 EuKpfVO (im griechischen Recht: Art. 914 gr. ZGB)[940] begründet werden, da auch europäische Verordnungen als Schutzgesetze in Betracht kommen.[941] Die EuKpfVO schützt den Sicherungsanspruch des Gläubigers auf eine effektive Zwangsvollstreckung. Eine schlechte Erfüllung des Pfändungsbeschlusses kann vorkommen, wenn die Bank einen niedrigeren als im Beschluss angegeben Betrag sperrt oder den Beschluss in sonstiger Weise fehlerhaft ausführt. Die Nichtbeachtung der mit der Verordnung auferlegten Pflichten begründet die Rechtswidrigkeit des Verhaltens der Bank. Der Pfändungsgläubiger muss für die deliktsrechtliche Haftung ein Verschulden der Bank nachweisen. Dafür kommt der allgemeine Haftungsmaßstab nach § 276 BGB (Art. 330 gr. ZGB) in Betracht. Die Bank hat Vorsatz und Fahrlässigkeit zu vertreten. Da die Ausführung von Pfändungsbeschlüssen unabdingbar mit dem Tätigkeitsfeld der Banken verbunden ist, soll die im Verkehr erforderliche Sorgfalt beachtet werden. Daher kann eine etwaige Haftungsmilderung für einen privaten Drittschuldner *m.E.* nicht auf eine beruflich im Bankwesen tätige Körperschaft übertragen werden.[942] Eine deliktsrechtliche Haftung würde allerdings auch hier am fehlenden Schaden des Gläubigers wegen der Vorläufigkeit der Pfändung scheitern. Dies würde auch eine Haftung nach § 826 BGB ausschließen.

---

939 *Yessiou-Faltsi*, Zwangsvollstreckungsrecht – BT (Athen 2018), § 64 Rn. 175.

940 Im griechischen Recht wird dieser Fall der Schlechterfüllung im Rahmen des Schadensersatzanspruchs für die Nichterfüllung der Auskunftspflicht subsumiert, s. Eirinodikeio Athen (AG) Nr. 5139/3015, Datenbank NOMOS.

941 Vgl. MüKoBGB/*Wagner* (7. Aufl. 2017), § 823 Rn. 481.

942 Vgl. *Jurgeleit*, Die Haftung des Drittschuldners (2. Aufl. 2004), S. 80 ff.

c. *Vertrauensschutz*

Eine weitere Risikosituation für die Bank kann sich daraus ergeben, dass der europäische Beschluss nach einem Rechtsbehelf des Schuldners aufgehoben bzw. abgeändert werden kann. Die Entscheidung über den Rechtsbehelf wird laut Art. 36 Abs. 4 EuKpfVO nur den Parteien zur Kenntnis gebracht. Eine explizite Zustellung an die Bank ist autonom in der Verordnung nicht vorgesehen, da die Aufhebung nach nationalem Recht erfolgt (Art. 36 Abs. 5 EuKpfVO). Daher ist die Kenntnis der Bank nicht gewährleistet.[943]

aa. Deutsches Recht

Im deutschen Recht hat der Schuldner als Begünstigter die Bank zu informieren.[944] Der BGH hat den Vertrauensschutz des Drittschuldners auf den Überweisungsbeschluss nach § 836 Abs. 2 ZPO in zwei Richtungen ausgedehnt.[945] Erstens gilt er nicht nur im Verhältnis zwischen Drittschuldner und Vollstreckungsschuldner, sondern auch zwischen Drittschuldner und Pfändungsgläubiger. Zweitens ist auch die vorausgegangene Arrestpfändung von dem Schutz erfasst. Demgemäß kann die Bank auf die Bestandskraft der Arrestpfändung und des damit gesicherten Ranges vertrauen, soweit ihr die Aufhebung nicht bekannt geworden ist. Die Bank darf sich nämlich mangels besserer Kenntnis nach den gerichtlichen Anordnungen richten.[946] Dies soll entsprechend auf das Vertrauen an die Rechtsmäßigkeit des europäischen Beschlusses angewandt werden, da der Beschluss äquivalent zu der Arrestpfändung ist. Durch die analoge Anwendung von § 836 Abs. 2 ZPO ist die Bank, die sich erstens an den Beschluss hält und die Pfändung ausführt, gegen etwaige Ansprüche der Parteien geschützt. Zweitens ist sie auch dann geschützt, wenn sie gestützt auf die Rangsicherung der europäischen vorläufigen Pfändung und in Unkenntnis davon, dass ein nachrangiger Gläubiger durch die Aufhebung vorgerutscht ist, in einem späteren Zwangsvollstreckungsverfahren an den Gläubiger auszahlt.

Die Bank hat keine Prüfungsberechtigung über die Bestandskraft des Beschlusses, sondern muss sich auf die Rechtmäßigkeit einer gerichtlichen Anordnung berufen können. Ausgenommen sollen nur offenkundige Mängel sein, deren Nichtbeachtung grob fahrlässig für ein im Bankwesen tätiges

---

943 Vgl. *Keilbach*, Drittschuldnerschutz und Gläubigerrechte, 2017, S. 238.

944 Zöller/*Geimer* ZPO (33. Aufl. 2020), § 949 Rn. 3.

945 BGHZ 66, 394 ff.; *Schuschke/Walker*, Vollstreckung und vorläufiger Rechtsschutz, § 930 Rn. 13; Stein/Jonas/*Bruns*, ZPO (23. Aufl. 2017), § 930 Rn. 12.

946 *Gaul*, in: FS Sparkassenakademie (1978), S. 88.

Unternehmen wäre.[947] Der Erlass eines Überweisungsbeschlusses nur aufgrund des europäischen Beschlusses fällt *m.E.* unter diese Kategorie, da die Kontopfändungsverordnung gerade nur die Bankinstitute betrifft, die, wie jeder professionelle Dienstleister, ihre gesetzlichen Pflichten kennen müssen oder Rechtsrat einholen müssen. Wenn die Bank also nach Zustellung eines Überweisungsbeschlusses aufgrund eines europäischen Pfändungsbeschlusses an den Gläubiger auszahlt, verstößt sie gegen die im Rechtsverkehr erforderliche Sorgfalt und kann nicht geschützt werden.[948]

Es herrscht ferner Einigkeit darüber, dass die Bank keinen Schutz verdient, wenn sie ein falsches Konto pfändet. Da in diesem Fall die Forderung nie zum schuldnerischen Vermögen gehörte, kann der Bank kein Schutz dem wahren Gläubiger gegenüber gewährt werden.[949] In dieser Hinsicht ist die Bank bei der Ausführung des europäischen Beschlusses am besten geschützt, wenn sie bei nicht mit Sicherheit identifizierbarem Bankkonto und Kontoinhaber den Beschluss nicht ausführt (Art. 24 Abs. 4 lit. b EuKpfVO).

bb. Griechisches Recht

Im griechischen Zwangsvollstreckungsrecht ergeht kein Überweisungsbeschluss, sondern die Bank ist nach Art. 87 Abs. 1 des Gesetzdekretes von 1923 bei positiver Erklärung zur Hinterlegung verpflichtet. Wenn die Bank das Geld hinterlegt, wird sie einerseits nach Art. 87 Abs. 1 von jeder Haftung dem Pfändungsgläubiger und dem -schuldner gegenüber befreit. Andererseits kann der Gläubiger nicht direkt auf das Geld zugreifen, sondern muss die Auszahlung beim Gericht nach dem Verfahren der einstweiligen Maßnahmen beantragen. Dieser Antrag richtet sich nicht gegen die Bank, sondern gegen die Hinterlegungsstelle, und die Entscheidung darüber unterliegt der Berufung. Die nach Art. 88 Abs. 1 des Gesetzesdekretes von 1923 vorgesehene Verpflichtung des Gläubigers, der

947 Vgl. im allgemeinen Musielak/Voit/*Flockenhaus* (18. Aufl. 2021), § 836 ZPO Rn. 3.

948 BGH, Urteil v. 17.12.1992, NJW 1993, 735, in dem es genau um einen auf einen Arrest gestützten Überweisungsbeschluss ging und insoweit nicht durch BGH, NJW 1994, 3225 geändert wurde. Bestätigt durch BGH, Beschluss v. 9.7.2014, NJW 2014, 2732. So auch *Steder*, in Keller, Handbuch Zwangsvollstreckungsrecht (2013) Rn. 358; zweifelnd Schuschke/Walker/*Schuschke*, § 836 Rn. 4; anders die h.M. statt aller *Brox/Walker*, Zwangsvollstreckungsrecht, Rn. 452, die meinen, dass die Unterscheidung zwischen Nichtigkeit und Anfechtbarkeit für den Drittschuldner ohne Bedeutung sei. So auch *Keilbach*, Drittschuldnerschutz und Gläubigerrechte, 2017, S. 240 ff.

949 *Gaul*, in: FS Sparkassenakademie (1978), S. 88; *Brox/Walker*, Zwangsvollstreckungsrecht, Rn. 452.

bereits einen vollstreckbaren Titel besitzt, für die Auszahlung der hinterlegten Gelder die Erlaubnis des Gerichts zu beantragen, wird zu Recht in der Literatur stark kritisiert, weil es nur ein zusätzliches formalistisches Verfahren schafft, das zur Verzögerung der Zwangsvollstreckung führt.[950] Die Rechtsprechung besteht auf die Hinterlegungspflicht, da die entsprechenden Vorschriften des Gesetzesdekrets, das ein Spezialgesetz ist, insoweit noch nicht explizit abgeschafft worden sind.[951] Die Gegenmeinung in der Literatur plädiert für ein Wahlrecht der Bank zwischen dem Hinterlegungsverfahren nach Art. 87 des Gesetzesdekrets von 1923 und der nach allgemeinen Regeln (Art. 988 Abs. 1 gr. ZPGB) Auszahlung an den Gläubiger acht Tage nach der positiven Erklärung.[952] Es wird jedenfalls immer stärker vertreten, dass die noch geltenden Vorschriften des veralteten Gesetzesdekrets nicht mehr den aktuellen Bedürfnissen gerecht werden und daher deren gesetzliche Änderung notwendig ist. Dies würde für die Bank die Legitimationskontrolle der die Auszahlung fordernden Person, statt ihrer bisherigen Freistellung durch die Hinterlegung, mit sich bringen. Dies wird allerdings zu Recht als keine allzu belastende Verpflichtung angesehen.

Nach einer griechischen Arrestpfändung wird der Arrestgläubiger nach der Rechtskraft der Entscheidung in der Hauptsache *ex lege* Inhaber der Forderung. Interessant aus der Sicht des Vertrauensschutzes der Bank ist somit der Fall, in dem vor diesem Zeitpunkt der Schuldner den gesicherten Anspruch des Gläubigers befriedigt, aber keine Aufhebungsentscheidung der Arrestpfändung veranlasst wird, wie nach den allgemeinen Regeln des einstweiligen Rechtsschutzes in Art. 697 gr. ZPGB verlangt wird. Der Gläubiger informiert stattdessen außergerichtlich die Bank, dass er von der Pfändung zurücktritt. In diesem Fall ist die Rede von einer Verwirkung der Arrestpfändung, die folglich keine Wirkung mehr für die Bank entwickelt.[953] Daher unterliegt die Bank, auch ohne die Zustellung einer Aufhebungsentscheidung, nicht mehr dem Leistungsverbot.

d. Zwischenergebnis

Wenn die Bank gegen das Leistungsverbot verstößt, ist diese Leistung nach deutschem und griechischem Recht relativ unwirksam. Ein Schadensersatz kommt somit hier nicht in Betracht. Die Bank soll in beiden Rechten auf der Bestandskraft der Pfändung beruhen können und den richterlichen Anweisungen folgen,

950 *Yessiou-Faltsi*, Zwangsvollstreckungsrecht – BT (Athen 2018), § 68 Rn. 87 f. m.w.N.
951 *Areopag* 1050/2017 Datenbank NOMOS.
952 Dazu *Kontogeorgakopoulos*, EPolD 2013, 545 (549).
953 *Kontis*, Aktuelle Fragen, (Athen, 2018), S. 44 f. m.w.N.

solange sie in Unkenntnis von Änderungen ist. Der Pfändungsgläubiger kann im Rahmen der EuKpfVO keine (doppelte) Zahlung verlangen, weil er auch bei ordnungsgemäßem Verhalten der Bank ohnehin keine Auszahlung hätte verlangen dürfen. Es gibt also keine direkte doppelte Leistungsgefahr, weil der Pfändungsgläubiger bei einer Zuwiderhandlung durch die Bank gegen den Beschluss nicht bessergestellt werden soll, als er bei der ordnungsgemäßen Ausführung stünde. Bei ordnungsgemäßer Ausführung des Beschlusses hätte die Bank das Geld eingefroren und der Pfändungsgläubiger nach deutschem Recht ein rangwahrendes Pfändungspfandrecht erhalten. Da der Gläubiger also mit dem europäischen Beschluss ohnehin nicht zur Auszahlung, sondern nur zur Sicherung berechtigt wäre, kann er die Bank anhand des Beschlusses nicht zur nochmaligen Auszahlung zwingen. Dies wird der Gläubiger erst machen können, wenn er später einen Überweisungsbeschluss oder eine andere Verwertungsbefugnis, je nach nationalem Recht, bekommt. Nach autonomer Auslegung der Kontopfändungsverordnung muss die Bank den ihr bekannt gewordenen Beschluss unverzüglich ausführen, damit sie der Gefahr der späteren doppelten Zahlung nicht ausgesetzt ist. Durch die Erschaffung eines autonomen, direkt vollstreckbaren Instruments in der Form eines Beschlusses, das einen Erkenntnis- und einen Vollstreckungsteil enthält, ist die Ausführung erforderlich, ohne der Bank eine Prüfungsbefugnis über die Bestandskraft der zu sichernden Forderung oder über die Anerkennungsfähigkeit der Pfändung einzuräumen. Im Fall also der ungerechtfertigten Auszahlung sehen beide Rechtsordnungen die relative Unwirksamkeit dieser Leistung vor und gewähren somit keinen Schadensersatzanspruch. Die Unwirksamkeit der Leistung kann der Gläubiger eines europäischen Kontopfändungsbeschlusses erst nach Erhalt eines Titels geltend machen.

2. Verletzung der Erklärungspflicht

Wenn die Bank ihrer Erklärungspflicht nach Art. 25 EuKpfVO nicht nachkommt, entscheidet sich ihre Haftung anhand des Rechts des Vollstreckungsmitgliedstaats. Das griechische und das deutsche Recht sehen einen Schadensersatzanspruch des Pfändungsgläubigers für die Verletzung der hiesigen Auskunftspflichten der drittschuldnerischen Bank vor. Aus den bisherigen Darstellungen wurde ersichtlich, dass nach der hier vertretenen Meinung die Erklärung nach Art. 25 EuKpfVO den nationalen Erklärungen funktional gleichgesetzt werden muss. Daraus folgt, dass die nationalen Haftungsnormen der Bank – d.h. § 840 Abs. 2 S. 2 ZPO und Art. 985 Abs. 3 S. 2 gr. ZPGB – analog auf die Erklärung nach Art. 25 EuKpfVO angewandt werden können.[954] Daher wird sich hier aus Gründen der Verständlichkeit immer auf die nationalen Erklärungen bezogen, da diese auch die Grundlage der direkten Haftung in den nationalen Rechten darstellen. Dies liegt daran, dass die Erklärung in den nationalen Rechten und die Erklärung in der Verordnung trotz der vergleichbaren Funktionalität doch Unterschiede aufweisen. Dadurch kann hier anders als bei der Ausführung der Pfändung an sich,[955] die Haftung nach nationalem Recht nicht direkt in Bezug auf die Erklärung des Art. 25 EuKpfVO untersucht werden.

a. Anspruchsgrundlage

aa. Deutsches Recht

(i) § 840 Abs. 2 S. 2 ZPO

Nach § 840 Abs. 2 S. 2 ZPO haftet der Drittschuldner dem Vollstreckungs- und Arrestgläubiger gegenüber für den aus der Nichterfüllung seiner Auskunftsverpflichtung entstehenden Schaden.[956] § 840 Abs. 2 S. 2 ZPO begründet ein gesetzliches Schuldverhältnis[957] und ist trotz der systematischen Stellung materiell-rechtlich zu qualifizieren.[958] Das haftungsbegründende Verhalten der Bank ist die Unterlassung der Erklärung oder die Abgabe einer fehlerhaften, unvollständigen, irreführenden oder verspäteten Erklärung.[959] Es handelt sich also um Fälle der Unterlassung sowie der Schlechterfüllung der gesetzlichen Auskunftspflicht der Bank als Drittschuldnerin. Der Gläubiger muss nämlich die Unterlassung oder ggf. die Unrichtigkeit der Erklärung beweisen.[960] Dieses Verhalten muss nach dem im Schadensersatzrecht grundsätzlichen Verschuldungsprinzip schuldhaft sein.[961]

---

954 Dazu oben Kapitel E.III.2.ee.; vgl. Rauscher/*Rauscher/Wiedemann*, EuZPR/EuIPR (4. Aufl. 2015), Art. 26 Rn. 2; *Domej*, ZEuP 2013, 496 (506); *Pipsou*, Die Verordnung (EU) Nr. 655/2014 (Athen, 2017), S. 381. A.A. Schlosser/*Hess*, EuZPR Kommentar (5. Aufl. 2021), Art. 25 Rn. 2.

955 Dazu gleich oben unter E.I.1.

956 Die Vorschrift ist explizit auch in der Arrestpfändung anwendbar, s. BGH, NJW-RR 2006, 1566.

957 BGH NJW 1981, 990.

958 MüKoZPO/*Smid* (5. Aufl. 2016), § 840 Rn. 24 f.

959 Musielak/Voit/*Flockenhaus* (18. Aufl. 2021), § 840 ZPO Rn. 12; BGH NJW 2010, 1674.

960 MüKoZPO/*Smid* (5. Aufl. 2016), § 840 Rn. 25.

961 BGHZ 98, 291 = NJW 1987, 64; über den früheren Streit bezüglich einer strengen (verschuldensunabhängigen) Haftung, S. *Gaul*, in: FS Sparkassenakademie (1978), S. 77 (123 f.); MüKoZPO/*Smid* (5. Aufl. 2016), § 840 Rn. 24 in Fn. 117.

Die Auskunftspflicht gilt auch wenn die Pfändung ins Leere geht, weil für die Pfändung und die Entstehung der Auskunftspflicht, gerade wegen des vorliegenden Informationsmangels, ohnehin von einer „angeblichen" Forderung ausgegangen wird.[962] Der Drittschuldner muss zwar erklären, ob er die Forderung anerkennt, aber nicht, ob die Forderung in der Tat begründet ist. Daher entsteht aus der bloßen Nichtanerkennung keine Haftung der Bank, da eine Ablehnung der Anerkennung keine falsche Erklärung darstellt.[963] Der BGH hat des Weiteren ausgesprochen, dass dem Gläubiger außer dem Schadensersatzanspruch kein Anspruch auf Wiederholung oder Berichtigung der Erklärung zusteht.[964] Nach der h.M. ist die Auskunftspflicht des Drittschuldners restriktiv auszulegen und zwingt ihn nicht dazu, nähere Gründe, Einreden oder Einwendungen auszuführen oder Belege vorzulegen.[965] Die Bankerklärung durchbricht zwar das Bankgeheimnis, aber nur in dem von § 840 Abs. 1 ZPO gesetzten, restriktiven, gesetzlichen Rahmen.[966] § 840 Abs. 2 S. 2 ZPO sanktioniert schließlich nur die Verletzung der Auskunftspflicht der Bank und kann nicht geltend gemacht werden, wenn die Drittschuldnerklage aus anderen Gründen scheitert.[967]

---

962 Vgl. *Günther*, WM 2011, 2307 (2311).

963 BGH NJW 2010, 1674 (1675); LG Leipzig, BeckRS 2018, 4202; BeckOK-ZPO/Vorwerk/Wolf/*Riedel* (36. Aufl.) § 840 Rn. 23; Musielak/Voit/*Flockenhaus* (18. Aufl. 2021), § 840 ZPO Rn. 12; *Domej*, Internationale Zwangsvollstreckung und Haftungsverwirklichung, 2016, S. 407.

964 BGHZ 86, 23 = NJW 1983, 687; eine Meinung gewährt dem Pfändungsgläubiger bei später eingetretenen Umständen ausnahmsweise einen Anspruch auf wiederholte Erklärung, dazu MüKoZPO/*Smid* (5. Aufl. 2016), § 840 Rn. 16. Die Anwaltskosten für die zweite Aufforderung sind aber nach der h.M. in der Rechtsprechung nicht mit § 840 Abs. 2 S. 2 ZPO erstattungsfähig, weil der Gläubiger nach dem ursprünglichen Schweigen des Drittschuldners von der Beitreibbarkeit der Forderung ausgehen soll und keine weitere Erklärung anfordern darf, vgl. BGH NJW-RR 2006, 1566; auch die Kosten für die erste Aufforderung sind ohnehin nicht erstattungsfähig, weil der Gläubiger nach der h.M. keinen Anspruch auf die Erklärungsabgabe hat, s. Kindl/Meller-Hannich/Wolf/*Bendtsen*, Zwangsvollstreckung (3. Aufl. 2015), § 840 Rn. 22.

965 Stein/Jonas/*Würdinger* ZPO (23. Aufl. 2017), § 840 Rn. 8; Kindl/Meller-Hannich/Wolf/*Bendtsen*, Zwangsvollstreckung (3. Aufl. 2015), § 840 Rn. 9; *Günther*, WM 2011, 2307 (2308).

966 Vgl. MükoZPO/*Smid* (5. Aufl. 2016), § 840 Rn. 18. S. auch oben Kapitel E.III.2.a.ee.(i).

967 BGH NJW 2006, 1141; BGH NJW 2010, 1674.

(ii) Weitere Haftungsgrundlagen

Die Verpflichtung des Drittschuldners zur Erklärungsabgabe entsteht zwar mit der Pfändung, setzt allerdings eine vom Gerichtsvollzieher zuzustellende Aufforderung des Pfändungsgläubigers voraus. Meistens erfolgt die Aufforderung mit der Zustellungsurkunde des Pfändungsbeschlusses, aber sie kann auch zu einem späteren Zeitpunkt erfolgen.[968] Der Inhalt der abzugebenden Erklärung richtet sich, im Rahmen der gesetzlichen Vorgaben (§ 840 Abs. 1 ZPO), nach dem Inhalt der Aufforderung.[969] Wenn die Aufforderung aber nicht ordnungsgemäß (z.B. mit der Post) erfolgt, ist das Schweigen des Drittschuldners nicht zu beanstanden.[970] In diesem Fall liegen die Voraussetzungen der Schadensersatzpflicht nach § 840 Abs. 1 und Abs. 2 S. 2 ZPO nicht vor. Gibt der Drittschuldner allerdings trotz der mangelhaften oder fehlenden Aufforderung seine Erklärung ab und ist sie schuldhaft unrichtig, haftet er dem Gläubiger gegenüber. Es herrscht Uneinigkeit darüber, auf welcher Anspruchsgrundlage die Schadensersatzpflicht in diesem Fall beruht. Nach der h.M. soll § 840 Abs. 2 S. 2 ZPO analog angewandt werden, da der Drittschuldner den Anschein erweckt, dem § 840 ZPO genügen zu wollen.[971] Einer anderen Auffassung zufolge ist die Anwendung von § 840 ZPO wegen der fehlenden Voraussetzung der formgerechten Aufforderung ausgeschlossen, während der Rückgriff auf § 823 Abs. 2 BGB[972] konsequenterweise ebenso ins Leere läuft. Denn als Schutzgesetz i.S.d. § 823 Abs. 2 BGB fungiert § 840 Abs. 2 S. 2 ZPO, dessen Tatbestand nicht erfüllt ist und somit unanwendbar bleibt. Daher kommt für den Fall der fehlerhaften „freiwilligen" Erklärung nach dieser Meinung nur § 826 BGB in Betracht.[973] Die letztere Meinung überzeugt, weil gerade in diesem Fall die restriktive Auslegung der speziellen gesetzlichen Schadensersatzregelung in § 840 Abs. 2 S. 2 ZPO keine

---

968 MüKoZPO/*Smid* (5. Aufl. 2016), § 840 Rn. 6.

969 LG Memmingen, NJW-RR 2006, 998; Thomas/Putzo/*Seiler*, ZPO (42. Aufl. 2021), § 840 Rn. 4; *Günther*, WM 2011, 2307 (2308).

970 MükoZPO/*Smid* (5. Aufl. 2016), § 840 Rn. 33.

971 Stein/Jonas/*Würdinger* ZPO (23. Aufl. 2017), § 840 Rn. 31; *Stöber/Rellermeyer*, Forderungspfändung (17. Aufl. 2020), Rn. B.312; Kindl/Meller-Hannich/Wolf/*Bendtsen*, Zwangsvollstreckung (3. Auflage 2015) § 840 Rn. 25; *Lindgen*, Die Drittschuldner-Haftung, 1991, S. 225.

972 § 823 Abs. 1 BGB kommt ohnehin nicht in Betracht, da sich die Forderungen als relative Rechte nicht unter dem Begriff der „sonstigen Rechte" subsumieren lassen, der sich nur auf absolute Rechte bezieht, MüKoBGB/*Wagner* (7. Aufl. 2017), § 823 Rn. 291.

973 MüKoZPO/*Smid* (5. Aufl. 2016), § 840 ZPO Rn. 33.

analoge Anwendung erlaubt, wenn ihre Voraussetzungen nicht erfüllt sind. Der Fall einer „freiwilligen" Erklärung, die einer fehlerhaften Aufforderung folgt, ist aus der Sicht der Drittschuldnerhaftung gleich mit der ebenso unverschuldeten Erklärung aufgrund einer unwirksamen Pfändung zu behandeln, welche die Anwendung von § 840 Abs. 2 S. 2 ZPO ausschließt und nur Raum für § 826 BGB lässt.[974] Diese Lösung wird der Interessenlage gerecht, denn wenn sich die Bank unverschuldet, nämlich trotz der unwirksamen Aufforderung, zugunsten des Gläubigers und seines Aufklärungsinteresses entscheidet, muss ihre Haftung durch die höhere Hürde der Sittenwidrigkeit begrenzt werden. Dies würde in der Praxis in einer kollusiven Vereinbarung der Bank mit dem Schuldner, dem Gläubiger fehlerhafte oder irreführende Informationen zu verbreiten, zu sehen sein.

(iii) Entbehrlichkeit von § 840 Abs. 1 und Abs. 2 S. 2 ZPO?

Es wurde ferner von *Keilbach* entgegen der h.M.[975] vorgeschlagen, dass, angesichts der Rückführung des Pfändungs- und Überweisungsbeschlusses auf das materielle Recht, die Auskunfts- und konsequenterweise die Schadensersatzpflicht nach § 840 Abs. 1 und Abs. 2 S. 2 ZPO entbehrlich seien und abgeschafft werden sollen.[976] Stattdessen reiche für die Auskunft des Gläubigers ein Rückgriff auf § 804 Abs. 2 ZPO i.V.m §§ 1275, 401 und 402 BGB aus.[977] Dieser Ansicht kann im Rahmen der vorliegenden Arbeit bzw. betreffend die europaweite vorläufige Kontopfändung nicht zugestimmt werden. § 402 BGB gewährt zwar dem neuen Gläubiger (Vollstreckungsgläubiger) einen Auskunftsanspruch gegen den bisherigen Gläubiger (Vollstreckungsschuldner). In der Zwangsvollstreckung sind ebenfalls entsprechende spezielle Möglichkeiten (§§ 836 Abs. 3 und 802c ff. ZPO) vorgesehen. In der Arrestpfändung greift allerdings nur § 840 Abs. 1 ZPO, da kein Überweisungsbeschluss ergeht. Allerdings reichen sowohl die materiell- als auch die vollstreckungsrechtlichen Auskunftsansprüche gegen den Vollstreckungsschuldner in der Regel nicht aus, um dem Auskunftsinteresse des Gläubigers gerecht zu werden. Der Vollstreckungsschuldner hat nämlich ein Interesse daran, dem Gläubiger so wenig wie möglich Informationen

974 Vgl. MüKoZPO/*Smid* (5. Aufl. 2016), § 840 Rn. 5 ff.; zur herrschenden Verneinung eines vermeintlichen, durch die Aufforderung entstandenen Auskunftsvertrags zwischen der Bank und dem Gläubiger, vgl. nur *Lindgen*, Die Drittschuldner-Haftung, 1991, S. 226 f.

975 Dargestellt auch in *Keilbach*, Drittschuldnerschutz und Gläubigerrechte, 2017, S. 288 f.

976 *Keilbach*, Drittschuldnerschutz und Gläubigerrechte, 2017, S. 291, 294 und 300.

977 *Keilbach*, Drittschuldnerschutz und Gläubigerrechte, 2017, S. 286 ff.

und Vollstreckungsvermögen zu offenbaren. Dies ist auch der Grund, warum die Forderungsvollstreckung ein besonders effektives Mittel ist. Denn der Gläubiger ist für seine Informierung nicht vom Schuldner abhängig, sondern kann sich an den unbeteiligten Dritten wenden. Die Schwierigkeit zur Durchsetzung solcher Ansprüche gegen den Vollstreckungsschuldner stellt den Beweggrund dafür dar, dass sich die ZPO, zugunsten der Effektivität der Zwangsvollstreckung, des Überraschungseffekts und der Verfahrensökonomie, für eine Abhilfe zum Vorteil des Gläubigers in Form der Drittschuldnerauskunft entschieden hat.[978] Wenn also die Erklärungs- und Schadensersatzpflicht der Bank restriktiv ausgelegt und angewandt werden, stellen sie keine übermäßige Belastung oder Verschlechterung der Rechtsposition des Drittschuldners dar, sondern sind unabdingbarer Teil einer ausgewogenen und effektiven Forderungsvollstreckung.

In Bezug auf den Rückgriff auf § 804 Abs. 2 ZPO i.V.m. §§ 1275 und 401 BGB erkennt *Keilbach* ein abgeleitetes, materielles Nebenrecht auf Auskunft des Schuldners gegenüber dem unbeteiligten Drittschuldner, das der Vollstreckungsgläubiger geltend machen kann.[979] Dies setzt voraus, dass das Verhältnis zwischen (Vollstreckungs-)Schuldner, bzw. Kunde der Bank und der Bank einen solchen Auskunftsanspruch kennt, damit der (Vollstreckungs-)Gläubiger ihn aus abgeleitetem Recht geltend machen kann. Der Kunde der Bank hat wohl Auskunftsrechte über seine Geldeinlagen, die jedoch inhaltlich weit über die in § 840 Abs. 1 ZPO vorgesehenen Auskünfte hinausgehen. Somit hätte der Gläubiger nach abgeleitetem Recht auch Anspruch auf Information über den gesamten Kontostand des Schuldners bekommen können. Die Informationen über das den Pfändungsbetrag übersteigende Guthaben sind jedoch vom Bankgeheimnis erfasst und dürfen nach einhelliger Meinung nicht zur Kenntnis des Vollstreckungsgläubigers gelangen, ohne das Bankgeheimnis in seinem Kern auszuhöhlen.

Des Weiteren ist der Vorschlag, den Schadensersatzanspruch des Gläubigers auf § 823 Abs. 2 BGB i.V.m. § 263 StGB oder auf § 826 BGB zu begrenzen,[980] *m.E.* ebenfalls abzuweisen, weil der Gläubigerschutz dadurch ungerechtfertigt verkürzt würde. Denn der Gläubiger stünde vor erheblichen Schwierigkeiten, die Erfüllung des objektiven und subjektiven Tatbestands der genannten Vorschriften nachzuweisen, da er sich ohnehin im Auskunftsdefizit befindet. Dass kein Vertragsverhältnis zwischen Gläubiger und Drittschuldner vorliegt, das

---

978 Vgl. MüKoZPO/*Smid* (5. Aufl. 2016), § 840 Rn. 1.

979 *Keilbach*, Drittschuldnerschutz und Gläubigerrechte, 2017, S. 286.

980 *Keilbach*, Drittschuldnerschutz und Gläubigerrechte, 2017, S. 300.

einen Schadensersatzanspruch hätte begründen können, ist nicht widersprüchlich, da § 840 Abs. 2 S. 2 ZPO ein gesetzliches Schuldverhältnis begründet, das als eine durch den Schutzzweck dieser Vorschrift erfolgte Konkretisierung der deliktsrechtlichen Haftung angesehen werden kann. Dies ist mit der Betrachtung der Auskunftspflicht des Drittschuldners als eine gesetzliche Pflicht vereinbar. Der Schutzzweck der Vorschrift liegt darin, die Interessen des Gläubigers, aber auch diejenigen des Drittschuldners effektiv abzuwägen und die Risiken und Schwierigkeiten gerecht zu verteilen.

Letztendlich ist aus der Sicht der internationalen Zwangsvollstreckung der Rückgriff auf das materielle Recht hindernd in Bezug auf die Koordinierung der internationalen Forderungspfändung. Der Grund dafür besteht darin, dass der Vollstreckungsgläubiger nicht in allen Mitgliedstaaten ein Pfandrecht erwirbt.[981] Der Unterschied in der Nachweisbürde zwischen speziellen, gesetzlichen Schadensersatzansprüchen und dem allgemeinen Deliktsrecht führt zu unberechtigten Divergenzen in der Anwendung der EuKpfVO oder einer zukünftigen Vollstreckungsverordnung. Darüber hinaus sind *m.E.* die Konkretisierung und die Fallbildung innerhalb der deliktsrechtlichen Haftung eher fördernd für die Ausarbeitung konkreterer und somit, den Umständen nach, gerechterer Regelungen. Die Fallbildung im Deliktsrecht gewährt Rechtssicherheit und ermöglicht eine sinnvolle Lokalisierung in Fällen mit Auslandsbezug. Dies wird *m.E.* mit einer Entwicklung in die entgegengesetzte Richtung bzw. mit der Ausformulierung einer autonomen, speziellen Haftungsregelung für die Verletzung der Auskunftspflicht der Bank vorangetrieben, und nicht mit dem Rückgriff auf allgemeinere nationale Vorschriften.

bb. Griechisches Recht

Wenn die Bank ihre Erklärung verspätet oder fehlerhaft abgibt, kann sie wie im deutschen Recht auch in der griechischen Arrest-[982] und Zwangspfändung vom Pfändungsgläubiger auf Schadensersatz in Anspruch genommen werden. Das Gleiche gilt, wenn sie die Erklärungsabgabe ganz unterlässt. In der vor dem ZPGB geltenden *Maurer*-Zivilprozessordnung hatte die unrichtige, verspätete oder unterlassene Erklärung viel gravierendere Konsequenzen für den Drittschuldner gehabt, und zwar galt sie als unwiderlegbare Vermutung dafür, dass der Drittschuldner den gesamten Pfändungsbetrag dem Pfändungsgläubiger

981 Wie z.B. in Griechenland, s.o. D.IV.3.

982 Dass die Schadensersatzhaftung auch in der Arrestpfändung angewandt wird, bestätigte der Areopag im Urteil Nr. 505/2003, Datenbank NOMOS.

schuldete.[983] Art. 985 Abs. 3 gr. ZPGB sieht nunmehr vor, dass bei unterlassener oder unrichtiger Erklärung der Dritte bzw. die Bank dem Pfändungsgläubiger Schadensersatz schuldet. Aus der Anspruchsgrundlage leitet die griechische Literatur und Rechtsprechung einhellig her, dass ausschließlicher Haftungsgrund die Unterlassung oder die Unrichtigkeit der Erklärung an sich ist.[984] Daraus schließt die h.M., dass die Bank unabhängig vom tatsächlichen Bestand der zu pfändenden Forderung haftet und dem Schuldner jeden direkten und kausalen Schaden[985] wiedergutmachen muss. Das bedeutet, dass, auch wenn die Bank dem Vollstreckungsschuldner nicht oder nicht mehr schuldet, sie weiterhin dem Pfändungsgläubiger gegenüber haftet, soweit sie den Erlöschungsgrund oder das Nichtbestehen der Forderung in ihrer Erklärung nicht vollständig schildert.[986] Diese *ex lege*-Haftung wird trotz ihrer systematischen Stellung im Zivilprozessgesetzbuch nach h.M. materiellrechtlich qualifiziert und orientiert sich grundsätzlich am Maßstab der generalklauselartigen deliktsrechtlichen Haftung.[987] Allerdings geht es im Gegensatz zum deutschen Recht um eine verschuldensunabhängige Haftung.[988] Die Tatsache, dass die Bank für die Nichterfüllung ihrer Pflicht unabhängig von ihrem Verschulden haftet, offenbart die Ähnlichkeit zur Gefährdungshaftung.[989] Dennoch ist die strenge Haftung der Bank eher

---

983 Dazu *Yessiou-Faltsi*, Zwangsvollstreckungsrecht – BT (Athen 2018), § 64 Rn. 193 ff. Bis 2010 galt eine ähnliche Regelung für die Pfändungen der öffentlichen Hand.

984 Areopag 752/2003, Polymeles Prōtodikeio (LG) Athen 3661/2011, Datenbank NOMOS; *Yessiou-Faltsi*, Zwangsvollstreckungsrecht – BT (Athen 2018), § 64 Rn. 227; *Kolotouros*, EPolD 2016, 127 (151); *Tekidou*, Der Vollstreckungszugriff auf Bankkonten, 2005, S. 84.

985 I.A. für den zu ersetzenden Schaden in der Deliktshaftung, *Georgiadis/Stathopoulos*, ZPGB Kommentar (Athen 1981), Art. 914 gr. ZGB Rn. 82 f.

986 Areopag 448/2016; *Yessiou-Faltsi*, Zwangsvollstreckungsrecht – BT (Athen 2018), § 64 Rn. 222; *Kolotouros*, EPolD 2016, 1127 (151); Apalagaki/*Michailidis*, ZPGB-Kommentar (Athen, 2019), Art. 985 Rn. 9; *Nikas*, Zwangsvollstreckungsrecht (Athen-Thessaloniki, 2018), § 60 Rn. 7.

987 Areopag 505/2003 und 752/2007, Efeteio Athen 109/2006, Polymeles Prōtodikeio (LG) Athen 3661/2011 und 1460/2015 Datenbank NOMOS; *Nikas*, Zwangsvollstreckungsrecht (Athen-Thessaloniki, 2018), § 60 Rn. 16; *Pipsou*, Die Verordnung (EU) Nr. 655/2014 (Athen, 2017), S. 381.

988 *Yessiou-Faltsi*, Zwangsvollstreckungsrecht – BT (Athen 2018), § 68 Rn. 74.

989 Vgl. *Georgiadis*, Schuldrecht-AT (Athen-Thessaloniki, 2003) § 17 Rn. 3; *Raffelsieper*, Die Rückabwicklung, 2017, S. 148 für die strenge Gläubigerhaftung in der vorläufigen Vollstreckbarkeit von Entscheidungen.

Ergebnis der Interessenabwägung zwischen den Beweismöglichkeiten des Pfändungsgläubigers und der Bank statt Ergebnis einer Gefahrenquelle.

b. Verschulden

aa. Deutsches Recht

Der Schadensersatzanspruch setzt ein Verschulden des Drittschuldners nach § 276 BGB voraus.[990] Der drittschuldnerischen Bank ist das Verschulden ihrer Mitarbeiter und Erfüllungsgehilfen nach § 278 BGB zuzurechnen.[991] In Abgrenzung jedoch von § 823 ff. BGB, wo das Verschulden des Schadensersatzpflichtigen vom Geschädigten nachgewiesen werden muss, entspringt hier die Haftung aus dem bestehenden Rechtsverhältnis der Zwangsvollstreckung.[992] Da es sich um eine gesetzliche Haftung handelt, muss die Bank beweisen, dass sie für die Pflichtverletzung kein Verschulden trifft, um sich zu entlasten.[993] Zu Beschränkung oder Ausschluss ihrer Haftung kann ferner der Nachweis vom Mitverschulden des Pfändungsgläubigers nach § 254 BGB verhelfen.[994] Deshalb, sowie nach dem Schutzzweck des § 840 Abs. 2 S. 2 ZPO, fallen erkennbare Rechtsfehler der Bank stets in die Risikosphäre des Gläubigers.[995] Denn der Drittschuldner schuldet keine Rechtsauskunft, sondern die Mitteilung einer Wissenserklärung über den Bestand der Forderung. Es liegt ebenfalls ein Fall des Mitverschuldens vor, wenn der Gläubiger direkt nach dem zweiwöchigen Fristablauf eine voreilige Zahlungsklage erhebt.[996]

bb. Griechisches Recht

Im griechischen Recht hingegen ist eine strenge Haftung der Bank – und des Drittschuldners i.A. – vorgesehen. Daher muss der Pfändungsgläubiger kein Verschulden für das Fehlverhalten der Bank nachweisen.[997] Wenn es der Bank

---

990 BGHZ 98, 291 = NJW 1987, 64; OLG Frankfurt, BeckRS 2010, 1579.

991 MüKoZPO/*Smid* (5. Aufl. 2016), § 840 Rn. 25.

992 Vgl. *Lindgen*, Die Drittschuldner-Haftung, 1991, S. 218 f.

993 BGHZ 79, 275 = NJW 1981, 990; Musielak/Voit/*Flockenhaus* (18. Aufl. 2021), § 840 ZPO Rn. 12; *Saenger/Kemper* ZPO (8. Aufl. 2019), § 840 Rn. 14.1; Stein/Jonas/*Würdinger* ZPO (23. Aufl. 2017), § 840 Rn. 21.

994 BGH, ZIP 1982, 1482; Musielak/Voit/*Flockenhaus* (18. Aufl. 2021), § 840 ZPO Rn. 12; *Saenger/Kemper* ZPO (8. Aufl. 2019), § 840 Rn. 17.

995 *Günther*, WM 2011, 2307 (2311).

996 S. *Lindgen*, Die Drittschuldner-Haftung, 1991, S. 230 ff.

997 *Yessiou-Faltsi*, Zwangsvollstreckungsrecht – BT (Athen 2018), § 68 Rn. 74; *Bolos*, Die Pfändung von Bankkonten im griechischen Recht, 2004, S. 111 ff.; Polymeles

allerdings gelingt, ein Mitverschulden des Pfändungsgläubigers nachzuweisen, kann sie ihre Haftung begrenzen oder ganz ausschließen.[998] Mit Verweis auf das deutsche Recht vertritt allerdings eine andere Ansicht in der Literatur, dass die strenge Haftung der Bank ungerechtfertigt sei, und plädiert für eine verschuldensabhängige Haftung.[999] Da jedoch der Pfändungsgläubiger dann vor gewichtigen Beweisschwierigkeiten betreffend den Vorsatz oder die Fahrlässigkeit der Bank stehen würde, nimmt diese Meinung eine Beweislastumkehr zulasten der Bank an. Beide Lösungen führen zum gleichen praktischen Ergebnis.

c. *Schaden*

aa. *Deutsches Recht*

Es wird nicht jeder denkbare Schaden des Gläubigers mit dem Schadensersatzanspruch nach § 840 Abs. 2 S. 2 ZPO geltend gemacht, sondern nur derjenige, der kausal auf die Verletzung der Erklärungspflicht zurückzuführen ist.[1000] Inhalt und Ausmaß der Schadensersatzpflicht werden somit durch den Normzweck von § 840 Abs. 2 S. 2 ZPO konkretisiert.[1001] Der Umfang des Schadens richtet sich nach § 249 BGB.[1002] Nach dem BGH umfasst er nicht den Schaden, den der Gläubiger dadurch erleidet, dass er keine Zahlung bekommt, weil die gepfändete Forderung nicht besteht oder einredebehaftet ist. Der Gläubiger ist nämlich gemäß § 249 BGB so zu stellen, wie er gestanden wäre, wenn der Drittschuldner ordnungsgemäß seiner Auskunftsverpflichtung nachgekommen wäre. Hätte also die Auskunft des Drittschuldners so lauten müssen, dass die Forderung nicht bestehe oder ihr Einwendungen oder Einreden entgegenstünden, so kann der Gläubiger nach dem BGH nur insoweit Schadensersatz beanspruchen, als er infolge der nicht erteilten oder unrichtigen Auskunft andere Vollstreckungsmöglichkeiten gegen den Schuldner versäumt hat. Damit ist seinem berechtigten Interesse an der Erteilung einer richtigen Auskunft nach dem

---

Prōtodikeio (LG) Athen 3661/2011, Areopag 663/2017, Datenbank NOMOS, wo festgestellt wird, dass die strenge Haftung der Bank unabhängig vom subjektiven Wissen und gutem oder bösem Glauben des Erklärenden ist.

998 Apalagaki/*Michailidis*, ZPGB-Kommentar (Athen, 2019), Art. 985 Rn. 10.

999 *Kontogeorgakopoulos*, Die Erklärung, (Athen 2010), S. 424 ff.; *Kotsiris*, in: FS Beys, (2003), Bd. 4, S. 2931 (2939).

1000 Vgl. BVerfG, NJW 2014, 3213 (3214).

1001 BGH, NJW-RR 2006, 1566 (1567); *Sikorski*, Vorläufige Kontopfändungen, 2018, S. 354.

1002 BGHZ 98, 291 = NJW 1987, 64; Saenger/*Kemper* ZPO (8. Aufl. 2019), § 840 Rn. 15.

BGH Genüge getan.[1003] Es wäre nämlich nach dem gleichen Urteil des BGH unter keinem rechtlichen Gesichtspunkt gerechtfertigt, den Gläubiger im Wege des Schadensersatzes nach § 840 Abs. 2 S. 2 ZPO so zu stellen, wie er stünde, wenn die Forderung des Schuldners gegen den Drittschuldner bestünde. Die Schadensersatzpflicht sanktioniert nur die Unterlassung oder die Unrichtigkeit der Erklärung, auch wenn die Forderung nicht besteht. Weitere Vermögensschäden des Gläubigers, die er außerhalb der Zwangsvollstreckung erleidet, sind nicht mit dem Anspruch aus § 840 Abs. 2 S. 2 ZPO zu ersetzen.[1004] § 823 Abs. 2 BGB gewährt ebenso wenig eine Haftungsgrundlage für weitere Schäden wie das Schutzgesetz selbst, d.h. § 840 Abs. 2 S. 2 ZPO.[1005] Eine weitergehende Haftung kann nur im Rahmen der Sittenwidrigkeit nach § 826 BGB nachgewiesen werden. § 826 BGB kann die Fälle der Kollusion zwischen der Bank und ihrem Kunden (Schuldner) abdecken.[1006]

Der Schaden kann grundsätzlich zwei Posten beinhalten: Erstens ist der Schaden des Gläubigers zu ersetzen, der durch seine Entscheidung hervorgerufen wurde, die gepfändete Forderung gegen den Drittschuldner geltend zu machen oder davon abzusehen.[1007] Die Haftung umfasst somit den Schaden des Gläubigers, der ihm dadurch entsteht, dass er im Vertrauen auf die Richtigkeit der Erklärung über die erfolgte Pfändung von anderen erfolgversprechenden Vollstreckungsmöglichkeiten gegen den Schuldner absieht oder andere Maßnahmen nicht ergreift.[1008] Davon nicht erfasst ist allerdings der Schaden des Gläubigers, der sich durch Unterlassen einer Pfändung aus weiteren Titeln ergibt.[1009]

1003 BGHZ 69, 328 = NJW 1978, 44 (45).

1004 Kindl/Meller-Hannich/Wolf/*Bendtsen*, Zwangsvollstreckung (3. Aufl. 2015), § 840 Rn. 22; Musielak/Voit/*Flockenhaus* ZPO (18. Aufl. 2021), § 840 Rn. 14.

1005 BGHZ 98, 291 (294) = NJW 1987, 64 (65).

1006 S. auch *Lindgen*, Die Drittschuldner-Haftung, 1991, S. 330 ff.; MüKoZPO/*Smid* (5. Aufl. 2016), § 840 Rn. 25; *Domej*, Internationale Zwangsvollstreckung und Haftungsverwirklichung, 2016, S. 407; *Sikorski*, Vorläufige Kontopfändungen, 2018, S. 354 f.; weitergehende Haftung der Bank kann sich auch aus § 823 Abs. 2 BGB i.V.m. §§ 288, 27 StGB wegen Beihilfe zur Zwangsvollstreckungsvereitelung ergeben, dazu BGH NZG 2018, 711; OLG München, BeckRS 2017, 146005.

1007 BGHZ 98, 291 = NJW 1987, 64; OLG Koblenz, WM 2013, 1025.

1008 BGHZ 69, 328 = NJW 1978, 44; MüKoZPO/*Smid* (5. Aufl. 2016), § 840 Rn. 26; LG Memmingen NJW-RR 2006, 998, wonach der Gläubiger, bei richtiger Information seitens des Drittschuldners, einer verbotswidrigen Veräußerung mit einer Drittwiderspruchklage entgegengewirkt hätte.

1009 BGHZ 98, 291 = NJW 1987, 64.

Zweitens sind die unnötig aufgewendeten Prozesskosten für die erfolgslose Leistungsklage des Gläubigers gegen den Drittschuldner sowie die vorbereitenden außergerichtlichen Kosten erstattungsfähig. Dies ist der Fall, wenn der Gläubiger nach unterlassener Bankerklärung zu Recht ohne Weiteres von der Beitreibbarkeit der Forderung ausgeht,[1010] aber es sich nachträglich herausstellt, dass die Forderung nicht besteht oder nicht durchsetzbar ist.[1011]

Hinsichtlich der ersatzfähigen Kosten kann der schweigende Drittschuldner nach einer endgültigen Pfändung dazu verurteilt werden, die bisher entstandenen Prozesskosten, insbesondere die des Erkenntnisverfahrens über die gepfändete Forderung, in vollem Umfang zu erstatten, wenn es sich in der Leistungsklage herausstellt, dass der gepfändete Anspruch nicht existiert oder nicht durchsetzbar ist.[1012] Insbesondere in der Arrestpfändung sind aber nach dem BGH die Kosten des darauffolgenden Hauptverfahrens des Gläubigers gegen den Schuldner nicht vom Drittschuldner nach § 840 Abs. 2 S. 2 ZPO zu erstatten.[1013] Denn der Arrestgläubiger ist ohnehin zur Klageerhebung nach § 926 ZPO verpflichtet. Die Entstehung der Kosten des Hauptverfahrens ist nämlich nicht auf die unterlassene oder unvollständige Erklärung des Drittschuldners zurückzuführen, sondern auf die Vorläufigkeit der mit dem Arrest erfolgten Sicherung.

Es wurde ferner vom BGH ausgesprochen, dass die Anwaltskosten für eine zusätzliche Aufforderung des schweigenden Drittschuldners weder vom Drittschuldner nach § 840 Abs. 2 S. 2 ZPO noch vom Schuldner als notwendige Kosten der Zwangsvollstreckung (§ 788 ZPO) erstattungsfähig sind. Denn der Gläubiger kann und soll nach dem fruchtlosen Ablauf der Zwei-Wochen-Frist davon ausgehen, dass keine Hindernisse betreffend die Beitreibbarkeit der gepfändeten Forderung vorliegen.[1014] Daher benötigt er keine weitere Aufforderung des Drittschuldners auf Auskunft, sondern auf Zahlung. Im Gegensatz dazu sind also die Kosten für eine außergerichtliche Zahlungsaufforderung an dem bis zu diesem Zeitpunkt schweigenden Drittschuldner erstattungsfähig und

1010 BGH, NJW-RR 2006, 1566; BGH BeckRS 2013, 2153; die Unterlassung der Erklärung stellt somit ein „beredtes" Schweigen dar, dem rechtliche Folgen zuerkannt werden, s. auch Stein/Jonas/*Würdinger* ZPO (23. Aufl. 2017), § 840 Rn. 28.

1011 Saenger/*Kemper* ZPO (8. Aufl. 2019), § 840 Rn. 14; Musielak/Voit/*Flockenhaus* ZPO (18. Aufl. 2021), § 840 Rn. 12;

1012 BGH, NJW-RR 2006, 1566; BGHZ 79, 275 (281) = NJW 1981, 990; *Domej*, Internationale Zwangsvollstreckung und Haftungsverwirklichung, 2016, S. 407.

1013 BGHZ 68, 289 (293); *Baur/Stürner/Bruns*, Zwangsvollstreckungsrecht (13. Aufl. 2006), § 30 Rn. 30.20.

1014 BGH, NJW 2010, 1674 (1676); BGH NJW-RR 2006, 1566.

darüber hinaus verletzen sie nicht die Schadensminderungspflicht des Gläubigers.[1015] Nach einer differenzierenden Meinung in der Rechtsprechung besteht der Kostenersatzanspruch für die außergerichtliche Aufforderung nur wenn die Forderung von Beginn an nicht durchsetzbar ist und dies aus der Erklärung hätte ergehen sollen. Dies werde dadurch begründet, dass sich bei einer durchsetzbaren Forderung diese Kosten gerade nicht wegen der fehlerhaften Erklärung, sondern ohnehin im Rahmen der regulären Rechtsverfolgung angefallen wären.[1016] *M.E.* ist die Argumentation über die Unterbrechung der Kausalität, wenn die Forderung beitreibbar wäre, verfehlt, weil auch in diesem Fall bei ordnungsgemäßer Erfüllung der Auskunftspflicht eine gerichtliche oder anwaltliche Verfolgung nicht zwingend erforderlich wäre, sondern der Drittschuldner nach einem einfachen Schreiben Zahlung hätte leisten können, ohne dass ein kostspieliges gerichtliches Verfahren eingeleitet werde.[1017]

Die Kausalität ist ferner unterbrochen, wenn die Prozess- und Anwaltskosten des Verfahrens gegen den Drittschuldner nicht auf die verspätete Erklärung zurückzuführen sind. Dies ist der Fall, wenn sich der Gläubiger nach Erhalt der verspäteten Erklärung für die Klage entscheidet.[1018] Nur die Kosten, die für den Gläubiger bis zum Zeitpunkt der verspäteten Erklärungsabgabe auftreten, sind kausal mit dem Fehlverhalten des Drittschuldners verbunden.[1019] Für die nachträglichen Kosten ist die verspätete Erklärung nicht mehr ursächlich.

bb. Griechisches Recht

Der Pfändungsgläubiger muss einen erlittenen Schaden nachweisen, da der Anspruch nur zu seiner Wiedergutmachung und nicht als Sanktion gegen den Drittschuldner geltend gemacht werden kann. Nach der in Literatur und Rechtsprechung h.M. ist jeder Schaden des Pfändungsgläubigers zu ersetzen. Der zu ersetzende Schaden kann ein Betrag bis zur Höhe der Pfändungsforderung sein.[1020] Nach einer gewichtigen Meinung in der Literatur kann der Schaden des

1015 OLG Dresden, NJW-RR 2011, 924; LG Rostock, BeckRS 2016, 116699, LG Essen (20. Zivilkammer), LSK 2017, 147224; LSG Sachsen, BeckRS 2016, 112541; AG Dortmund, BeckRS 2016, 110574.

1016 LG Stuttgart, openJur 2015, 8997.

1017 S. auch LG Rostock, BeckRS 2016, 116699.

1018 BGH NJW 2010, 1674 (1675).

1019 OLG Frankfurt, BeckRS 2010, 1579; OLG Dresden, NJW-RR 2011, 924.

1020 Areopag 663/2017 und 752/2017, Efeteio Athen 109/2006 Datenbank NOMOS; *Yessiou-Falsti*, Zwangsvollstreckungsrecht – BT (Athen 2018), § 68 Rn. 76.

Gläubigers sogar den Pfändungsbetrag übersteigen.[1021] Da kein Verschulden der Bank nachgewiesen werden muss und die bloße Unterlassung der Erklärung ausschließlicher Haftungsgrund ist, ist es ferner möglich, dass der Schadensersatz auch in Fällen zugebilligt wird, in denen die Bank gar keine Kontoverbindung des Schuldners unterhält. Dafür reicht aus, dass die Bank keine Erklärung abgibt, mit der sie das Nichtvorhandensein der Forderung dem Pfändungsgläubiger hätte bekannt machen sollen.

Außer dem Schaden erfordert die Bestimmtheit des Schadensersatzschriftsatzes auch, dass der Pfändungsgläubiger die Kausalität zwischen Unterlassung oder Mangelhaftigkeit der Erklärung und erlittenem Schaden vorbringt. Die Kausalität setzt voraus, dass der Pfändungsgläubiger nachweist, dass er wegen der verspäteten oder unterlassenen Erklärung die Pfändung anderer Vermögenswerte des Schuldners versäumt hat oder andere Vorsichtsmaßnahmen nicht treffen konnte.[1022] Die Tatsache, dass der Vollstreckungsschuldner in der Zwischenzeit unsolid geworden ist und die Befriedigung des Pfändungsgläubigers somit unmöglich geworden ist, reicht für die Kausalität des Schadens nach der Rechtsprechung ebenfalls aus.[1023] Unklar ist, ob auch die unnötig aufgewendeten Kosten des Pfändungsgläubigers zu erstatten sind. Auf jeden Fall sind nach dem aktuellen Stand der Rechtsprechung weitere mittelbare Schäden nicht erstattungsfähig. Darüber hinaus kann der Pfändungsgläubiger im griechischen Recht auch den immateriellen Schaden mit dem Anspruch aus Art. 919 gr. ZGB geltend machen, was allerdings kaum praktische Anwendung in der relevanten Rechtsprechung findet. Ebenfalls könnte die generalklauselartige deliktsrechtliche Haftung nach Art. 914 gr. ZGB in Anspruch genommen werden, aber dies ist wegen der speziellen verschuldensunabhängigen Haftung in Art. 985 Abs. 3 gr. ZPGB in der Rechtsprechung, soweit ersichtlich, nicht vorgekommen.

1021 *Kolotouros*, EPolD 2016, 127 (152); Apalagaki/*Michailidis*, ZPGB-Kommentar (Athen, 2019), Art. 985 Rn. 12 m.w.N.

1022 Efeteio Patras 109/2006; Polymeles Protodikio (LG) Athen 3661/2011; Efeteio Athen 1050/2008 Datenbank NOMOS.

1023 Efeteio Athen 9587/1978 und 5193/2004, Polymeles Protodikeio Athen (LG) 3661/2011 und 1460/2015, Efeteio Ioannina 45/2013, Efeteio Patras 10/2006, Datenbank NOMOS; *Yessiou-Faltsi*, Zwangsvollstreckungsrecht – BT (Athen 2018), § 64 Rn. 224.

d. Geltendmachung

aa. Deutsches Recht

Wenn die Bank es unterlässt, eine Erklärung abzugeben und der Gläubiger von der Beitreibbarkeit der gepfändeten Forderung ausgehend eine Leistungsklage gegen die Bank erhebt, kann er im selben Prozess gem. § 263 ZPO auf die Schadensersatzklage übergehen, wenn die Forderung nicht besteht oder nicht durchsetzbar ist.[1024] Diese Klageänderung soll nach dem BGH vom Gericht als sachdienlich angesehen werden und benötigt somit nicht die Einwilligung des Beklagten.[1025] Beim bezifferten Antrag kommt eine Leistungsklage in Betracht.[1026] Wenn der Gläubiger den Schaden nicht beziffern kann, wird eine Feststellungsklage über die Verpflichtung der Bank zum Schadensersatz das Gericht dazu führen, in der Sache eine Kostenentscheidung zu treffen.[1027] Der Feststellungsanspruch bezieht sich nämlich auf die aufgewendeten Kosten. In der Literatur werden noch die analoge Anwendung von § 91a und § 93 ZPO erwogen. Beide Möglichkeiten scheiden nach dem BGH aus, weil für die Anwendung von § 91a ZPO kein Fall der Erledigung[1028] und von § 93 ZPO keine Abstandnahme von der Klage vorliegen, sondern bloß Beschränkung auf die Kosten.[1029] Ferner setzt eine Aufrechnung ein gesondertes Verfahren voraus.[1030]

Dem Gläubiger bleibt des Weiteren erhalten, eine gesonderte Schadensersatzklage zu erheben, wobei er ein neues Verfahren einleiten muss und der Schwierigkeit der Schadensberechnung ausgesetzt ist.[1031] Dies betrifft vor allem die Fälle, in denen der Schaden des Gläubigers in dem Befriedigungsausfall besteht. Denn der Gläubiger hat im Vertrauen auf die laufende Pfändung von anderen,

---

1024 BGH, NJW-RR 2006, 1566; *Lindgen*, Die Drittschuldner-Haftung, 1991, S. 280 ff.

1025 BGH, NJW 1981, 990 (991).

1026 BGH, NJW-RR 2006, 1566.

1027 Z.B. AG Leipzig, BeckRS 2014, 19716.

1028 Anders bei übereinstimmenden Erledigungserklärungen, dazu MüKoZPO/*Smid* (5. Aufl. 2016), § 840 Rn. 28; aus der Sicht des Gläubigers davon abratend Musielak/Voit/*Flockenhaus* ZPO (18. Aufl. 2021), § 840 Rn. 15, weil die Entscheidung nach billigem Ermessen des Gerichts erfolgt.

1029 BGH, NJW 1981, 990 (991); Musielak/Voit/*Flockenhaus* ZPO (18. Aufl. 2021), § 840 Rn. 15.

1030 Stein/Jonas/*Würdinger* ZPO (23. Aufl. 2017), § 840 Rn. 27.

1031 Vgl. Stein/Jonas/*Würdinger* ZPO (23. Aufl. 2017), § 840 Rn. 26.

womöglich nicht mehr vorhandenen, Vollstreckungsmöglichkeiten abgesehen.[1032] Für die Schadensersatzklage gelten die allgemeinen Regeln.[1033]

Die Kosten eines nicht von vornherein aussichtslosen Drittschuldnerprozesses sind als notwendige Kosten der Zwangsvollstreckung vom Schuldner nach § 788 ZPO zu tragen, jedoch nur wenn sie vom Drittschuldner nicht beigetrieben werden können.[1034] Der BGH hat diesbezüglich in einem jüngeren Urteil klargestellt, dass dies schon dann erfüllt ist, wenn der Drittschuldner nicht freiwillig leistet.[1035] Laut BGH ist mit der Voraussetzung der „Beitreibung gegen den Drittschuldner" keine Zwangsvollstreckung gegen ihn notwendig. Denn die Drittschuldnerklage stellt bereits eine Vollstreckungsmaßnahme des Gläubigers zum Vollzug der Forderung des Schuldners gegen den Drittschuldner dar. Die Kosten der Drittschuldnerklage sind somit im Verhältnis zwischen Gläubiger und Schuldner keine Prozess-, sondern Vollstreckungskosten, die dem Veranlassungsprinzip unterliegen. Es ist laut BGH keine „Vollstreckung (gegenüber dem Drittschuldner) innerhalb der Vollstreckung (gegenüber dem Schuldner)" notwendig oder gar gerechtfertigt, da sie zusätzliche Kosten verursacht.[1036] Daher ist kein Nachweis der Erfolglosigkeit eines vermeintlichen Vollstreckungsversuchs gegen den Drittschuldner vom Gläubiger zu leisten, um die Kosten der erfolglosen Drittschuldnerklage vom Schuldner nach § 788 ZPO beizutreiben.

bb. Griechisches Recht

Der Schadensersatz kann vom Pfändungsgläubiger mit selbständiger Klage oder mit dem Widerspruch gegen die Erklärung nach Art. 986 gr. ZPGB geltend gemacht werden.[1037] Die vorherige Erhebung des Widerspruchs gegen die verspätete oder fehlerhafte Erklärung ist allerdings keine Voraussetzung für die Zulässigkeit der Erhebung der selbständigen Schadensersatzklage, da die zwei Verfahren nach der heute h.M. separate und voneinander unabhängige Gegenstände haben.[1038] Der Gegenstand des Widerspruchs ist die Feststellung des

1032 Vgl. MüKoZPO/*Smid* (5. Aufl. 2016), § 840 Rn. 32; *Domej*, Internationale Zwangsvollstreckung und Haftungsverwirklichung, 2016, S. 402 f.

1033 Saenger/*Kemper* ZPO (8. Aufl. 2019), § 840 Rn. 18.

1034 BGH NJW 2006, 1141; BGH NJW 2010, 1674.

1035 BGH, NJW 2019, 1816.

1036 BGH, NJW 2019, 1816 (1817).

1037 Efeteio Athen 1050/2008; Monomeles Efeteio (eingliedriges Berufungsgericht) Ioannnina 45/2013; Polymeles Prōtodikeio (LG) Athen 3483/2018, alle verfügbar in Datenbank NOMOS.

1038 Areopag 448/2016, Datenbank NOMOS; *Kolotouros*, EPolD 2016, 127 (152); *Yessiou-Faltsi*, Zwangsvollstreckungsrecht – BT (Athen 2018), § 64 Rn. 226; im Gegensatz

Wahrheitsgehalts der abgegebenen Erklärung bzw. die Feststellung, ob die Bank dem Vollstreckungsschuldner schuldet und unter welchen Bedingungen, während der Schadensersatzanspruch den aus dem Fehlverhalten des Dritten erlittenen Schaden des Pfändungsgläubigers wiedergutmacht.[1039] Da die selbständige Schadensersatzklage keinen Vollstreckungsakt anficht, eröffnet sie nach einhelliger Ansicht kein Verfahren, das die Zwangsvollstreckung zum Gegenstand hat, sondern unterliegt den allgemeinen zivilprozessrechtlichen Regeln.[1040] Hingegen ist umstritten, ob mit dem Widerspruch nach Art. 986 gr. ZPGB ein Verfahren über die Zwangsvollstreckung eröffnet wird[1041] oder ob, wie die h.M. vertritt, die allgemeinen Regeln auch für den Widerspruch in Betracht kommen.[1042] Nach dieser Rechtsprechung bestimmt sich daher die Zuständigkeit, auch in der Arrestpfändung, anhand der Art und Höhe der gepfändeten Forderung und nicht der gesamten Kontoforderung des Schuldners.[1043]

e. *Zwischenergebnis*

In beiden Rechtsordnungen sind spezielle Schadensersatzansprüche (§ 840 Abs. 2 S. 2 ZPO und Art. 985 Abs. 3 gr. ZPGB) des Pfändungsgläubigers gegen den Drittschuldner für die Verletzung seiner Auskunftspflicht vorgesehen. Dadurch wird die durch eine falsche, verspätete oder unterlassene

---

dazu wurde früher von Areopag 15/1993 die Gegenmeinung vertreten, dass nämlich die Schadensersatzklage ohne vorherige Erhebung des Widerspruchs unzulässig war, s. auch Koutsoulelos/*Geōrgiadou*, Zwangsvollstreckung, (Athen 2016), S. 327.

1039 Statt aller Polymeles Prōtodikeio (LG) Athen 3483/2018, Datenbank NOMOS.

1040 *Nikas*, Zwangsvollstreckungsrecht (Athen-Thessaloniki, 2018), § 60 Rn. 17; *Yessiou-Faltsi*, Zwangsvollstreckungsrecht – BT (Athen 2018), § 64 Rn. 221; Polymeles Prōtodikeio (LG) Athen 3483/2018, Efeteio Athen 1050/2008, Efeteio Patras 109/2006, Areopag 448/2016 Datenbank NOMOS.

1041 S. auch *Panagopoulos*, EfAD 9 (2016) 17 (19), der die Widersprüchlichkeit zwischen der Anfechtung einer Verfahrenshandlung der Zwangsvollstreckung – d.h. der Erklärung – und der gleichzeitigen Verneinung der Eröffnung eines Prozesses um die Zwangsvollstreckung erkennt.

1042 *Nikas*, Zwangsvollstreckungsrecht (Athen-Thessaloniki, 2018), § 60 Rn. 17; *Yessiou-Faltsi*, Zwangsvollstreckungsrecht – BT (Athen 2018), § 64 Rn. 230; *Kolotouros*, Rechtsfolgen (Athen, 2017), S. 10 f.; Polymeles Prōtodikeio (LG) Athen 3483/2018 und 3661/2011, Polymeles Prōtodikeio (LG) Thessaloniki 12935/2017, Eirinodikeio (AG) Thessaloniki 532/2018 Datenbank NOMOS.

1043 Areopag 505/2003, Polymeles Prōtodikeio (LG) Athen 3661/2011, Eirinodikeio (AG) Thessaloniki 532/2018, Datenbank NOMOS.

Bankerklärung verursachte Vereitelung des Sicherungsanspruchs des Gläubigers wiedergutgemacht. Trotz deren systematischer Stellung im Prozessrecht werden die Schadensersatzansprüche materiellrechtlich qualifiziert. Sie sind darüber hinaus in der Zwangs- und der Arrestpfändung anwendbar. Allerdings unterscheiden sich die zwei Modelle voneinander folgendermaßen: Erstens muss die drittschuldnerische Bank, nach griechischem anders als nach deutschem Recht, in ihrer Erklärung genaue Gründe für das Nichtbestehen der Forderung angeben und somit auch ihre negative Erklärung ausführlich begründen. Das griechische Recht erlegt der Bank dadurch ein erheblich größeres Haftungsrisiko auf. Zweitens gilt im griechischen Recht eine strenge (verschuldensunabhängige) Haftung der Bank. Im Gegensatz dazu haftet die Bank in Deutschland verschuldensabhängig. Aber um die Beweislast des Gläubigers zu begrenzen, muss sie sich entlasten, was die Differenz zwischen den zwei Rechtsordnungen abmildert. Drittens ist im griechischen Recht, konsequenterweise zu der erweiterten und zu begründenden Erklärungspflicht der Bank, eine signifikant weitere Schadenserfassung vorgesehen. In der griechischen Rechtsprechung wird grundsätzlich der Drittschuldner zum vollen Ersatz des gesamten Pfändungsbetrags in Anspruch genommen, auch wenn tatsächlich keine Forderung bestehe. Der Ersatz der unnötigen Prozesskosten ist allerdings nicht klar definiert. Im Gegensatz dazu schreibt die BGH-Rechtsprechung eine ausdifferenzierte und eng an die Kausalität gebundene Schadenserfassung vor. Die Geltendmachung des Schadensersatzanspruchs weist ebenso Unterschiede auf, die jedoch auf die i.A. unterschiedlichen Zwangsvollstreckungsmodelle zurückzuführen sind. Im griechischen Recht wird nämlich entweder selbständige Schadensersatzklage erhoben oder der Schadensersatz wird mit dem Widerspruch (Art. 986 gr. ZPGB) gegen die (unterlassene) Erklärung geltend gemacht, worin die h.M. kein Verfahren um die Zwangsvollstreckung sieht. Der Widerspruch stellt allerdings das funktionale Pendant der Leistungsklage gegen den Drittschuldner im deutschen Recht dar. Dadurch wird ersichtlich, dass die Unterschiede in der Geltendmachung des Schadensersatzes keinen bestandskräftigen Aussagegehalt haben, sondern nur technischer Natur sind. Denn beide Rechtsordnungen wenden grundsätzlich die allgemeinen zivilprozessrechtlichen und nicht die vollstreckungsrechtlichen Regeln an.

Schlussfolgernd soll festgehalten werden, dass die h.M. im griechischen Recht eine weitergehende Haftung der Bank als im deutschen Recht bejaht. Dadurch können sich bei der analogen Anwendung der nationalen Anspruchsgrundlagen auf die Haftung der Bank nach der EuKpfVO Divergenzen ergeben. Darüber hinaus ist die Haftung nach den hier untersuchten nationalen Rechtsordnungen auf eine viel umfangreichere Erklärung der Bank zugeschnitten. Daher führt die analoge Anwendung der nationalen Schadensersatzgrundlagen zur Rechtszersplitterung und Rechtsunsicherheit, welche die nur in das fremde Verfahren miteinbezogene Bank übermäßig belastet. Die verschiedenartigen Divergenzen in den nationalen Rechten führen ferner zur Ungleichbehandlung bei der Anwendung autonomen Rechts. Daher stellt die analoge Anwendung der Haftungsgrundlagen des Drittschuldners auf die Haftung der Bank bei der Ausführung ihrer Erklärungspflichten nach der EuKpfVO kein gerechtes Ergebnis für die widerstreitenden Interessen dar. Im Gegensatz dazu soll die Haftung der Bank, genau wie die Haftung des Gläubigers in Art. 12 EuKpfVO, autonom geregelt werden.

II. Haftung dem Schuldner gegenüber

Die Bank kann ferner vom Schuldner wegen schlechter Ausführung des Beschlusses oder Verletzung ihrer Erklärungspflicht nach Art. 25 Abs. 4 EuKpfVO in Anspruch genommen werden. Das Fehlverhalten der Bank kann z.B. in der Pfändung eines größeren als des im Pfändungsbeschluss angegebenen Betrags liegen. Die verspätete Erklärung kann auch einen Haftungsgrund dem Schuldner gegenüber darstellen, da sie zur verspäteten Freigabe von ggf. überschüssiger, vorläufig gepfändeter Beträge führen kann. Wenn die Bank, die Grenzen des europäischen vorläufigen Kontopfändungsbeschlusses überschreitend, den zu pfändenden Betrag an den Pfändungsgläubiger auszahlt, entsteht die Gefahr der doppelten Inanspruchnahme. Die Bank wird nämlich vom Kontoinhaber anschließend zur Auszahlung in Anspruch genommen werden. Sie kann den ungerechtfertigt ausgezahlten Betrag vom Gläubiger zurückverlangen. Die Haftung der Bank dem Schuldner gegenüber fällt *m.E.* unter die Kollisionsnorm von Art. 26 EuKpfVO, genau wie ihre Haftung dem Gläubiger gegenüber, weil der Haftungsgrund stets die Verletzung ihrer verordnungsgemäßen Pflichten ist.[1044] Art. 26 EuKpfVO bestimmt nämlich das auf die Rechtsfolgen der Verletzung dieser Pflichten anwendbare nationale Recht, ohne je nach Anspruchsinhaber zu differenzieren. Daran ändert auch die Tatsache nichts, dass sich die Ansprüche des Schuldners auf den Bankvertrag oder auch auf außervertragliche deliktsrechtliche Anspruchsgrundlagen berufen.

1044 A.A. *Schumacher/Köllensperger/Trenker*, EuKoPfVO Kommentar (2017), Art. 26 Rn. 4.

H. Grenzüberschreitende Haftung der Bank in der europäischen vorläufigen Kontopfändung

Nach der Feststellung der Pflichten der Bank bezüglich der Vollstreckung des Beschlusses (Kapitel E) und ihrer Reaktionsmöglichkeiten (Kapitel F) wurde der Schwerpunkt auf die materiellen Haftungsrechtsfolgen in zwei nationalen Rechtsordnungen (Kapitel G) gesetzt. In dem vorliegenden Kapitel werden die Regelungen über die grenzüberschreitende Haftung der Bank im Rahmen der Verletzung ihrer von der europäischen Kontopfändungsverordnung auferlegten Pflichten erörtert. Dies umfasst erstens die Frage nach der internationalen Zuständigkeit für die dargestellten Schadensersatzansprüche, die nach nationalem Recht gegen die Bank geltend gemacht werden können; und zweitens ist die Kollisionsnorm des Art. 26 EuKpfVO, welche die Brücke zwischen der Verordnung und den anwendbaren nationalen Vorschriften darstellt, genauer unter die Lupe zu nehmen.

I. Internationale Zuständigkeit der Schadensersatzklage des Gläubigers gegen die Bank

1. Allgemeiner Gerichtsstand (Art. 4 Abs. 1 EuGVO)

Wenn ein Schadensersatzanspruch für eine Pflichtverletzung der Bank im Recht des Vollstreckungsmitgliedstaats vorgesehen ist, kann er selbständig eingeklagt werden. Bei vorhandenem Vollstreckungstitel kann der Schadensersatz zugunsten der Verfahrensökonomie im Rahmen des bereits eingeleiteten Prozesses gegen den Drittschuldner geltend gemacht werden. Die Sachverhalte, in denen sich die Haftung der Bank im Anwendungsbereich der EuKpfVO stellt, weisen immanente, grenzüberschreitende Merkmale auf. Daher stellt sich die Frage, welche Gerichte international zuständig für die selbständige Schadensersatzklage sind. Die EuKpfVO enthält keine explizite Regelung dafür. Es kommen die allgemeinen Regeln der EuGVO in Betracht. Die selbständige Schadensersatzklage des Gläubigers gegen die Bank kann auf den allgemeinen Gerichtsstand des Sitzes der beklagten Bank nach Art. 4 Abs. 1 EuGVO erhoben werden. Wenn das Bankkonto in einer Niederlassung einer ausländischen Bank gepfändet wird, ist es fraglich, ob der Sitz der Bank bei der ausländischen Zentrale oder bei der kontoführenden Niederlassung zu lokalisieren ist. Nach allgemeinen

Grundsätzen richtet sich der Sitz nach der Selbständigkeit der Niederlassung. Für eine unselbständige Filiale ist der Hauptsitz (nach Art. 63 EUGVO) maßgeblich, während eine Niederlassung mit eigener Rechtspersönlichkeit an diesem Ort verklagt werden kann. Insbesondere in der EuKpfVO ist der Mitgliedstaat der Kontoführung bzw. Kontoeröffnung der zentrale Anknüpfungspunkt, wie es sich aus Art. 4 Nrn. 2 und 4 lit. b ergibt. Durch diese pragmatische Anknüpfung überwindet die Verordnung die Problematik der Lokalisierung von Forderungen. Maßgeblich für den Sitz der Bank aus der Sicht der EuKpfVO ist nämlich der Mitgliedstaat, in dem das Konto geführt wird. Die zwischen den Rechtsakten der EU koordinierte und einheitliche, autonome Auslegung besagt somit, den allgemeinen Gerichtsstand in Art. 4 Abs. 1 EuGVO übereinstimmend mit dem speziellen Anwendungsbereich der EuKpfVO zu lokalisieren. Nach dieser Auslegung kommt der Vollstreckungsmitgliedstaat bzw. der Mitgliedstaat der Kontoführung als allgemeiner Gerichtsstand der Bank in Betracht.

2. Besondere Zuständigkeiten (Art. 7 EuGVO)

Ferner kommt der Gerichtsstand der unerlaubten Handlung gemäß Art. 7 Nr. 2 EuGVO als besondere Zuständigkeit für die Schadensersatzklage des Gläubigers in Betracht.[1045] Der Begriff der unerlaubten Handlung wird autonom ausgelegt und betrifft die Schadensersatzansprüche, die nicht an einen Vertrag (Art. 7 Nr. 1 EuGVO) anknüpfen.[1046] Die Abgrenzung zwischen vertraglicher und außervertraglicher Haftung setzt die Qualifikation des *in concreto* geltend gemachten Schadensersatzanspruches voraus. Die Qualifikation erfolgt unabhängig von der Einstufung im nationalen Recht.[1047] Als Faustregel gilt somit, dass nur wenn das beanstandete Verhalten eine Verletzung einer freiwillig eingegangenen vertraglichen Verpflichtung darstellt, es sich um eine vertragliche Haftung handelt. Die Haftung der Bank wegen der Verletzung ihrer Erklärungspflicht knüpft nicht an einen vermeintlichen Vertrag zwischen Gläubiger und Bank an, sondern ergibt

---

1045 Vgl. auch *Hess*, Study JAI/A3/2002/02, S. 95 in Fn. 520.

1046 EuGH, Urteil v. 27.9.1988 – *Kalfelis/Schröder u.a.* Rs. 189/87, ECLI:EU:C:1988:459 = NJW 1988, 3088; EuGH, Urteil v. 13.3.2014 – *Brogsitter* Rs. C-548/12, ECLI:EU:C:2014:148 = NJW 2014, 1648 m. Anm. *Weller* LMK 2014, 359127; EuGH Urteil v. 14.7.2016 – *Granarolo* Rs. C-196/15, ECLI:EU:C:2016:559 = NJW 2016, 3087; Kropholler/*v. Hein* EuZPR (9. Aufl.) Art. 5 a.F. Rn. 72; Rauscher/*Leible* EuZPR/EuIPR (5. Aufl. 2021) Art. 7 EuGVO Rn. 109.

1047 EuGH Urteil v. 14.7.2016 – *Granarolo* Rs. C-196/15, ECLI:EU:C:2016:559 = NJW 2016, 3087 (3088) Rn. 22.

sich aus der sanktionierten Missachtung der ihr mit der Verordnung auferlegten Pflichten. Daher erfüllt sie den autonomen Begriff der unerlaubten Handlung. Davon ist nach autonomer Auslegung auch die strenge, verschuldensunabhängige Haftung erfasst.[1048]

Nach der autonomen Auslegung von Art. 7 Nr. 2 EuGVO durch den EuGH sind die Gerichte entweder am Handlungs- oder am Erfolgsort nach Wahlrecht des Anspruchsinhabers international zuständig.[1049] Der Handlungsort ist im Vollstreckungsmitgliedstaat zu lokalisieren. Das haftungsbegründete Verhalten kann nämlich nur in der Verletzung der Ausführungs- oder Auskunftspflicht der Bank vorliegen. Die Verletzung findet im Rahmen der Vollstreckung des Beschlusses statt. Auch wenn die Bank die Ausführung des Beschlusses oder die diesbezügliche Erklärung unterlässt, ist der Vollstreckungsmitgliedstaat, in dem die Ausführung und die Erklärung hätten stattfinden sollen, der Handlungsort i.S.d. Art. 7 Nr. 2 EuGVO. Die Haftungsfrage der Bank stellt sich ohnehin erst aufgrund der Vollstreckung und nicht aufgrund des Erlasses des Beschlusses. Der Erlass und somit der Ursprungsmitgliedstaat sind für diese Konstellation unbeachtlich, da das schädigende Ereignis kausal nur mit der Vollstreckung, und nicht mit dem Erlass des Beschlusses verknüpft ist.

Es wird zu Recht eine Ausdifferenzierung zwischen den unterschiedlichen Deliktstypen befürwortet, um die Heranziehung und Konkretisierung des Erfolgs- und des Handlungsortes nach plausiblen und vorhersehbaren Kriterien zu ermöglichen.[1050] Der EuGH hat sich wiederholt mit Sachverhalten beschäftigt, die einen Vermögensschaden aus der deliktsrechtlich zu qualifizierenden Prospekthaftung der Bank aus der Verletzung ihrer Informationspflichten gegenüber dem Anleger betrafen. Es scheint, dass der finanzielle Schaden in dem Abflusskonto lokalisiert wird, aus dem alle Zahlungen erfolgen.[1051] Dies

---

1048 Rauscher/*Leible*, EuZPR/EuIPR (5. Aufl. 2021), Art. 7 EuGVO Rn. 110.

1049 Gefestigte Rechtsprechung seit EuGH Urteil v. 30.11.2976 - *Bier/Mines de Potasse d'Alsace* Rs. 21/76, ECLI:EU:C:1976:166, Slg. 1976, 1735; *Schlosser*/Hess, EuZPR (5. Aufl. 2021), Art. 7 EuGVO Rn. 15 ff.

1050 Vgl. *von Hein*, IPRax 2006, 460 (461).

1051 Vgl. EuGH, Urteil v. 10.6.2004 – *Kronhofer*, Rs. C-168/02, ECLI:EU:C:2004:364; EuGH Urteil v. 28.1.2015 – *Kolassa*, Rs. C-375/13, ECLI:EU:C:2015:37 = NZG 2015, 356; EuGH Urteil v. 16.6.2016 – *Universal Music*, Rs. C-12/15, ECLI:EU:C:2016:449; EuGH, Urteil v. 12.09.2018 – *Helga Löber/Barclays-Bank*, Rs. C-304/17, ECLI:EU:C:2018:701 Rn. 34 = EuZW 2018, 988 m. Anm. *Sujecki* (1000); Anm. *Mankowski* LMK 2019, 413748; *Schlosser*/Hess EuZPR (5. Aufl. 2021) Art. 7 EuGVO Rn. 16a; Rauscher/*Leible*, EuZPR/EuIPR (5. Aufl. 2021), Art. 7 EuGVO Nr. 126.

würde in dem hier untersuchten Fall zum Wohnsitz des Gläubigers führen, weil er wahrscheinlich dort ein Konto führt. Diese Herangehensweise ist für die Haftung der Bank aus der Anwendung der EuKpfVO nicht plausibel, weil der Schaden des Gläubigers in der Vereitelung der Sicherungsmöglichkeit bzw. dem Ausfallen der Vollstreckungsmöglichkeit im Vertrauen auf die laufende vorläufige Pfändung oder in den unnötig aufgewendeten Prozesskosten besteht, und nicht an seinem Konto zu lokalisieren ist. Die Heranziehung des Abflusskontos wäre nur ein zufälliger Anknüpfungspunkt, der keine Beziehung zu dem Sachverhalt hat. In der Forderungspfändung wird ferner eine Abkehrtendenz vom Erfolgsort ersichtlich, da sich die Forderungsbelegenheit sehr schwer und im besten Fall nur fiktiv lokalisieren lässt.[1052] Dem ist hier auch zu folgen. Ähnlich zu der Gläubigerhaftung nach Art. 13 EuKpfVO ist der Erfolgsort ungeeignet, um eine hinreichend enge Beziehung zu einem Gerichtsstand herzustellen. Der Handlungsort ist hingegen eindeutig zu lokalisieren. Es erübrigt sich, dem Gläubiger ein Wahlrecht zu gewähren, da in dem Handlungsort einerseits das Gericht das eigene Recht anwenden wird und zweitens Vorhersehbarkeit und Sachnähe in diesem Gerichtsstand gegeben sind.[1053] Auch der Gerichtsstand der Niederlassung nach Art. 7 Nr. 5 EuGVO fällt mit dem Handlungsort zusammen und eröffnet die Klagbarkeit der Bank an ihrer Niederlassung, da auch die fehlerhafte oder unterlassene Ausführung des Beschlusses eine Streitigkeit aus dem Betrieb der Niederlassung ist.

3. Ausschließlicher Gerichtsstand (Art. 24 Abs. 5 EuGVO)

Es ist fraglich, ob der Schadensersatzprozess gegen die Bank im Rahmen der Vollstreckung des Beschlusses ein Verfahren ist, das die Zwangsvollstreckung aus Entscheidungen zum Gegenstand hat. Dies soll nach autonomer restriktiver Auslegung wegen des Ausnahmecharakters von Art. 24 Nr. 5 EuGVO verneint

---

1052 Vgl. *Raffelsieper*, Die Rückabwicklung, 2017, S. 268; *Mohr*, Die vorläufige Kontenpfändung, 2014, Rn. 456, beide in Bezug auf die Haftung des Gläubigers nach Art. 13 EuKpfVO. Allgemein in Magnus/*Mankowski*, ECPIL, Brussels Ibis Regulation (2016), Art. 7 Rn. 328 ff.

1053 Vgl. für die ausschlaggebenden Kriterien der Vorhersehbarkeit und Sachnähe EuGH, Urteil v. 12.9.2018 – *Helga Löber/Barclays-Bank*, Rs. C-304/17, ECLI:EU:C:2018:701 Rn. 34 = EuZW 2018, 988 m. Anm. *Sujecki* (1000); Anm. *Mankowski* LMK 2019, 413748.

werden.[1054] Art. 24 Nr. 5 EuGVO betrifft ausschließlich Rechtsbehelfe gegen Maßnahmen der Zwangsvollstreckung und Verfahren über vorbereitende Maßnahmen der Zwangsvollstreckung.

Auch der Blick in die nationalen Systeme bestätigt diese Sichtweise. Wie bereits ausgeführt, eröffnet im griechischen Recht nach herrschender Ansicht weder die Schadensersatzklage noch der Widerspruch des Pfändungsgläubigers ein Verfahren um die Zwangsvollstreckung, sodass konsequenterweise die Anwendung des Gerichtsstandes aus Art. 24 Nr. 5 EuGVO abgewiesen wird.[1055] Ähnlich sind im deutschen Recht die allgemeinen Regeln anwendbar. Wenn der Schadensersatz im Wege der Klageänderung nach § 263 ZPO geltend gemacht wird, erfolgt dies im Rahmen desselben Prozesses gegen die Bank. Dieser Prozess wird mit der Leistungsklage gegen den Drittschuldner eröffnet. Für diese Klage gilt die Zuständigkeit des Gerichts, die für eine Klage des Vollstreckungsschuldners gelten würde.[1056] An eine etwaige Gerichtsstandsklausel zugunsten des Zahlungs- bzw. Niederlassungsorts ist der Gläubiger auch gebunden, da er an die Stelle des Schuldners tritt.[1057] Damit es aber überhaupt zu einer Leistungsklage nach deutschem Recht gegen die Bank kommt, muss der Gläubiger einen vollstreckbaren Titel erworben haben und zur Arrestfunktion des Beschlusses die Verwertungsfunktion dazugekommen sein. Wenn dies nicht der Fall ist, kann der Schadensersatz im Rahmen der Arrestpfändung nur klageweise geltend gemacht werden.[1058]

4. Zwischenergebnis

International zuständig sind somit die Gerichte im Vollstreckungsmitgliedstaat unter Heranziehung aller in Frage kommenden Gerichtsstände. Der zentrale Sitz der Bank als allgemeiner Gerichtsstand erscheint allerdings wenig geeignet zu sein. Die Lokalisierung der Zuständigkeit im Vollstreckungsmitgliedstaat harmoniert schließlich mit der in der EuKpfVO getroffenen Wahl zugunsten der

---

1054 Vgl. EuGH, Urteil v. 10.7.2019 – *Reitbauer*, Rs. C-722/11, ECLI:EU:C:2019:577 Rn. 55 ff.; Rauscher/*Rauscher* EuZPR/EuIPR (4. Aufl. 2015) Art. 24 EuGVO Rn. 220; MüKoZPO/*Gottwald* (5. Aufl. 2017), Art. 24 Brüssel Ia-VO Rn. 50 f.

1055 *Nikas*, Zwangsvollstreckungsrecht (Athen-Thessaloniki, 2018), § 61 Rn. 13; *Yessiou-Faltsi*, Zwangsvollstreckungsrecht – BT (Athen 2018), § 64 Rn. 255; Eirinodikeio (AG) Athen 5139/2015, Datenbank NOMOS.

1056 *Brox/Walker*, Zwangsvollstreckungsrecht (11. Aufl. 2018), § 18 Rn. 641.

1057 *Sikorski*, Vorläufige Kontopfändungen, 2018, S. 259.

1058 Vgl. den Sachverhalt in BGHZ 68, 289.

Anknüpfung an die IBAN für die Bestimmung der Kontoführung und somit des Vollstreckungsmitgliedstaats. Darüber hinaus ist somit der Gleichlauf mit dem auf die Haftung der Bank anwendbaren Recht nach Art. 26 EuKpfVO erreicht und der Richter muss das eigene Recht anwenden.

II. Anwendbares Recht

1. Die Kollisionsnorm in Art. 26 EuKpfVO

Die EuKpfVO enthält in Art. 26 eine Kollisionsnorm über die Haftung der Bank, welche auf das Recht des Vollstreckungsmitgliedstaats verweist:

> Die Haftung der Bank bei Nichterfüllung der ihr nach dieser Verordnung obliegenden Pflichten richtet sich nach dem Recht des Vollstreckungsmitgliedstaats.

Die „nach dieser Verordnung obliegenden Pflichten" betreffen die Vollstreckung des Beschlusses. Dafür spricht auch die systematische Stellung der Kollisionsnorm nach Art. 24 und 25 EuKpfVO. Diese Pflichten sind die tatsächliche Implementierung des Beschlusses nach Art. 24 EuKpfVO und die Abgabe ihrer Erklärung nach Art. 25 EuKpfVO. Ein Verstoß gegen die Verordnung wird nämlich vorliegen, wenn die Bank einen ihr zugestellten Beschluss nicht ausführt oder die Erklärung nicht abgibt. Außerdem können der Bank bei der Ausführung dieser Pflichten möglicherweise Fehler unterlaufen, wie die Über- oder Unterpfändung, die Pfändung eines falschen Kontos oder die Abgabe einer fehlerhaften Erklärung. Die Ausführung eines ungerechtfertigt erlassenen Beschlusses kann hingegen keine Haftung der Bank hervorrufen, da sie keine Legitimitäts- oder Bestandskontrolle durchführt.[1059] In diesem Fall trägt der Gläubiger nach Art. 13 EuKpfVO die Haftung für den Schadensersatz des Schuldners. Anders als bei der Haftung des Gläubigers, für die die EuKpfVO in Art. 13 eine Mindeststandard-Regelung enthält und nur zusätzlich auf das nationale Recht verweist, sieht die Verordnung keinen autonomen Mindeststandard für die Haftung der Bank vor. Insbesondere an dieser Stelle manifestiert sich die Notwendigkeit der Verbesserung der Verordnung und die kontraproduktive Zurückhaltung des europäischen Verordnungsgebers betreffend die autonome Regelung von Fragen, die mit einem autonomen Unionsverfahren zusammenhängen. Die Vorgehensweise der Verweistechnik stellt ein Hindernis für das reibungslose Funktionieren des Binnenmarkts dar.[1060]

1059 So auch *Mohr*, Die vorläufige Kontenpfändung, 2014, Rn. 329.

1060 Vgl. auch kritisch *Raffelsieper*, Die Rückabwicklung, 2017, S. 271 in Bezug auf die Haftung des Gläubigers.

2. Sachnorm- oder Gesamtverweisung?

Es ist in der Literatur umstritten, ob die Kollisionsnorm in Art. 26 EuKpfVO eine Gesamt- oder eine Sachnormverweisung ausspricht. Im Internationalen Privatrecht liegt eine Gesamtverweisung vor, wenn die Kollisionsnorm auf das gesamte Recht des ausländischen Staates verweist. Dies bedeutet, dass nicht nur das Sachrecht, sondern auch das IPR des verwiesenen Staates zur Anwendung kommt. Dieses IPR nimmt die Verweisung an und erklärt das eigene Sachrecht für anwendbar oder verweist auf den ersten Staat zurück oder auf einen dritten Staat weiter.[1061] Anders als das nationale IPR enthält das europäische Kollisionsrecht grundsätzlich Sachnormverweisungen.[1062] Sie verweisen nämlich direkt und ausschließlich auf das materielle Recht eines Staates, ohne dessen Kollisionsnormen zu berücksichtigen, damit das einheitliche europäische Kollisionsrecht nicht durch nationale Weiterverweisungen zersplittert wird. Anders gesagt, ersetzen die europäischen die nationalen Kollisionsregeln im gleichen Anwendungsbereich.

Im europäischen Zivilprozessrecht sind allerdings Kollisionsnormen ein eher seltenes Phänomen. Dies erklärt sich einerseits dadurch, dass in der aktuellen Entwicklungsphase des europäischen Zivilprozessrechts der Grundsatz der *lex fori* gilt. Daraus folgt, dass der entscheidende Richter oder die Behörde, welche das Verfahren leitet, ihr eigenes Verfahrensrecht anwenden müssen. Das Gleiche gilt für alle nicht geregelten prozessrechtlichen Fragen in den eigenständigen Unionsverfahren, wie das Europäische Mahnverfahren oder die Bagatellverordnung.[1063] Andererseits ist die Bestimmung des anzuwendenden materiellen Rechts in der Regel kein Gegenstand von zivilprozessrechtlichen Verordnungen.[1064] Dies basiert auf der grundsätzlichen Trennung zwischen materiellem Recht und Verfahrensrecht. Allerdings ist der Gleichlauf bei der Auslegung des europäischen Zivilprozessrechts und des europäischen Kollisionsrechts in den Erwägungsgründen 7 der Rom I- und der Rom II-Verordnung manifestiert worden. Vom *forum* des zuständigen Gerichts gesehen, wird das harmonisierte europäische Kollisionsrecht – oder je nach Sachfrage und konkreter Ausgestaltung

---

1061 Man spricht von einer Rück- und Weiterverweisung, dazu *Rauscher*, Internationales Privatrecht (5. Aufl. 2017), Rn. 347 ff.

1062 Vgl. Art. 20 Rom I-VO, Art. 24 Rom II-VO und Art. 11 Rom III-VO.

1063 Art. 26 EuMahnVO, Art. 19 EuGFVO und Art. 46 Abs. 1 EuKpfVO.

1064 Wenige Verordnungen sind gemischter Natur und beinhalten Regelungen zum EuZPR und EuIPR, z.B. Art. 15 EuUntVO, Artt. 20 ff. EuErbVO und die hier behandelten Art. 13 Abs. 4 und Art. 26 EuKpfVO.

des Falles das eigene nationale IPR – angewandt, um das richtige Sachrecht zu bestimmen. In Zivilsachen kommen grundsätzlich die Rom-Verordnungen in Betracht, welche in ihren jeweiligen Anwendungsbereichen die nationalen Kollisionsnormen der Mitgliedstaaten ersetzt haben.

Nach einer Meinung führe Art. 26 EuKpfVO eine Gesamtverweisung ein.[1065] Das Hauptargument dieser Meinung besteht darin, dass nach Art. 48 lit. f EuKpfVO nur die Kollisionsnorm in Art. 13 Abs. 4 EuKpfVO über die Gläubigerhaftung die Anwendung der Rom II-VO verdrängt. Unstrittig ist insoweit, dass die Kollisionsnorm in Art. 13 Abs. 4 EuKpfVO eine Sachnormverweisung ist.[1066] Diese Meinung schließt im Gegenzug daraus, dass Art. 26 EuKpfVO die Anwendung der Rom II-Verordnung nicht berühre. Konsequenterweise vertritt diese Ansicht, dass nach Art. 26 EuKpfVO das Recht des Vollstreckungsmitgliedstaats entscheiden müsse, ob die Haftung der Bank prozess- oder materiellrechtlich zu qualifizieren sei und somit ob sie der *lex fori* oder dem Art. 4 Rom II-Verordnung unterliege.

Dies mag stimmen, aber nur soweit man beim Wortlaut des Art. 48 EuKpfVO bleibt. In Anbetracht allerdings der Gesamtsystematik des autonomen europäischen Zivilprozess- und Kollisionsrechts und der Stellung der EuKpfVO in diesem System, überwiegen die Argumente für einen Sachnormverweis.[1067]

1065 Rauscher/*Rauscher/Wiedemann*, EuZPR/EuIPR (4. Aufl. 2015), Art. 26 EuKpfVO Rn. 1; *Schumacher/Köllensperger/Trenker*, EuKoPfVO (2017), Art. 26 Rn. 5; *Lüttringhaus* ZZP 2016, 187 (216); *Domej*, GPR 2017, 84 (90); *Sikorski*, Vorläufige Kontopfändungen, 2018, S. 356 f.; *Pipsou*, Die Verordnung (EU) Nr. 655/2014 (Athen, 2017), S. 289 (380).

1066 Rauscher/*Rauscher/Wiedemann*, EuZPR/EuIPR, (4. Aufl. 2015), Art. 13 EuKpfVO Rn. 21; Geimer/Schütze/*Garber* EuZVR (4. Aufl. 2020), Art. 26 Rn. 1; MüKoZPO/*Hilbig-Lugani* (5. Aufl. 2017), Art. 13 EuKpfVO Rn. 10; *Lüttringhaus*, ZZP 2016, 187 (216); *Mohr*, Die vorläufige Kontenpfändung, 2014, S. 159 Rn. 452; *Schumacher/Köllensperger/Trenker* EuKpfVO-Kommentar (2017), Art. 26 Rn. 5; *Raffelsieper*, Die Rückabwicklung, 2017, S. 260 in Fn. 1193; *Pipsou*, Die Verordnung (EU) Nr. 655/2014 (Athen, 2017), S. 289 (378).

1067 Schlosser/*Hess*, EuZPR Kommentar (5. Aufl. 2021), Art. 26 EuKpfVO Rn. 1. Allerdings unklar in Art. 13 Rn. 4 „Für die Haftung der Bank verweist Art. 26 *ebenfalls auf das jeweils anwendbare Recht der Mitgliedstaaten*" (Hervorhebung hinzugefügt); Geimer/Schütze/*Klöpfer*, IRV (Bd. 3, Ersatzlieferung 51) Art. 26 EuKpfVO Rn. 2; MüKoZPO/*Hilbig-Lugani*, (5. Aufl. 2017), Art. 26 EuKpfVO Rn. 1; *Mohr*, Die vorläufige Kontenpfändung, 2014, Rn. 328 ff. und *Orfanidis*, Die Verordnung (EU) Nr. 655/2014, in: Hopt/Tzouganatos (Hg.), Das europäische Wirtschaftsrecht (2014), S. 286 (291 f.) scheinen ebenfalls vom Sachnormverweis auszugehen.

Die europäische Kontopfändungsverordnung gehört systematisch zum europäischen Zivilprozessrecht und genauer gesagt zu den Verordnungen der sogenannten zweiten Generation. Sie unterscheidet sich jedoch im Vergleich zu den Letzteren dadurch, dass sie direkte Sachnormverweisungen beinhaltet, wie sie in der Regel in den Verordnungen des europäischen Kollisionsrechts zu finden sind. Die europäische Kontopfändungsverordnung lokalisiert die zu pfändende Forderung beim Mitgliedstaat der Kontoführung, der sich aus der IBAN ergibt. Diese pragmatische Wahl schlägt auch in Bezug auf das auf die Haftung der Bank anwendbare Recht durch.[1068] Somit wird der in der Forderungspfändung[1069] und in Vermögensschäden sehr umstrittene Anknüpfungsmoment des Erfolgsortes nach Art. 4 Rom II-Verordnung speziell für die Bankkontopfändung im Vollstreckungsstaat konkretisiert, ohne auf die „allgemeinere" Rom II-Verordnung zurückgreifen zu müssen.[1070] Die Lokalisierung des Erfolgsortes am Sitz des geschädigten Gläubigers oder an der Kontobelegenheit ist, wie auch im Rahmen der internationalen Zuständigkeit aufgezeigt, auch im Art. 4 Rom-II Verordnung sehr heikel und durch die spezielle Sachnormverweisung in der EuKpfVO überflüssig geworden. Art. 26 EuKpfVO lässt viele Fragen über den Umfang der Haftung offen, hat aber auf kollisionsrechtlicher Ebene eine ausdrückliche Wahl getroffen und eine vorrangige, eigenständige Sachnormverweisung formuliert, mit der auf das Recht des Vollstreckungsmitgliedstaats unter Ausschluss des nationalen und sonstigen autonomen Kollisionsrechts verwiesen wird.[1071] Ein Gesamtnormverweis in eine europäische autonome Kollisionsnorm hineinzulesen, wäre somit ein Bruch in der Gesamtsystematik des europäischen Kollisionsrechts, sowie unvereinbar mit dem sektoriellen Harmonisierungszweck der europäischen Kontopfändungsverordnung.[1072]

Für die Gläubigerhaftung hat die Kontopfändungsverordnung autonom eine materiellrechtliche und insbesondere deliktsrechtliche Qualifikation vorgenommen, wie es sich aus dem Bezug auf die Rom II-Verordnung und aus der

---

1068 Vgl. den Vorschlag der Kommission in Art. 26 Abs. 5 und Art. 27 Abs. 4, welcher allgemein und ohne weitere Konkretisierung auf nationales Recht verweist, KOM(2011) 445.

1069 *Magnus*/Mankowski, ECPIL, Art. 4 Rom II, Rn. 94 ff.

1070 Ähnlich wird von *Schumacher/Köllensperger/Trenker* EuKoPfVO (2017), Art. 26 Rn. 7 die offensichtliche engste Verbindung nach Art. 4 Abs. 3 Rom II-Verordnung im Vollstreckungsmitgliedstaat lokalisiert. Es wird ferner darauf hingewiesen, dass es i.E. auf ein Sachnormverweis hinausläuft.

1071 Vgl. die Sachnormverweise in Art. 20 ff. EuErbVO.

1072 Vgl. MüKoZPO/*Hilbig-Lugani* (5. Aufl. 2017), Art. 26 EuKpfVO Rn. 1.

materiellen Mindestharmonisierung der Haftung in Art 13 Abs. 1 und 2 EuKpfVO ergibt.[1073] Im Gegensatz dazu, trifft die Verordnung keine Mindeststandard-Regelung über die Haftung der Bank, sondern überlässt sie dem nationalen Recht. Da die Verordnung eine eigenständige Kollisionsnorm enthält, kann man von einer autonomen materiellrechtlichen Qualifikation ausgehen.[1074] Andernfalls wäre keine spezielle Norm notwendig, sondern die Haftung unterläge der *lex fori*. Ob die Haftung ihrer Natur nach in einem bestimmten Mitgliedstaat dem Prozessrecht oder dem materiellen Recht angehört, macht mithin keinen Unterschied für das anwendbare Recht und wird nicht erneut qualifiziert, weil Art. 26 EuKpfVO schon die materiellrechtliche Qualifikation vorgezogen hat.[1075]

3. Wertung

Es ist allerdings widersprüchlich, dass die Haftung der Bank für die Verletzung von Pflichten, die ihr von der EuKpfVO bzw. im Rahmen eines autonomen EU-Verfahrens auferlegt sind, nicht von derselben Verordnung geregelt wird, sondern den nationalen Rechten überlassen bleibt, welche stark voneinander variieren.[1076] Der Verweis auf nationales Recht ist nicht gerechtfertigt, weil dadurch die Haftung der Bank aufgespaltet wird. Insbesondere ist zwar der haftungsbegründete Tatbestand in der EuKpfVO festgeschrieben, aber die Rechtsfolge dieser Verordnungswidrigkeit bleibt dem nationalen Recht überlassen. Paradebeispiel dieser Diskrepanz ist die Erklärung der Bank nach Art. 25 EuKpfVO und die Schadensersatzansprüche des Gläubigers gegen ihre Unterlassung oder unrichtigen Abgabe nach den hier untersuchten nationalen Rechten. Der Umfang der Erklärung nach Art. 25 EuKpfVO ist so gering, dass er den für die funktional gleichwertigen, aber viel umfangreicheren, nationalen Erklärungen vorgesehenen Schadensersatzanspruch nicht rechtfertigen kann. Dies stellt die Effizienz der Verordnung und die Rechtssicherheit in Gefahr. Darüber hinaus ist

---

1073 MüKoZPO/*Hilbig-Lugani* (5. Aufl. 2017), Art. 13 EuKpfVO Rn. 9; *Raffelsieper*, Die Rückabwicklung, 2017, S. 255 ff.

1074 Über den Grundsatz der autonomen Qualifikation allgemein, s. MüKoBGB/*von Hein* (8. Aufl. 2020), Bd. 12, Einl. IPR Rn. 133 ff.

1075 Vgl. MüKoBGB/*von Hein* (8. Aufl. 2020), Bd. 12, Einl. IPR Rn. 145 ff.

1076 A.A. *Max Planck Working Group*, ECFR 2007, 252 (288), soweit die Verordnung nur eine vorläufige Maßnahme einführt. Dem soll entgegengehalten werden, dass die Vorläufigkeit der Maßnahme keine Auswirkung auf die Belastung und die Risiken der Bank hat. Dazu kann noch ausgeführt werden, dass wie gezeigt die Wirkungen der vorläufigen Sicherung weit in die Zwangsvollstreckung hineinreichen.

diese Aufspaltung kontraproduktiv für die Herausbildung eines autonomen, einheitlichen oder zumindest koordinierten Rechtsraums. Die Haftung der Bank muss somit autonom geregelt werden, weil die EuKpfVO wie ein geschlossenes System[1077] und nicht wie ein zusätzliches zu den nationalen, mit Verweisungen durchgelöchertes System nur die Pflichten und Voraussetzungen, sondern auch die Rechtsfolgen autonom festschreiben sollte. Durch die Regelungsaufspaltung zwischen dem haftungsbegründenden Verhalten und den übrigen Haftungsvoraussetzungen und Rechtsfolgen ergeben sich Kongruenzen, die zur evidenten Rechtsunsicherheit für die ins Verfahren miteinbezogene Bank führen und einen Bruch im System des europäischen Verfahrens der Kontopfändung darstellen. Die Pflichten und die Haftung der Bank müssen vom gleichen Recht einheitlich geregelt werden, sodass die Diskrepanzen zwischen den nationalen Systemen bei der Anwendung eines EU-Rechtsaktes abgemildert werden.[1078] Diese Regelung sollte losgelöst sowohl von nationalen Rechten als auch von der Rom II-Verordnung erfolgen, um die Fallbildung und die sachgerechte Konkretisierung des Handlungs- und Erfolgsortes herbeizuführen.[1079]

4. Zwischenergebnis

Art. 26 EuKpfVO enthält für die materiellrechtliche Haftung der Bank aus der Missachtung ihrer Pflichten nach Art. 24 und 25 EuKpfVO einen Sachnormverweis zugunsten des Rechts des Vollstreckungsmitgliedstaats. Dies führt zu einer Aufspaltung der Haftung zwischen dem europäischen und den nationalen Rechten, was dem Gebot nach Rechtssicherheit und Vorhersehbarkeit widerspricht.

1077 *Raffelsieper*, Die Rückabwicklung, 2017, S. 271.

1078 Vgl. auch *Council of EU*, Delegation Note *Frankreich*, 13140/12 ADD 13 S. 23 f., wo vielmehr eine Sanktion für die Nichtimplementierung unabhängig von Schaden vorgeschlagen wurde.

1079 Vgl. die nicht verallgemeinerungsfähige Rechtsprechung des EuGH zur Konkretisierung des Erfolgortes bei Vermögensdelikten: EuGH Urteil v. 12.9.2018 – *Löber*, Rs. C-304/17, ECLI:EU:C:2018:701 = EuZW 2018, 998 m. Anm. *Sujecki*, 1000 = Anm. Mankowski LMK 2019, 413748; EuGH Urteil v. 28.1.2015 – *Kolassa*, Rs. C-375/13, ECLI:EU:C:2015:37 = NZG 2015, 356.

Ergebnisse

Die Kontopfändungsverordnung gehört zu den Verordnungen der 2. Generation und führt eine grenzüberschreitende autonome einstweilige Sicherungsmaßnahme ein, die in allen Phasen eines Rechtsstreits (vor, während und nach Abschluss des Hauptsacheverfahrens) verfügbar ist. Nach einem summarischen Erkenntnisverfahren ergeht ein direkt vollstreckbarer europäischer Beschluss zur vorläufigen Pfändung bzw. zum Einfrieren des Bankkontos des Schuldners in einem (oder mehreren) anderen Mitgliedstaat(-en). Das auschlaggebende Element ist, dass der Beschluss *ex parte* ergeht und dadurch der Überraschungseffekt erhalten bleibt. Der Schuldner wird erst nach der Implementierung des Beschlusses informiert und kann nachträglich angehört werden. Die EuKpfVO schafft einen Ausgleich für die restriktive EuGH *Denilauler*-Rechtsprechung[1080] und die Revision der EuGVO, welche die *ex parte* einstweiligen Maßnahmen von der Grenzüberschreitung ausschließen. Es soll allerdings *m.E.* nicht so verstanden werden, dass das europäische Zivilprozessrecht nunmehr i.A. *ex parte*-Maßnahmen begünstigt. Der europäische Beschluss stellt, bedingt durch die große Bekanntheit und Wirksamkeit der Bankkontopfändungen, aber gleichzeitig in Anbetracht der bisherigen Schwierigkeit ihrer grenzüberschreitenden Ausführung, eine Ausnahme in dem generellen (in der EuGVO vorgesehenen) Ausschluss der *ex parte*-Maßnahmen dar.

In Bezug auf das Zusammenspiel mit der EuGVO lassen sich die Ergebnisse der Arbeit folgendermaßen zusammenfassen: Die EuKpfVO bietet in den Fällen vor Erhalt eines Titels dem Gläubiger, verglichen mit den unter der EuGVO bestehenden Möglichkeiten des einstweiligen Rechtsschutzes, eine Abhilfe.[1081] Wenn ein Beschluss zur vorläufigen Kontenpfändung vor dem Erhalt eines Titels über den zu sichernden Anspruch beantragt wird, steht der Überraschungseffekt des noch nicht informierten Schuldners im Vordergrund. Der Gläubiger wählt dieses Instrument, um schnell Geldtransaktionen des Schuldners zu unterbinden und Vermögen für die spätere, endgültige Befriedigung sicherzustellen. In diesen Fällen liegt also das wichtigste Anwendungsgebiet der Verordnung, weil der Gläubiger in dieser Phase wohl keine andere, genauso effektive, europaweite Sicherungsmöglichkeit hat. Bezüglich der Kontoinformationen bietet die

1080 EuGH, Urteil v. 21.5.1980, Rs. C-125/79, Slg. 1980 -01553, ECLI:EU:C:1098:130.
1081 S.o. A.II.2.

Verordnung dem Gläubiger in dieser Phase keine Erleichterung. Wegen der Ausforschungsgefahr ist ein erweitertes Auskunftsrecht in dieser noch sehr frühen Phase ohnehin unerwünscht. Daher ist für den Gläubiger die reine Sicherungsfunktion das entscheidende Kriterium, um die Anwendung der Verordnung auszuwählen.

Wenn der Gläubiger bereits einen Titel hat, bietet Art. 40 EuGVO zur Sicherung des Schuldnervermögens in *einem* Mitgliedstaat eine günstigere Alternative als die EuKpfVO an.[1082] Die EuKpfVO setzt auch für diesen Fall die Glaubhaftmachung der Dringlichkeit und der Gefahr voraus. Im Gegensatz dazu verzichtet Art. 40 EuGVO auf dieses Erfordernis und sieht vor, dass eine nach der EuGVO vollstreckbare ausländische Entscheidung, von Rechts wegen, die Befugnis zur Veranlassung jeder Sicherungsmaßnahme des nationalen Rechts umfasst. Deshalb ist der Schuldner im Erlassverfahren ungeachtet des nationalen Rechts nicht zu hören. Diese Maßnahme darf nach Art. 43 Abs. 3 EuGVO ohne Zustellung im Erlassmitgliedstaat, der zugleich Vollstreckungsmitgliedstaat der Maßnahme und der ausländischen Entscheidung ist, vollstreckt werden. Das Gleiche gilt für die Vollstreckung einer in der ausländischen Entscheidung enthaltenen Sicherungsmaßnahme. Die grenzüberschreitende Vollstreckung ist jedoch ausgeschlossen und die Wirkung ist nur auf den ersuchten Mitgliedstaat beschränkt. Wenn der Gläubiger ein oder mehrere Konten in verschiedenen Mitgliedstaaten einfrieren will, sollte er den europäischen Kontopfändungsbeschluss vorziehen. In diesem Fall ist ausschlaggebend, dass der Kontopfändungsbeschluss europaweite Anerkennung genießt,[1083] während die Sicherungsmaßnahmen nach Art. 40 EuGVO auf das Territorium des erlassenden Gerichts beschränkt sind. Deshalb balanciert die grenzüberschreitende exequaturfreie Vollstreckbarkeit des Beschlusses die Last der Substantiierung der Dringlichkeit nach Art. 7 EuKpfVO von der Gläubigersicht aus.

Darüber hinaus steht nach der Abschaffung des Exequaturverfahrens die Möglichkeit offen, direkt die endgültige Zwangsvollstreckung einzuleiten. Der Mehrwert der Verordnung im Fall des Vorliegens eines vollstreckbaren Titels liegt *m.E.* in der mit Art. 14 EuKpfVO eröffneten Möglichkeit des Erhalts von Kontoinformationen. Insbesondere in Fällen, in denen der Gläubiger im Ungewissen ist, in welchem Mitgliedstaat sich ausreichendes Schuldnervermögen befindet, kann der Antrag auf Kontoinformation nicht nur der Sicherung der Zwangsvollstreckung dienen, sondern auch dazu, Vermögen erst recht ausfindig

1082 S.o. A.II.3.
1083 S.o. C.IV.

zu machen, um die Zwangsvollstreckung einzuleiten. Der Inhalt der Kontoinformationen nach Art. 14 EuKpfVO sollte um die zusätzliche Information, ob auf dem Konto zum Zeitpunkt der Anfrage ausreichendes Guthaben ist, erweitert werden. Da es sich um ein vorgelagertes, zentralisiertes und unter der Entscheidungsbefugnis des Gerichts stehendes Informationsverfahren handelt, soll sein Beitrag zur grenzüberschreitenden Sachaufklärung gestärkt werden.[1084] Dem Informationsinteresse des Vollstreckungsgläubigers und der geordneten Rechtspflege ist der Vorrang vor dem allgemeinen Bankgeheimnis zu gewähren.[1085] Der Überraschungseffekt steht in solchen Fällen meistens nicht im Vordergrund, weil der Schuldner durch das Hauptverfahren bereits informiert ist, dass ein Prozess gegen ihn eröffnet ist. Daher hat das Zustellungserfordernis der ausländischen Entscheidung vor der ersten Vollstreckungsmaßnahme (Art. 43 Abs. 1 EuGVO) keine gravierende Auswirkung. Maßgebend ist also die Identifizierung von Bankkonten des Schuldners, damit die spätere Vollstreckung überhaupt ermöglicht oder durch Sicherung des Bankguthabens effizienter gestaltet wird. Darüber hinaus ist der praktische Nebeneffekt zu berücksichtigen, dass die vorläufige Kontenpfändung die Verhandlungen zwischen den Parteien zur Vermeidung der Schuldnerinsolvenz fördern kann.

Nach der hier vertretenen Ansicht ist die Vollstreckbarkeit des erwirkten Titels nicht notwendig, damit ein *post*-Titel-Verfahren nach Art. 5 lit. b EuKpfVO stattfindet.[1086] Auch ein Mahnbescheid oder eine noch nicht (vorläufig) vollstreckbare erstinstanzliche Entscheidung können nach der EuKpfVO einen Titel darstellen. Der europäische Beschluss gehört systematisch dem einstweiligen Rechtsschutz und nicht der Zwangsvollstreckung.[1087]

Die EuKpfVO hält am Territorialitätsprinzip einerseits insoweit fest, als die Vollstreckung des Beschlusses vom Recht des Mitgliedstaats der Kontoführung, nämlich vom Vollstreckungsmitgliedstaat, nach Art. 23 EuKpfVO geregelt wird. Andererseits wird das Territorialitätsprinzip dadurch weiter abgeschwächt, dass erstens die Erlasszuständigkeit von der Kontobelegenheit abgekoppelt und an der Hauptsachezuständigkeit verortet wird, und zweitens der Beschluss und die erfolgte vorläufige Pfändung europaweite Anerkennung und Vollstreckung genießen.[1088]

1084 S.o. E.III.2.a.ee.(iv).
1085 S.o. E.III.2.a.ii und E.IV.
1086 S.o. C.I.1.
1087 S.o. C.I.4.
1088 S.o. C.II. und C.IV.

Die Verordnung führt zwar erstmalig eine eigenständige, direkt vollstreckbare einstweilige Maßnahme ins europäische Zivilprozessrecht ein, beruht allerdings auf dem Äquivalenzprinzip und spricht dem europäischen Beschluss nur die Sicherungsfunktion zu.[1089] Alle weiteren Wirkungen, Rechtsfolgen und verfahrensrechtlichen Fragen werden von dem je nach Verfahrensphase anwendbaren nationalen Recht bestimmt. Der Beschluss ergeht zur Realisierung des prozessrechtlichen Sicherungsanspruchs des Gläubigers auf effektiven Rechtsschutz nach Art. 47 GR-Charta. Anhand des Äquivalenzprinzips kommt im deutschen und im griechischen Recht die Arrestpfändung in Betracht.[1090] Im Gegensatz zum deutschen Recht gewährt jedoch die griechische äquivalente Arrestpfändung keinen Rang und lässt kein Pfandrecht entstehen.[1091]

Bezüglich der Bank ist einerseits der Gefahr der doppelten Inanspruchnahme, die durch die bisherige Nichtanerkennungspraxis ausgelöst war, mit der EuKpfVO ein Riegel vorgeschoben worden. Die europaweite Anerkennung der vorläufigen Pfändung (Art. 22) schließt diese Gefahr erstmal aus. Dies gilt jedoch nur auf der Ebene des einstweiligen Rechtsschutzes. Nach der Umwandlung der vorläufigen in eine endgültige Pfändung fällt diese Gefahr außerhalb des Anwendungsbereichs der Verordnung und bleibt somit unter dem alten unkoordinierten Rechtsstatus. Andererseits sind der Bank vielfältige Pflichten auferlegt worden. Die Bank ist verpflichtet, unverzüglich bzw. sofort nach Erhalt des Beschlusses,[1092] das Konto zu ermitteln und den Beschluss auszuführen. Wenn keine IBAN vorhanden ist, umfasst die Ermittlungsaufgabe der Bank alle ihre inländischen Niederlassungen. Im deutschen und im griechischen Recht sind Gemeinschaftskonten pfändbar, im Gegensatz zu den Treuhandkonten, welche mit einem Beschluss gegen den Treugeber nicht gepfändet werden können.[1093] Die Pfändung betrifft nach der ausdrücklichen Regelung des Art. 24 Abs. 6 EuKpfVO den positiven Saldo zum Zeitpunkt der Ausführung, ähnlich wie im deutschen und griechischen Recht.[1094] Die Verordnung sollte aber eine klare verbindliche Regelung für die Berücksichtigung der anhängigen Transaktionen vorsehen, um die Haftung der Bank nach nationalem Recht auszuschließen. Modernisierungsbedürftig ist ferner das griechische Recht der Kontopfändung

---

1089 S.o. D.
1090 S.o. D.
1091 S.o. D.III und IV.
1092 S.o. E.III.1.b.
1093 S.o. E.III.1.c.
1094 S.o. E.III.1.f.

im Allgemeinen und insbesondere in Bezug auf das unberechtigte Privileg der Nationalen Bank zur Hinterlegung auf einem separaten Konto bei derselben statt bei der Hinterlegungsstelle, wie es für die übrigen Banken gilt. Verbesserungswürdig ist zudem die griechische Regelung der pfändungsfreien Beiträge.[1095]

Die Bank muss ferner eine Erklärung über die Ausführung des Beschlusses abgeben, in der sie keine Angaben über das die Pfändung übersteigende Guthaben machen darf. Wenn sie den Beschluss nicht implementieren kann, muss sie dies *m.E.* in ihrer negativen Erklärung begründen. Den Schuldner darf sie nur über eine erfolgreiche und nicht über eine fehlgeschlagene Pfändung informieren.[1096] Die Erklärung stellt eine vollstreckungsrechtliche Pflicht der Bank dar, die dem Gläubiger keinen materiellen Anspruch gewährt. Die Erklärung der Bank im Rahmen des europäischen Kontopfändungsverfahrens ist, trotz der vielen Unterschiede, funktional mit der Erklärung in den äquivalenten Maßnahmen des nationalen Rechts gleichzusetzen. Um die Effektivität der vorläufigen Kontopfändung insbesondere in Anbetracht ihres Einflusses auf die Zwangsvollstreckung zu gewährleisten, muss jedoch der Inhalt der Erklärung um das Vorhandensein von anderen Pfändungen erweitert werden.[1097] Gegen die Erklärung der Bank sollte dem Gläubiger ein autonomer Rechtsbehelf zugesprochen werden, mit dem er die fehlerhafte Ausführung oder die Nichtausführung des Beschlusses beanstanden und die Verurteilung der Bank zur richtigen Ausführung bewirken kann.[1098] Für eine Aufforderung einer zusätzlichen Erklärung nach nationalem Recht lässt die Verordnung zu Recht keinen Raum.[1099]

Die Bank soll nach erweiterter Auslegung unter Art. 39 EuKpfVO fallen und die ihr in den äquivalenten Maßnahmen zustehenden Rechtsbehelfe auch im Rahmen der europäischen Kontopfändung nutzen können. Solange die EuKpfVO nur ein Sicherungsverfahren einführt, gibt es kein Bedürfnis, auf europäischer Ebene einen harmonisierten Rechtsbehelf für die den Beschluss ausführende Bank einzuführen.[1100] Der Aufrechnungseinwand kann von der Bank nach dem Recht des Vollstreckungsmitgliedstaats erhoben werden.[1101] Die Belastungen der Bank bei der Implementierung des Beschlusses sollen ferner

1095 S.o. E.III.1.f.bb und G.I.1.c.bb.
1096 S.o. E.III.2.a.dd. und 2.b.
1097 S.o. E.III.2.a.ee.(iv).
1098 S.o. E.III.2.a.gg.
1099 S.o. E.III.2.a.ff.
1100 S.o. F.I.e.
1101 S.o. F.1.2.

mit einer autonomen Regelung über die Kostenerstattung ausbalanciert werden. Diese Kosten trägt der Gläubiger, zu dessen Gunsten die einstweilige Maßnahme der Kontopfändung ergeht und vollstreckt wird. Wenn die endgültige Zwangsvollstreckung eingeleitet wird, sollen die Kosten vom Schuldner als notwendige Kosten der Zwangsvollstreckung eintreibbar sein. Autonom soll ferner die Kostenerstattung für das Kontoinformationsverfahren nach Art. 14 eingeführt werden. Diese soll nur den Fall abdecken, bei dem die nationale Methode der Kontoinformation eine aktive Mitwirkung der Bank erfordert.[1102]

Die Haftung der Bank wird *de lege lata* nach Art. 26 EuKpfVO vom Recht des Vollstreckungsmitgliedstaats geregelt.[1103] Die internationale Zuständigkeit für Schadensersatzansprüche gegen die Bank liegt nach Art. 7 Nr. 2 EuGVO ebenso im Vollstreckungsmitgliedstaat. Dabei soll man, parallel zur Gläubigerhaftung,[1104] vom Erfolgsort Abstand nehmen und sich nur auf den Handlungsort konzentrieren.[1105] Die hier untersuchten Rechtsordnungen sehen keinen Schadensersatzanspruch für die Nichtausführung der Pfändung vor, sondern verhängen nur die Rechtsfolge der relativen Unwirksamkeit jeglicher Leistung der Bank, die nach dem Leistungsverbot erfolgt. Beide Rechtsordnungen sehen allerdings spezielle materiell-rechtliche Schadensersatzansprüche für die Verletzung der Erklärungspflicht vor.[1106]

Die Untersuchung hat gezeigt, dass die Erklärung nach Art. 25 EuKpfVO funktional mit den nationalen Erklärungen gleichgesetzt werden muss. Daher finden die im griechischen und deutschen Recht vorgesehenen Schadensersatzansprüche entsprechende Anwendung. Dies ist jedoch nicht gerecht, da sich diese Ansprüche erstens auf inhaltlich viel umfangreichere Erklärungen als *de lege lata* die Erklärung in Art. 25 EuKpfVO beziehen und zweitens ohnehin zwischen den Mitgliedstaaten divergieren.[1107]

Der Drittschuldnerschutz in der EuKpfVO erweist sich letztendlich als unzureichend. Autonom ist nämlich nur ein Mindestmaß der in Betracht kommenden Fragen beantwortet. Die Interessenabwägung zwischen den Parteien des Verfahrens und der Bank, als in das Vollstreckungsverfahren miteinbezogene

---

1102 S.o. F.II.3.

1103 S.o. H.II.

1104 *Raffelsieper*, Die Rückabwicklung, 2017, S. 268.

1105 Näheres s.o. H.1.

1106 Näheres s.o. G.

1107 Vgl. auch *Sikorski*, Vorläufige Kotnopfändungen, 2018, S. 355 f. für die Situation in Polen.

Dritte, besagt eine klare Regelung ihrer Pflichten, ihres Schutzes und ihrer Haftung. Diese Themen sollten explizit und eindeutig geregelt sein und sich nicht durch widerlegbare Auslegung erst ergeben. Die Verordnung führt ein eigenständiges Unionsverfahren ein, in dem die Aufspaltung zwischen autonomen Voraussetzungen und nationalen Rechtsfolgen der Haftung des Drittschuldners nicht gerechtfertigt ist.

Die autonome Regelung der Haftung der Bank aus der Verletzung ihrer Pflichten ist vorzugswürdig. Dies würde die einheitliche Anwendung der Verordnung und die Rechtssicherheit insbesondere in Bezug auf die Bank, die das Verfahren weder veranlasst noch Gewinne daraus zieht, sicherstellen. Die Rechtsfolge der relativen Unwirksamkeit einer verbotswidrigen Leistung kann im Rahmen einer Maßnahme des einstweiligen Rechtsschutzes nicht vereinheitlicht werden, solange das Zwangsvollstreckungsrecht nationales Terrain bleibt. Der erste und entscheidende Schritt in die richtige Richtung auf der Ebene des einstweiligen Rechtsschutzes ist die grenzüberschreitende Anerkennung der in einem Mitgliedstaat vollzogenen Pfändung nach einer lang unkoordinierten internationalen Rechtspraxis. Die Bank sollte bei Nichtausführung des Beschlusses bzw. Nichtabgabe der Erklärung und bei fehlerhafter Ausführung bzw. Erklärung schadensersatzpflichtig sein. Eine Regelung über die Haftung der Bank könnte folgendermaßen aussehen:

Änderungsvorschlag - Artikel 26
Haftung der Bank

(1) Die Bank haftet für etwaige Schäden, die dem Gläubiger oder dem Schuldner durch die Nichterfüllung ihrer Pflichten nach dieser Verordnung entstanden sind.
(2) Der Schaden muss kausal durch die unterlassene oder schlechte Ausführung dieser Pflichten entstanden sein.
(3) Das Verschulden der Bank wird vermutet. Die Bank muss nachweisen, dass sie und ihre Erfüllungsgehilfen kein Verschulden trifft, um sich zu entlasten.
(4) Der Anspruch auf Schadensersatz kann in dem anhängigen Verfahren oder selbständig im Vollstreckungsmitgliedstaat geltend gemacht werden.

Der europäische Kontopfändungsbeschluss erlaubt nicht die Auszahlung und Befriedigung des Gläubigers, sondern dient nur der Sicherung der späteren Vollstreckung. Da mit der EuKpfVO zum ersten Mal eine autonome einstweilige Maßnahme im europäischen Zivilprozessrecht eingeführt wird, muss dieses als Unionsverfahren konzipierte Instrument autonom ausgelegt und einheitlich implementiert werden. Zugleich weist die Verordnung erste konkrete

Reibungsflächen mit dem Zwangsvollstreckungsrecht auf, welches traditionell den Kern der mitgliedstaatlichen Verfahrensautonomie darstellt. Die Verordnung enthält somit, mit der erklärten Absicht die Verfahrensautonomie der Mitgliedstaaten zu respektieren,[1108] zahlreiche Verweise auf das nationale Recht, welche das Äquivalenzprinzip verwirklichen, aber auch oft das Verfahren unnötig verkomplizieren. Die EuKpfVO trägt zwar zur Bildung eines Systems des europäischen einstweiligen Rechtsschutzes und der europäischen Zwangsvollstreckung bei, aber gleichzeitig werden bei näherer Betrachtung die vielen noch ungeregelten Teilfragen in den Vordergrund gebracht. Gerade aus diesen Unklarheiten und den durch die komplizierte Verweistechnik erfolgte Aufspaltung und Rechtszersplitterung ergeben sich Schnittstellen zwischen der Verordnung und den nationalen Rechten, die in der Vollstreckung einer einstweiligen Maßnahme (oder vielmehr einer endgültigen Entscheidung) heikel zu handhaben sind. Die Verordnung ist *m.E.* übermäßig zurückhaltend und somit in den Einzelheiten des Vollstreckungsrechts und dessen einheitlicher Implementierung zwischen den Mitgliedstaaten unzureichend. Da die vorläufige Kontopfändung nunmehr Tätigkeitsfeld des europäischen Verordnungsgebers und somit der EuGH-Rechtsprechung zugänglich ist, ist die autonome Qualifikation und Auslegung wegen des Vorrangs des Europäischen Rechts geboten. Das Äquivalenzprinzip und die Verweise auf das nationale Recht sind diesbezüglich kontraproduktiv. Die Verweise verkomplizieren das Verfahren, das eine schnelle und effektive Sicherungsmaßnahme einführen sollte. Die Ungewissheit gilt für mehrere spezielle Fragen, wie z.B. die Bestimmung des Ranges des Beschlusses (Art. 32), die Pfändung von Gemeinschafts- und Treuhandkonten (Art. 30) sowie die Haftung der Bank (Art. 26). Darüber hinaus führt der optionale Charakter des Instruments zur Schaffung noch eines Rechtssystems und zur Rechtszersplitterung, statt die Harmonisierung oder zumindest Koordinierung der mitgliedstaatlichen Rechtsordnungen zu fördern.

1108 Erwägungsgrund 23 EuKpfVO.

Ausblick

Die EuKpfVO kann nur teilweise als ein Modellinstrument für die Europäisierung des Zwangsvollstreckungsrechts angesehen werden. Erstens ist die sektorielle Vorgehensweise zu begrüßen. Dabei soll allerdings die Kohärenz zwischen den Rechtsakten der EU nicht außer Acht gelassen werden. Die Entwicklung eines Rechtssystems setzt ohnehin Kontinuität voraus, sowie die Abschaffung von im Laufe der Zeit obsolet gewordenen Rechtsakten, wie sich dies am Beispiel der EuVTVO zeigt. Die EuVTVO war zwar revolutionär, als sie eingeführt wurde, aber nach der Exequaturabschaffung in der EuGVO hat sie an Bedeutung verloren.[1109]

Zweitens ist die in der EuKpfVO erfolgte Mäßigung des Territorialitätsprinzips und die Förderung der koordinierten Zwangsvollstreckung zugunsten der Weiterentwicklung eines europäischen Rechtsraums erforderlich. Insbesondere in der Forderungsvollstreckung, in der die Vollstreckungsvereitelungsgefahr zwischen den Mitgliedstaaten sehr leicht realisierbar ist und keine feste körperliche Verknüpfung mit einem Staat existiert, erscheint dies geboten. Jedenfalls ist somit der zumindest koordinierte Zugriff auf unkörperliche Sachen bzw. Forderungen zur jetzigen Phase der Entwicklung unerlässlich. Die mitgliedstaatlichen Souveränitätsargumente sind *m.E.* in Bezug auf die Zusammenarbeit in Zivilsachen überholt und vom Grundsatz des gegenseitigen Vertrauens insoweit ersetzt worden.[1110] Der Schwerpunkt des Interesses soll gerade in der konkreten Ausgestaltung des Verfahrens liegen.

Drittens ist die EuKpfVO der erste teils harmonisierende Schritt nach einem langen Weg der vollständig isolierten nationalen Pfändungen, die vom internationalen Rechtsverkehr quasi ausgeschlossen waren. Mit der europäischen Kontopfändungsverordnung kommt das europäische Recht dem Ideal einer direkten europaweiten Anerkennung ein Stück näher. Allerdings ist, wie gezeigt, die EuKpfVO an vielen Stellen verbesserungsfähig. Dabei ist die Ausarbeitung von autonomen Regelungen von erheblicher Bedeutung für die Vorhersehbarkeit und die Rechtssicherheit im europäischen Raum. Ein Paradebeispiel dafür ist die Spezialfrage der Haftung der Bank, welche nicht den divergierenden

---

1109 *Kruger/van Overbeeke*, European Enforcement Order, in: von Hein/Kruger, Informed Choices in Cross-Border Enforcement, 2021, S. 63.

1110 So ausführlich *Domej*, Internationale Zwangsvollstreckung und Haftungsverwirklichung, 2016, S. 565 f

nationalen Rechten überlassen bleiben soll, sondern autonom geregelt werden muss. Die Mindeststandards im europäischen Verfahrensrecht sind jedoch nur eine sichere und zukunftsorientierte Grundlage, wenn sie sich nicht übermäßig auf ein Minimalgehalt beschränken. Ein funktionierender europäischer Raum der Sicherheit, der Freiheit und des Rechts setzt klare und ausdifferenzierte Regelungen voraus. Ein Schwachpunkt der Kontopfändungsverordnung liegt *m.E.* in der rechtspolitischen Entscheidung für das Äquivalenzprinzip, um die mitgliedstaatlichen Strukturen möglichst unberührt zu lassen. Das Äquivalenzprinzip verbietet zwar eine Diskriminierung der unionsrechtlichen Regelungen gegenüber den innerstaatlichen und sorgt somit möglichst für Harmonie innerhalb ein und desselben Mitgliedstaates, steht aber im Spannungsverhältnis mit der autonomen Auslegung und der europaweiten einheitlichen Anwendung der Verordnung.[1111]

Zur Förderung der Kohärenz und Effizienz sollte die Weiterentwicklung des europäischen Prozessrechts jedenfalls in der Form von Verordnungen erfolgen. Die Verordnungen sichern grundsätzlich im Gegensatz zu den Richtlinien eine direkte und kohärente Anwendung in den Mitgliedstaaten. Die Rechtsetzung in Form der Richtlinien ist für die Formalitäten des Prozessrechts nicht am besten geeignet. Dies gilt insbesondere im Vollstreckungsrecht, welches hohe Formalitätsanforderungen stellt. Obwohl die Verordnungen keine zu den Richtlinien vergleichbare Umsetzung benötigen, um überhaupt Geltung in den Mitgliedstaaten zu erlangen, ist es empfehlenswert, dass die nationalen Rechte die prozessrechtlichen Verordnungen in deren Rechtsordnung „integrieren", um eine effektive Verzahnung des nationalen mit dem europäischen Recht zu ermöglichen. Zur besseren Sichtbarkeit der Verordnungen empfiehlt sich die sachbezogene „Integrierung" der europäischen Regelungen nach den die entsprechende Materie betreffenden nationalen Vorschriften, wie dies mit der EuKpfVO im deutschen und griechischen Recht geschah. Die Zusammensetzung aller europäischen Regelungen in einem separaten Buch reduziert die Sichtbarkeit der Verordnungen, weil sie von dem inhaltlichen und systematischen Zusammenhang abgekoppelt werden.

Durch den optionalen Charakter wird noch ein „Recht" erschaffen, das parallel zu den nationalen Zivilprozessordnungen besteht und für die Rechtsanwender unüberschaubar ist. Dadurch entsteht noch eine isolierte und unübersichtliche

---

1111 Vgl. EuGH, Urteil v. 7.11.2019 -- *K.H.K gegen B.A.C. und E.E.K.* (Saisie conservatoire des comptes bancaires), Rs. C-555/18, ECLI:EU:C:2019:937 = RIW 2020, 30, Rn. 38.

Rechtsordnung mit geringer Akzeptanz und schwacher Reflexwirkung in die Verbesserung der nationalen Rechtsordnungen, welche ein ständiges Nebenziel der europäischen Rechtsetzung ist.[1112] Außer der systematischen Stellung der Durchführungsvorschriften ist allen voran deren Inhalt entscheidend. Die Integrierung einer Verordnung soll Klarheit und Rechtssicherheit dadurch schaffen, dass sie einen Rechtsakt der Europäischen Union in die Rechtstradition der einzelnen Mitgliedstaaten einführt. Dies soll unter Wahrung des Regelungsinhalts der Verordnung und unter gleichzeitiger Berücksichtigung der Vorverständnisse der „eigenen" Rechtsordnung erfolgen. Dieser Balanceakt, den die nationale Integrierung ausführt, spiegelt die Schlüsselrolle wider, welche die nationalen Gesetzgeber spielen. Eine etwaige falsche Integrierung in das nationale Recht kann aber an sich die Geltung der Verordnung nicht beeinflussen, weil die verordnungskonforme, autonome Auslegung der nationalen Interpretationen bei der Anwendung europäischen Rechts überwiegt.

Die breite und erfolgreiche Anwendung der EuGVO in den Mitgliedstaaten zeigt, dass die Akzeptanz einer Verordnung erstens ein Regelungsbedürfnis und die Kompetenz der Union voraussetzt und zweitens die ausschließliche Anwendung bei Eröffnung von deren Anwendungsbereich ohne die Optionalität fordert. Das Regelungsbedürfnis für die EuKpfVO besteht in der bisherigen mangelnden Effizienz der Forderungssicherung und des Ausschlusses des Überraschungseffekts des böswilligen Schuldners im bisherigen europäischen Rechtsverkehr.[1113] Die Regelungskompetenz der Union stellt kein Hindernis dar.[1114] Die Optionalität sowie die Rückverweise auf das nationale Recht verkomplizieren nur die Rechtsfindung und -anwendung. *M.E.* sollten in Sachverhalten mit Auslandsbezug die europäischen Verordnungen direkte Anwendung nach dem Vorbild der EuGVO finden. Daraus ergibt sich, dass der konkreten und kohärenten Regelung des Anwendungsbereichs erhebliche Bedeutung zukommen.

In Bezug auf ein zukünftiges europäisches Zwangsvollstreckungsrecht könnte dies *m.E.* im Rahmen einer Koordinierung und nicht einer Harmonisierung möglich und wünschenswert sein. Die grenzüberschreitende direkte Vollstreckung sollte *m.E.* hinter der Inlandsvollstreckung mithilfe der Anpassung zurücktreten. Dies setzt aber die direkte Anerkennung von Vollstreckungsakten

---

1112 Vgl. *von Hein/Imm*, Conclusion and Recommendations, in: von Hein/Kruger, Informed Choices in Cross-Border Enforcement, 2021, S. 534.

1113 S.o. A.

1114 S.o. B.

voraus. Das EuZPR benötigt ein Pendant der EuGVO in der Zwangsvollstreckung.[1115] Dieses Instrument sollte vordergründig die Koordinierung von parallelen Anträgen, die Anerkennung von Vollstreckungsakten und den Rang regeln. Hier greift das Problem der unterschiedlichen mitgliedstaatlichen Grundprinzipien der Zwangsvollstreckung, und zwar des Prioritäts- und des Ausgleichsprinzips, was Gegenstand weiterer grenzüberschreitender Untersuchungen sein sollte. Jedenfalls sollte die grenzüberschreitende Zwangsvollstreckung nicht mehr an der Zustellung an den ausländischen Drittschuldner scheitern.

Festzuhalten ist, dass die EuKpfVO vom Blickwinkel der Koordinierung des einstweiligen sowie des endgültigen Zugriffs auf Geldvermögen des Schuldners grundsätzlich zu begrüßen ist. Allerdings ist die Verordnung verbesserungsfähig. Dies umfasst harmonisierte Kollisions- und Zuständigkeitsnormen, aber auch autonome Sachregelungen.

1115 Vgl. *Domej*, Internationale Zwangsvollstreckung und Haftungsverwirklichung, 2016, S. 566 f.

Anhang

Griechisches Zivilprozessgesetzbuch (Auszug)
Fünftes Buch: Einstweilige Maßnahmen
KAPITEL NEUN
Europäischer Befehl (Beschluss) zur (vorläufigen)[1116] Kontosicherung
Art. 738A[1117]

1. Für den Erlass des europäischen Befehls (Beschlusses) zur (vorläufigen) Kontosicherung nach der Verordnung Nr. 655/2014 ist für eine Hauptforderung der sachlichen Zuständigkeit des Amtsgerichts der Amtsrichter und für alle anderen Forderungen der Einzelrichter des Landgerichts zuständig.
2. Der Richter lehnt ganz oder teilweise den Antrag ab: a) wenn die Voraussetzungen für den Erlass des Befehls (Beschlusses) nach der Verordnung nicht erfüllt sind, b) wenn der Antragsteller die Angaben nach Art. 8 der Verordnung nicht einreicht oder den Antrag innerhalb der vom Richter gesetzten Frist nicht vervollständigt oder korrigiert. Die ablehnende Entscheidung enthält eine summarische Begründung und wird dem Antragsteller von Amts wegen übermittelt. Die Übermittlung kann auch mit elektronischen Mitteln, mit elektronischer Unterschrift und elektronischer Abnahmebestätigung, an den Prozessbevollmächtigten des Antragstellers erfolgen. Gegen die ablehnende Entscheidung ist die Berufung innerhalb von dreißig (30) Tagen ab der Mitteilung erlaubt. Die Berufung wird nach dem Verfahren des Art. 11 der Verordnung von dem nach allgemeinen Regeln zuständigen Gericht verhandelt.
3. Der Schuldner hat die in Artt. 33 bis 38 der Verordnung vorgesehenen Rechte. Vorbehaltlich der Vorschriften der Verordnung werden auf die Vollstreckung des europäischen Befehls (Beschlusses) zur Kontosicherung die Vorschriften über die endgültige Forderungspfändung (Zwangspfändung) zu Händen Dritter angewandt und das Kreditinstitut, der Pfändungsgläubiger und der Schuldner haben die in diesen Vorschriften vorgesehenen Pflichten und Rechte.
4. Wenn der Sicherungsbefehl vor der Klageerhebung in der Hauptsache erlassen wird, muss die Klage binnen dreißig (30) Tagen ab der Zustellung des

1116 In Klammern Bemerkungen der Verfasserin bzw. Übersetzerin.
1117 Hinzugefügt mit Art. 42 des Gesetzes Nr. 4509/2017, FEK A` 210/22.12.2017.

Befehls (Beschlusses) an den Dritten erhoben werden. Wenn die Frist des vorherigen Satzes verstrichen ist, wird die Pfändung von Amts wegen aufgehoben, es sei denn, der Pfändungsgläubiger stellt innerhalb der Frist einen Zahlungsbefehl für dieselbe Forderung an dem Schuldner zu.

5. Wer einen europäischen Beschluss zur Kontosicherung zugestellt hat, wird mit der Rechtskraft der Entscheidung, die die Klage in der Hauptsache zubilligt, oder mit der Rechtskraft des Zahlungsbefehls für dieselbe Forderung, Inhaber der ganzen Forderung oder eines Teils, je nach dem Inhalt der Entscheidung oder des Zahlungsbefehls.
6. Die Haftung des Gläubigers, der den Erlass eines europäischen Beschlusses zur Kontosicherung erwirkt hat, für den zugefügten Schaden des Schuldners richtet sich nach Art. 13 Abs. 1 und 2 der Verordung. Art. 703 (gr. ZPGB) wird entsprechend angewandt.

Art. 703

Wenn die Klage in der Hauptsache als unbegründet rechtskräftig abgewiesen wird, ist der Antragsteller zum Schadensersatz des durch die Vollstreckung der einstweiligen Maßnahme oder durch die Sicherheitsleistung entstandenen Schadens verpflichtet, nur wenn er kannte oder grob fahrlässig nicht kannte, dass das Recht nicht existierte.

Literaturverzeichnis

Adolphsen, Jens: Gegenwartsfragen der Anerkennung im Internationalen Zivilverfahrensrecht, in: Hess, Burkhard (Hg.): Die Anerkennung im Internationalen Zivilprozessrecht – Europäisches Vollstreckungsrecht, Bielefeld, 2014, 1-25

Alsfasser, Alexander: Sachaufklärung der Einzelzwangsvollstreckung, Tübingen, 2018

Andenæs, Mads Tønnesson / Hess, Burkhard / Oberhammer, Paul / Warner, Hugo: Enforcement agency practice in Europe, London, 2005

Andrews, Neil: Provisional and Protective Measures: Towards an Uniform Protective Order in Civil Matters, Unif. L. Rev. 2001, 931-949

Anthimos, Apostolos: Greek Payment Orders against Foreign Residents. Amendments to Articles 623 *et seq.* Greek Code of Civil Procedure, IJPL 6 (2016), 327-340

Apalagaki, Charoula: Griechisches Zwangsvollstreckungsrecht und die Reform der ZPO durch das Gesetz 4335/2015, in: Schütze, Rolf (Hg.): Festschrift für Geimer, Fairness Justice Equity, 2017, 25-30

Apalagaki, Charoula: Κώδικας Πολιτικής Δικονομίας – Ερμηνεία κατ' άρθρο [ZPGB – Kommentar] 6. Auflage, Athen, 2019 (zit.: Apalagaki/*Bearbeiter*, ZPGB-Kommentar (Athen, 2019)),

Assies, Paul / Beule, Dirk / Heise, Julia / Strube, Hartmut / Ackermann, Thomas: Handbuch des Fachanwalts Bank- und Kapitalmarktrecht, 5. Auflage, Köln, 2019

Bach, Ivo: Anerkennung und Vollstreckung einer englischen Worldwide Freezing Order nach der EuGVVO 2001, Anmerkung zur Meroni-Entscheidung des EuGH, GPR (3) 2017, 138-141

Bach-Heuker, Ute: Pfändung in die Ansprüche aus Bankverbindung, Köln, 1993

Bar, Carl-Ludwig von: Theorie und Praxis des internationalen Privatrechts, Bd. II, Hannover, 1889

Baumbach, Adolf / Lauterbach, Jan / Hartmann, Peter / Anders, Monika / Gehle, Burkhard: Zivilprozessordnung, 79. Auflage, München, 2021

Baur, Fritz: Studien zum einstweiligen Rechtsschutz, Tübingen, 1967

Baur, Fritz / Stürner, Rolf / Bruns, Alexander: Zwangsvollstreckungsrecht, 13. Auflage, Heidelberg, 2006

Beck'scher Online-Kommentar, Bamberger, Heinz-Georg / Roth, Herbert / Hau, Wolfgang / Poseck, Roman (Hg.): BGB, 59. Edition, München, 2021

Beck'scher Online-Kommentar, Vorwerk, Volkert / Wolf, Christian (Hg.): ZPO, 36. Edition, München, 2020

Beichelt, Timm / Choluj, Bozena / Rowe, Gerard / Wagener, Hans-Jürgen (Hg.): Europa-Studien. Eine Einführung. 2. Auflage, Wiesbaden, 2013

Berger, Christian (Hg.): Einstweiliger Rechtsschutz, Berlin, 2006

Beys, Kostas: Η χρησιμότητα της αυτοδύναμης συντηρητικής κατάσχεσης με διαταγή πληρωμής, Δ [Dike] 1979, 350-351

Bitter, Anna-Kristina: Vollstreckbarerklärung und Zwangsvollstreckung ausländischer Titel in der Europäischen Union, Tübingen, 2009 (Zit.: *Bitter*, Vollstreckbarerklärung, 2009)

Bitter, Georg: § 33. Kontenpfändung, in: Schimansky, Herbert / Bunte Hermann-Josef / Lwowski, Hans-Jürgen (Hg.): Bankrechts-Handbuch, Band I, 5. Auflage, München, 2017

Brox, Hans / Walker, Wolf-Dietrich: Zwangsvollstreckungsrecht, 11. Auflage, München, 2018

Bruns, Alexander: Provisional Measures in European Civil Procedural Laws – Preservation of Variety or Need for Harmonisation? In: Stürner / Kawano (Hg.): Comparative Studies on Enforcement and Provisional Measures, Tübingen, 2011, 183-191

Bruns, Alexander: Zwangsgeld zugunsten des Gläubigers – ein europäisches Zukunftsmodell?, ZZP 118 (2005), 3-24

Bunte, Hermann-Josef / Zahrte, Kai: Kommentar zu AGB-Banken, AGB-Sparkassen, Sonderbedingungen, 5. Auflage, München, 2019

Calliess, Christian / Ruffert, Matthias (Hg.): EUV/AEUV Das Verfahrensrecht der Europäischen Union mit Europäischer Grundrechtecharta, 4. Auflage, München, 2011

Cranshaw, Friedrich: Der europäische Beschluss zur vorläufigen Kontenpfändung, DZWIR 2012, 399–410

Cristofaro, Marco de: Public Policy in the European Union and the Abolition of Exequatur Proceedings. In: Stürner / Kawano (Hg.): Cross Border Insolvency, Intellectual Property Litigation, Arbitration and Ordre Public. Tübingen, 2011, S. 312–326

Cristofaro, Marco de: Provisional and Protective Measures in Globalised Transnational Litigation and their Relationship with Proceedings on the Merits, In: Rolf Stürner und Masanori Kawano (Hg.): Comparative Studies on Enforcement and Provisional Measures, Tübingen, 2011, S. 345-356

Cristofaro, Marco de: Verbesserung der Effektivität der grenzüberschreitenden Vollstreckung in der Europäischen Union. In: Miklós Kengyel und Viktória

Harsági (Hg.): Grenzüberschreitende Vollstreckung in der Europäischen Union. München, 2011, 301–315

Delikostopoulos, Ioannis: Ασφαλιστικά μέτρα κατά τον Κανονισμό (ΕΚ) 44/2001, [Einstweilige Maßnahmen nach der Verordnung (EG) 44/2001] Epitheorisi Politikis Dikonomias 2011, 6-26

Dickinson, Andrew: Provisional Measures in the "Brussels I" Review – Disturbing the Status Quo?, IPRax 2010, 203-215

Domej, Tanja: Europäische vorläufige Kontenpfändung: der erste Schritt einer langen Reise, GPR 2017, 84-94

Domej, Tanja: Internationale Zwangsvollstreckung und Haftungsverwirklichung am Beispiel der Forderungspfändung, Tübingen, 2016 (zit.: *Domej*, Internationale Zwangsvollstreckung und Haftungsverwirklichung)

Domej, Tanja: Die Neufassung der EuGVVO, Quantensprünge im europäischen Zivilprozessrecht, RabelsZ 78 (2014), 508-550

Domej, Tanja: Ein wackeliger Balanceakt: Die geplante Verordnung über die Europäische vorläufige Kontenpfändung, ZEuP 2013, 496-527

Domej, Internationale Zwangsvollstreckung zwischen Territorialitätsprinzip, Gläubigerinteressen und Schuldnerschutz. In: Hess, Burkhard (Hg.): Die Anerkennung im Internationalen Zivilprozessrecht – Europäisches Vollstreckungsrecht, Bielefeld, 2014, 109-125

Domej, Tanja: Das Rechtsbehelfsverfahren bei der europäischen vorläufigen Kontenpfändung. In: Daphne-Ariane Simotta / Reinhold Geimer / Rolf A. Schütze / Thomas Garber und Christoph Althammer (Hg.): Europäische und internationale Dimension des Rechts. Festschrift für Daphne-Ariane Simotta. Wien, 2012, 129-145

Douvli, Magdalini: Η συρροή συντηρητικής κι αναγκαστικής κατάσχεσης χρηματικών απαιτήσεων στα χέρια πιστωτικών ιδρυμάτων ως τρίτων, [Die Anhäufung von konservativen und zwangsweisen Forderungspfändungen in den Händen von Kreditinstituten als Dritten] Elliniki Dikaiosini (EllDni) 2019, 412-425

Douvlis, Vasilis: Η ευρωπαϊκή διαταγή δέσμευσης λογαριασμού και η εφαρμογή της σε σχέση με την ελληνική τραπεζική νομοθεσία, [Der Europäische Beschluss zur Kontopfändung und seine Anwendung auf das griechische Bankrecht] Dikaio Epicheiriseōn kai Etairiōn (DEE) 2018, 561-572

Eichel, Florian: Die Auswirkungen der Brüssel I-Reform auf die Zuständigkeit für einstweiligen Rechtsschutz gem. Art. 35 Brüssel Ia-VO, ZZP 131 (2018), 71-92

Eilers, Anke: Maßnahmen des einstweiligen Rechtsschutzes im europäischen Zivilrechtsverkehr, Bielefeld, 1991 (zit.: *Eilers*, Maßnahmen)

Einhaus, David: Die revidierte EuGFVO im System des europäischen Zivilverfahrensrechts, RIW 2018, 631-634

Einhaus, David: Qual der Wahl: Europäisches oder internationales deutsches Mahnverfahren?, IPRax 2008, 323-330

Einsele, Dorothea: Bank- und Kapitalmarktrecht, 4. Auflage, Tübingen, 2018

Eisermann, Franziska: Einstweilige Maßnahmen auf dem Gebiet der Brüssel I-VO, Hamburg, 2011

Fawzy, Oliver: Der Europäische Beschluss zur vorläufigen Kontenpfändung – eine zögerliche Pionierleistung, DGVZ 2015, 141-146

Ferrari, Franco: Rome I Regulation Pocker Commentary, München, 2015

Filios, Pavlos: Ενοχικό Δίκαιο Γενικό Μέρος [Schuldrecht Allgemeiner Teil], 6. Auflage, Athen-Thessaloniki, 2011

Foerste, Ulrich: Die Pflicht zur Begründung der Drittschuldnererklärung, NJW 1999, 904-908

Frangou, Georgios: Vollstreckung ausländischer Entscheidungen in Griechenland, Baden-Baden, 2017

Frauenberger-Pfeiler, Ulrike: Vorschläge aus österreichischer Sicht zur Erhöhung der Effektivität der grenzüberschreitenden Vollstreckung. In: Miklós Kengyel und Viktória Harsági (Hg.): Grenzüberschreitende Vollstreckung in der Europäischen Union. München, 2011, 317–325

Furrer, Andreas: Die Schweiz vor den Herausforderungen des Europäischen (Internationalen) Privat- und Verfahrensrechts, SZIER 2013, 201–206

Galic, Ales: Verbesserung der Effektivität der grenzüberschreitenden Vollstreckung in der Europäischen Union. In: Miklós Kengyel / Viktória Harsági (Hg.): Grenzüberschreitende Vollstreckung in der Europäischen Union, München, 2011, 347–360

Garber, Thomas: Zur internationalen Zuständigkeit für die Erlassung eines Europäischen Kontenpfändungsbeschlusses. In: Schütze, Rolf (Hg.): Fairness, justice, equity, Festschrift für Reinhold Geimer zum 80. Geburtstag, München, 2017, 81-101

Garber, Thomas: Einstweiliger Rechtsschutz nach der neuen EuGVVO, ecolex 2013, 1071-1075

Garber, Thomas: Einstweiliger Rechtsschutz nach der EuGVO, Berlin, 2011

Gassmann, Richard: Arrest im internationalen Rechtsverkehr, Zürich, 1998

Gaul, Hans Friedhelm: Zur Rechtsstellung der Kreditinstitute als Drittschuldner in der Zwangsvollstreckung. In: Festschrift zum 50jährigen Bestehen des Lehrinstituts für das kommunale Sparkassen- und Kreditwesen 1928-1978, Lernen und Entscheiden, Sparkassenakademie, Stuttgart, 1978, 77-124

Gaul, Hans Friedhelm / Schilken, Eberhard / Becker-Eberhard, Ekkerhard: Zwangsvollstreckungsrecht, 12. Auflage, München, 2010

Gebauer, Martin / Wiedmann, Thomas: Zivilrecht unter europäischem Einfluss, 2. Auflage, Stuttgart, 2010

Gebauer, Martin: Anmerkung zu BGH 17.5.2018 – IX ZB 26/17, LMK 2018, 410814

Geimer, Reinhold: Internationales Zivilprozessrecht, 8. neu bearbeitete Auflage, 2020 (Zit.: *Geimer*, IZPR)

Geimer, Reinhold / Schütze Rolf: Europäisches Zivilverfahrensrecht, Kommentar zur EuGVVO, EuEheVO, EuZustellungsVO, EuInsVO, EuVTVO, zum Lugano-Übereinkommen und zum nationalen Kompetenz- und Anerkennungsrecht, 4. Auflage, München, 2020

Georgiadis, Apostolos / Stathopoulos, Michalis: Αστικός Κώδικας, Ερμηνεία κατ' άρθρο – νομολογία – βιβλιογραφία [ZPGB Kommentar – Rechtsprechung – Literatur], Bd. IV, Ειδικό Ενοχικό [Schuldrecht, Besonderer Teil], Athen, 1981

Georgiadis, Asterios: Γενικό Ενοχικό [Schuldrecht, Allgemeiner Teil] 4. Auflage, Athen-Thessaloniki, 2003

Giannopoulos, Panagiotis: Ο Κανονισμός 655/2014 «περί της διαδικασίας ευρωπαϊκής διαταγής δέσμευσης λογαριασμού προς διευκόλυνση της διασυνοριακής είσπραξης οφειλών σε αστικές και εμπορικές υποθέσεις». Μια πρώτη απόπειρα ερμηνευτικής προσέγγισης υπό το πρίσμα της ελληνικής έννομης τάξης, Epitheōrisi Politikis Dikonomias (EPolD,) 2015, 665-694

Giovannopoulos, Rigas: Die Harmonisierung des privatrechtlichen Bankgeheimnisses im europäischen Wirtschaftsverkehr, Baden-Baden, 2000/2001

Graf von Bernstorff, Christoph: Mahnverfahren, Forderungsdurchsetzung und Kontenpfändung in der EU: RIW 2007, 88-92

Grohmann, Uwe, Die Reform der EuGVO, ZIP 2015, 16-20

Gronstedt, Sebastian: Grenzüberschreitender einstweiliger Rechtsschutz, Frankfurt, 1994

Groß, Helene: Einwendungen des Drittschuldners, Bonn, 1997

Grunsky, Wolfgang: Grundzüge des Zwangsvollstreckungs- und Insolvenzrechts, 5. Auflage, Tübingen, 1996

Günther, Thomas: Drittschuldnererklärungen von Kreditinstituten; Erfüllung einer lästigen Rechtsobliegenheit mit möglichen Schadensersatzfolgen, WM 2011 (49), 2307-2311

Häcker, Birke: Die geplante EU-Verordnung zur grenzüberschreitenden vorläufigen Kontenpfändung, WM 46 (2012), 2180–2186.

Harbeck, Nils: Ein Entwurf! Zum Vorschlag einer Europäischen Verordnung zur vorläufigen Kontenpfändung in grenzüberschreitenden Verfahren, ZInsO 2012, 805-811

Hartley, Trevor C.: International Commercial Litigation; Text, Cases and Materials on Private International Law, 2. Auflage, Cambridge, 2015

Hau, Wolfgang, Brüssel Ia-VO – Neue Regeln für die Anerkennung und Vollstreckung ausländischer Entscheidungen in Zivil- und Handelssachen, MDR 2014, 1417-1421

Hau, Wolfgang: Executio non conveniens? – Zum Ausschluss der Vollstreckung anerkennungsfähiger ausländischer Entscheidungen, ZVglRWiss 116 (2017), 23-43

Hein, Jan von/Kruger, Thalia (Hrsg.): Informed Choices in Cross-Border Enforcement, 2021

Hein, Jan von: Kommentierung Art. 17 Rom I-Verordnung, in: Rauscher Thomas (Hg.): Europäisches Zivliprozess- und Kollisionsrecht (EuZPR-EuIPR), Band III, 4. Auflage 2016, Köln

Hein, Jan von: Die Neufassung der Europäischen Gerichtsstands- und Vollstreckungsverordnung, RIW 2013, 97-111

Hein, Jan von: British, French and German Reactions towards the Commission's Plans to Europeanize the Attachment of Bank Accounts - A Tentative Synopsis, ECFR (2) 2007, 301–307

Hein, Jan von: Internationale Zuständigkeit und anwendbares Recht bei grenzüberschreitendem Kapitalanlagebetrug, IPRax 2006, 460-462

Heinze, Christian: Grenzüberschreitende Vollstreckung englischer freezing injunctions, IPRax 2007, 343-348

Heinze, Christian: Internationaler einstweiliger Rechtsschutz, RIW 2003, 922-929

Heinze, Christian: Einstweiliger Rechtsschutz im europäischen Immaterialgüterrecht, Tübingen, 2007

Heinze, Meinhard: Der einstweilige Rechtsschutz im Zahlungsverkehr der Banken, Frankfurt am Main, 1984

Heitmann, Frederike /Lukas, Christoph: Aktuelle Entwicklungen im europäischen Privat- und Wirtschaftsrecht – Überlegungen anlässlich einer ERA-Tagung am 20./21.10.2014 in Trier, GPR 2015, 66-72

Henke, Friederike: Netherlands Commercial Court – englischsprachige Gerichtsverfahren in den Niederlanden, RIW 2019, 273-279

Hess, Burkhard / Pfeiffer, Thomas / Schlosser, Peter: The Brussels I Regulation, München / Oxford / Baden-Baden, 2008

Hess, Burkhard / Pfeiffer, Thomas / Schlosser, Peter: Study JLS/C4/2005/03, Report on the Application of Regulation Brussels I in the Member States, Heidelberg, 2007

Hess, Burkhard: Study JAI/A3/2002/02 on making more efficient the enforcement of judicial decisions within the European Union: Transparency of a Debtor's Assets, Attachments of Bank Accounts, Provisional Enforcement and Protective Measures, Heidelberg, 2014, abrufbar unter: http://www2.ipr.uni-eidelberg.de/studie/General%20Report%20Version%20of%2018%20Feb%202004.pdf (zit.: *Hess*, Study JAI/A3/2002/02)

Hess, Burkhard: Ein einheitliches Prozessrecht?, IJPL 6 (2016), 55-85

Hess, Burkhard: Europäisches Zivilprozessrecht, 2. Auflage, Berlin, 2021 (zit.: *Hess*, EuZPR)

Hess, Burkhard / Raffelsieper, Katharina: Die Europäische Kontenpfändungsverordnung: Eine überfällige Reform zur Effektuierung grenzüberschreitender Vollstreckung im Europäischen Justizraum, IPRax 2015, 46-52

Hess, Burkhard / Raffelsieper, Katharina: Eckpunkte der Kontenpfändungsverordnung. In: Burkhard Hess (Hg.): Die Anerkennung im Internationalen Zivilprozessrecht – Europäisches Vollstreckungsrecht, Bielefeld, 2014, 214-223

Hess, Burkhard: Der Vorschlag der EU-Kommission zur vorläufigen Kontenpfändung - Ein weiterer Integrationsschritt im Europäischen Zivilverfahrensrecht. In: Geimer, Reinhold / Schütze, Rolf (Hg.): Festschrift für Athanassios Kaissis, 2012, 399–411

Hess, Burkhard: Die Europäische Kontenpfändung aus der Perspektive eines Europäischen Vollstreckungsrechts, in. Baetge, Dietmar / von Hein, Jan / von Hinden, Michael (Hg.): Die richtige Ordnung. Festschrift für Jan Kropholler, Tübingen, 2008, 795-807

Hess, Burkhard: Effektuierung der Forderungspfändung: Der BGH erleichtert „Verdachtspfändungen, NJW 2004, 2350-2352

Hök, Götz-Sebastian: Die grenzüberschreitende Forderungs- und Kontopfändung, MDR 2005, 306–312

Honorati, Constanza: Provisional Measures and the Recast of Brussels I Regulation: A Missed Opportunity for a Better Ruling, RDIPP 2012, 525-544

Jauernig, Othmar / Stürner, Rolf: Bürgerliches Gesetzbuch Kommentar,17. Auflage, München, 2018

Jauernig, Othmar / Berger, Christian: Zwangsvollstreckungs- und Insolvenzrecht, 23. Auflage, München, 2010

Jordans, Roman: Zur (Un-)Zulässigkeit von Bankentgelten, DZWIR 2015, 201-216

Junker, Abbo: Internationales Zivilprozessrecht, 5. neu bearbeitete Auflage, München, 2020

Jurgeleit, Andreas: Die Haftung des Drittschuldners. Ein Leitfaden für die Praxis, 2. Überarbeitete Auflage, Berlin, 2004

Kargados, Panagiotis: Zur Verfassungsmässigkeit von gesetzlichen Verboten einstweiligen Rechtsschutzes, inklusive eines generellen Ausschlusses der Hauptsachevorwegnahme. In: Schilken, Eberhard / Becker-Eberhard, Ekkehard /Walter, Gerhardt: Festschrift für Hans Friedhelm Gaul zum 70. Geburtstag 19. November 1997, Bielefeld, 1997, 265-276

Kastriotis, Ioannis: Η κατάσχεση εις χείρας τρίτου [Die Pfändung in den Händen eines Dritten] Bd. 2, Athen, 2009

Katras, Ioannis: Σύστημα ασφαλιστικών μέτρων – αναγκαστικής εκτέλεσης – διαταγων πληρωμής και απόδοσης [System der einstweiligen Maßnahmen – der Zwangsvollstreckung – der Zahlungs- und Leistungsbefehle] 3. Auflage, Athen-Komotini, 2013

Keilbach, Christine: Drittschuldnerschutz und Gläubigerrechte in der Forderungsvollstreckung. Die Rückführung des Pfändungs- und Überweisungsbeschlusses auf das materielle Recht, Berlin, 2017 (zit: *Keilbach*, Drittschuldnerschutz und Gläubigerrechte)

Kengyel, Miklós: Vorläufige Pfändung von Bankkonten. In: Miklós Kengyel / Viktória Harsági (Hg.): Grenzüberschreitende Vollstreckung in der Europäischen Union. München, 2011, 361–367

Kerameus, Konstantinos: Judicial Organization and Civil Procedure. In: Konstantinos Kerameus / Phaedon Kozyris (Hg.): Introduction to Greek Law (3rd revised Edition), 2008, 341-376.

Kerameus, Konstantinos: Provisional Enforceability of Judgments. In: Schilken, Eberhard / Becker-Eberhard, Ekkehard / Walter, Gerhardt: Festschrift für Hans Friedhelm Gaul zum 70. Geburtstag 19. November 1997, Bielefeld, 1997, 278-287 = International Encyclopedia of Comparative Law, vol. XVI, 2002, Chapter 10 section 26

Kerameus, Konstantinos: Geldvollstreckungsarten in vergleichender Betrachtung. In: Karl August Bettermann / Manfred Löwisch / Hansjörg Otto / Karsten Schmidt (Hg.): Festschrift für Albrecht Zeuner zum 70. Geburtstag. Tübingen, 1994, 389–400

Kerameus, Konstantinos: Der einstweilige Rechtsschutz vom Standpunkt der neuen griechischen Zivilprozessordnung. In: Griechische Zivilprozessrechtslehrervereinigung (Hg.): Festschrift für Emmanouil Michelakis, Athen, 1973, 411-423

Kindl, Johann / Meller-Hannich, Caroline / Wolf, Hans-Joachim (Hg.): Gesamtes Recht der Zwangsvollstreckung, ZPO | ZVG | Nebengesetze | Europäische Regelungen | Kosten, Handkommentar, 3. Auflage, Baden-Baden, 2015 (zit.: Kindl/Meller-Hannich/Wolf/*Bearbeiter*, Zwangsvollstreckung)

Klamaris, Nikolaos: Die wichtigsten aktuellen Reformen in Bezug auf das zivilprozessuale erstinstanzliche Verfahren nach der griechischen ZPO (zugleich eine kurze kritische Analyse). In: Rolf Schütze (Hg.): Fairness Justice Equity – Festschrift für Reinhold Geimer zum 80. Geburtstag, München, 2017, 335-344

Klamaris, Nikolaos: Die einzelnen Sicherungsmaßnahmen im Rahmen des provisorischen Rechtsschutzes nach dem griechischen Zivilprozessrecht. In: Caroline Meller-Hannich; Lutz Haertlein / Hans Friedhelm Gaul / Ekkehard Becker-Eberhard (Hg.): Festschrift für Eberhard Schilken, Rechtslage – Rechtserkenntnis – Rechtsdurchsetzung, 2015, 339-352

Klamaris, Nikolaos: Die Rechtsfolgenverweisung des Art. 47 Abs. 2 VO 44/2001 (EuGVVO). In: Jens Adolphsen (u.a.) (Hg.): Festschrift für Peter Gottwald zum 70. Geburtstag, München, 2014, 341-354

Klamaris, Nikolaos: Transnationale Prozessführung und Elemente einer gerechten Verhandlung, ZZPInt 19 (2014), 151-186

Klamaris, Nikolaos: Zum Stand des griechischen Zwangsvollstreckungsrechts – eine zusammenfassende Sikzze, ZZP 121 (2008), 475-502

Klamaris, Nikolaos: Die Grundstruktur des griechischen Zwangsvollstreckungsrechts als des effektiven Teils des prozessualen Grundrechts auf Justizgewährung. In: Andreas Heldrich / Takeyoshi Uchida (Hg.): Festschrift für Hideo Nakamura zum 70. Geburtstag, Tokyo, 1996, 253-279

Klöpfer, Matthias: Kommentierung der EuKpfVO in: Geimer, Reinhold / Schütze, Rolf (Hg.): Internationaler Rechtsverkehr in Zivil- und Handelssachen, Bd. 3, Ersatzlieferung 51

Koch, Harald: Durchsetzung einer Worldwide Mareva Order in Deutschland? In: Basedow, Jürgen / Schlosser, Peter (Hg.): Materielles Recht und Prozeßrecht und die Auswirkungen der Unterscheidung im Recht der internationalen Zwangsvollstreckung, Bielefeld, 1992, 257-258

Kodek, Georg: Die Pfändung von Bankkonten, ÖBA 2010, 19–32

Kofmel Ehrenzeller, Sabine: Der vorläufige Rechtsschutz im internationalen Verhältnis, Grundlagen, Tübingen, 2005

Kohte, Wolfhard: Europäische Kontenpfändung - nicht ohne effektiven Pfändungsschutz! VuR 2011, 361–362

Kolotouros, Panagiotis: Συνέπειες της αναγκαστικής κατάσχεσης στα χέρια τρίτου [Rechtsfolgen der Zwangspfändung in den Händen eines Dritten] Epitheorisi Politikis Dikonomias (EPolD) 2016, 127-159

Kolotouros, Panagiotis: Συνέπειες της αναγκαστικής κατάσχεσης στα χέρια τρίτου [Rechtsfolgen der Zwangspfändung in den Händen eines Dritten], In: Griechische Zivilprozessrechtslehrervereinigung / Rechtsanwaltskammer Syros (Hg.): Η κατάσχεση εις χείρας τρίτου [Die Pfändung zu Händen eines Dritten], Athen, 2017, 167-233 (zit.: *Kolotouros*, Rechtsfolgen (Athen, 2017))

König, Bernhard / Praxmarer, Elisabeth: Vorläufige Vollstreckbarkeit, Rückforderung und Schadenersatz nach nationalem und europäischem Zivilverfahrensrecht, Wien, 2016

Konstantinidis, Michael: Η ευρωπαϊκή διαταγή δέσμευσης λογαριασμού (ΕΔΔΛ) ως ενωσιακό ασφαλιστικό μέτρο κατά τον Καν. 655/2014 [Der Europäische Beschluss zur vorläufigen Kontenpfändung (EAPO) als unionsweite einstweilige Maßnahme gemäß der Verordnung (EU) Nr. 655/2014], Armenopoulos 2015, 1804-1824

Kontis, Georgios: Επίκαιρα ζητήματα κατάσχεσης τραπεζικών λογαριασμών κατά το εθνικό και κοινοτικό δικονομικό δίκαιο, [Aktuelle Fragen der Bankkontopfändung nach dem nationalen und europäischen Zivilprozessrecht], Athen, 2018 (zit.: *Kontis*, Aktuelle Fragen, Athen, 2018)

Kontogeorgakopoulos, Panos: Κατάσχεση στα χέρια τρίτου, Η δήλωση του τρίτου κατά το άρθρο 985 ΚΠολΔ [Pfändung zu den Händen eines Dritten, Die Erklärung des Dritten nach Art. 985 gr. ZPGB], Athen, 2010 (zit.: *Kontogeorgakopoulos*, Die Erklärung, Athen 2010)

Kontogeorgakopoulos, Panos: Anm. zu Monomeles Prōtodikeio Prevezas 69/2013 Epitheorisi Politikis Dikonomias (EPolD) 2013, 545-551

Kotsiris, Lampros: Τραπεζικό απόρρητο και κατάσχεση τραπεζικών καταθέσεων [Bankgeheimnis und Bankkontopfändung]. In: Hideo Nakamura (u.a.) (Hg.): Festschrift für Kostas E. Beys, 2003, Athen, Bd. 4, 2931-2944

Koutsoukou, Georgia: Die Aufrechnung im europäischen Kollisions- und Verfahrensrecht, Dissertation, 2018, Heidelberg, 2018 (zit.: *Koutsoukou*, Die Aufrechnung)

Koutsoulelos, Kostas: Πολιτική Δικονομία μετά τον νέο Ν. 4512/2018, [Zivilprozess nach dem Gesetz Nr. 4512/2018] 2. Auflage, Athen, 2018

Koutsoulelos, Kostas / Geōrgiadou, Maria / Mpalogianni, E. / Rentoulis, P.: Αναγκαστική Εκτέλεση [Zwangsvollstreckung], Athen, 2016 (zit.: *Koutsoulelos/Geōrgiadou*, Zwangsvollstreckung, Athen, 2016)

Kranis, Dimitris: Συντηρητική κατάσχεση χρηματικής απαίτησης στα χέρια τρίτου με τίτλο διαταγή πληρωμής [Konservative Pfändung einer

Geldforderung in den Händen eines Dritten mittels eines Zahlungsbefehls], Elliniki Dikaiosini (EllDni) 2015, 975-986

Kreutz, Peter: Weiterverdichtung europäischen Zivilverfahrensrechts: die vorläufige Kontenpfändung –die Verordnung (EU) Nr. 655/2014 und ihre Umsetzung in Deutschland-, Rpfleger 2016, 509-515

Kreuzer, Karl/Wagner, Rolf/Reder, Wolfgang: Europäisches Internationales Zivilverfahrensrecht, in: Dauses, Manfred/Ludwigs, Markus (Hrsg.): Handbuch des EU-Wirtschaftsrechts, Bd. 1, München, 52. EL Februar 2021

Kropholler, Jan / Hein, Jan von: Europäisches Zivilprozessrecht, 9. Auflage, Frankfurt am Main, 2011 (Zit.: *Kropholler/von Hein*, EuZPR)

Kropholler, Jan: Europäisches Zivilprozessrecht, 6. Auflage, Heidelberg, 1998

Kyriakides, Nikolas: European Account Preservation Order: What does the common law tradition have to say?, in Bergé, Jean-Sylvestre / Francq, Stéphanie / Gardenes Santiago, Miguel (Hrsg.): Boundaries of European Private International Law, 2015, 189-198

Lagus, Julian; Freezing Europe: The European Account Preservation Order and Forum shopping in the European Judicial Area, JFT (Juridiska Föreningen i Finland) 2018, 241-255

Lange, Jérôme: Internationale Rechts- und Forderungspfändung, Berlin, 2004

Leible, Stefan / Müller, Michael / Sala, Rosa Miquel: Länderbericht Deutschland. In: Kengyel, Miklós / Harsági, Viktória (Hg.): Grenzüberschreitende Vollstreckung in der Europäischen Union. München, 2011, 3-49

Leible, Stefan: Die Zukunft des Europäischen Zivilprozessrechts. In: Jens Adolphsen (u.a.) (Hg.): Festschrift für Gottwald (2014), 381-395

Lindgen, Johanns: Die Drittschuldner-Haftung, die Erklärungspflicht des Drittschuldners und die Folgen ihrer Verletzung (§840 ZPO), Frankfurt am Main, 1991 (zit.: *Lindgen*, Die Drittschuldner-Haftung)

Linke, Hartmut / Hau, Wolfgang: Internationales Zivilverfahrensrecht, 8. Auflage, Köln, 2021 (zit. *Linke/Hau*, IZVR)

Lupoi, Michele Angelo: Provisional Remedies in the European Space of Justice: Issues of Transnational Jurisdiction and Enforcement. In: Stürner, Rolf / Kawano, Masanori (Hg.): Comparative Studies on Enforcement and Provisional Measures, Tübingen, 2011, 308-319

Lüttringhaus, Jan: Die Europäisierung des Zwangsvollstreckungsrechts im Bereich der vorläufigen Kontenpfändung, ZZP (129) 2016, 187-218

Magnus, Ulrich / Mankowski, Peter: European Commentaries on Private International Law ECPIL, Volume 3, Rome II Regulation, Berlin, 2018

Magnus, Ulrich / Mankowski, Peter: European Commentaries on Private International Law ECPIL, Volume 1, Brussels Ibis Regulation, Berlin, 2016

Magnus, Ulrich: Aufrechnung und Gesamtschuldnerausgleich. In: Ferrari, Franco / Leible, Stefan (Hg.): Ein neues Internationales Vertragsrecht für Europa, Jena, 2007, 201-223

Mankowski, Peter: Wie viel Bedeutung verliert die EuGVVO durch den Europäischen Vollstreckungstitel? In: Dietmar Baetge / Jan von Hein / Michael von Hinden (Hg.): Die richtige Ordnung, Festschrift für Jan Kropholler, Tübingen, 2008, 829-850

Markus, Richard: Procedure in a Time of Austerity, IJPL 2013, 133-158

Marquordt, Gerhard: Das Recht der internationalen Forderungspfändung, Köln, 1975

Mäsch, Gerald: Anmerkung zu EuGH, Urteil v. 25.5.2016 – C-559/14, EuZW 2016, 716-717

Mäsch, Gerald / Peiffer, Max: Das neue Vollstreckungsregime unter der Brüssel Ia-VO, RIW 2019, 245-252

Mauch, Christian: Die Sicherungsvollstreckung gem. Art. 47 EuGVVO, Art. 39 EuGVÜ und Art. 39 Luganer Übereinkommen, Bielefeld, 2003

Max-Planck Working Group: Comments on the European Commission's Green Paper on Improving the Efficiency of the Enforcement of Judgments in the European Union: The Attachment of Bank Accounts, ECFR (2) 2007, 252-300

Meier, Isaak / Kotronis, Sotirios: Einstweiliger Rechtsschutz für Geldforderungen nach neuem schweizerischem Recht im Vergleich zum griechischen Recht. In: Reinhold Geimer / Rolf Schütze (Hg.): Recht ohne Grenzen, Festschrift für Athanassios Kaissis zum 65. Geburtstag, München, 2012, 683-706

Mohr, Franz: Die vorläufige Kontenpfändung EuKoPfVO, Wien, 2014

Monteiro, Leonor Valente: The Bank Account Preservation Procedure in the European Union Regulation (EU) Nr. 655/2014 of the European Parliament and of the Council 15 of May 2014, EU Law Journal, 2015, 121-130

Mössle, Karen Ilka: Internationale Forderungspfändung, Berlin, 1991

Müller, Brigitta: Die worldwide Mareva injunction, Frankfurt am Main, 2001

Müller, Michael: Der Kommissionsvorschlag für einen Europäischen Beschluss zur vorläufigen Kontenpfändung, RIW 2002, 151–157

Münchener Kommentar zum Bürgerlichen Gesetzbuch, Säcker, Franz Jürgen / Rixecker, Roland /Oetker, Hartmut /Limperg, Bettina (Hg.), 8. Auflage, Band 3, München, 2019

Münchener Kommentar zum Bürgerlichen Gesetzbuch, Säcker, Franz Jürgen / Rixecker, Roland /Oetker, Hartmut /Limperg, Bettina (Hg.), 7. Auflage, Band 7, München, 2017

Münchener Kommentar zum Bürgerlichen Gesetzbuch, Säcker, Franz Jürgen / Rixecker, Roland /Oetker, Hartmut /Limperg, Bettina (Hg.), 7. Auflage, Band 11, München, 2018

Münchener Kommentar zum Bürgerlichen Gesetzbuch, Säcker, Franz Jürgen / Rixecker, Roland /Oetker, Hartmut /Limperg, Bettina (Hg.), 8. Auflage, Band 12, München, 2020

Münchener Kommentar zur Zivilprozessordnung mit Gerichtsverfassungsgesetz und Nebengesetzen, Rauscher, Thomas /Krüger, Wolfgang (Hg.), 5. Auflage, Band 2, München, 2016

Münchener Kommentar zur Zivilprozessordnung mit Gerichtsverfassungsgesetz und Nebengesetzen, Rauscher, Thomas /Krüger, Wolfgang (Hg.), 5. Auflage, Band 3, München, 2017

Münchener Kommentar zur Zivilprozessordnung mit Gerichtsverfassungsgesetz und Nebengesetzen, Rauscher, Thomas /Krüger, Wolfgang (Hg.), 4. Auflage, Band 3, München, 2013

Münchener Kommentar zum Handelsgesetzbuch, Schmidt, Karsten (Hg.), 4. Auflage, Band 5, München, 2018

Musielak, Hans-Joachim /Voit, Wolfgang: Kommentar zur Zivilprozessordnung mit Gerichtsverfassungsgesetz, 18. neubearbeitete Auflage, München, 2021

Nagel, Heinrich; Gottwald, Peter: Internationales Zivilprozessrecht, 8. Auflage, Köln, 2020 (zit.: *Nagel/Gottwald*, IZPR)

Neth-Unger, Miriam: § 3 Geschäftsverbindung Bank und Kunde. In: Fandrich, Andreas / Karper, Ines (Hg.): Münchener Anwalts Handbuch, Bank- und Kapitalmarktrecht, 2. Auflage, München, 2018

Nikas, Nikolas: Δίκαιο Αναγκαστικής Εκτελέσεως [Zwangsvollstreckungsrecht, II Besonderer Teil] 2. Auflage, Athen-Thessaloniki, 2018, (zit.: *Nikas*, Zwangsvollstreckungsrecht, Athen-Thessaloniki, 2018)

Nordmeier, Carl Friedrich / Schichmann, Julia: Der Europäische Beschluss zur vorläufigen Kontenpfändung –Brennpunkte seines Erlasses und der Absicherung des Schuldners aus praktischer Perspektive, RIW 2017, 407-415

Nunner-Krautgasser, Bettina: Die Anerkennung und Vollstreckung englischer freezing injunctions in Österreich, ÖBA 2010, 794-800

Nunner-Krautgasser, Bettina: Der geplante Rechtsakt zur europäischen Kontenpfändung. In: Burkhard Hess (Hg.): Die Anerkennung im Internationalen Zivilprozessrecht – Europäisches Vollstreckungsrecht, Bielefeld, 2014, 125-149

Orfanidis, Georgios: Οι προϋποθέσεις για την επιβολή της κατασχέσεως εις χείρας τρίτου [Die Voraussetzungen für die Pfändung zu Händen Dritter] In: Griechische Zivilprozessrechtslehrervereinigung / Rechtsanwaltskammer Syros (Hg.): Η κατάσχεση εις χείρας τρίτου [Die Pfändung zu Händen eines Dritten], Athen, 2017, 25-95 (zit.: *Orfanidis*, Pfändung, Athen 2017))

Orfanidis, Georgios: Die Verordnung (EU) Nr. 655/2014 des Europäischen Parlaments und des Rates über ein europäisches Verfahren zur vorläufigen Kontenpfändung. In: Hopt, Klaus / Tzouganatos, Dimitris (Hg.): Das Europäische Wirtschaftsrecht vor neuen Herausforderungen, Tübingen, 2014 (zit.: *Orfanidis*, Die Verordnung (EU) Nr. 655/2014, in: Hopt/Tzouganatos (Hg.), Das europäische Wirtschaftsrecht)

Paglietti, Maria Cecilia: Exporting and Re-importing Substantive and Judicial Models in the EU Credit Market (the EAPO), EuCML 2015, 223-240

Palandt, Otto: Bürgerliches Gesetzbuch, 78. Auflage, München, 2019

Panagopoulos, Konstantinos: Ζητήματα ουσιαστικού και δικονομικού δικαίου από την κατάσχεση απαιτήσεων στα χέρια τρίτου [Materiell- und verfahrensrechtliche Fragen, die sich aus der Forderungspfändung in den Händen eines Dritten ergeben] Efimerida Astikou Dikaiou (EfAD) 2016, 17-30

Pérez-Ragone, Alvaro / Chen, Wei-Yu: Europäischer einstweiliger Rechtsschutz – eine dogmatische Systembildung im Lichte der EuGH-Rechtsprechung, ZZPInt 17 (2012), 231-257

Pfeiffer, Thomas / Wais, Hannes: Einstweilige Maßnahme im Anwendungsbereich der EuGVO: Ausgewählte Probleme der Zuständigkeit, Litispendez und Anerkennung unter besonderer Berücksichtigung von Handelssachen, International Journal of Procedural Law (IJPL) 2012, 274-296

Pipsou, Lida-Maria: Κανονισμός (ΕΕ) Αριθ. 655/2014 του Ευρωπαϊκού Κοινοβουλίου και του Συμβουλίου της 15ης Μαΐου 2014 περί της διαδικασίας Ευρωπαϊκής Διαταγής Δέσμευσης Λογαριασμού προς διευκόλυνση της διασυνοριακής είσπραξης οφειλών σε αστικές και εμπορικές υποθέσεις. In: Griechische Zivilprozessrechtslehrervereinigung / Rechtsanwaltskammer Syros (Hg.): Η κατάσχεση εις χείρας τρίτου [Die Pfändung zu Händen eines Dritten], Athen 2017, 289-386 (zit.: *Pipsou*, Die Verordnung (EU) Nr. 655/2014 (Athen, 2017)

Psychomanis, Spyridōn: Η κατάσχεση των καταθέσεων [Die Pfändung von Einlagen], Dikaio Epicheiriseōn kai Etairiōn, (DEE) 2002, 473-480

Radermacher, Lukas: Vollziehung ausländischer Maßnahmen des vorläufigen Rechtsschutzes, Anmerkung zu EuGH, Urteil vom 4.10.2018 – C-379/17 (Società Immobiliare Al Bosco Srl), GPR 2019, 109-112

Raffelsieper, Anna-Katharina: Die Rückabwicklung der vorläufigen Vollstreckung im nationalen und europäischen Zivilprozessrecht, Baden-Baden, 2017. (zit.: *Raffelsieper*, Die Rückabwicklung, 2017)

Rauscher, Thomas: Internationales Privatrecht, 5. Auflage, Heidelberg, 2017

Rauscher, Thomas: Europäisches Zivilprozess- und Kollisionsrecht, EuZPR/EuIPR Kommentar, Band II, 4. Auflage, Köln, 2015 (zit.: Rauscher/*Bearbeiter* EuZPR-EuIPR)

Rauscher, Thomas (Hg.): Europäisches Zivilprozess- und Kollisionsrecht EuZPR/EuIPR, Band I, 3. Auflage, Köln, 2010

Rauscher, Thomas (Hg.): Europäisches Zivilprozess- und Kollisionsrecht EuZPR/EuIPR, Band I, 4. Auflage, Köln, 2015

Rauscher, Thomas (Hg.): Europäisches Zivilprozess- und Kollisionsrecht EuZPR/EuIPR, Band I, 5. Auflage, Köln, 2021

Rauscher, Thomas (Hg.): Europäisches Zivilprozess- und Kollisionsrecht EuZPR/EuIPR, Band III, 4. Auflage, Köln, 2016

Rechberger, Walter H.: Zu den Bewilligungsvoraussetzungen einer vorläufigen Kontenpfändung nach der EuKoPfVO. In: Hilbig-Lugani, Katharina (u.a.) (Hg.): Festschrift für Dagmar Coester-Waltjen, Bielefeld, 2015, 651-660

Reinicke, Dietrich: Die zweckentfremdete Aufrechnung, NJW 1972, 793-796

Rheinstein, Max: Die inländische Bedeutung einer ausländischen Zwangsvollstreckung in Geldforderungen, RabelsZ 8 (1934), 277-309

Riebold, Julia: Die Europäische Kontopfändung, Tübingen, 2014

Rieländer, Frederick: Europäische Kontenpfändung – ein ungeschriebenes Erfordernis der Vollstreckbarkeit des „erwirkten" Titels?, RIW 2020, 102-111 (Anmerkung zu EuGH, C-555/18)

Ritz, Nico: Vorläufige Kontenpfändung in Europa, Berlin/Bern/Bruxelles/New York/Oxford/Warszawa/Wien, Dissertation, 2019

Rosenbaum, Ernst: Die Zwangsvollstreckung in Forderungen im internationalen Rechtsverkehr, Mannheim, 1930

Rosenberg, Leo / Schwab, Karl Heinz / Gottwald, Peter: Zivilprozessrecht, 18. Auflage, München, 2018

Sala, Rosa Miquel: Grenzüberschreitende Vollstreckung in Europa. In: Miklós Kengyel / Viktória Harsági (Hg.): Grenzüberschreitende Vollstreckung in der Europäischen Union. München, 2011, 275–296

Saenger, Ingo: Zivilprozessordnung, 8. Auflage, Baden-Baden, 2019

Schack, Haimo: Internationales Zivilverfahrensrecht, 8. Auflage, München, 2021

Schimrick, Martin: Die unmittelbar grenzüberschreitende Forderungsvollstreckung im internationalen und europäischen Rechtsraum – Aus dem Blickwinkel des deutschen und des französischen Rechts, Hamburg, 2012

Schlauß, Stefan: Erleichterte grenzüberschreitende Zwangsvollstreckung in der EU durch die zentrale Einholung von Kontoinformationen, RIW 2017, 205-208

Schlosser, Peter: Anerkennung und Vollstreckbarerklärung englischer „freezing injunctions", IPRax 2006, 300-305

Schlosser, Peter / Hess, Burkhard: EuZPR, EU-Zivilprozessrecht mit EuGVVO, EuMVVO, EuGFVO, EuZVO, EuBVO Kommentar, 5. Auflage, München, 2021 (zit.: Schlosser/Hess, EuZPR Kommentar)

Schmidt, Karsten: Das Gemeinschaftskonto: Rechtsgemeinschaft am Rechtsverhältnis – Eine rechtsdogmatische Skizze zu den §§ 421, 427, 428, 432, 705 und 741 BGB – in: Häuser Franz u.a. (Hg.): Festschrift für Walther Hadding, 2004, Berlin, 1093-1116

Schneider, Félicie: Die Leistungsverfügung im niederländischen, deutschen und europäischen Zivilprozessrecht, Tübingen, 2013

Schreiber, Christoph: Die Haftung des Vollstreckungsgläubigers im internationalen Zivilrechtsverkehr, Berlin, 2008

Schultheiß, Tilman: Aktuelle Entwicklungen im Recht des Pfändungsschutzkontos - ein Rechtsprechungsbericht, ZBB/JBB 2 (2013), 114–126

Schumacher, Hubertus / Köllensperger, Barbara: Die „Europäische Kontenpfändung" und der Schutz des Unternehmens, JBl 2014, 413-424

Schumacher, Hubertus / Köllensperger, Barbara / Trenker, Martin: Kommentar zur EU-Kontenpfändungsverordnung (EuKoPfVO), Wien, 2017

Schuschke, Winfried / Walker, Wolf-Dietrich: Vollstreckung und Vorläufiger Rechtsschutz nach dem achten und elften Buch der ZPO einschließlich der europarechtlichen Regelungen, 6. Auflage, Köln, 2016

Sikorski, Thomas Lukas: Vorläufige Kontopfändungen: europäisches, deutsches und polnisches Recht im Vergleich, Dissertation, Berlin, 2018 (zit: *Sikorski*, Vorläufige Kontopfändungen)

Simotta, Daphne-Ariane / Geimer, Reinhold / Schütze, Rolf A. / Garber, Thomas / Althammer, Christoph (Hg.): Europäische und internationale Dimension des Rechts. Festschrift für Daphne-Ariane Simotta. Wien, 2012

Siopi, Dafni: Ζητήματα από την αυτοδύναμη επιβολή συντηρητικής κατάσχεσης δυνάμει διαταγής πληρωμής, συμβολή στην αποτίμηση της νέας ρύθμισης του άρθρου 724 ΚπολΔ [Fragen, die sich aus der autonomen Verhängung einer konservativen Pfändung aufgrund eines Zahlungsbefehls ergeben - Beitrag zur Bewertung der neuen Regelung in Art. 724 gr. ZPGB], Armenopoulos 2015, 2021-2034

Skamel, Frank / Wilhelm, Aljona: Der Europäische Beschluss zur vorläufigen Kontenpfändung im Vergleich mit Maßnahmen des einstweiligen Rechtsschutzes im deutschen und spanischen Recht, ZInsO 2014, 1789-1796

Solomon, Dennis: Haftung, Sicherheitsleistung und Undertakings im Internationalen Vollstreckungsrecht. In: Burkhard Hess (Hg.): Die Anerkennung im Internationalen Zivilprozessrecht – Europäisches Vollstreckungsrecht, Bielefeld, 2014, 173-213

Stadler, Astrid: Inländisches Zwangsgeld bei grenzüberschreitender Handlungsvollstreckung, IPRax 2003, 430-433

Stamm, Jürgen: Plädoyer für einen Verzicht auf den Europäischen Beschluss zur vorläufigen Kontenpfändung - Zehn Gründe gegen dessen Einführung, IPRax 2014, 124–129

Staudinger, Julius von: BGB: Kommentar zum Bürgerlichen Gesetzbuch mit Einführungsgesetz und Nebengesetzen, Buch 2: Recht der Schuldverhältnisse. §§ 362-396, 16. Auflage, Berlin, 2016 (zit. Staudinger/*Bearbeiter*)

Staudinger, Julius von: BGB: Kommentar zum Bürgerlichen Gesetzbuch mit Einführungsgesetz und Nebengesetzen. Kaiser, Dagmar / Stoffels, Markus (Hg.): Ergänzungsband – Eckpfeiler des Zivilrechts, 6. Auflage, Berlin, 2018

Steder, Brigitte: Pfändung von Forderungen – Allgemein. In: Keller, Ulrich (Hg.): Handbuch Zwangsvollstreckungsrecht, Berlin, 2013

Stein, Friedrich: Der Drittschuldner. In: Festschrift für Adolf Wach, Band 1, 449-491, Leipzig, 1913

Stein, Friedrich / Jonas, Martin (Hg.): Kommentar zur Zivilprozessordnung, Band 10, 22. Auflage, Tübingen, 2011 (zit. Stein/Jonas/*Bearbeiter*)

Stein, Friedrich / Jonas, Martin (Hg.): Kommentar zur Zivilprozessordnung, Band 8, 23. Auflage, Tübingen, 2017 (zit. Stein/Jonas/*Bearbeiter*)

Stein, Friedrich / Jonas, Martin (Hg.): Kommentar zur Zivilprozessordnung, Band 9, 23. Auflage, Tübingen, 2020 (zit. Stein/Jonas/*Bearbeiter*)

Stöber, Kurt / Rellermeyer, Klaus: Forderungspfändung, Zwangsvollstreckung in Forderungen und andere Vermögensrechte, 17. Auflage, Bielefeld, 2020 (zit. *Stöber/Rellermeyer*, Forderungspfändung)

Stürner, Michael: Grundlagen der juristischen Zusammenarbeit in Zivilsachen in der EU. In: Timm Beichelt / Bozena Choluj / Gerard Rowe / Hans-Jürgen Wagener (Hg.): Europa-Studien. Eine Einführung. 2. Auflage, Wiesbaden, 2013, 329–341

Stürner, Rolf / Kawano, Masanori (Hg.): Cross Border Insolvency, Intellectual Property Litigation, Arbitration and Ordre Public. Tübingen, 2011

Stürner, Rolf: Der einstweilige Rechtsschutz in Europa. In: Brandner, Hans Erich / Hagen Horst / Stürner, Rolf (Hg.): Festschrift für Karlmann Geiß, Köln, 2000, 199-216

Sujecki, Bartosz: Grenzüberschreitende Kontenpfändung in der EU, EWS (10) 2011, 414–420

Sujecki, Bartosz: Die Entwicklung des europäischen Privat- und Zivilprozessrechts im Jahr 2011, EuZW 2012, 327–332

Sujecki, Bartosz: Die Solvay-Entscheidung des EuGH und ihre Auswirkungen auf Verfahren über Immaterialgüterrechte, GRUR Int 2013, 201-214

Tantis, Georgios: Ευθύνη του πιστωτικού ιδρύματος λόγω μερικής εκπλήρωσης της υποχρέωσης εκ του άρθρου 985 ΚπολΔ. [Die Haftung des Kreditinstituts wegen Teilerfüllung ihrer Pflicht nach Art. 985 gr. ZPO], Nomiko Vima 2016, 1746-1749

Tekidou, Dimitra: Der Vollstreckungszugriff auf Bankkonten, Eine rechtsvergleichende Betrachtung des griechischen und des deutschen Rechts, Frankfurt am Main, 2005 (zit.: *Tekidou*, Der Vollstreckungszugriff auf Bankkonten)

Tentes, Ioannis: Δίκαιο αναγκαστικής εκτέλεσης [Zwangsvollstreckungsrecht] Athen, 2017

Thomas, Heinz / Putzo, Hans (Hg.): Zivilprozessordnung, 42. Auflage, München, 2021

Trenker, Martin: Vorläufige Kontenpfändung: Überblick und ausgewählte Fragen. In König/Mayr (Hg.): Europäisches Zivilverfahrensrecht in Österreich IV: Die neue Brüssel I-Verordnung und weitere Reformen, 2015, 129-157

Triantafillidis, Christos: Τα ασφαλιστικά μέτρα στις διεθνείς ιδιωτικές διαφορές [Die einstweiligen Maßnahmen in internationalen Zivilsachen], Athen, 2008

Triantafillidis, Christos: Η προσωρινή δικαστική προστασία στις τραπεζικές συμβάσεις (I prosōrini dikasitki prostasia stis trapezikes symvaseis – Der einstweilige Rechtsschutz in Bankverträgen) Dikaio Epicheiriseōn kai Etairiōn (DEE) 2014, 312-323

Tsikrikas, Dimitrios: Probleme der grenzüberschreitenden Vollstreckung von Maßnahmen des einstweiligen Rechtsschutzes in der Europäischen Union, ZZP 124 (2011), 461-489

Tsikrikas, Dimitrios: Internationale Zuständigkeit zum Erlass einstweiliger Maßnahmen nach den Regeln der EuGVO, ZZPInt 17 (2012), 293-313

Ulrici, Bernhard: Die EUMVVO im System des EuZPR, RIW 2018, 718-729

Urlesberger, Franz: Europarecht: Das Neueste auf einen Blick, WBl 2011, 480–484

Vogg, Stefan: Einstweiliger Rechtsschutz und vorläufige Vollstreckbarkeit, Berlin, 1991

Wagner, Rolf: Aktuelle Entwicklungen in der justiziellen Zusammenarbeit in Zivilsachen, NJW 2013, 1653–1659

Wagner, Rolf: Anmerkung zu EuGH, Urteil vom 4.10.2018 – C-379/17 (Società Immobiliare Al Bosco Srl), EuZW 2019, 41-42

Walker, Wolf-Dietrich: Die Rechtsstellung des Drittschuldners in der Zwangsvollstreckung. In: Stürner Rolf / Matsumoto Hiroyuki / Lücke Wolfgang / Deguchi Masahisa (Hg.): Festschrift für Dieter Leipold zum 70. Geburtstag, Tübingen, 2009, 451-467

Wannenmacher, Kathrin: Einstweilige Maßnahmen im Anwendungsbereich von Art. 31 EuGVVO in Frankreich und Deutschland, Frankfurt am Main, 2007

Weiler, Frank: Schuldrecht Allgemeiner Teil, 4. Auflage, Baden-Baden, 2017

Weimann, Thomas / Heukamp, Friso: Die grenzüberschreitende vorläufige Kontenpfändung – Gesetzliche Grundlagen und erste Einschätzung aus der Beratungspraxis, MDR 2017, 673-679

Welter, Reinhard: Zwangsvollstreckung und Arrest in Forderungen – insbesondere Kontenpfändung – in Fällen mit Auslandsberührung, Frankfurt am Main, 1988

Weitz, Karol: Der Europäische Sicherungstitel. In: Miklós Kengyel / Viktória Harsági (Hg.): Grenzüberschreitende Vollstreckung in der Europäischen Union. München, 2011, 327–345

Wieczorek, Bernhard / Schütze, Rolf (Hg.): Zivilprozeßordnung und Nebengesetze, Band 11, 4. Auflage Berlin, 2014

Wiedemann, Denise: Vollstreckbarkeit, Tübingen, 2017

Wiedemann, Denise / Harbeck, Nils H.: Die Europäische Kontenpfändungsverordnung, RIW 2018, 777-786

Wolber, Johannes: Schuldnerschutz im europäischen Zwangsvollstreckungsrecht, Tübingen, 2015

Wolber, Johannes: Die Europäische Kontenpfändungsverordnung – Eine Analyse unter Einbeziehung des deutschen Durchführungsgesetzes, IWRZ 2017, 5-10

Wolf, Christian: Konturen eines europäischen Systems des einstweiligen Rechtsschutzes, EWS 2000, 11-18

Yessiou-Faltsi, Pelayia: Die Abendstunde des persönlichen Arrestes als Exekutionsmittel zur Befriedigung von Geldforderungen im griechischen Recht. In: Bruns, Alexander / Kern, Christoph (u.a.) (Hg.): Festschrift für Rolf Stürner zum 70. Geburtstag, 2. Teilband: Internationales, Europäisches und ausländisches Recht, 2013, Tübingen, 1869-1882.

Yessiou-Faltsi, Pelayia: Δίκαιο Αναγκαστικής Εκτελέσεως / Ειδικό Μέρος [Zwangsvollstreckungsrecht, Bd. IIβ / Besonderer Teil], 2. Auflage, Athen-Thessaloniki, 2018 (zit.: *Yessiou-Faltsi*, Zwangsvollstreckungsrecht – BT)

Yessiou-Faltsi, Pelayia: Δίκαιο Αναγκαστικής Εκτελέσεως / Γενικό Μέρος [Zwangsvollstreckungsrecht, Allgemeiner Teil], Athen-Thessaloniki, 1998 (zit.: *Yessiou-Faltsi*, Zwangsvollstreckungsrecht – AT)

Yessiou-Faltsi, Pelayia: Prinzipien der Einzelzwangsvollstreckung in der griechischen im Vergleich zur deutschen Zivilprozeßordnung. In: Eberhard Schilken / Ekkehard Becker-Eberhard / Walter Gerhardt (Hg.): Festschrift für Hans Friedhelm Gaul zum 70. Geburtstag 19. November 1997, Bielefeld, 1997, 815-830

Yessiou-Faltsi, Pelayia: Das Ausgleichprinzip im griechischen Zwangsvollstreckungsrecht im Unterschied zum deutschen Prioritätsprinzip, ZZP (106) 1993, 215-232

Zerr, Christian: Prozesstaktik bei Arrestverfahren innerhalb Europas nach der Neufassung der EuGVVO, EuZW 2013, 292–298

Zhou, Einstweiliger Rechtsschutz in China und im europäischen Justizraum, Baden-Baden, 2008

Zöller, Richard (Hg.): Kommentar zur Zivilprozessordnung, 33. Auflage, Köln, 2020 (zit: Zöller/*Bearbeiter*)

Zuckerman, Adrian /Grunert, J.: Anmerkung zu OLG Karlsruhe, Beschluss vom 19.12.1994, ZZPInt 1 (1996), 91-102

Županová, Mirela: Cross-border recovery of maintenance taking account of the new European Account Preservation Order (EAPO), ERA Forum 2015, 163-178

INTERNATIONALRECHTLICHE STUDIEN

Beiträge zum Internationalen Privatrecht,
zum Einheitsrecht und zur Rechtsvergleichung

Herausgegeben von Ulrich Magnus und Peter Mankowski

Band 1	Birgit Reimers-Zocher: Beweislastfragen im Haager und Wiener Kaufrecht. 1995.
Band 2	Lenja Vespermann: Schadensersatz bei Beeinträchtigung rechts- oder sittenwidriger Interessen im deutschen und französischen Recht. 1996.
Band 3	Peter Cypra: Die Rechtsbehelfe im Verfahren der Vollstreckbarerklärung nach dem EuGVÜ unter besonderer Berücksichtigung der Ausgestaltung in Deutschland und Frankreich. 1996.
Band 4	Brigitta Lurger: Regulierung und Deregulierung im europäischen Privatrecht. 1997.
Band 5	Uta Gutknecht: Das Nacherfüllungsrecht des Verkäufers bei Kauf- und Werklieferungsverträgen. Rechtsvergleichende Untersuchung zum CISG, zum US-amerikanischen Uniform Commercial Code, zum deutschen Recht und zu dem Vorschlag der Kommission zur Überarbeitung des deutschen Schuldrechts. 1996.
Band 6	Stefan Abel: Die Qualifikation der Schenkung. Zur Methode der Qualifikation im Internationalen Schuldvertragsrecht. 1997.
Band 7	Daniel Kötz: Verkäuferpflichten und Rechtsbehelfe des Käufers im neuen norwegischen Kaufrecht vom 13. Mai 1988 Nr. 27 im Vergleich zum UN-Kaufrecht vom 11. April 1980 (CISG). 1997.
Band 8	Olaf Beier: Grundsätze eines europäischen transportmittelübergreifenden Schadensrechts für den Gütertransport. Eine rechtsvergleichende Untersuchung unter besonderer Berücksichtigung der CMR, der ER/CIM 1990, des WA/HP und der HVR. 1999.
Band 9	Ulrich Krüger: Modifizierte Erfolgshaftung im UN-Kaufrecht. Die Haftungsbefreiung bei Lieferung vertragswidriger Ware gemäß Art. 79 CISG. 1999.
Band 10	Wolf-Henning Hammer: Das Zurückhaltungsrecht gemäß Art. 71 CISG im Vergleich zu den Kaufgesetzen der nordischen Staaten unter Einbeziehung transportrechtlicher Aspekte. Eine rechtsvergleichende Studie. 1999.
Band 11	Ulrich Quay: Der Consulting-Vertrag im Internationalen Privatrecht. 2000.
Band 12	Axel Halfmeier: Die Veröffentlichung privater Tatsachen als unerlaubte Handlung. Eine rechtsvergleichende Untersuchung. 2000.
Band 13	Stephanie Scholz: Lohngleichheit durch Verfahren. Eine Studie zur Förderung der Lohngleichheit durch verfahrensrechtliche Ansätze. 2000.
Band 14	Tarlk Cebecioglu: Stellung des Ausländers im Zivilprozeß. Eine rechtsvergleichende Untersuchung des türkischen und deutschen Rechts. 2000.
Band 15	Gunnar Straube: Sozialrechtliche Eingriffsnormen im Internationalen Privatrecht. 2001.
Band 16	Daniela de Lukowicz: Divergenzen in der Rechtsprechung zum CISG. Auf dem Weg zu einer einheitlichen Auslegung und Anwendung? 2001.

Band 17 Mohamed Hassan Fadlalla Ali: Das islamische Ehe- und Kindschaftsrecht im Sudan. Mit Hinweisen zu den Lehren der Islamischen Rechtsschule, der anwendbaren Familienrechtsvorschriften für Nichtmuslime im Sudan und im deutschen Familienrecht. 2001.

Band 18 Ole Lando/Ulrich Magnus/Monika Novak-Stief (Hrsg./eds.): Angleichung des materiellen und des internationalen Privatrechts in der EU. Harmonisation of Substantive and International Private Law. 2003.

Band 19 Florian Schulz: Der Ersatzlieferungs- und Nachbesserungsanspruch des Käufers im internen deutschen Recht, im UCC und im CISG. Eine rechtsvergleichende Untersuchung unter Berücksichtigung der Schuldrechtskommission, der EG-Richtlinie 1999/44/EG und des Diskussionsentwurfs eines Schuldrechtsmodernisierungsgesetzes. 2002.

Band 20 Ingo Janert: Die Aufrechnung im internationalen Vertragsrecht. 2002.

Band 21 Armin Jentsch: Die Erhaltungspflichten des Verkäufers und des Käufers im UN-Kaufrecht im Vergleich zum US-amerikanischen Uniform Commercial Code und zum deutschen Recht. 2002.

Band 22 Martin Taschner: Arbeitsvertragsstatut und zwingende Bestimmungen nach dem Europäischen Schuldvertragsübereinkommen. Einheitliche Auslegung. 2003.

Band 23 Klaus Bitterich: Die Neuregelung des Internationalen Verbrauchervertragsrechts in Art. 29a EGBGB. 2003.

Band 24 Sascha J. Morgenroth: Umsetzung der Verbrauchsgüterkaufrichtlinie in Spanien und Deutschland. Umsetzung der Richtlinie 1999/44/EG des Europäischen Parlaments und des Rates vom 25. Mai 1999 zu bestimmten Aspekten des Verbrauchsgüterkaufs und der Garantien für Verbrauchsgüter in Spanien und Deutschland. 2003.

Band 25 Markus Renfert: Über die Europäisierung der ordre public Klausel. 2003.

Band 26 Henning Mordhorst: Die Behandlung vertraglicher Mobiliarsicherheiten im US-amerikanischen und deutschen Insolvenzrecht. 2003.

Band 27 Hans Markus Wulf: UN-Kaufrecht und eCommerce. Problembereiche bei der Anwendung des Wiener Übereinkommens auf Internet-Verträge. 2003.

Band 28 Julia Kaiser: Freiheit oder Schutz? Die Scheidungsfolgenvereinbarung im deutschen und im englischen Recht. 2003.

Band 29 Astrid Hillebrenner: Die private Zustimmung zu Rechtsgeschäften Dritter im englischen, dänischen und deutschen Recht. 2004.

Band 30 Irene von der Heyde: Das deutsche und italienische internationale Kindschaftsrecht im Rechtsvergleich. Favor filii oder favor filiationis? 2004.

Band 31 Sven-Michael Werner: Recht im Systemwandel. *Ein Land, zwei Systeme* und das Kontinuitätsproblem in Hongkong. 2004.

Band 32 Holger Ellenberger: Wirtschaftsrelevante Kollisionsnormen im japanischen internationalen Privatrecht. 2004.

Band 33 Sebastian Kaufmann: Parol Evidence Rule und Merger Clauses im internationalen Einheitsrecht. 2004.

Band 34 Britta Christina Weber: Eigentumsübertragung und gutgläubiger Erwerb beim Kauf von beweglichen Sachen im vietnamesischen Zivilgesetzbuch von 1995. Eine rechtsvergleichende Analyse unter Berücksichtigung des Eigentumsbegriffs im vietnamesischen Recht. 2004.

Band 35 Alexander von Saucken: Die Reform des österreichischen Schiedsverfahrensrechts auf der Basis des UNCITRAL-Modellgesetzes über die internationale Handelsschiedsgerichtsbarkeit. Ein Diskussionsbeitrag. 2004.

Band 36 Jasnica Garašićć: Anerkennung ausländischer Insolvenzverfahren. Teil 1 und Teil 2. Ein Vergleich des kroatischen, des deutschen und des schweizerischen Rechts sowie der Europäischen Verordnung über Insolvenzverfahren, des Istanbuler Übereinkommens und des UNCITRAL-Modellgesetzes. 2005.

Band 37 Eugenia Kurzynsky-Singer: Anknüpfung und Reichweite des Vollmachtsstatuts. 2005.

Band 38 Timo Utermark: Rechtsgeschichte und Rechtsvergleichung bei Ernst Rabel. 2005.

Band 39 Mohamed Lakmes: Die IPR-Anknüpfung der Schuldverträge. Ein Vergleich zwischen dem deutschen und dem syrischen Recht. 2005.

Band 40 Christian Haas: Vertragsstrukturen privatfinanzierter Infrastrukturprojekte. Nationale und internationale Perspektiven. 2005.

Band 41 Tanja Herzog-Engels: Gesellschaftsrechtliche Formvorschriften und Internationales Privatrecht. 2005.

Band 42 Hassan Siahpoosh: Das Familien- und Erbrecht im Iran. 2006.

Band 43 Carola Reifenrath: Das Vertragsrecht Hongkongs und dessen zukünftige Entwicklung. Unter besonderer Berücksichtigung des englischen Common Law. 2006.

Band 44 Arkadiusz Wudarski: Der Pfandbrief und sein Treuhänder. Eine rechtsvergleichende Untersuchung zum polnischen und deutschen Recht. 2006.

Band 45 Ulla Liukkunen: Cross-Border Services and Choice of Law. A Comparative Study of the European Approach. 2006.

Band 46 Claire Anna Reifner: Die Umsetzung der Verbrauchsgüterkaufrichtlinie in Italien und Deutschland. 2007.

Band 47 Shahriar Rabbanifar: Vergleich des Rechts der öffentlichen Unternehmen in Deutschland, Iran und Polen. 2007.

Band 48 Judith Farokhmanesh: Der Schutz des Urhebers im internationalen Vertragsrecht. Funktion, Reichweite und Effektivität zwingender Bestimmungen im deutschen, französischen und englischen Recht. 2007.

Band 49 Christoph Hellriegel: Schuldnerschutz in Polen. Rechtsvergleichende Untersuchung eines universalen Regelungsproblems. 2007.

Band 50 Ingemar Carl: Einstweiliger Rechtsschutz bei *Torpedoklagen*. 2007.

Band 51 Gabriele Wunsch: Möglichkeiten und Grenzen eines europäischen Hypothekarkredits. Problemanalyse und Lösungswege für die Schaffung eines Binnenmarktes für Grundpfandrechte unter Berücksichtigung des deutschen, englischen, schwedischen und spanischen Rechts. 2009.

Band 52 Sven Kuchmann: Die Haftung des Geschäftsführers einer deutschen GmbH und des Gerente einer argentinischen SRL im Rechtsvergleich. 2008.

Band 53 María Elena Alvarez de Pfeifle: Der Ordre Public-Vorbehalt als Versagungsgrund der Anerkennung und Vollstreckbarerklärung internationaler Schiedssprüche.

Unter Berücksichtigung des deutschen, schweizerischen, französischen und englischen Rechts sowie des UNCITRAL-Modellgesetzes. 2009.

Band 54 Amir-Said Ghassabeh: Die Zustellung einer *punitive-damages*-Sammelklage an beklagte deutsche Unternehmen. Zugleich ein Beitrag zum „unnötigen" transatlantischen Justizkonflikt. 2009.

Band 55 Gunnar Lennart Schmüser: Das Zusammenspiel zwischen Haupt- und Sekundärinsolvenzverfahren nach der EuInsVO. 2009.

Band 56 Johanna Siemonsen: Die deutschen Ausführungsvorschriften zur Europäischen Insolvenzverordnung. 2009.

Band 57 Dan Malika Gunasekera: Civil Liability for Bunker Oil Pollution Damage. 2010.

Band 58 Sarah Mukaddes Oguz: Das türkische und das europäische Verbraucherrecht. Eine vergleichende Analyse mit Blick auf die Beitrittsbestrebungen der Türkei zur Europäischen Union. 2010.

Band 59 Niklas Wielandt: Die einseitig verpflichtende Schuldzusage. Eine rechtsvergleichende Untersuchung des abstrakten, kausalen und nicht rechtsgeschäftlichen Schuldanerkenntnisses und Schuldversprechens nach deutschem und englischem Recht. 2010.

Band 60 Lars Meyer: Non-Performance and Remedies under International Contract Law Principles and Indian Contract Law. A comparative survey of the UNIDROIT Principles of International Commercial Contracts, the Principles of European Contract Law, and Indian statutory contract law. 2010.

Band 61 Farzana Soleimankehl-Hanke: Afghanistan zwischen Islam und Gleichberechtigung. Widersprüche in der afghanischen Verfassung am Beispiel des afghanischen Familien- und Erbrechts. 2011.

Band 62 Sören Koch: Der Ersatz frustrierter Aufwendungen im norwegischen Recht. 2011.

Band 63 Vanessa Seibel: Der Geschäftsführer in der Insolvenz der Gesellschaft. Eine rechtsvergleichende und rechtsökonomische Betrachtung von GmbH und LLC. 2012.

Band 64 Dorothea von Domarus: Internationales Arzthaftungsrecht nach Inkrafttreten der Rom I- und Rom II-Verordnung. Ein Rechtsvergleich mit den USA unter besonderer Berücksichtigung der Bundesstaaten New York, Kalifornien und Louisiana. 2013.

Band 65 Nils Rasmus Grenda: Erwerb und Schutz des Eigentums an Mobilien im deutschen und schwedischen Recht. 2013.

Band 66 Tristan Wegner: Überseekauf im Agrarhandel. Die Kontraktpraxis nach GAFTA und Einheitsbedingungen. Eine rechtsvergleichende Darstellung. 2013.

Band 67 Marjam Waladan: Das iranische Familienrecht unter der besonderen Berücksichtigung der Rechte von Frauen und Kindern. 2013.

Band 68 Gesine Osieka: Zivilrechtliche Haftung deutscher Unternehmen für menschenrechtsbeeinträchtigende Handlungen ihrer Zulieferer. 2014.

Band 69 Cordula Giesecke: Interessengerechte Rechtswahl im Kaufrecht. Vertragswidrigkeit, Mängelrüge und Vertragsaufhebung – UN-Kaufrecht, deutsches, französisches und schweizerisches Recht im Vergleich. 2014.

Band 70 Philipp Raben: Das Modellgesetz als geeignetes Instrument europäischer Vertragsrechtsharmonisierung. 2015.

Band 71 Yanfei Zeng: Sonderkontrolle der Vertragsstrafe. Eine Untersuchung zu Begründungen der Kontrolle. 2015.

Band 72 Marcel Streeck: Die Situation der Schuldnerin im englischen und im deutschen Insolvenzrecht. Eine rechtsvergleichende Untersuchung. 2016.

Band 73 Antje Böhme: Die (strikte) Haftung für Tiere im deutschen und US-amerikanischen Recht. 2016.

Band 74 Christian Beuck: Voraussetzungen und Rechtsbehelfe beim einheitlichen Vollstreckungstitel nach der EuVTVO. 2017.

Band 75 Martin Balcer: Die Umsetzung der europäischen Verbrauchsgüterkaufrichtlinie in Polen. Unter besonderer Berücksichtigung der RL-Konformität des Umsetzungsgesetzes über die besonderen Voraussetzungen des Verbrauchsgüterkaufs sowie über die Änderungen des Zivilgesetzbuches vom 27. Juli 2002. 2017.

Band 76 Andreas Holzgreve: Ausländische Beweissicherungsverfahren im inländischen Prozess. Ein Anwendungsfall der Substitution im Internationalen Zivilprozessrecht. 2018.

Band 77 Benedikt von Erdmann: Aneignungsrechte im europäischen Internationalen Privatrecht. Die Regelung des Art. 33 EuErbVO und die Möglichkeit der Übertragung der Lösung des negativen Konflikts durch § 32 IntErbRVG auf die Problematik im Internationalen Gesellschaftsrecht. 2018.

Band 78 Arndt Winkelmann: Aufklärungspflichten des Schuldners im Unternehmensinsolvenzverfahren. Eine Untersuchung zur Rechtslage in Frankreich aus deutscher Sicht. 2019.

Band 79 Hannah Dittmers: Die Anpassung im europäischen Internationalen Privatrecht. 2019

Band 80 Markus Kaul: Die Kapitalmarktinformationshaftung im Internationalen Privatrecht. 2019

Band 81 Jeannette Hamm: Die materielle Gültigkeit von internationalen Gerichtsstandsvereinbarungen. 2021

Band 82 Anastasia Gialeli: Vorläufige Kontopfändung nach der EuKpfVO und grenzüberschreitende Haftung der Bank unter Berücksichtigung des deutschen und des griechischen Rechts. 2022

www.peterlang.com

www.ingramcontent.com/pod-product-compliance
Ingram Content Group UK Ltd.
Pitfield, Milton Keynes, MK11 3LW, UK
UKHW021835290926
8980IPUK00004B/468

9 783631 872963